春秋左传通注 下

昭公　定公　哀公

焦作森　译注

吉林大学出版社

昭公

昭公名裯，襄公子，母齐归。昭公二十岁即位，在位二十五年，出逊八年，凡三十二年，薨于乾侯，享年五十一岁。

昭公元年

【经】

元年春王正月，公即位。

叔孙豹会晋赵武、楚公子围、齐国弱、宋向戌、卫齐恶、陈公子招、蔡公孙归生、郑罕虎、许人、曹人于虢。虢，郑地。

三月，取郓。郓时属莒，鲁取之。

夏，秦伯之弟鍼出奔晋。杜预："称弟，罪秦伯。"

六月丁巳，九日。邾子华卒。

晋荀吴帅师败狄于大卤。

秋，莒去疾自齐入于莒。莒展舆出奔吴。

叔弓帅师疆郓田。杜预："春取郓，今正其封疆。"

葬邾悼公。

冬十有一月己酉，四日。**楚子麇卒。**麇 jūn。

楚公子比出奔晋。

【传】

元年春，楚公子围聘于郑，聘，访聘，下同。公子围即王子围，时为楚令尹。**且娶于公孙段氏，伍举为介。**杜预："伍举，椒举。介，副也。"**将入馆，**入郑国都住客馆。**郑人恶之，**杜预："知楚怀诈。"**使行人子羽与之言，乃馆于外。**杜预："舍城外。"**既聘，**聘郑之礼已毕。**将以众逆。**将悉城外之徒众入郑国娶妻。**子产患之，使子羽辞，曰："以敝邑褊小，不足以容从者，请墠听命！"**杨伯峻："古代亲迎，婿受妇于女家之祖庙。子产不欲其入城，欲（于城外）除地为墠，代丰氏之庙，行亲迎之礼。墠音善。"**令尹命大宰伯州犁对曰："君辱贶寡大夫围，**贶，赐也。**谓围将使丰氏抚有而室。**丰氏，子丰之子公孙段，为丰氏。抚，恤也。有，顾也，存念于心也。杨伯峻谓"室"为妻，非也，此"室"即"家族"之家，"而室"即尔家。妻为内官，治家之内事。抚有而室者，辅佐料理"其"家之内务，亦等于佐理其家也。**围布几筵，**布，陈列，陈设。杨伯峻："古代席地而坐，几所以凭靠。"筵，席也。**告于庄、共之庙而来。**古礼，迎娶之前先告庙，归又挈新妇祭祖庙。杜预："庄王，围之祖。共王，围之父。"**若野赐之，**墠于城外以行迎娶之礼是野赐也。**是委君贶于草莽也，**委，致也，交付。或谓"委，弃也"，非。君指郑君。**是寡大夫不得列于诸卿也。**杜预："言不得从卿礼。"**不宁唯是，**不宁，宁也。宁唯是，谓（郑）宁愿如此，宁必如此。**又使围蒙其先君，**杜预："蒙，欺也。告先君而来，不得成礼于女氏之庙，故以为欺先君。"**将不得为寡君老，**杨伯峻："天子、诸侯、大夫之臣之长皆曰老。"据哀二十年《传》曰"寡君之老无恤"，然赵无恤非晋国政（彼时知伯荀瑶为国政兼中军帅），亦自称"老"，则诸侯之正卿皆可称"老"；天子及诸侯之大夫之臣亦同此例。杜预：“大臣称老。惧辱命而黜退。”**其蔑以复矣。**复，返也。**唯大夫图之。”子羽曰：“小国无罪，恃实其罪。**“恃”字一读。杜预：“恃大国而无备，则是罪。”**将恃大国之安靖己，而无乃包藏祸心以图之。**谓王子围此行有诈取郑国之心。**小国失恃，而惩诸侯，**使诸侯因此而自惩戒（设防于楚）。**使莫不憾者，距违君命，而有所壅塞不行是惧。**距同拒。言郑国所惧者，唯诸侯抗拒楚命，而致楚命壅塞不行。**不然，敝邑，馆人之属也，**杨伯峻：“敝国即是楚国馆人之属。”**其敢爱丰氏之祧？”**俞樾：“公孙段为子丰之子，子丰为穆公之子，则子丰乃别子为祖者也。子丰死而立庙，即丰氏之祧矣。”**伍举知其有备也，请垂櫜而入。**杨伯峻：“櫜音羔，古时装兵器之口袋。垂櫜表示内无兵器。”**许之。**

正月乙未，十五日。**入，逆而出。**杨伯峻：“入，入城入庙。逆，迎妇。”**遂会于虢，寻宋之盟也。**杜预：“宋盟在襄二十七年。”**祁午谓赵文子曰：“宋之盟，楚人得志于晋。**杜预：“得志谓先歃。午，祁奚子。”**今令尹之不信，诸侯之所闻也。子弗戒，惧又如宋。**杜预：“恐楚复得志。”**子木之信称于诸侯，犹诈晋而驾焉，**杜预：“驾，犹陵也。诈，谓衷甲。”**况不信之尤者乎？**尤，甚也，极也。**楚重得志于晋，晋之耻也。**重，再次。**子相晋国，以为盟主，于今七年矣。再合诸侯，**杜预：“襄二十五年会夷仪，二十六年会澶渊。”**三合大夫，**杜预：“襄二十七年会于宋，三十年会澶渊及今会虢也。”**服齐、狄，宁东夏，**杜预：“襄二十八年齐侯、白狄朝晋。”**平秦乱，**杨伯峻：“自殽之战以后秦、晋不和，故曰秦乱，非言秦有乱。襄二十六年秦、晋为成。”**城淳于，**杜预：“襄二十九年城杞之淳于，杞迁都。”**师徒不顿，**顿与锐相对。**国家不罢，民无谤讟，**杜预：“讟（dú），诽也。”**诸侯无怨，天无大灾，子之力也。有令名矣，而终之以耻，午也是惧。吾子其不可以不戒。”文子曰：“武受赐矣。**杜预：“受午言。”**然宋之盟，子木有祸人之心，武有仁人之心，是楚所以驾于晋也。今武犹是心也，楚又行僭，**杜预：“僭，不信。”**非所害也。武将信以为本，循而行之。譬如农夫，是穮是蓘，**穮 biāo。蓘 gǔn。杜预：“穮，耘也。壅苗为蓘。”耘，除草也。**虽有饥馑，必有丰年。**杜预：“言耕鉏（锄）不以水旱息，必获丰年之收。”**且吾闻之：‘能信不为人下。’吾未能也。**杜预：“自恐未能信也。”**《诗》曰：‘不僭不贼，**僭，不信；僭越。贼，贼害。**鲜不为则。’信也。能为人则者，不为人下矣。吾不能是难，**难，去声。**楚不为患。”**

楚令尹围请用牲，读旧书，加于牲上而已。杜预：“旧书，宋之盟书。楚恐晋先歃，故欲从旧书。加于牲上，不歃血，《经》所以不书盟。”**晋人许之。**

三月甲辰，二十五日。**盟。楚公子围设服离卫。**杜预：“设君服。”杨伯峻：“设，施陈也，今言设施，设立。设服，设君服也。‘离’与‘丽’可相通假，丽又与俪通。俪，并也，耦也，两也。离卫，卫即今之卫兵，卫兵成双成对者，谓之俪卫，亦作离卫。据下文，似王子围前有执戈者二人，后可能亦有二卫兵。据襄二十八年《传》，庆舍之卫，前后各一人，卢蒲癸、王何是也。”“离卫”作“俪卫”，可信。**叔孙穆子曰：“楚公子美矣，君哉！”**杜预：“美服似君。”**郑子皮曰：“二执戈者前矣！”**杜预：“礼，国君行，有二执戈者在前。”**蔡子家曰：“蒲宫有前，不亦可乎？”**孔颖达引服虔云：“蒲宫，楚君离宫。言令尹在国，已居君之宫，出有前戈，不亦可乎？”**楚伯州犁曰：“此行也，辞而假之寡君。”**杜预：“闻诸大夫讥之，故言‘假’以饰令尹过。”假通借。**郑行人挥曰：“假不反矣！”**借不还矣。反，还也。杜预：“言将遂为君。”**伯州犁曰：“子姑忧子皙之欲背诞也。”**杜预：“襄三十年郑子皙杀伯有，背命放诞，将为国难。言子且自忧此，无为忧令尹不反戈。”**子羽曰：“当璧犹在，假而不反，**

子其无忧乎？”子羽，郑行人挥。当璧，璧指楚之传国玉璧，能当此璧者唯楚王一人，当璧即楚王也，此指郑敖。杜预据十三年《传》，谓“当璧，谓弃疾”，杨伯峻从之，误。楚国君若非即位为王，则不可当此璧，故弃疾必当为君之后始能当此璧。**齐国子曰：“吾代二子愍矣！”**愍，忧也。杜预：“国子，国弱也。二子谓王子围及伯州犁。围此冬便篡位，不能自终；州犁亦寻为围所杀，故言可愍。”**陈公子招曰：“不忧何成？二子乐矣！”**杨伯峻：“言忧而后成事，今二子不忧而乐，谓其事不能成也。”不从。不忧何成，盖亦兼代二子而言。据下句卫齐子之言，此句当解为，事必忧而后能成，二子知之，故二子乐。**卫齐子曰：“苟或知之，虽忧何害？”**杜预：“齐子，齐恶。言先知为备，虽有忧难，无所损害。”**宋合左师曰：“大国令，小国共。吾知共而已。”**杜预：“共承大国命，不能知其祸福。”杨伯峻：“共谓供职事。此谓大国发令，小国供职事。”**晋乐王鲋曰：“《小旻》之卒章善矣，吾从之。”**旻mín。杨伯峻：“其卒章云：‘不敢暴虎，不敢冯河。人知其一，莫知其他。战战兢兢，如临深渊，如履薄冰。’乐王鲋此言，意在不赞同诸大夫之公开讥评。”

退会，此探后之言。**子羽谓子皮曰：“叔孙绞而婉，**杜预：“绞，切也。”杨伯峻：“叔孙穆子之言恰切而婉转。”**宋左师简而礼，**杨伯峻：“言简而合于礼。”**乐王鲋字而敬，**成十一年“不能字人之孤而杀之”、昭十一年“其僚无子，使字敬叔”、《大雅·生民》“牛羊腓字之”，字，畜也，养育，引申有教养、教诲之义。**子与子家持之，**无所褒贬，持执其中也。杜预：“子，子皮。子家，蔡公孙归生。持之，言无所取与。”孔颖达：“持其两端，无所取与，是持之也。”**皆保世之主也。齐、卫、陈大夫其不免乎！国子代人忧，子招乐忧，齐子虽忧弗害。夫弗及而忧，与可忧而乐，**二子谋篡位，乃大奸之事，子招“不忧何成，二子乐矣”，是幸灾乐祸认同其事，故曰可忧而乐。**与忧而弗害，皆取忧之道也，忧必及之。《大**

誓》曰：‘民之所欲，天必从之。’三大夫兆忧，杜预：“开忧兆也。”忧能无至乎？言以知物，杜预：“物，类也。察言以知祸福之类。”其是之谓矣。”

季武子伐莒，取郓，莒人告于会。时会事未毕，上段乃探后之言，因叙在此段之上。楚告于晋曰：“寻盟未退，杜预：“寻弭兵之盟。”而鲁伐莒，渎齐盟，渎，亵渎。齐同斋。请戮其使。”杜预：“时叔孙豹在会，欲戮之。”乐桓子相赵文子，杜预：“桓子，乐王鲋。相，佐也。”欲求货于叔孙而为之请，使请带焉，杜预：“难指求货，故以带为辞。”弗与。梁其踁曰：“货以藩身，子何爱焉？”杜预：“踁（jìng），叔孙家臣。”藩，卫也，屏也。爱，惜也。叔孙曰：“诸侯之会，卫社稷也。我以货免，鲁必受师。杜预：“言不戮其使，必伐其国。”是祸之也，何卫之为？人之有墙，以蔽恶也。墙之隙坏，杨伯峻：“隙，裂缝。”谁之咎也？杜预：“咎在墙。”卫而恶之，吾又甚焉。罪甚于墙之隙坏。虽怨季孙，鲁国何罪？杜预：“怨季孙之伐莒。”叔出季处，有自来矣，吾又谁怨？杜预：“季孙守国，叔孙出使，所从来久，今遇此戮，无所怨也。”然鲋也贿，贿，求货于己。弗与，不已。”召使者，裂裳帛而与之，曰：“带其褊矣。”言带褊小，故更益以裳帛。赵孟闻之，曰：“临患不忘国，忠也。杨伯峻：“宁被戮，不使鲁受伐。”思难不越官，信也；杜预：“谓言叔出季处。”图国忘死，贞也；杜预：“谓不以货免。”谋主三者，义也。杜预：“三者：忠、信、贞。”有是四者，杜预：“并义为四。”又可戮乎？”乃请诸楚曰：“鲁虽有罪，其执事不辟难，杜预：“执事，谓叔孙。”畏威而敬命矣。杜预：“谓不敢辟（避）戮。”子若免之，以劝左右，杨伯峻：“左右谓楚之群臣。”可也。若子之群吏处不辟污，杨伯峻：“污谓困难之事。处谓在国，对出而言。”出不逃难，其何患之有？杨伯峻：“国无患也。”患之

所生，污而不治，难而不守，所由来也。由之而来。**能是二者，又何患焉？不靖其能，其谁从之？**杜预："安靖贤能，则众附从。"**鲁叔孙豹可谓能矣，请免之以靖能者。子会而赦有罪，**杜预："不伐鲁。"**又赏其贤，**杜预："赦叔孙。"**诸侯其谁不欣焉望楚而归之，视远如迩？疆埸之邑，一彼一此，何常之有？**时在彼，时在此，无不变之常。杜预："言今衰世，疆埸无定主。"**王、伯之令也，**杜预："言三王、五伯有令德时。"杨伯峻："三王，夏禹、商汤、周文武。五伯，即五霸，夏昆吾，商大彭、豕韦，周齐桓、晋文。"**引其封疆，**杜预："引，正也。正封界。"**而树之官。举之表旗，**举犹立也。表旗，用作标识之旗。**而著之制令。过则有刑，**杨树达："官谓界上官寺。表旗即后世界碑之类。制令即后世所谓边界章程。过谓越境。诸文皆承封疆而言。"**犹不可壹。**杨伯峻："如此尚不能固定列国境界一成不变。"**于是乎虞有三苗，夏有观、扈，商有姺、邳，周有徐、奄。**谓不能壹也。姺 xián。邳 pēi。**自无令王，**令，善也。**诸侯逐进，**杜预："逐，犹竞也。"**狎主齐盟，**杨伯峻："狎，更也，代也。"杜预："强弱无常，故更主盟。"**其又可壹乎？恤大舍小，**杜预："大谓篡弑灭亡之祸。"**足以为盟主，又焉用之？**杜预："焉用治小事。"**封疆之削，何国蔑有？主齐盟者，谁能辩焉？**辩谓明辩其是非曲直。僖四年："子辞，君必辩焉。"《礼记·曲礼》："分争辩讼。"《周礼·乡士》："辩其狱讼。"**吴、濮有衅，**吴、濮，楚邻国。衅，衅隙，衅端。**楚之执事岂其顾盟？**言吴、濮若有可乘之隙，楚国岂顾及盟誓而不侵伐之？**莒之疆事，楚勿与知，诸侯无烦，**杨伯峻："不伐鲁，则诸侯不劳动兵。"**不亦可乎？莒、鲁争郓，为日久矣，苟无大害于其社稷，可无亢也。**亢同抗。杜预："亢，御也。"**去烦宥善，**杨伯峻："去烦，免诸侯动众之劳。"**莫不竞劝。子其图之！"固请诸楚，楚人许之，乃免叔孙。**

令尹享赵孟，赋《大明》之首章。杜预："首章言文王明明照于下，故能赫赫盛于上。令尹意在首章，故特称首章，以自光大。”**赵孟赋《小宛》之二章。**杜预：“二章取其各敬尔仪，天命不又，言天命一去，不可复还，以戒令尹。”**事毕，赵孟谓叔向曰：“令尹自以为王矣，何如？”**杜预：“问将能成否。”**对曰：“王弱，令尹强，其可哉！虽可，不终。”赵孟曰：“何故？”对曰：“强以克弱而安之，强不义也。不义而强，其毙必速。《诗》曰：‘赫赫宗周，褒姒灭之。’强不义也。**杜预：“褒姒，周幽王后，幽王惑焉，而行不义，遂至灭亡。言虽赫赫盛强，不义足以灭之。”**令尹为王，必求诸侯。晋少懦矣，**少读稍。杜预：“懦，弱也。”**诸侯将往。若获诸侯，其虐滋甚。**杜预：“滋，益也。”**民弗堪也，将何以终？夫以强取，不义而克，必以为道。**杜预：“以不义为道。”**道以淫虐，弗可久已矣。”**杜预：“为十三年楚弑灵王传。”

夏四月，赵孟、叔孙豹、曹大夫入于郑，杜预：“会罢过郑。”**郑伯兼享之。**兼，一并，一同。**子皮戒赵孟，**杜预：“戒享期。”善。杨伯峻：“公食大夫，先告以期。戒亦有礼节。”**礼终，**杨伯峻：“戒礼毕。”**赵孟赋《瓠叶》。**瓠 hù。其诗曰：“幡幡瓠叶，采之亨之。君子有酒，酌言尝之。有兔斯首，炮之燔之。”杜预：“义取古人不以微薄废礼，虽瓠叶兔首，犹与宾客享之。”杨伯峻：“赵孟赋此诗，乃告子皮，享燕之食当从菲薄。”**子皮遂戒穆叔，且告之。**告赵孟赋《瓠叶》。疑赵孟之意，故证之于穆叔。**穆叔曰：“赵孟欲一献，子其从之。”**赵孟赋礼之至薄者，故知欲一献。杨伯峻：“一献，主人向宾进酒一次。进酒仅一次，其他食品仪节相应减少，减轻。”**子皮曰：“敢乎？”穆叔曰：“夫人之所欲也，又何不敢？”及享，具五献之笾豆于幕下。**杜预：“朝聘之制，大国之卿五献。”**赵孟辞，**杜预：“赵孟自以今非聘郑，故辞五献。”杨伯峻：“以为过于丰盛，不合己意。”**私于子产曰：“武请于冢宰矣。”**请于子皮，使用一献。**乃用**

一献。**赵孟为客，礼终乃宴。**杨伯峻：“古人飨礼，飨后必宴。飨礼只是形式，献宾不用酒而用醴，且不能饮尽，仅品尝而已。是以飨后必宴，宾主始能尽欢。”**穆叔赋《鹊巢》**。杨伯峻：“诗云：‘维鹊有巢，维鸠居之。’穆叔意或比赵孟为鹊，以己为鸠。大国主盟，己得安居，免于楚之请杀之也。”**赵孟曰：“武不堪也。”又赋《采蘩》，**诗云：“于以采蘩？于沼于沚。于以用之？公侯之事。”蘩，野菜。**曰：“小国为蘩，大国省穑而用之，**蘩为野菜，采蘩可省去稼穑之劳。穑，稼穑。言鲁为野菜，晋不视其微贱而择用其利。**其何实非命？”**杜预：“何敢不从命？”**子皮赋《野有死麇》之卒章。**杜预：“卒章曰：‘舒而脱脱兮，无感我帨兮，无使尨也吠。’脱脱，安徐。帨，佩巾。尨，杂色狗。喻赵孟以义抚诸侯，无以非礼相加陵。”**赵孟赋《常棣》，**杜预：“取其‘凡今之人，莫如兄弟’，言欲亲兄弟之国。”**且曰：“吾兄弟比以安，尨也可使无吠。”穆叔、子皮及曹大夫兴，**兴，起也。**拜，举兕爵，**兕爵，兕角杯。**曰：“小国赖子，知免于戾矣。”饮酒，乐。**乐 yuè。**赵孟出，曰：“吾不复此矣。”**以为宠盛之极限。杜预：“不复见此乐。”

天王使刘定公劳赵孟于颍，天王，周景王。刘定公，刘夏。颍，郑地。**馆于雒汭。**杨伯峻：“雒汭，雒同洛。洛水曲流处。”**刘子曰：“美哉禹功，明德远矣！微禹，吾其鱼乎！**非禹功，中原仍为川流沼泽之地，鱼居之乡。**吾与子弁冕端委，**杨伯峻：“弁冕，古时卿大夫之礼帽。端委，古时之礼衣。端，正也。古布宽二尺二寸（周尺），为衣不裁剪，故谓之端。文服袖长，故谓之委。”**以治民临诸侯，禹之力也。子盍亦远绩禹功，而大庇民乎？”**绩，业也，功也，此作动词用。昭十五年“夫有勋而不废，有绩而载”、昭三十二年“世增其业，不废旧绩”、哀元年“复禹之绩”、《尧典》“庶绩咸熙”、《大雅·文王有声》“丰水东注，维禹之绩”。下文曰“荣其宠禄”，又曰“台骀能业其官”，“荣”及“业”与此“绩”字用法皆同，此类之例颇多，不可曲解之。**对曰：“老夫罪戾是惧，焉能恤远？吾侪偷食，朝不谋夕，何其长也？”**杜预：“言欲苟免目前，不能念长久。”**刘子归，以语王曰：“谚所谓老将知而耄及之者，**知同智。耄，老也，八十曰耄。句谓智随年长，老当智，然耄及之。既耄则身力敝竭心志糊涂，是又不堪任事，故曰耄及之。**其赵孟之谓乎！为晋正卿，以主诸侯，而侪于隶人，**《说文》：“侪，等辈也。”与隶人比，是无恤民之心。**朝不谋夕，弃神、人矣。**杜预：“民为神主，不恤民，故神、人皆去。”**神怒、民叛，何以能久？赵孟不复年矣。**杜预：“言将死，不复见明年。”**神怒，不歆其祀；民叛，不即其事。**即，就，从，与也。**祀、事不从，又何以年？”**

叔孙归，虢会归。**曾夭御季孙以劳之。**曾夭，季孙家臣。**旦及日中不出。**季孙自旦待至日中，而叔孙不出见之。杜预：“恨季孙伐莒，使己几被戮。”**曾夭谓曾阜曰：**曾阜，叔孙家臣。**“旦及日中，吾知罪矣。**久候不见，知因郓事罪己。**鲁以相忍为国也，**为，治也。**忍其外，不忍其内，**杜预：“欲受楚戮，是忍其外。日中不出，是不忍其内。”**焉用之？”**焉用如此。**阜曰：“数月于外，一旦于是，庸何伤？**用其利何伤。**贾而欲赢，而恶嚣乎？”**四口围页，嚣也。谓欲劳有功，尚畏待乎？**阜谓叔孙曰：“可以出矣。”叔孙指楹曰：“虽恶是，其可去乎？”**杜预：“楹，柱也。以谕鲁有季孙，犹屋有柱。”**乃出见之。**

郑徐吾犯之妹美，杜预：“犯，郑大夫。”**公孙楚聘之矣，**杜预：“楚，子南，穆公孙。”杨伯峻：“聘即近世之定婚，古亦谓之成昏。”**公孙黑又使强委禽焉。**杨伯峻：“古代婚礼，第一事为纳采。纳采用雁，故亦言委禽。”**犯惧，告子产。子产曰：“是国无政，非子之患也。唯所欲与。”**听女之所欲从。**犯请于二子，请使女择焉。皆许之。**杨伯峻：“听女自择，二人皆同意。”**子晳盛饰入，布币而出。**盛装打扮，布陈礼币而出。**子南戎服入，**

左右射，超乘而出。女自房观之，曰："子晳信美矣，信，诚也，今曰确实。抑子南，夫也。抑，然也。杨伯峻："为丈夫气象。"夫夫妇妇，杨伯峻："此种句法同于《论语》'君君、臣臣、父父、子子'。谓丈夫应有丈夫之行，妻室应有妻室之德。"所谓顺也。"适子南氏。子晳怒，既而櫜甲以见子南，杨伯峻："櫜甲即襄二十年《传》之衷甲。"欲杀之而取其妻。子南知之，执戈逐之。及冲，冲，通行之大道，犹今"干道"、"主干道"。击之以戈。子晳伤而归，告大夫曰："我好见之，不知其有异志也，故伤。"

大夫皆谋之。子产曰："直钧，有理曰直，无理曰曲。直钧者，双方之曲直均等。幼贱有罪。罪在楚也。"杜预："先聘，子南直也；子南用戈，子晳直也(是谓直钧)。"乃执子南而数之，数，列举其罪。曰："国之大节有五，女皆奸之。节，制也。奸，犯也。畏君之威，听其政，尊其贵，事其长，养其亲。五者所以为国也。为，治也。今君在国，女用兵焉，不畏威也。奸国之纪，不听政也。子晳，上大夫；女，嬖大夫，下大夫。而弗下之，不尊贵也。幼而不忌，忌，畏；忌讳。不事长也。兵其从兄，杨伯峻："同祖或同伯叔之子年长于己者皆得曰从兄。"不养亲也。君曰：'余不女忍杀，不忍杀女。宥女以远。'以流放宽其死罪。勉，速行乎，无重而罪！"恐其不甘休，以重罪约之。

五月庚辰，二日。郑放游楚于吴。将行子南，子产咨于大叔。杨伯峻："大叔即游吉，为游氏之宗主。"游楚为穆公孙，长游吉一辈。杜预："大叔，游楚之兄子。"大叔曰："吉不能亢身，焉能亢宗？亢，亢龙有悔之亢，激亢也，极端也。彼，国政也，非私难也。子图郑国，利则行之，又何疑焉？周公杀管叔而蔡蔡叔，杜预："蔡，放也。"杨伯峻："据《史记》，管叔鲜、周公旦、蔡叔度俱为周文王正妃子，武王同母弟。"夫岂不爱？王室故也。吉若获戾，子将行之，何有于诸游？"杨伯峻："言不必顾虑游氏诸人。”

秦后子有宠于桓，如二君于景。杜预：“后子，秦桓公子，景公母弟鍼也。其权宠如两君。”**其母曰：“弗去，惧选。”**襄十年“选其族嗣，纳诸霍人”、昭五年“君其选焉”，“皆诸侯之选也”。选，择也。《传》例较多，然多指择选良善而言，疑择选恶者亦可曰选，如商品中之不良腐败者择而出之可谓选。则“惧选”可解作“惧为罪选”，即选为罪首。**癸卯，**二十五日。**鍼适晋，其车千乘。书曰：“秦伯之弟鍼出奔晋。”罪秦伯也**。杜预：“罪失教。”

后子享晋侯，杜预：“为晋侯设享礼。”**造舟于河，**杜预：“造舟为梁，通秦、晋之道。”杨伯峻：“《尔雅·释水》郭璞《注》：造舟，‘比船为桥’。邢昺《疏》：‘比船于水，加版于上，即今之浮桥。’”**十里舍车，**杜预：“一舍八乘，为八反之备。”**自雍及绛**。杜预：“雍、绛相去千里，用车八百乘。”**归取酬币，**杜预：“备九献之仪。始礼自赍其一，故续送其八酬酒币。”杨伯峻：“古代享礼，先由主人敬酒，曰献；次由宾还敬，曰酢；再由主人先酌酒自饮，即劝宾随饮，曰酬。献、酢、酬合称一献。酬必主人赠礼物于宾以劝酒，谓之酬币。”**终事八反**。杜预：“每十里以八乘车，各以次载币，相授而还，不径至，故言八反。千里用车八百乘，其二百乘以自随，故言千乘。”此后子享晋侯乃用九献之礼，虽享晋侯于晋，仍以后子为主，晋侯为宾。此所以九献之酬币不一并携带。第一献之酬币由随从车辆携带，且其随车仅备一献之币。第二次取币则当由其随车取币于其前一“站”。后子十里舍车，此姑以每舍为一“站”，而其前一“站”之车亦仅备一献之币。在后子将取币于随车之前，已有随车往取币于前一站，其前一站亦如此，取币于其上一站。如此以保证后子取币之后，下一献之币能及时取回，以待后子之用。此则示后子乃取币于秦，所以为主以享宾也，故九献礼终，共往返取币八次。**司马侯问焉，曰：“子之车尽于此而已乎？”对曰：“此之谓多矣**。这就是所谓的（车）多嘛！**若能少此，吾何以得见？”**何以得见汝面。

尊女齐为大人物，不能轻易得见。**女叔齐以告公，**女叔齐，司马侯。**且曰：“秦公子必归。臣闻君子能知其过，必有令图。**令，善也。**令图，天所赞也。”**

后子见赵孟。赵孟曰：“吾子其曷归？”曷，何时。**对曰：“鍼惧选于寡君，是以在此，将待嗣君。”**欲待嗣君而归。**赵孟曰：“秦君何如？”对曰：“无道。”赵孟曰：“亡乎？”**杨伯峻：“君既无道，国将灭亡乎？”**对曰：“何为？**杨伯峻：“为何灭亡。”**一世无道，国未艾也。**杜预：“艾，绝也。”**国于天地，有与立焉。**国在天地之间，必有与助其立者。**不数世淫，弗能毙也。”**杨伯峻：“若非连续几代君主淫乱，不能灭亡之。”**赵孟曰：“天乎？”**此“天”字不易解，故有数版本改“天”字为“夭”，杨伯峻主之，此说不可信。夭者，凶短折曰夭，不成而折曰夭。秦景公于公元前576年即位，卒于公元前537年，仅在位即达四十年。又知景公有母弟鍼，据此，景公之寿命以保守估计已当在四十岁以上。且不论景公之确切寿命，此仅以四十余岁计，景公之卒已不宜称“夭”。闵元年“天启之矣”、僖二十三年“臣闻天之所启，人弗及也”、襄三十一年：“天似启之”。天既有启，则亦当有闭，闵二年“时以閟之”，故此文“天乎”，可解为“天闭之乎”。襄二十九年“天又除之，夺伯有魄”，昭三十年“不知天将以为虐乎，使翦丧吴国而封大异姓乎”，则古人认为无道者，是天欲闭之。**对曰：“有焉。”赵孟曰：“其几何？”对曰：“鍼闻之，国无道而年谷和熟，天赞之也。**赞，佐助也。**鲜不五稔。”**稔rěn。杜预：“鲜，少也。少尚当历五年，多则不啻。”**赵孟视荫，曰：“朝夕不相及，谁能待五？”**杜预：“荫，日景（影）也。赵孟意衰，以日景自喻，故言朝夕不相及，谁能待五。”**后子出，而告人曰：“赵孟将死矣。主民，翫岁而愒日，**《说文》：“翫，习厌也。”翫岁，轻慢，怠忽，戏豫年岁，不敬于日月之流逝。愒音慨，歇，息，逸也，此文又引申为懈怠、苟且。《小雅·菀柳》：“有菀者柳，不尚息焉；有菀者柳，不尚愒焉。”《大雅·民劳》：“民亦劳止，汔可小休（汔可小息；汔可小愒；汔可小安）。”翫与愒义近同。**其与几何？”**杜预：“言不能久。”

郑为游楚乱故，游楚即子南。**六月丁巳，**九日。**郑伯及其大夫盟于公孙段氏。罕虎、公孙侨、公孙段、印段、游吉、驷带私盟于闺门之外，实薰隧。**实薰隧，谓实即薰隧之道。杜预：“闺门，郑城门。薰隧，门外道名。实之者，为明年子产数子皙罪称薰隧盟起本。”**公孙黑强与于盟，使大史书其名，且曰“七子”。**杜预：“自欲同于六卿，故曰七子。”**子产弗讨。**杜预：“子皙强，讨之恐乱国。”故欲待其盈贯自毙。

晋中行穆子败无终及群狄于大原，崇卒也。杨伯峻：“崇，尚也。”**将战，魏舒曰：“彼徒我车，所遇又阨，**杜预：“地险不便车。”**以什共车必克。**以一什当我一车必克我。什，以五人为一单位曰一伍，以十人为一单位曰一什，什即是步卒十人组成的小团队。共，当也，敌也。**困诸阨，又克。**谓困我车于阨，彼又克我。**请皆卒，自我始。”**杨伯峻：“不用车，纯用步兵，自我开始。”**乃毁车以为行，**毁车，废其车乘之编制。杨伯峻：“毁非破坏，乃去而不用。行，步卒行列。”**五乘为三伍。**一车三人，每五辆车（十五人）临时改制成三伍。则五十乘为三十伍，以此类推。**荀吴之嬖人不肯即卒，**耻为步卒。**斩以徇。**魏舒斩之以徇师。**为五陈以相离，**杨伯峻：“离通丽，附丽也。五陈即五种阵势。”**两于前，伍于后，专为右角，参为左角，偏为前拒，**杨伯峻：“两、伍、专、参、偏皆阵名。此步兵阵法。两者，两个伍，十人也；伍者，或一伍，或伍为五之讹，五人或二十五人也；专，独也，一也，即一伍，五人也；参，通三，三伍十五人也。”**以诱之。翟人笑之。未陈而薄之，**杨伯峻：“待狄人未及结阵而迫近攻之。”**大败之。**

莒展舆立，而夺群公子秩。杨伯峻：“秩，俸禄。”**公子**

召去疾于齐。杨伯峻："公子即群公子。"秋，齐公子鉏纳去疾，展舆奔吴。

叔弓帅师疆郓田，因莒乱也。杜预："此春取郓，今正其疆界。"于是莒务娄、瞀胡及公子灭明以大厖与常仪靡奔齐。瞀 mào。厖 māng。杜预："三子，展舆党。大厖、常仪靡，莒二邑。"君子曰："莒展之不立，弃人也夫！人可弃乎？《诗》曰：'无竞维人。'善矣。"此诗为《周颂·烈文》之句，其诗曰"无竞维人，四方其训之。不显维德，百辟其刑之"，"无"与"不"皆为发语词，无义。竞维人者，能竞者维其有人。

晋侯有疾，郑伯使公孙侨如晋聘，且问疾。叔向问焉，曰："寡君之疾病，卜人曰：'实沈、台骀为祟。'沈 chén。骀 tái。为祟，作祟。史莫之知，敢问此何神也？"子产曰："昔高辛氏有二子，杜预："高辛，帝喾。"伯曰阏伯，季曰实沈，居于旷林，不相能也。杨伯峻："不相能即不相得，不和睦。"日寻干戈，杜预："寻，用也。"以相征讨。后帝不臧，杜预："后帝，尧也。臧，善也。"不臧，不以二子为善。迁阏伯于商丘，主辰。襄九年："陶唐氏之火正阏伯居商丘，祀大火。"杜预："商丘，宋地。主祀辰星。辰，大火也。"大火，大火星，即心宿二，非太阳系之火星。商人是因，故辰为商星。杜预："商人，汤先（先祖）相土封商丘，因阏伯故国，祀辰星。"迁实沈于大夏，主参。杨伯峻："大夏即今太原市。"参，参宿。唐人是因，以服事夏、商。其季世曰唐叔虞。季世，末代。杨伯峻："此唐叔虞，乃唐国末期之君，服事殷商者。"非周成王母弟唐叔虞。当武王邑姜方震大叔，杜预："邑姜，武王后，齐大公之女。怀胎为震。大叔，成王之弟叔虞。"震同娠。梦帝谓己：'余命而子曰虞，杨伯峻："己谓邑姜。命，名也。而同尔。"将与之唐，属诸参，而蕃育其子孙。'蕃，茂也，繁茂。杨伯峻："唐，今山西太原市。参星属之。"及生，

有文在其手曰'虞'，文，字也。其手纹似虞字。**遂以命之。**命，名也，命名。**及成王灭唐而封大叔焉，**杨伯峻："大叔即叔虞，成王同母弟。据《晋世家》，叔虞封唐侯，子燮父改为晋侯。"**故参为晋星。由是观之，则实沈，参神也。昔金天氏有裔子曰昧，为玄冥师，**杜预："金天氏，帝少皞。裔，远也。玄冥，水官。昧为水官之长。"**生允格、台骀。台骀能业其官，**业，与上文"远绩禹功"之绩，下文"荣其宠禄"之荣，用法皆同。**宣汾、洮，**杜预："宣犹通也。汾、洮，二水名。"杨伯峻："宣谓疏通。"洮 táo。**障大泽，**杜预："陂障之。"杨伯峻："障即筑堤防。"**以处大原。帝用嘉之，封诸汾川。**杨伯峻："用，因也。汾川即汾水流域。"**沈、姒、蓐、黄，实守其祀。**杜预："四国，台骀之后。"**今晋主汾而灭之矣。**杜预："灭四国。"**由是观之，则台骀，汾神也。抑此二者，不及君身。**杨伯峻："二者，实沈与台骀。与晋君之疾病无关。"**山川之神，则水旱疠疫之灾，于是乎禜之。**杜预："山川之神，若台骀者。"杨伯峻："疠疫谓传染病。"禜 yíng，禳祭之名。**日月星辰之神，则雪霜风雨之不时，于是乎禜之。**杜预："星辰之神，若实沈者。"**若君身，则亦出入饮食、哀乐之事也，**出入，犹生也，不外乎，在……之内也。**山川星辰之神，又何为焉？**杜预："言实沈、台骀不为君疾。"**侨闻之，君子有四时：朝以听政，昼以访问，夕以修令，夜以安身。于是乎节宣其气，**不乱四时，能奉节也，于是乎六气宣通。**勿使有所壅闭湫底，**杜预："湫，集也。底，滞也。"**以露其体。**谓使躯体长久地暴露于某种状态之下。**兹心不爽，而昏乱百度。**杜预："兹，此也。爽，明也。百度，百事之节。"**今无乃壹之，则生疾矣。**杜预："同四时也。"杨伯峻："壹之，专一之；谓人生精气专用之于某一处，而生病也。"**侨又闻之，内官不及同姓，其生不殖。**杨伯峻："内官谓国君之姬妾。僖二十三年《传》'男女同姓，其生不蕃'。"**美先尽矣，则相生疾，**盖古人认为异姓为婚于彼此本身及其后代有优势互补之利。古代氏族社会，于同姓而言，其风俗习性，文章教化，价值取向等，必多通同之处。若同姓为婚，则夫妻双方或有共同的短板，将是其致命弱点。《传》曰“非我族类，其心必异”，则同姓是为同类，昭二十年所谓“若以水济水，谁能食之？若琴瑟之专一，谁能听之？同之不可也如是”。**君子是以恶之。**恶同姓为婚。**故《志》曰：‘买妾不知其姓，则卜之。’**杨伯峻：“不知其女之姓，则问之龟卜。”**违此二者，古之所慎也。**杨伯峻：“二者，一谓昼夜昏乱，一谓娶同姓之美女。”**男女辨姓，礼之大司也。**司，制也，节也。**今君内实有四姬焉，**内，妻妾也。或谓“内实”为一词，不从。四姬，谓与晋侯同为姬姓之妻妾有四人。**其无乃是也乎！若由是二者，弗可为也已。**杜预：“为，治也。”**四姬有省犹可，无则必生疾矣。”**省，去也，损也。杜预：“据异姓，去同姓，故言省。”**叔向曰：“善哉！肸未之闻也，此皆然矣。”**

叔向出，行人挥送之。杜预：“送叔向。”叔向适子产之馆所咨问，出，子产使子羽送之。**叔向问郑故焉，**故，事也。**且问子皙。对曰：“其与几何？**杨伯峻：“言其不能久。”**无礼而好陵人，怙富而卑其上，弗能久矣。”**

晋侯闻子产之言，曰：“博物君子也。”重贿之。

晋侯求医于秦。秦伯使医和视之，曰：“疾不可为也。是谓‘近女室，疾如蛊’。或读此为“是谓近女，室疾如蛊”，不从。**非鬼非食，惑以丧志。**杨伯峻：“言病非由于鬼神，非由于饮食，而是迷惑于女色，以丧失心志。”**良臣将死，天命不佑。”公曰：“女不可近乎？”对曰：“节之。先王之乐，所以节百事也。故有五节，**杜预：“五声之节。”**迟速本末以相及，中声以降，五降之后，不容弹矣。**杜预：“谓先王之乐得中声，声成五降而息也。降，罢退。”**于是有烦手淫声，**烦手，乐既成而手仍不欲止。心淫手烦，所奏乃为淫声。**慆堙心耳，**慆，耽也，沉溺，淫溺。堙 yīn，塞也，填塞。**乃忘平和，君子弗听也。物亦如之，**杜预：“言百事皆如乐，不可失节。”**至于烦，**杨伯峻：“烦谓过度。”**乃舍也已，无以生疾。君子之近琴瑟，以仪节也，**修其仪，节其性。杨伯峻：“仪节谓以礼节制。”**非以慆心也。天有六气，**杜预：“谓阴、阳、风、雨、晦、明也。”**降生五味，**辛、酸、咸、苦、甘。**发为五色，**杨伯峻：“白、青、黑、赤、黄。发谓表现。”**徵为五声，**杜预：“徵，验也。”**淫生六疾。**杨伯峻：“五味五色五声，凡过度则生六疾。”**六气曰阴、阳、风、雨、晦、明也。分为四时，**四时，一谓春、夏、秋、冬；一谓朝、昼、夕、夜。此当为后者。**序为五节，**杜预谓五节为五行之节，杨伯峻又谓之乃五声之节，皆不取。序，次序，序列。序为五节者，序列为五味、五色、五声之节。《传》曰“降生五味，发为五色，徵为五声，淫生六疾”，言所淫者非独五声。昭二十五年《传》亦可与此相互印证，其《传》曰：“气为五味，发为五色，章为五声，淫则昏乱，民失其性。是故为礼以奉之：为六畜、五牲、三牺，以奉五味；为九文、六采、五章，以奉五色；为九歌、八风、七音、六律，以奉五声。”明言所淫、所奉非独五声，故言“序为五节”。**过则为菑。阴淫寒疾，阳淫热疾，风淫末疾，**杜预：“末，四支（肢）也。”是。末疾即手足皲裂，古代因生存条件极其落后，此疾当极普遍。风指秋冬早春时节极其干燥之风（气候）。其实手足皲裂与土壤皲裂性质相同，皆为风干脱水所致，此亦是引发秋冬季感冒、呼吸系统疾病之主要原因。**雨淫腹疾，**定四年：“水潦方降，疾疟方起。”雨指暑季之雨，暑季雨淫而多腹疾，古人误以为腹疾为雨淫所致。实因夏季气候湿热，食物、饮水容易腐败，细菌容易孳生所致。**晦淫惑疾，**夜晚为休息睡眠之事，此亦兼指男女房事。若淫于晦事，俾昼作夜，以致丧失心志，则生惑疾。杜预：“晦，夜也。”**明淫心疾。**杜预：“明，昼。思虑烦多，心劳生疾。”**女，阳物而晦时，淫则生内热惑蛊之疾。**房事常在晦时，男为阳，阳物淫于晦时之房事，于阳为热疾，于晦为惑疾，故曰生内热惑蛊之疾。**今君不节不时，**杨伯峻：

“不节，谓女色过度。不时，谓近女无分晦明。”**能无及此乎？”**

出，告赵孟。赵孟曰：“谁当良臣？”杨伯峻：“和前言‘良臣将死’，故赵武问之。”**对曰：“主是谓矣。主相晋国，于今八年，晋国无乱，诸侯无阙，可谓良矣。和闻之，国之大臣，荣其宠禄，任其大节，**节，制也。**有菑祸兴，**菑祸谓晋侯淫生惑疾。**而无改焉，**不能匡君。**必受其咎。今君至于淫以生疾，将不能图恤社稷，祸孰大焉？主不能御，**御，止也。**吾是以云也。”赵孟曰：“何谓蛊？”对曰：“淫溺惑乱之所生也。**谓蛊为淫溺惑乱所生。**于文，**杜预：“文，字也。”**皿虫为蛊。谷之飞亦为蛊。**杜预：“谷久积则变为飞虫，名曰蛊。”谓粮食生虫而变为飞蛾也，实因人迷惑贪聚所致，故曰“亦为蛊”。**在《周易》，女惑男，风落山，谓之《蛊》䷑。**杜预：“《巽》下《艮》上《蛊》。《巽》为长女，为风；《艮》为少男，为山。少男而说长女，非匹，故惑。山木得风而落。”**皆同物也。”**杜预：“物犹类也。”**赵孟曰：“良医也。”厚其礼而归之。**

楚公子围使公子黑肱、伯州犁城犨、栎、郏。犨chōu。杜预：“黑肱，王子围之弟子皙也。三邑本郑地。”**郑人惧。子产曰：“不害。令尹将行大事，**杜预：“谓将弑君。”**而先除二子也。祸不及郑，何患焉？”**

冬，楚公子围将聘于郑，伍举为介。未出竟，闻王有疾而还。伍举遂聘。十一月己酉，公子围至，杨伯峻：“至郢。”**入问王疾，缢而弑之。遂杀其二子幕及平夏。右尹子干出奔晋。**杜预：“子干，王子比。”**宫厩尹子皙出奔郑。**杜预：“因筑城而去。”**杀大宰伯州犁于郏。葬王于郏，谓之郏敖。**杜预：“郏敖，楚子麇。”**使赴于郑，伍举问应为后之辞焉。**杜预：“问赴者。”**对曰：“寡大夫围。”伍举更之曰：“共王之子围为长。”**杜预：“伍举更赴辞，使从礼。此告终称嗣，不以篡弑赴诸侯。”

子干奔晋，从车五乘。叔向使与秦公子同食，杜预：“食禄同。”**皆百人之饩。**杜预：“百人，一卒也。其禄足百人。”**赵文子曰：“秦公子富。”叔向曰：“厎禄以德，**杜预：“厎，致也。”**德钧以年，年同以尊。公子以国，**杨伯峻：“此谓授来奔者之禄田。若公子来奔，则以其国之大小。”**不闻以富。且夫以千乘去其国，强御已甚。《诗》曰：‘不侮鳏寡，不畏强御。’秦、楚，匹也。”使后子与子干齿。**杨伯峻：“隐十一年《传》‘不敢与诸任齿’，即此齿字之义，并列也。”**辞曰：“鍼惧选，楚公子不获，**不获，不得也，不得于其上。**是以皆来，亦唯命。**唯命是听。**且臣与羁齿，无乃不可乎！**杜预：“后子先来仕，欲自同于晋臣，为主人。子干后来奔，以为羁旅之客。”**史佚有言曰：‘非羁，何忌？’”**忌，忌讳。杜预：“忌，敬也。欲谦以自别。”

楚灵王即位，薳罢为令尹，薳启强为大宰。杜预：“灵王，公子围也。即位易名熊虔。”**郑游吉如楚，葬郏敖，且聘立君。归，谓子产曰：“具行器矣。**杨伯峻：“准备行装为盟会之用。”**楚王汏侈而自说其事，必合诸侯。吾往无日矣。”子产曰：“不数年，未能也。”**杜预：“为四年会申传。”

十二月，晋既烝，杜预：“烝，冬祭也。”**赵孟适南阳，将会孟子馀。**杜预：“孟子馀，赵衰；赵武之曾祖，其庙在晋之南阳温县。往会祭之。”**甲辰朔，烝于温。**杜预：“赵氏烝祭。”**庚戌，**七日。**卒。郑伯如晋吊，及雍乃复。**杜预：“吊赵氏，盖赵氏辞之而还。”

昭公二年

【经】

二年春，晋侯使韩起来聘。

夏，叔弓如晋。叔弓，叔老之子。

秋，郑杀其大夫公孙黑。黑，子皙。

冬，公如晋，至河乃复。杜预："吊少姜也，晋人辞之，故还。"

季孙宿如晋。杜预："致襚服也。"

【传】

二年春，晋侯使韩宣子来聘，杜预："公即位故。"且告为政而来见，礼也。杜预："代赵武为政，虽盟主，而修好同盟，故曰礼。"观书于大史氏，见《易》、《象》与《鲁春秋》，杜预读为《易象》，即《周易》上、下经之象辞，此可备一说。杨伯峻据王应麟，分《易》、《象》为两书，《象》即哀三年"命藏象魏"之象魏，因其悬挂于象魏，故以名之，亦省称《象》，此《象》当是鲁国历代之政令，此又一说。杜预："《鲁春秋》，史记之策书。"曰："周礼尽在鲁矣。吾乃今知周公之德，与周之所以王也。"杨伯峻谓，韩起所观之《鲁春秋》，当自周公姬旦以及伯禽叙起。公享之，季武子赋《绵》之卒章。杨伯峻："卒章云：'虞、芮质厥成，文王蹶厥生。予曰有疏附，予曰有先后，予曰有奔奏，予曰有御侮。'率下亲上曰疏附，相导前后曰先后，喻德宣誉曰奔奏，武臣折冲曰御侮。"杜预："义取文王有四臣，故能以绵绵致兴盛。以晋侯比文王，以韩子比四辅。"韩子赋《角弓》。杜预：

“取其‘兄弟昏姻，无胥远矣’，言兄弟之国宜相亲。”**季武子拜，曰：“敢拜子之弥缝敝邑，寡君有望矣。”**杜预：“弥缝犹补合也。谓以兄弟之义。”**武子赋《节》之卒章。**杜预：“卒章取‘式讹尔心，以畜万邦’，以言晋德可以畜万邦。”**既享，宴于季氏，有嘉树焉，宣子誉之。**誉，美誉之。**武子曰：“宿敢不封殖此树，**杨伯峻：“封殖犹培殖。”**以无忘《角弓》。”遂赋《甘棠》。**杜预：“召伯息于甘棠之下，诗人思之，而爱其树。武子欲封殖嘉树如甘棠，以宣子比召公。”**宣子曰：“起不堪也，无以及召公。”**

宣子遂如齐纳币。杜预：“为平公聘少姜。”**见子雅。子雅召子旗，**杜预：“子旗，子雅之子。”**使见宣子。宣子曰：“非保家之主也，不臣。”**杨伯峻：“言语动作有不顺之心。”**见子尾。子尾见强，**杜预：“强，子尾之子。”**宣子谓之如子旗。**杜预：“亦不臣。”**大夫多笑之，唯晏子信之，曰：“夫子，君子也。**杜预：“夫子，韩起。”**君子有信，其有以知之矣。”**

自齐聘于卫。卫侯享之，北宫文子赋《淇澳》。澳yù。杜预：“《淇澳》，美武公也。言宣子有武公之德。”**宣子赋《木瓜》。**杜预：“义取于欲厚报以为好。”

夏四月，韩须如齐逆女。杜预：“须，韩起之子。逆少姜。”少姜非夫人，故不使卿逆。**齐陈无宇送女，致少姜。**致，送至晋国都且交托之。**少姜有宠于晋侯，晋侯谓之少齐。谓陈无宇非卿，**无宇，齐上大夫。**执诸中都。少姜为之请，曰：“送从逆班，**外交交接之礼，致送者与迎取者之班爵应匹敌。**畏大国也，犹有所易，**易，改易。韩须仅为公族大夫，于礼齐亦当以公族大夫报之，今尊晋，故改易其礼，而使上大夫致送。**是以乱作。”**杜预：“言齐畏晋，改易礼制，使上大夫送，遂致此执辱之罪。盖少姜谦以示讥。”

叔弓聘于晋，报宣子也。晋侯使郊劳。遣使至郊，将郊劳之。**辞曰：“寡君使弓来继旧好，固曰：‘女无敢为宾！’**

谓不可以宾客自居。**彻命于执事，**杜预："彻，达也。"谓通透，无遗漏地传达其使命。**敝邑弘矣。敢辱郊使？请辞。"致馆**。杨伯峻："使居宾馆。"**辞曰："寡君命下臣来继旧好，好合使成，**好得合，使命成。**臣之禄也。敢辱大馆？"叔向曰："子叔子知礼哉！吾闻之曰：'忠信，礼之器也；**比忠信为藏礼之器。成二年"器以藏礼"。**卑让，礼之宗也。'**杜预："宗犹主也。"**辞不忘国，忠信也；先国后己，卑让也。《诗》曰：'敬慎威仪，以近有德。'夫子近德矣。"**

秋，郑公孙黑将作乱，欲去游氏而代其位，欲得子太叔之位。杜预："游氏，大叔之族。黑为游楚所伤，故欲害其族。"**伤疾作而不果。**杨伯峻："去年为子南所伤，正欲作乱，伤又发。"**驷氏与诸大夫欲杀之。**驷氏恐子皙祸族，故亦欲杀之。此子产所以纵其恶，待其自毙。**子产在鄙，闻之，惧弗及，乘遽而至。**杜预："遽，传驿。"即传车，不知信否。遽，急也，此若以其本义解亦可通。**使吏数之，**数，列举其罪。**曰："伯有之乱，**襄三十年，子皙攻伯有，伯有出奔而反攻郑。**以大国之事，而未尔讨也。**杜预："务共大国之命，不暇治女罪。"**尔有乱心无厌，国不女堪。**国不能承受汝之乱。**专伐伯有，而罪一也。昆弟争室，而罪二也。**与子南争徐吾犯之妹。**薰隧之盟，女矫君位，而罪三也。**杜预："谓使大史书七子。"**有死罪三，何以堪之？不速死，大刑将至。"**子产命其即刻自杀，大刑至则难保全尸。**再拜稽首，辞曰："死在朝夕，无助天为虐。"**言我伤疾作，死只在朝夕，汝不要助天为虐，使我速死。以子产命其即刻自杀是助天为虐。**子产曰："人谁不死？凶人不终，命也。**不终，不得善终。**作凶事，为凶人。不助天，其助凶人乎？"**言我不助天，难道助凶人？凶人指子皙。**请以印为褚师。**杜预："印，子皙之子。褚师，市官。"**子产曰："印也若才，君将任之；**任，任命，任用。**不才，将朝夕从女。**

不才实指不善。**女罪之不恤，而又何请焉？不速死，司寇将至。”七月壬寅，**初一。**缢。尸诸周氏之衢，加木焉。**尸，陈尸。杜预：“书其罪于木，以加尸上。”

晋少姜卒。公如晋，吊少姜。**及河。晋侯使士文伯来辞，曰：“非伉俪也。**伉，匹也。俪，耦也。伉俪指適夫人。**请君无辱。”公还，季孙宿遂致服焉。**杜预：“致少姜之襚服。”

叔向言陈无宇于晋侯曰：“彼何罪？君使公族逆之，公族，公族大夫韩须。**齐使上大夫送之，犹曰不共，**共同恭。**君求以贪。国则不共，而执其使。**杨伯峻：“国谓己国，言晋使公族大夫逆妇为不恭。”**君刑已颇，**杜预：“颇，不平。”杨伯峻：“颇，偏也。”**何以为盟主？且少姜有辞。”**谓请释陈无宇之辞。**冬十月，陈无宇归。**杜预：“晋侯赦之。”

十一月，郑印段如晋吊。杜预：“吊少姜。”

昭公三年

【经】

三年春王正月丁未，九日。滕子原卒。

夏，叔弓如滕。

五月，葬滕成公。

秋，小邾子来朝。

八月，大雩。

冬，大雨雹。

北燕伯款出奔齐。书名，罪之。

【传】

三年春王正月，郑游吉如晋，送少姜之葬。梁丙与张趯见之。杜预："二子，晋大夫。"趯音替。梁丙曰："甚矣哉，子之为此来也！"杜预："卿共妾葬，过礼甚。"子大叔曰："将得已乎？杜预："言不得止。"昔文、襄之霸也，晋文公、晋襄公。其务不烦诸侯。务，事也，事务。令诸侯三岁而聘，五岁而朝，有事而会，不协而盟。君薨，大夫吊，卿共葬事；共同供。夫人，士吊，大夫送葬。杜预："'先王之制，诸侯之丧，士吊，大夫送葬。'在三十年。盖时俗过制（超过礼制），故文、襄虽节之，犹过于古（古礼）。"足以昭礼、命事、谋阙而已，杜预："朝聘以昭礼，盟会以谋阙。"无加命矣。无额外之命。今嬖宠之丧，不敢择位，而数于守適，杨伯峻："嬖宠之丧指少姜之丧。少姜仅宠姬耳。不敢择位，谓来吊者不敢如礼制及旧例选择适当职位之人。数，礼数也。守適谓君之正夫人，为嫡配。"杜预："时適夫人之丧，吊送之礼，已过文、襄之制。"唯惧获戾，岂敢惮烦？少姜有宠而死，齐必继室。杜预："继室，复荐女。"今兹吾又将来贺，不唯此行也。"今兹，今年。张趯曰："善哉！吾得闻此数也！杨伯峻："闻此朝会吊丧之礼数。"然自今，子其无事矣。譬如火焉，火，大火星，即心宿二。火中，寒暑乃退。火中，寒暑之极也。杨伯峻："心宿二为一等星，夏末于黄昏时在天空中，暑气渐消；冬末在将天明时在天空中，寒气渐消。"此其极也，能无退乎？此以晋国比大火星之在正中天，盛极必衰之兆。晋将失诸侯，诸侯求烦不获。"杨伯峻："诸侯纵欲求麻烦而不得。"二大夫退。子大叔告人曰："张趯有知，其犹在君子之后乎！"杨伯峻："《论语》，孔丘两言'以吾从大夫之后'，即自谓曾列大夫之班。此言在君子之后，亦谓其在君子之类。"孔丘"吾以从大夫之后"，《传》亦有此言，在哀十四年。

丁未，滕子原卒。同盟，故书名。

齐侯使晏婴请继室于晋，杜预："复以女继少姜。"**曰："寡君使婴曰：'寡人愿事君，朝夕不倦，将奉质币，以无失时，**杨伯峻："无失时谓按时朝聘。"**则国家多难，是以不获。**杜预："不得自来。"**不腆先君之適，**杨伯峻："少姜或为齐庄公嫡夫人之女，故云先君之適。"**以备内官，**妻妾皆主内，故曰内官。**焜耀寡人之望，**服虔："焜，明也。耀，照也。"**则又无禄，**禄，福。**早世殒命，寡人失望。君若不忘先君之好，惠顾齐国，辱收寡人，徼福于大公、丁公，**杜预："徼，要也（要约之要）。"杨伯峻："徼，求也。"**照临敝邑，镇抚其社稷，则犹有先君之適及遗姑姊妹若而人。**適，嫡配所生。杨伯峻："姑姊妹盖灵公所生，则景公之大姑小姑也。若而人，即若干人。"**君若不弃敝邑，而辱使董振择之，**董，督也，犹监临。振，犹隆重、郑重也。杜预："董，正也。振，整也。"**以备嫔嫱，**嫔嫱，姬妾，位在妃下，妇官也。不称"妃"，逊曰"备嫔嫱"。**寡人之望也。'"韩宣子使叔向对曰："寡君之愿也。寡君不能独任其社稷之事，未有伉俪。**齐既逊曰"嫔嫱"，故晋尊以"伉俪"对之。伉俪，正夫人也。**在缞绖之中，**盖晋平公时有嫡夫人之丧，故曰在缞绖之中。在丧不能娶，遂有纳妾少姜之事；少姜虽亦死，但"缞绖"恐非指少姜之丧。**是以未敢请。君有辱命，惠莫大焉。若惠顾敝邑，抚有晋国，赐之内主，**杨伯峻："正夫人为内官之主，故云内主。"**岂唯寡君，举群臣实受其贶，其自唐叔以下实宠嘉之。"**唐叔，晋始封君唐叔虞。杨伯峻："齐言大公、丁公，故答言唐叔。"

既成昏，杨伯峻："成昏即近代之定婚。"**晏子受礼。**杜预："受宾享之礼。"**叔向从之宴，**杨伯峻："享而后宴。"**相与语。叔向曰："齐其何如？"**杜预："问兴衰。"**晏子曰："此季世也，**杨伯峻："季世犹言末代，衰微之世。"**吾弗知，齐其为陈氏矣！**杜预："不知其它，唯知齐将为陈氏。"杨树达读此句为"吾弗知齐，其为陈氏矣"，知为知国、知政之知，杨伯峻主之，则嫌太肯定，故不从。**公弃其民，而归于陈氏。齐旧四量，**杨伯峻："四种容积单位与量具。"**豆、区、釜、锺。四升为豆，各自其四，以登于釜。**四升折合为一豆，四豆为一区，四区为一釜。**釜十则锺。**十釜折合为一锺。**陈氏三量，皆登一焉，锺乃大矣。**杜预："登，加也。加一谓加旧量之一也。以五升为豆，五豆为区，五区为釜。"豆、区、釜既大，锺亦因之而大。**以家量贷，而以公量收之。**杜预："贷厚而收薄。"比如以五升为一豆（陈氏家量）贷出，而以四升为一豆（公量）收贷。陈氏每贷出一豆，则损失一升，更不言借贷之利。**山木如市，弗加于山；鱼盐蜃蛤，弗加于海。**杨伯峻："蜃音肾，大蛤。蛤音鸽，蛤蜊。句意谓山上之木料运至市场，其价与在山同，鱼盐以及海内可食动物，在市场，其价不加于海上。"以上谓陈氏厚施以收买民心。**民参其力，二入于公，而衣食其一。**参同三。民力之三分之二税于公，民仅得食三之一。杜预："言公重赋敛。"**公聚朽蠹，**公厚聚敛，已又不能食之，以致朽烂虫蛀，而不分人。**而三老冻馁。国之诸市，屦贱踊贵。**杨伯峻："言被刑者之多。"屦，鞋也。踊，刖足者所用，或谓假足，或谓挟持之杖，杜预谓刖者之鞋。**民人痛疾，而或燠休之。**《说文》："燠（yù），热在中也（不热不冷）。"《尔雅》："燠，煖也（煖同暖）。"《唐风·无衣》："安且燠兮。"《尚书·洪范》："曰雨、曰旸、曰燠、曰寒、曰风、曰时……时燠若……恒燠若。"《疏》："燠是热之始，暑是热之极；凉是冷之始，寒是冷之极。"休，息也，息止。杨伯峻据贾逵、杨树达谓：燠，厚也；休，赐也，燠休即厚赐。不从，若以一家之力厚赐国民之众，恐其力不能堪。**其爱之如父母，而归之如流水，**之，指陈氏。**欲无获民，将焉辟之？**辟同避。**箕伯、直柄、虞遂、伯戏，**杜预："四人皆舜后，陈氏之先。"**其相胡公、大姬，已在齐矣。"**相，辅相也。言陈国始封君之祭祀已徙迁在齐，其先鬼神亦已相之在齐。孔颖达："相，随也。"不从。杜预："胡公，四人之后，周始封陈之祖；大姬，其妃也。言陈氏虽为人臣，然将有国，其先祖鬼神已与胡公共在齐。”**叔向曰：“然，虽吾公室，今亦季世也。戎马不驾，卿无军行，**隐五年：“故春蒐、夏苗、秋狝、冬狩，皆于农隙以讲事也（讲习武事）。三年而治兵，入而振旅，归而饮至，以数军实。”盖晋此时皆荒其事。杨伯峻：“作战之马已不驾兵车，诸卿已不率领公室之军。”**公乘无人，卒列无长。**杨伯峻：“四句言晋公室之军备废弛。”杜预：“百人为卒。言人皆非其人，非其长。”“无人”“无长”者，谓公乘之御右、卒列之长皆不堪其职位（即无能之辈）。**庶民罢敝，而宫室滋侈；**杜预：“滋，益也。”**道殣相望，**殣 jǐn，《说文》：“道中死人，人所覆也。”杨伯峻：“此言饿死于路者多。”**而女富溢尤。**杜预：“女，嬖宠（内嬖）之家。”尤，甚也。元年“况不信之尤者乎”。“女富溢尤”与“道殣相望”相对，谓民人困饿而累尸于道，女嬖之家却富贵更甚。**民闻公命，如逃寇雠。栾、郤、胥、原、狐、续、庆、伯，降在皂隶。**谓八姓之后代。胥，胥臣。原，先轸。续，续简伯。庆，庆郑。伯，伯宗。**政在家门，**杜预：“大夫专政。”**民无所依，君日不悛，**日，日日也。悛，改也。**以乐慆忧。**以愒乐之心沉溺于忧患之中而不自知。慆，耽也，淹也，沉溺，淫溺。元年“慆堙心耳”，“非以慆心也”。《豳风·东山》：“我徂东山，慆慆不归。自我不见，于今三年。”《豳风·蟋蟀》：“日月其除；日月其迈；日月其慆。”除，去也。迈，行也。慆，沉陷也。**公室之卑，其何日之有？**杜预：“言今至。”**《谗鼎之铭》曰：**杜预：“谗，鼎名也。”**‘昧旦丕显，后世犹怠。’**昧旦，又曰昧爽，在鸡鸣之后，平旦之前。昧，日出之前也，与昏对。旦，日既出地也。丕，大也。显，明也。言昧旦之时天已大明，子孙犹懈怠不起。**况日不悛，**日，日日。**其能久乎？”晏子曰：“子将若何？”叔向曰：“晋之公族尽矣。肸闻之，公室将卑，其宗族枝叶先落，则公从之。**杨伯峻：“随之而落。”**肸之宗十一族，**杜预：“同祖为宗。”**唯羊舌氏在而已。肸又无子。**《传》之“无子”，除不能生养者曰无子，其他则多指无適子，此无疑也。杜注此谓“无贤子”，亦可信。叔向之子杨石，又称伯石、杨食我，此时盖已成年，见五年《传》。又据二十八年《传》，杨石盖叔向嫡妻所生，则杨石有与生俱来之嗣子合法性，而此文叔向曰“肸又无子”，则仍当以杜注为可通。**公室无度，幸而得死，**得寿终。**岂其获祀？”**杜预：“言必不得祀。”

初，景公欲更晏子之宅，曰：“子之宅近市，湫隘嚣尘，湫隘当为同义字连用，元年《传》“壅闭湫底”。湫，集也。近市场，故商户搭建陈设拥挤混乱。隘，逼仄也。杨伯峻：“嚣，喧闹。尘，尘土飞扬。”**不可以居，请更诸爽垲者。”**杜预：“爽，明也。”爽当与“湫隘”相对，垲当与“嚣尘”相对，与“嚣尘”相对者，静谧也。又《说文》：“垲，高燥也。”**辞曰：“君之先臣容焉，**杜预：“先臣，晏子之先人。”**臣不足以嗣之，于臣侈矣。**侈，奢侈。**且小人近市，朝夕得所求，小人之利也。敢烦里旅？”**杜预：“旅，众也。不敢劳众为己宅。”**公笑曰：“子近市，识贵贱乎？”对曰：“既利之，敢不识乎？”公曰：“何贵何贱？”于是景公繁于刑，有鬻踊者。**鬻 yù，卖也。**故对曰：“踊贵屦贱。”既已告于君，故与叔向语而称之。景公为是省于刑。**省，减轻也。**君子曰：“仁人之言，其利博哉！晏子一言而齐侯省刑。《诗》曰：‘君子如祉，乱庶遄已。’**如，若也。祉，福也。遄，速也。已，止也。**其是之谓乎！”**

及晏子如晋，公更其宅，反，则成矣。既拜，杜预：“拜谢新宅。”**乃毁之，而为里室，皆如其旧。**杜预：“本坏里室以大晏子之宅，故复之。”**则使宅人反之，**杜预：“还其故室。”**曰：“谚曰：‘非宅是卜，唯邻是卜。’**杜预：“卜良邻。”**二三子先卜邻矣，**杜预：“二三子谓邻人。”谓二三子初筑室于兹，必先卜其邻矣，吉而处之。**违卜不祥。君子不犯非礼，小人不犯不祥，**君子泛指在上者，非特指自己。宣十二年：“君子小人物有服章。”**古之制也。吾敢违**

诸乎？”卒复其旧宅。公弗许，因陈桓子以请，乃许之。

夏四月，郑伯如晋，公孙段相，甚敬而卑，礼无违者。晋侯嘉焉，授之以策，杜预：“赐命之书。”曰：“子丰有劳于晋国，子丰，公孙段之父。余闻而弗忘。赐女州田，以胙乃旧勋。”杨伯峻：“胙，酬报也。”伯石再拜稽首，受策以出。君子曰：“礼，其人之急也乎！伯石之汏也，杜预：“汏，骄也。”一为礼于晋，犹荷其禄，况以礼终始乎？《诗》曰：‘人而无礼，胡不遄死？’其是之谓乎！”

初，州县，栾豹之邑也。杜预：“豹，栾盈族。”及栾氏亡，范宣子、赵文子、韩宣子皆欲之。三子：士匄、赵武、韩起。文子曰：“温，吾县也。”杜预：“州本属温，温，赵氏邑。”二宣子曰：“自郤称以别，三传矣。州县曾为温县之一部分，于晋大夫郤称之时，晋将温县一分为二，其一仍为温县，划出之部分称州县。杜预：“郤称，晋大夫，始受州。自是州与温别，至今传三家。”晋之别县不唯州，杨伯峻：“晋将一县区分为二，不仅州邑。”谁获治之？”杜预：“言县邑既别甚多，无有得追而治取之。”文子病之，乃舍之。二子曰：“吾不可以正议而自与也。”皆舍之。及文子为政，赵获曰：“可以取州矣。”杜预：“获，赵文子之子。”文子曰：“退！二子之言，义也。杜预：“二子，二宣子也。”违义，祸也。余不能治余县，又焉用州？其以徼祸也！徼，求也。君子曰：‘弗知实难。’杜预：“患不知祸所起。”知而弗从，祸莫大焉。有言州必死！”

丰氏故主韩氏，此“主”即十三年“内主”、“外主”之主。杜预：“故，犹旧也。丰氏至晋，旧以韩氏为主人。”是也。定六年“昔吾主范氏，今子主赵氏”，皆同此。伯石之获州也，韩宣子为之请之，伯石此获州，因韩宣子之请（请以州赐伯石）。为其复取之之故。杜预：“后若还晋，因自欲取之。为七年丰氏归州张本。”

五月，叔弓如滕，葬滕成公，子服椒为介。叔弓，子叔敬叔，叔老之子，声伯婴齐之孙。子服椒，孟椒，懿伯之子，孟献子之孙。**及郊，遇懿伯之忌，**杨伯峻："忌，逝世之日，亦曰忌日。"**敬子不入。**杨伯峻："古人于父母逝世纪念日，不作他事，不举音乐。正使（敬子，即叔弓）因之不入滕境，入滕境，则子服椒必受滕之郊劳、授馆等礼仪，故为之稽缓一日。"**惠伯曰："公事有公利，无私忌，椒请先入。"**惠伯，子服椒。**乃先受馆。敬子从之。**

晋韩起如齐逆女。杜预："为平公逆。"**公孙虿为少姜之有宠也，以其子更公女，**子，女子，女也。**而嫁公子。**公子，女公子，即公女。嫁公女于他人。**人谓宣子："子尾欺晋，晋胡受之？"**子尾，公孙虿。以其女更公女而嫁晋侯，是欺晋。**宣子曰："我欲得齐而远其宠，宠将来乎？"**杜预："宠，谓子尾。"

秋七月，郑罕虎如晋，贺夫人，且告曰："楚人日徵敝邑，日，日日。徵，召也。**以不朝立王之故。**杜预："楚灵王新立。"**敝邑之往，则畏执事其谓寡君而固有外心；其不往，则宋之盟云。**杜预："云交相见。"**进退罪也。寡君使虎布之。"宣子使叔向对曰："君若辱有寡君，**有，存念于心也。**在楚何害？修宋盟也。君苟思盟，寡君乃知免于戾矣。君若不有寡君，虽朝夕辱于敝邑，寡君猜焉。**猜，疑也。**君实有心，何辱命焉？**杜预："言若有事晋心，至楚可不须告。"**君其往也！苟有寡君，在楚犹在晋也。"**

张趯使谓大叔曰："自子之归也，小人粪除先人之敝庐，曰：'子其将来。'杨伯峻："前《传》游吉云'今兹吾又将来贺。'"**今子皮实来，小人失望。"大叔曰："吉贱，不获来，**杜预："贱，非上卿。"**畏大国，尊夫人也。且孟曰'而将无事'，吉庶几焉。"**杜预："孟，张趯也。庶几如趯言。"

小邾穆公来朝。季武子欲卑之，穆叔曰："不可。曹、

滕、二邾，实不忘我好，敬以逆之，犹惧其贰。又卑一睦，焉逆群好也？其如旧而加敬焉。《志》曰：‘能敬无灾。’又曰：‘敬逆来者，天所福也。’”季孙从之。

八月，大雩，旱也。

齐侯田于莒，杜预：“莒，齐东竟。”卢蒲嫳见，泣，且请曰：“余发如此种种，余奚能为？”杜预：“嫳，庆封之党，襄二十八年放之于竟。种种，短也。自言衰老，不能复为害。”公曰：“诺，吾告二子。”杜预：“二子，子雅、子尾。”归而告之。子尾欲复之，子雅不可，曰：“彼其发短而心甚长，其或寝处我矣。”杨伯峻：“襄二十八年《传》述庆封闻子雅、子尾怒，告卢蒲嫳。嫳曰：‘譬之如禽兽，吾寝处之矣。’子雅此时亦以其语拒绝之。”九月，子雅放卢蒲嫳于北燕。杜预：“恐其复作乱。”

燕简公多嬖宠，欲去诸大夫而立其宠人。冬，燕大夫比以杀公之外嬖。杜预：“比，相亲比。”公惧，奔齐。书曰：“北燕伯款出奔齐。”罪之也。

十月，郑伯如楚，子产相。楚子享之，赋《吉日》。杜预：“《吉日》，宣王田猎之诗。楚王欲与郑伯共田，故赋之。”既享，子产乃具田备，杨伯峻：“备，具也。田备即田猎用具。”王以田江南之梦。

齐公孙灶卒。杜预：“灶，子雅。”司马灶见晏子，杜预：“司马灶，齐大夫。”曰：“又丧子雅矣。”言齐国良臣多丧，今又丧子雅矣。“又”与二十四年“甘氏又往矣”之“又”同。晏子曰：“惜也！子旗不免，杜预：“以其不臣。”子旗，子雅之子。殆哉！杨伯峻：“谓栾氏之族危殆。”姜族弱矣，而妫将始昌。妫，陈氏。二惠竞爽，犹可，杜预：“子雅、子尾皆齐惠公之孙也。爽，明也。”竞，争也。襄二十六年：“臣不心竞而力争，不务德而争善。”又弱一个焉，姜其危哉！”

昭公四年

【经】

四年春王正月，大雨雹。

夏，楚子、蔡侯、陈侯、郑伯、许男、徐子、滕子、顿子、胡子、沈子、小邾子、宋世子佐、淮夷会于申。杜预："楚灵王始合诸侯。"

楚子执徐子。

秋七月，楚子、蔡侯、陈侯、许男、顿子、胡子、沈子、淮夷伐吴，杜预："因申会以伐吴。"**执齐庆封，杀之。遂灭赖。**

九月，取鄫。襄六年莒灭鄫为邑，今鲁取之。《传》曰"凡克邑不用师徒曰取"。

冬十有二月乙卯，二十八日。**叔孙豹卒。**

【传】

四年春，王正月，许男如楚，楚子止之，杨伯峻："止，留之不使归。"杜预："欲与俱田。"**遂止郑伯，复田江南，许男与焉。**

使椒举如晋求诸侯，杨伯峻："椒举即伍举。"**二君待之。**杜预："二君，郑、许。"**椒举致命曰："寡君使举曰：日君有惠，赐盟于宋，**日，往日。杜预："宋盟在襄二十七年。"**曰：'晋、楚之从交相见也。'以岁之不易，**杨伯峻："不易言多难。"**寡人愿结欢于二三君。使举请间。**杨伯峻："间，暇也。

请其于閒暇时听此言。”**君若苟无四方之虞，**虞，图谋，谋画，虑也，察也。**则愿假宠以请于诸侯。”**杜预：“欲借君之威宠以致诸侯。”

晋侯欲勿许。司马侯曰：“不可。楚王方侈，天或者欲逞其心，以厚其毒，而降之罚，未可知也。其使能终，终，善终。**亦未可知也。晋、楚唯天所相，不可与争。君其许之，而修德以待其归。**杨伯峻：“归，今言归宿。”**若归于德，吾犹将事之，况诸侯乎？若适淫虐，楚将弃之，吾又谁与争？”公曰：“晋有三不殆，**杜预：“殆，危也。”**其何敌之有？国险而多马，齐、楚多难。有是三者，何乡而不济？”**乡通向。**对曰：“恃险与马，而虞邻国之难，**虞，度也，料也，念也，冀也。**是三殆也。四岳、**杜预：“东岳岱（泰）、西岳华、南岳衡、北岳恒。”**三涂、**杜预谓即今河南嵩县之三涂山。**阳城、**在登封。**大室、**嵩山。**荆山、**在湖北南漳县。**中南，**西安终南山。**九州之险也，是不一姓。**言常改姓。兴者替亡者，则其姓亦因之而改。**冀之北土，马之所生，**冀，冀州。**无兴国焉。恃险与马，不可以为固也，从古以然。是以先王务修德音以亨神人，**神，鬼神；人，民人。**不闻其务险与马也。邻国之难，不可虞也。或多难以固其国，启其疆土；或无难以丧其国，失其守宇。**《说文》：“宇，屋边也。”杜预：“于国则四垂为宇。”**若何虞难？齐有仲孙之难而获桓公，至今赖之。**杜预：“仲孙，公孙无知。事在庄九年。”**晋有里、丕之难而获文公，**里克、丕郑。**是以为盟主。卫、邢无难，敌亦丧之。**杜预：“闵二年狄灭卫，僖二十五年卫灭邢。”**故人之难，不可虞也。恃此三者，而不修政德，亡于不暇，**不暇，不暇顾。**又何能济？君其许之！纣作淫虐，文王惠和，殷是以陨，周是以兴，夫岂争诸侯？”**不在于争诸侯。**乃许楚使。使叔向对曰：“寡君有社稷之事，是以不获春秋时见。**春秋，四时祭祀。言有祭祀之事，不得自往。

诸侯，君实有之，何辱命焉？”杨伯峻：“言不必来征求同意。”**椒举遂请昏，**杜预：“盖楚子遣举时，兼使求昏。”**晋侯许之。**

楚子问于子产曰：“晋其许我诸侯乎？”对曰：“许君。晋君少安，不在诸侯。杜预：“安于小，小不能远图。”**其大夫多求，**杜预：“贪也。”**莫匡其君。在宋之盟，又曰如一。**如一，言晋、楚匹。**若不许君，将焉用之？”**杜预：“焉用宋盟。”**王曰：“诸侯其来乎？”对曰：“必来。从宋之盟，承君之欢，不畏大国，**杜预：“大国，晋也。”**何故不来？不来者，其鲁、卫、曹、邾乎！曹畏宋，邾畏鲁，鲁、卫偪于齐而亲于晋，唯是不来。**是，鲁、卫、曹、邾。**其余，君之所及也，谁敢不至？”**杜预：“楚威力所能及。”**王曰：“然则吾所求者，无不可乎？”对曰：“求逞于人，不可；**杜预：“逞，快也。求人以快意，人必违之。”**与人同欲，尽济。”**

大雨雹。季武子问于申丰曰：“雹可御乎？”申丰，鲁大夫，为行人之官。御，止也。**对曰：“圣人在上，无雹，虽有，不为灾。古者，日在北陆而藏冰，**杨伯峻：“北陆指虚宿与危宿。地球公转至此为小寒与大寒。是时为夏正十二月，正极冷之时。《诗·豳风·七月》‘二之日凿冰冲冲’，足证西周于夏正十二月挖冰块。”“二之日”即周正二月，当夏正十二月。**西陆朝觌而出之。**觌，见也，现也。杨伯峻：“西陆指昴宿和毕宿。诸星早晨出现，则出藏冰，其时应是清明、谷雨，当夏正四月。”**其藏冰也，深山穷谷，固阴冱寒，**杨伯峻：“固，凝涸。阴，即寒气。冱音互，凝也。固阴冱寒即寒气凝涸。”**于是乎取之。**言凿取冰块于深山穷谷，然后迁之而藏于冰室。**其出之也，**言启冰窖而取用之。**朝之禄位，宾、食、丧、祭，于是乎用之。其藏之也，黑牡、秬黍，以享司寒。**杜预：“黑牡，黑牲也。秬，黑黍也。司寒，玄冥，北方之神，故物皆用黑。有事于冰，故祭其神。”**其出之也，桃弧、棘矢，以除其灾。**杨伯峻：“出冰时，用桃木为弓，以棘为箭，置于储冰室之户以禳灾。”**其出入也时。**不违时。**食肉之禄，**杨伯峻：“食肉之禄即其禄足以食肉者。”**冰皆与焉。**与，及也。**大夫、命妇丧浴用冰。**命妇，大夫之妻。**祭寒而藏之，**祭寒即上文“享司寒”。**献羔而启之，**杜预：“谓二月春分献羔祭韭，始开冰室。”**公始用之。**杜预：“公先用，优尊。”**火出而毕赋。**杜预：“火星昏见东方，谓三月、四月中。”毕赋，食肉之禄皆得受冰赋。**自命夫、命妇，至于老疾，**杜预：“老，致仕在家者。”**无不受冰。山人取之，县人传之，**杜预：“山人，虞官。县人，遂属。”山人凿取冰块于深山穷谷。传之者，盖县人转移冰块于道路。**舆人纳之，隶人藏之。**杜预：“舆人、隶人皆贱官。”舆人纳之入都邑，隶人藏之于冰室。此时为夏正十二月，凿取之冰块虽几经辗转，然不会融化。**夫冰以风壮，**以，因也。风指冬风。杜预：“冰因风寒而坚。”**而以风出。**杜预：“顺春风而散用。”**其藏之也周，**杜预：“周，密也。”**其用之也遍，**杜预：“及老疾。”**则冬无愆阳，**杜预：“愆，过也。谓冬温。”**夏无伏阴，**杜预：“伏阴谓夏寒。”**春无凄风，**杜预：“凄，寒也。”**秋无苦雨，**秋为作物成熟收割之季节，故苦雨或指连绵之淫雨。**雷出不震，**古人认为雷出应在启蛰之后。不震，不作震灾。以上五者皆谓天道不违时令。**无菑霜雹，疠疾不降，**杨伯峻：“流行病。”**民不夭札。**杨伯峻：“夭，短命而死。札，流行病死亡。”**今藏川池之冰，弃而不用。**弃，不取藏之。**风不越而杀，**风指秋风，秋风主杀。越，过也。秋未至即作秋风而行秋令陨杀草木。**雷不发而震。**未及启蛰而作雷震之灾。两句谓天道违背时令。**雹之为菑，谁能御之？《七月》之卒章，藏冰之道也。”**杜预：“卒章曰‘二之日（周正二月）凿冰冲冲’，谓十二月（夏正）凿而取之；‘三之日纳于凌阴’，凌阴，冰室也；‘四之日其蚤，献羔祭韭’谓二月（夏正）春分蚤，开冰室，以荐宗庙。”

夏，诸侯如楚，鲁、卫、曹、邾不会。曹、邾辞以

难，公辞以时祭，卫侯辞以疾。郑伯先待于申。六月丙午，十六日。**楚子合诸侯于申。椒举言于楚子曰："臣闻诸侯无归，礼以为归。**言霸主无一定，诸侯必视大国之有礼者，始归服之。**今君始得诸侯，其慎礼矣。霸之济否，在此会也。夏启有钧台之享，**启，禹之子。**商汤有景亳之命，周武有孟津之誓，**杜预："将伐纣也。"**成有岐阳之蒐，**杜预："周成王归自奄，大蒐于岐山之阳。"**康有酆宫之朝，**康，周康王。朝，朝诸侯。**穆有涂山之会，**周穆王。**齐桓有召陵之师，**在僖四年。**晋文有践土之盟。**在僖二十八年。**君其何用？宋向戌、郑公孙侨在，诸侯之良也，君其选焉。"**杜预："选择所用。"**王曰："吾用齐桓。"**灵王以强不义为道，故欲以师定霸主之位。**王使问礼于左师与子产。左师曰："小国习之，大国用之，敢不荐闻？"**杜预："言所闻，谦示所未行。"**献公合诸侯之礼六。**杜预："其礼六仪也。宋爵公，故献公礼。"**子产曰："小国共职，**共同供。**敢不荐守？"献伯、子、男会公之礼六。君子谓合左师善守先代，子产善相小国。**

王使椒举侍于后以规过。杜预："规正二子之过。"**卒事，不规。王问其故，对曰："礼，吾所未见者有六焉，又何以规？"**

宋大子佐后至，王田于武城，久而弗见。恶其后也。**椒举请辞焉。**杜预："请王辞谢之。"即辞谢己之怠慢。**王使往，曰："属有宗祧之事于武城，**杜预："言为宗庙田猎。"杨伯峻："属，适也。"**寡君将堕币焉，敢谢后见。"**堕币，毁币也。八年"舆嬖袁克杀马毁玉以葬"、十八年"卜筮走望，不爱牲玉"、二十四年"王子朝用成周之宝珪于河"，《传》例颇多。《大雅·云汉》："靡爱斯牲，圭璧既卒。"祭祀时要杀牲，其所祭献之宝玉器物或亦当毁坏于神前，既献于鬼神，则不能完好收回，此盖即堕币。

徐子，吴出也，以为贰焉，故执诸申。杜预："言楚子以疑罪执诸侯。"

楚子示诸侯侈，杨伯峻："侈即下文之汏。"椒举曰："夫六王、二公之事，杜预："六王，启、汤、武、成、康、穆。二公，齐桓、晋文。"皆所以示诸侯礼也，诸侯所由用命也。夏桀为仍之会，有缗叛之。杜预："仍、缗，皆国名。"商纣为黎之蒐，东夷叛之。杜预："黎，东夷国名。"周幽为大室之盟，戎狄叛之。大室，中岳嵩山。皆所以示诸侯汏也，诸侯所由弃命也。今君以汏，以，用也。无乃不济乎！"王弗听。子产见左师曰："吾不患楚矣，汏而愎谏，不过十年。"愎，乖戾自用。左师曰："然。不十年侈，其恶不远，远恶而后弃。善亦如之，德远而后兴。"

秋七月，楚子以诸侯伐吴。宋大子、郑伯先归。杜预："郑伯久于楚，宋大子不得时见，故慰遣之。"宋华费遂、郑大夫从。从，从楚师。使屈申围朱方，杜预："朱方，吴邑，齐庆封所封也。屈申，屈荡之子。"八月甲申，克之。执齐庆封而尽灭其族。将戮庆封，椒举曰："臣闻无瑕者可以戮人。庆封唯逆命，是以在此，庆封于襄二十八年奔吴。其肯从于戮乎？不甘认戮，必争辩。杜预："言不肯默而从戮。"播于诸侯，播，扬也。焉用之？"王弗听，负之斧钺，负，荷也。以徇于诸侯，使言曰："无或如齐庆封，弑其君，弱其孤，以盟其大夫。"杜预："齐崔杼弑君，庆封其党也，故以弑君罪责之。"庆封曰："无或如楚共王之庶子围，弑其君——兄之子麇——而代之，以盟诸侯！"麇，楚君郏敖，灵王兄康王之子。王使速杀之。

遂以诸侯灭赖。赖子面缚衔璧，士袒，舆榇从之，造于中军。王问诸椒举，对曰："成王克许，在僖六年。许僖公如是，王亲释其缚，受其璧，焚其榇。"王从之。

杜预："从举言。"**迁赖于鄢。楚子欲迁许于赖，使斗韦龟与公子弃疾城之，**杜预："为许城也。韦龟，子文之玄孙。"**而还。**楚子、诸侯师还。

申无宇曰："楚祸之首，将在此矣。召诸侯而来，伐国而克，克，灭也，谓灭赖。**城竟莫校。**竟同境。城赖境，诸侯无有敢斥言校命者。**王心不违，**所欲必成。**民其居乎？**民将不得安居。**民之不处，**处亦居也。**其谁堪之？不堪王命，乃祸乱也。"**

九月，取鄫，言易也。莒乱，著丘公立而不抚鄫，鄫叛而来，故曰取。凡克邑，不用师徒曰取。

郑子产作丘赋。丘赋，税赋名。**国人谤之，**谤，诽谤。**曰："其父死于路，**襄十年尉氏杀子国于郑西宫之朝。死于路谓凶死。**己为虿尾。**杨伯峻："虿为蝎属。"杜预："谓子产重赋，毒害百姓。"**以令于国，国将若之何？"**言国将如何。**子宽以告。**杜预："子宽，郑大夫。"**子产曰："何害？苟利社稷，死生以之。**杜预："以，用也。"杨伯峻："以，由也。"**且吾闻为善者不改其度，故能有济也。民不可逞，**不可使民尽得其私欲。《秦誓》："民讫自若，是多盘（乱）。"**度不可改。《诗》曰：'礼义不愆，**杜预："子产自以为权制济国，于礼义无愆。"愆，过也。**何恤于人言？'吾不迁矣。"**迁，移也。**浑罕曰："国氏其先亡乎！**子产父字子国，故子国之后以国为氏。**君子作法于凉，**杜预："凉，薄也。"**其敝犹贪。**敝，旧也，终也。**作法于贪，敝将若之何？姬在列者，**杜预："在列国也。"**蔡及曹、滕其先亡乎！偪而无礼。**杜预："蔡偪楚，曹、滕偪宋。"**郑先卫亡，偪而无法。**杜预："偪晋、楚。"**政不率法，**率，循也。法，法制，旧法。**而制于心。**凭己心裁度。**民各有心，何上之有？"**谓民将效法其上，依个人之欲望行事，不顾统治者之存在。

冬，吴伐楚，入棘、栎、麻，以报朱方之役。朱方役在今年秋。**楚沈尹射奔命于夏汭，**御吴师。沈，楚县。**箴尹宜咎城钟离，**杜预："宜咎本陈大夫，襄二十四年奔楚。"**薳启强城巢，然丹城州来。**杜预："然丹，郑穆公孙，襄十九年奔楚。"**东国水，不可以城。彭生罢赖之师。**杜预："彭生，楚大夫。罢斗韦龟城赖之师。"

初，穆子去叔孙氏，及庚宗，穆子，叔孙豹。杜预："成十六年，辟侨如之难奔齐。庚宗，鲁地。"**遇妇人，使私为食而宿焉。**妇人，寡妇。私为食，穆子出奔，其徒从必多，穆子使庚宗妇人独为己一人造饭。为食，今曰做饭。而，且也。宿，使庚宗妇人与己同寝。**问其行，**问何事出行。此与明年"是将行"之"行"义不同，彼"行"乃出奔之义。**告之故，哭而送之。**哭其遭遇且送之行。**适齐，娶于国氏，**杜预："国氏，齐正卿。"**生孟丙、仲壬。梦天压己，弗胜。顾而见人，**顾，顾视。**黑而上偻，**杜预："上偻，肩伛。"**深目而豭喙。**深目，目凹陷。豭，公猪。豭喙，俗曰猪拱嘴。**号之曰：**号，呼也。**"牛！助余！"乃胜之。旦而皆召其徒，**欲于徒众中觅此人。杜预："徒，从者。"**无之。**无所梦之人。**且曰："志之。"**杨伯峻："嘱其徒记牛之貌。"**及宣伯奔齐，馈之。**杜预："宣伯，侨如，穆子之兄。成十六年奔齐。穆子馈宣伯。"**宣伯曰："鲁以先子之故，**杜预："先子，宣伯先人。"**将存吾宗，**言不废叔孙氏之祀。**必召女。召女，何如？"对曰："愿之久矣。"**杜预："言兄始为乱，己则有今日之愿。盖忿言。"

鲁人召之，不告而归。杨伯峻："侨如此时或已与齐声孟子又私通，穆子更恶之。"**既立，**立为卿。**所宿庚宗之妇人献以雉。**雉为士贽之礼，女贽唯榛栗枣修。庚宗妇人献雉，示乃代人进献，妇人欲引荐人于穆子也。**问其姓，**问献雉者之姓。穆子不知妇人为谁献，故问其献者之姓。杨伯峻据《周南·麟之趾》，"振振公子；振振公姓；振振公族"，谓姓即子，问其姓即问其子，此可备一说，然穆叔何以必知妇人为其子献？或妇人已复嫁，欲举荐其夫，代其夫献雉，亦未必不可。**对曰："余子长矣，能奉雉而从我矣。"**言余子，实谓其为穆叔之子。**召而见之，则所梦也。未问其名，号之曰："牛！"曰："唯。"皆召其徒，使视之，遂使为竖。**杜预："竖，小臣。"**有宠，长使为政。**杜预："为家政。"**公孙明知叔孙于齐，**杜预："公孙明，齐大夫子明也，与叔孙相亲知。"**归，未逆国姜，子明取之。故怒，**杨伯峻："怒其妻改嫁。"**其子长而后使逆之。**子，孟丙、仲壬。

田于丘莸，遂遇疾焉。穆叔生疾。**竖牛欲乱其室而有之，强与孟盟，不可。**杜预："欲使从己，孟不肯。"**叔孙为孟钟，**为，动词，铸也，作也。穆叔为孟丙铸钟。**曰："尔未际，**杜预："际，接也。孟未与诸大夫相接见。"际，会也，交也，接也。定十年"属与敝邑际"、《易·象》"天地际也"，"刚柔际也"。**飨大夫以落之。"**杨伯峻："叔孙欲于此确定孟为继承人。"落，建筑物、大器作成，而举行之落成仪式，杨伯峻谓相当于今之落成典礼。七年"楚子成章华之台，愿与诸侯落之"，与此文之"落"同义，古今同曰"落"，唯古今之仪式不同。**既具，**孟丙已筹备好飨宴之事。**使竖牛请日。**杨伯峻："请穆子订享日。"**入，弗谒。**竖牛入见穆叔，不告此事。谒，告也。**出，命之日。**杨伯峻："自穆子室出，诈以穆子命定飨日。"**及宾至，闻钟声。**杨伯峻："衅钟享宾，必撞钟。"穆子不知飨事，因疑惑孟丙何故撞钟。**牛曰："孟有北妇人之客。"**不曰孟丙飨大夫，而曰飨北妇人之客。杜预："北妇人，国姜也。客谓公孙明。"**怒，将往，牛止之。宾出，使拘而杀诸外。**杜预："杀孟丙。"**牛又强与仲盟，不可。仲与公御莱书观于公，**杜预："莱书，公御士名。仲与之私游观于公宫。"**公与之环。**杜预："赐玉环。"**使牛入示之。**仲不敢就佩之，使牛入示叔孙。**入，不示。出，命佩之。**杨伯峻："诈以叔孙之命命仲佩之。"**牛谓叔孙："见仲而何？"**杜预："而何，如何。"杨伯峻："言使仲壬见昭公，确立其承嗣地位，如何也。"**叔孙曰："何为？"**杜预："怪牛言。"**曰："不见？既自见矣！**杜预："言仲已自往见公。"**公与之环而佩之矣！"遂逐之，**罪其僭越无礼。**奔齐。疾急，命召仲，牛许而不召。**

杜洩见，告之饥渴，授之戈。杜预："杜洩，叔孙氏宰也。牛不食叔孙，叔孙怒，欲使杜洩杀之。"**对曰："求之而至，又何去焉？"**杜预："盖杜洩力不能去，设辞以免。"**竖牛曰："夫子疾病，不欲见人。"使寘馈于个而退。**杜预："寘，置也。个，东西厢。"馈，所馈食也。**牛弗进，则置虚命彻。**倾倒器中食物，而置虚器于原位，示叔孙已食，然后命彻去食器。**十二月癸丑，**二十六日。**叔孙不食。乙卯，**二十八日。**卒。**三日不食，遂饿死。**牛立昭子而相之。**杜预："昭子，豹之庶子叔孙婼也。"

公使杜洩葬叔孙。竖牛赂叔仲昭子与南遗，杜预："昭子，叔仲带也。南遗，季氏家臣。"**使恶杜洩于季孙而去之。杜洩将以路葬，且尽卿礼。**杜预："路，王所赐叔孙车。"**南遗谓季孙曰："叔孙未乘路，葬焉用之？且冢卿无路，**冢卿，主持公祭之卿，由上卿担任。**介卿以葬，**杜预："冢卿谓季孙。介，次也。"**不亦左乎？"**左，左于礼，言不当于礼之正。**季孙曰："然。"使杜洩舍路。**不使以路葬。**不可，曰："夫子受命于朝，而聘于王。**杜预："在襄二十四年。夫子谓叔孙。"**王思旧勋而赐之路。**杜预："感其有礼以念其先人。"**复命而致之君，**杜预："豹不敢自乘。"**君不敢逆王命而复赐之，使三官书之。吾子为司徒，实书名。**杜预："谓季孙也。书名，定位号。"**夫子为司马，与工正书服。**杜预："谓叔孙也。服，车服之器，工正所书。"**孟孙为司空，以书勋。**杜预："勋，功也。"**今死而弗以，**杨伯峻："以，用也，用之葬也。"**是弃君命也。书在公府而弗以，是废三官也。若命服，生弗敢服，死又不以，将焉用之？"**

赐之何用。**乃使以葬。**

季孙谋去中军。竖牛曰："夫子固欲去之。" 杜预："诬叔孙以媚季孙。"

昭公五年

【经】

五年春王正月，舍中军。 舍，废也，毁也。杜预："襄十一年始立中军。"

楚杀其大夫屈申。

公如晋。

夏，莒牟夷以牟娄及防、兹来奔。

秋七月，公至自晋。

戊辰， 十四日。**叔弓帅师败莒师于蚡泉。** 杜预："蚡泉，鲁地。"

秦伯卒。

冬，楚子、蔡侯、陈侯、许男、顿子、沈子、徐人、越人伐吴。

【传】

五年春，王正月，舍中军，卑公室也。毁中军于施氏，成诸臧氏。 杨伯峻："于施氏之家讨论此谋，立约于臧氏之家也。"杜预："季孙不欲亲其议，敕二家会诸大夫发毁置之计，又取其令名。"

初，作中军，三分公室，而各有其一。 杜预："三家各有一军家属。"公室即公民，包括国都、公邑及其郊遂之民，为国军兵赋之所出。

季氏尽征之， 于所得三分之一公民，责其为季氏出军赋。若不出军赋者，则双倍其田税，是谓尽征之。**叔孙氏臣其子弟，**杜预：“以父兄归公。”**孟氏取其半焉。**杜预：“复以子弟之半归公。”**及其舍之也，四分公室，季氏择二，二子各一。皆尽征之，而贡于公。**杨伯峻：“各家以其所入之若干贡于公。”

以书使杜泄告于殡，杜预：“告叔孙之柩。”**曰：“子固欲毁中军，既毁之矣，故告。”**诬叔孙也。**杜泄曰：“夫子唯不欲毁也，故盟诸僖闳，诅诸五父之衢。”**见襄十一年。**受其书而投之，**杜预：“投，掷地。”**帅士而哭之。**

叔仲子谓季孙曰：“带受命于子叔孙，带，叔仲带，叔仲昭子也。子叔孙，叔孙昭子（婼）。叔仲带受竖牛之赂，欲奉叔孙婼为叔孙氏后，固矫叔孙婼之命以媚季孙。叔孙婼之子叔孙成子卒于定五年，叔孙成子之子武叔（武叔非適子）立为叔孙氏后，五年之后（定十年），齐侯享武叔，亦称之“子叔孙”。**曰：‘葬鲜者自西门。’”**杜预：“不以寿终为鲜。西门非鲁朝正门。”**季孙命杜泄。**杜预：“命使从西门。”**杜泄曰：“卿丧自朝，鲁礼也。**朝，朝门，即鲁朝南门。杜预：“从生存朝觐之正路。”**吾子为国政，未改礼，而又迁之。**杜预：“迁，易也。”言礼制未改，而季孙私改行事之道。**群臣惧死，不敢自也。”**惧嫁祸于己。自，从也，从西门。**既葬而行。**杜预：“善杜泄能辟祸。”

仲至自齐，杜预：“闻丧而来。”**季孙欲立之。南遗曰：“叔孙氏厚则季氏薄。彼实家乱，子勿与知，不亦可乎？”南遗使国人助竖牛以攻诸大库之庭。**杜预：“攻仲壬也。”大库，库名。大库之庭即大库前之庭，非大庭氏之库。**司宫射之，中目而死。竖牛取东鄙三十邑，以与南遗。**

昭子即位，朝其家众，曰：“竖牛祸叔孙氏，使乱大从，杨伯峻据惠栋及王引之谓：“从，顺也。”**杀適立庶，又披其邑，**杜预：“披，析也。谓以邑与南遗。”**将以赦罪，罪莫大焉。**将欲赦其罪，然其罪莫大。**必速杀之。”竖牛惧，奔齐。孟、仲之子杀诸

塞关之外，投其首于宁风之棘上。

仲尼曰：“叔孙昭子之不劳，杨伯峻：“劳谓酬劳。不酬其立己之功，而反杀之。”**不可能也。**杨伯峻：“言难能。”**周任有言曰：‘为政者不赏私劳，不罚私怨。’**不以权力（公器）赏罚私人恩怨。**《诗》云：‘有觉德行，四国顺之。’”**觉，明也，清明，清醒，与昏相对。

初，穆子之生也，庄叔以《周易》筮之，杜预：“庄叔，穆子父得臣也。”**遇《明夷》䷣**《离》下《坤》上。**之《谦》䷎，**《艮》下《坤》上。《明夷》初九爻变为《谦》。**以示卜楚丘。曰：“是将行，**杜预：“行，出奔。”**而归为子祀。**杜预：“奉祭祀。”**以谗人入，其名曰生，卒以馁死。《明夷》，日也。**杨伯峻：“《明夷》，《离》下《坤》上。《离》为火为日，《坤》为地。日在地下，故曰《明夷》。”**日之数十，**杨伯峻：“古人误以日绕地，故以太阳之日与地球自转一周之日混为一。古人分一昼夜为十时。大概有鸡鸣（亦曰夜乡晨、鸡初鸣）、昧爽（亦曰昧旦）、旦（亦曰日出、见日、质明）、大昕（亦曰昼日）、日中（亦曰日之方中）、日昃（亦曰日下昃）、夕、昏（亦曰日旰、日入）、宵（亦曰夜）、夜中（亦曰夜半）等名。古无一日分十二时之说。至以十二支纪时，《南齐书·天文志》始有之。”**故有十时，亦当十位。自王已下，其二为公，其三为卿。**已读以。杨伯峻：“谓第一时为王，其次为公，其三为卿，则第四时为士。”**日上其中，**当王。**食日为二，**杜预：“公位。”**旦日为三。**杜预：“卿位。”杨伯峻：“盖日上其中者，日由地中上，鸡初鸣也；食日者，昧爽也；旦日者，日初出也。”**《明夷》之《谦》，明而未融，**融，通，透，开，化，升也。**其当旦乎，**杜预：“融，朗也。《离》在《坤》下，日在地中之象。又变为《谦》，谦道卑退，故曰明而未融。日明未融，故曰其当旦乎。”**故曰‘为子祀’。**杜预：“庄叔，卿也。卜豹为卿，故知为子祀。”**日之《谦》，当鸟，故曰‘明夷于飞’。**杜预：“《离》为日、为鸟，《离》变为《谦》，日光不足，故当鸟。鸟飞行，故曰于飞。”**明而未融，故曰‘垂其翼’**。杜预：“于日为未融，于鸟为垂翼。”**象日之动，故曰‘君子于行’**。杜预：“《明夷》初九，得位有应，君子象也。在明伤之世，居谦下之位，故将辟难而行。”**当三在旦，故曰‘三日不食’**。杜预：“旦位在三，又非食时，故曰三日不食。”《周易》“三日不食”，“三”为虚数，在此文则为实数。**《离》，火也；《艮》，山也。《离》为火，火焚山，山败。于人为言，**杜预：“《艮》为言。”**败言为谗，**杜预：“为《离》所焚，故言败。”**故曰‘有攸往，主人有言’，言必谗也。**杜预：“言而见败，故必谗言。”杨伯峻：“此解《明夷》初九爻辞‘明夷于飞，垂其翼。君子于行，三日不食，有攸往，主人有言。’”**纯《离》为牛，**纯，纯正，质不杂也。**世乱谗胜，胜将适《离》，故曰‘其名曰牛’。谦不足，飞不翔；**杜预：“谦道冲退，故飞不远翔。”**垂不峻，翼不广，**杜预：“峻，高也。翼垂下，故不能广远。”**故曰‘其为子后乎’**。杜预：“不远翔，故知不远去。”**吾子，亚卿也；**庄叔为亚卿，穆子嗣之，亦必亚卿。**抑少不终。”**杨伯峻：“抑，但也。少不终，言穆子虽老寿，而仍不得善死。少，小也。”此穆子当其篮，故“少不终”者，谓穆子少不终也。

楚子以屈申为贰于吴，乃杀之。以屈生为莫敖，杜预：“生，屈建子。”**使与令尹子荡如晋逆女。过郑，郑伯劳子荡于氾，劳屈生于菟氏。**杜预：“氾、菟氏皆郑地。”**晋侯送女于邢丘。子产相郑伯，会晋侯于邢丘。**

公如晋，自郊劳至于赠贿，入有郊劳，出有赠贿。郊劳至赠贿，言自始至终也。**无失礼。**礼，此特指礼仪，仪节。**晋侯谓女叔齐曰：“鲁侯不亦善于礼乎？”**此“礼”非指仪节。礼者，事之善道也。**对曰：“鲁侯焉知礼！”公曰：“何为？自郊劳至于赠贿，礼无违者，何故不知？”对曰：“是仪也，不可谓礼。**

礼所以守其国，行其政令，无失其民者也。今政令在家，杜预："在大夫。"卿大夫曰家。**不能取也；有子家羁，弗能用也；**杜预："羁，庄公玄孙懿伯也。"**奸大国之盟，陵虐小国；**杨伯峻："奸，犯也。陵虐小国谓伐莒取郓。"**利人之难，**杜预："谓往年莒乱而取鄫。"**不知其私。**杜预："不自知有私难。"**公室四分，民食于他。**杜预："他，谓三家也。言鲁君与民无异。"**思莫在公，**杨伯峻："民心已不在鲁公。"**不图其终。**杨伯峻："昭公本人亦不念及后果。"**为国君，难将及身，不恤其所。**不忧其位。**礼之本末，将于此乎在，**杨伯峻："在守国、行政、无失民。"**而屑屑焉习仪以亟。**屑，末儿也，细末儿，碎末儿。屑屑，细碎，琐碎。亟，急也。言弃其本，而以事之末为急务。**言善于礼，不亦远乎？君子谓："叔侯于是乎知礼。"**杜预："时晋侯亦失政，叔齐以此讽谏。"

晋韩宣子如楚送女，叔向为介。郑子皮、子大叔劳诸索氏。大叔谓叔向曰："楚王汏侈已甚，已，太也。**子其戒之。"**戒，防备。**叔向曰："汏侈已甚，身之灾也，焉能及人？若奉吾币帛，慎吾威仪，守之以信，行之以礼，敬始而思终，终无不复。**杜预："事皆可复行。"**从而不失仪，**杨伯峻："顺从主人而不失仪度，顺从而不过度。"**敬而不失威，**恭敬而不失威严（尊严）。杨伯峻："恭敬而有节制。"**道之以训辞，**杨伯峻："道，引导也。"**奉之以旧法，**据杨伯峻，奉，行也。**考之以先王，**杨伯峻："考，稽考。以先王之事稽考之。"**度之以二国，**杨伯峻："衡量晋、楚二国之强弱、利害、得失之关系。"**虽汏侈，若我何？"**

及楚，楚子朝其大夫，曰："晋，吾仇敌也。苟得志焉，无恤其他。杨伯峻："恤，顾虑也。"**今其来者，上卿、上大夫也。若吾以韩起为阍，**阍，守门人。杜预："刖足使守门。"非也。阍无刖足之礼，庄十九年鬻拳引罪自刖，杜预盖误会之，遂致此误。

以羊舌肸为司宫，司宫为宫内阉臣。杜预："加宫刑。"**足以辱晋，吾亦得志矣。可乎？"大夫莫对。**杨伯峻："无答对者。"**薳启强曰："可。苟有其备，何故不可？耻匹夫不可以无备，况耻国乎？是以圣王务行礼，不求耻人，朝聘有珪，**杨伯峻："玉制礼器，手执之。"**享覜有璋，**杜预："享，飨也。覜（tiào），见也。既朝聘而享见也。臣为君使执璋。"**小有述职，大有巡功。**杜预："诸侯适天子曰述职，天子巡守曰巡功。"**设机而不倚，**杨伯峻："机同几。古人席地而坐，坐即屈膝而臀在踵上，几置侧以倚靠。"**爵盈而不饮；**杜预："言务行礼。"**宴有好货，**杜预："宴饮以货为好，衣服车马在客所无。"**飧有陪鼎，**杜预："熟食曰飧。陪，加也。加鼎所以厚殷勤。"陪，陪衬，陪附，附加也。**入有郊劳，**杜预："宾至，逆劳之于郊。"**出有赠贿，**杜预："去则赠之以货贿。"**礼之至也。国家之败，失之道也，**杨伯峻："之，此也。失此道也。"**则祸乱兴。**杜预："失朝聘宴好之道。"**城濮之役，**在僖二十八年。**晋无楚备，**杨伯峻："晋胜楚而不再设备。"**以败于邲。**在宣十二年，晋败。**邲之役，楚无晋备，以败于鄢。**在成十六年。**自鄢以来，晋不失备，而加之以礼，重之以睦，是以楚弗能报而求亲焉。**报，报复鄢陵之败。**既获姻亲，又欲耻之，以召寇雠，备之若何？**言虽有备又如何。**谁其重此？**言诸侯将惩戒而不来，虽欲重辱于人其不得矣。**若有其人，耻之可也。**杜预："谓有贤人以敌晋，则可耻之。"**若其未有，君亦图之。晋之事君，臣曰可矣：求诸侯而麇至；**杜预："麇，群也。"**求昏而荐女，君亲送之，上卿及上大夫致之。犹欲耻之，君其亦有备矣。不然，奈何？韩起之下，赵成、中行吴、魏舒、范鞅、知盈；**杜预："五卿位在韩起之下，皆三军之将佐也。成，赵武之子。吴，荀偃之子。"**羊舌肸之下，祁午、张趯、籍谈、女齐、梁丙、张骼、辅跞、苗贲皇，皆诸侯之选也。**选，良选。**韩襄为**

公族大夫，韩须受命而使矣。杜预："襄，韩无忌之子。须，起之门子，年虽幼，已任出使。"箕襄、邢带、叔禽、叔椒、子羽，皆大家也。韩赋七邑，皆成县也。杨伯峻据俞樾谓："韩氏收七邑之赋，此七邑皆大县。襄十四年：'成国不过半天子之军'，杜曰'成国，大国也'。"羊舌四族，皆强家也。杜预："四族，铜鞮伯华、叔向、叔鱼、叔虎兄弟。"晋人若丧韩起、杨肸，五卿八大夫辅韩须、杨石，杜预："石，叔向子食我也。"因其十家九县，长毂九百，杜预："长毂，戎车也。县百乘。"其余四十县，遗守四千，杜预："计遗守国者尚有四千乘。"奋其武怒，以报其大耻，伯华谋之，伯华，叔向之兄。中行伯、中行伯，荀吴。魏舒帅之，其蔑不济矣。君将以亲易怨，实无礼以速寇，而未有其备，使群臣往遗之禽，杨伯峻："谓群臣往敌晋，是遗晋以俘虏。"以逞君心，何不可之有？"王曰："不穀之过也，大夫无辱。"杜预："谢薳启强。"厚为韩子礼。王欲敖叔向以其所不知，杨伯峻："敖同傲。"而不能，杜预："言叔向之多知。"亦厚其礼。

韩起反，郑伯劳诸圉。辞不敢见，礼也。陶鸿庆："不敢当国君亲劳。"

郑罕虎如齐，娶于子尾氏。晏子骤见之，杨伯峻："骤，屡也。"陈桓子问其故，对曰："能用善人，民之主也。"杜预："谓授子产政。"

夏，莒牟夷以牟娄及防、兹来奔。牟夷非卿而书，书，《经》书其名。尊地也。尊，贵也。莒人愬于晋。杜预："愬鲁受牟夷。"晋侯欲止公，杨伯峻："扣留鲁昭公。"范献子曰："不可。人朝而执之，诱也。杨伯峻："似引诱其来而执之。"讨不以师，而诱以成之，惰也。怠慢于讨罪之道。为盟主而犯此二者，无乃不可乎！请归之，间而以师讨焉。"间，伺机也，伺其间隙。乃归公。秋七月，公至自晋。

莒人来讨，杜预：“讨受牟夷。”不设备。莒不设备。戊辰，叔弓败诸蚡泉，莒未陈也。

冬十月，楚子以诸侯及东夷伐吴，以报棘、栎、麻之役。役在去年。薳射以繁扬之师会于夏汭。杜预：“会楚子。”越大夫常寿过帅师会楚子于琐。越，越国，为楚之与国。闻吴师出，薳启强帅师从之，杜预：“从吴师也。”遽不设备，遽从吴师而疏于设备。吴人败诸鹊岸。楚子以驲至于罗汭。驲，快车名。罗，水名。

吴子使其弟蹶由犒师，杨伯峻：“犒劳楚师。”楚人执之，将以衅鼓。杨伯峻：“杀之以其血祭新鼓。”王使问焉，曰：“女卜来吉乎？”对曰：“吉。寡君闻君将治兵于敝邑，卜之以守龟，曰：‘余亟使人犒师，亟，急也。请行以观王怒之疾徐，而为之备，尚克知之。’杨伯峻：“此卜龟时命辞。”尚，今曰希望。克，得也。龟兆告吉，曰：‘克可知也。’君若欢焉好逆使臣，滋敝邑休怠，杨伯峻：“滋，益也。休怠犹言懈怠。”而忘其死，亡无日矣。今君奋焉震电冯怒，杜预：“冯，盛也。”虐执使臣，将以衅鼓，则吴知所备矣。敝邑虽羸，若早修完，修器备完城郭。其可以息师。宁息楚师。难易有备，可谓吉矣。且吴社稷是卜，岂为一人？言卜社稷之臧否，非卜行人之吉凶。使臣获衅军鼓，而敝邑知备，以御不虞，不虞，不料，不测。其为吉孰大焉？国之守龟，其何事不卜？言所卜广，不必集于一事。一臧一否，一事臧一事否。其谁能常之？杨伯峻：“常，一定。言吉凶所在无人能定其常在某事。”城濮之兆，其报在邲。城濮晋、楚之战，楚卜吉，而实败。楚因败而知备，此亦卜吉之所在也，故胜于邲。今此行也，其庸有报志！”杨伯峻：“其庸，反诘副词连用，岂也。”不从。其，表倾向于肯定判断之副词。庸，犹用也。言卜来虽吉，而实被衅鼓，所卜来之吉兆或将应在战而吴胜。乃弗杀。

楚师济于罗汭，沈尹赤会楚子，次于莱山。薳射帅繁扬之师，先入南怀，楚师从之，及汝清。吴不可入。杜预："有备。"楚子遂观兵于坻箕之山。观兵，示威也。

是行也，吴早设备，楚无功而还，以蹶由归。楚子惧吴，使沈尹射待命于巢，薳启强待命于雩娄，礼也。杜预："善有备。"

秦后子复归于秦，杜预："元年奔晋。"景公卒故也。杜预："终五稔之言。"

昭 公 六 年

【经】

六年春王正月，杞伯益姑卒。

葬秦景公。

夏，季孙宿如晋。

葬杞文公。

宋华合比出奔卫。

秋九月，大雩。

楚薳罢帅师伐吴。

冬，叔弓如楚。

齐侯伐北燕。

【传】

六年春，王正月，杞文公卒，吊如同盟，礼也。杜预："鲁怨杞因晋取其田，而今不废丧纪，故礼之。"

大夫如秦，葬景公，礼也。杜预："合先王士吊、大夫送葬之礼。"

三月，郑人铸刑书。杜预："铸刑书于鼎，以为国之常法。"**叔向使诒子产书，**杜预："诒，遗也。"**曰：**

始吾有虞于子，虞，料也，冀也。**今则已矣。**已，止也。**昔先王议事以制，**事，犯人所犯之事。制，断也，裁断。议事以制者，不尽依犯人所犯个案定罪，而是审议犯人之作案动机、认罪态度——是有意、无意；惯犯、偶犯；怙终、即改，以及犯人之品行等作为定罪依据。**不为刑辟，**杨伯峻："辟，法也。刑辟即刑律。"铸刑书即象征着量刑标准化，以所犯个案的危害程度，给予相应的刑罚。**惧民之有争心也。**杜预："临事制刑，不豫设法也。法豫设，则民知争端。"**犹不可禁御，是故闲之以义，**闲，因习行某事进而能很好地奉持之。**纠之以政，**纠，约制也。**行之以礼，守之以信，奉之以仁，**奉，保也，持也。**制为禄位以劝其从，**杨伯峻："立官品高下俸禄厚薄之制以勉励顺从教诲者。"**严断刑罚以威其淫。**威慑其淫放不度者。**惧其未也，**杨伯峻："犹恐未能奏效。"**故诲之以忠，耸之以行，**以己身之行为威仪耸惧之。耸，惧也，此引为儆惧，戒惧。成十四年"大夫闻之，无不耸惧"、昭十九年"驷氏耸"。**教之以务，**杨伯峻："务谓其专业。"**使之以和，**杜预："说以使民。"**临之以敬，莅之以强，**临与莅义近同，例如"病"与"疾"、"城"与"筑"、"得"与"获"等，已见前注。强，坚毅。杨伯峻："强谓威严。"是。**断之以刚。**杨伯峻："有违犯者坚决判断。断，即今之裁决、判断。"**犹求圣哲之上，明察之官，**杜预："上，公、王也。官，卿大夫也。"**忠信之长，慈惠之师，民于是乎可任使也，而不生祸乱。民知有辟，则不忌于上，**杜预："权移于法（言权让位于法），故民不畏上。"**并有争心，以徵于**

书，王引之："并，遍也。"杨伯峻："人人有相争之心，各引刑律以为己证。"**而徼幸以成之，**徼，求也，不可解为侥幸之侥。幸，侥幸。**弗可为矣。**为，治也。**夏有乱政而作《禹刑》，**杨伯峻："乱政谓民有犯政令者。"**商有乱政而作《汤刑》，周有乱政而作《九刑》。三辟之兴，皆叔世也。**杨伯峻："三辟，指《禹刑》、《汤刑》、《九刑》。"叔，当与僖二十四年"周公吊二叔之不咸"之"叔"字同义。叔世，服虔"逾（愈）于季氏"。杜预："言刑书不起于始盛之世。"**今吾子相郑国，作封洫，**在襄三十年。**立谤政，**杨伯峻："指作丘赋，郑人谤之，见四年《传》。"**制参辟，**参同三。辟，法也。**铸刑书，将以靖民，不亦难乎？《诗》曰："仪式刑文王之德，日靖四方。"**杨伯峻："仪、式、刑，皆法也，三字同义连用。"**又曰："仪刑文王，万邦作孚。"**仪刑，法也，效法。孚，诚信。**如是，何辟之有？**杨伯峻："言不必有法律。"**民知争端矣，**杨伯峻："争端指刑书。"**将弃礼而徵于书。**徵引刑书为己辩证。**锥刀之末，将尽争之。**杨伯峻："铸刑书须先刻字于范，锥刀乃刻字之具。锥刀之末谓刑书之每字每句。"**乱狱滋丰，**顾炎武："丰者，繁多之意。"**贿赂并行，**并，遍也。**终子之世，郑其败乎！肸闻之，"国将亡，必多制"，**杜预："数改法。"**其此之谓乎！**

复书曰：

若吾子之言——杨伯峻："此语未竟。若，顺也。言顺吾子之言，吾不能。"**侨不才，不能及子孙，吾以救世也。既不承命，**杨伯峻："不受其言。"**敢忘大惠？**杜预："以见箴诫为惠。"

士文伯曰：士文伯，士匄。**"火见，郑其火乎！**火见，谓比及火星现。杜预："火，心星也。周五月昏见。"**火未出而作火以**

铸刑器，铸冶须用火。**藏争辟焉。**杨伯峻："言刑书将起争端，故谓刑书为争辟，而藏于鼎。"**火如象之，不火何为？"**杨伯峻："如，用法同而。"杜预："象，类也。同气相求，火未出而用火，相感而致灾。"

夏，季孙宿如晋，拜莒田也。杜预："谢前（去）年受牟夷邑不见讨。"**晋侯享之，有加笾。**杜预："笾豆之数多于常礼。"**武子退，使行人告曰："小国之事大国也，苟免于讨，不敢求贶。**贶，赐也。**得贶不过三献。今豆有加，下臣弗堪，无乃戾也。"**杜预："惧以不堪为罪。"**韩宣子曰："寡君以为驩也。"**驩同欢。杜预："以加礼致驩心。"**对曰："寡君犹未敢，**杜预："未敢当此加礼。"**况下臣？君之隶也，敢闻加贶？"固请彻加，而后卒事。**卒享事。**晋人以为知礼，重其好货。**杜预："宴好之货。"

宋寺人柳有宠，杜预："有宠于平公。"**大子佐恶之。华合比曰："我杀之。"**杜预："欲以求媚大子。"**柳闻之，乃坎、用牲、埋书，**杜预："诈为盟处。"**而告公曰："合比将纳亡人之族，**杜预："亡人，华臣也。襄十七年奔卫。"**既盟于北郭矣。"公使视之，**之，指盟处。**有焉，遂逐华合比，合比奔卫。于是华亥欲代右师，**杜预："亥，合比弟。欲得合比处。"**乃与寺人柳比，从为之徵，**杨伯峻："徵，证也。"**曰："闻之久矣。"**杜预："闻合比欲纳华臣。"**公使代之。见于左师，**杜预："左师，向戌。"**左师曰："女夫也，必亡！**杨伯峻："女夫，轻视之词。"**女丧而宗室，于人何有？人亦于女何有？**谓汝于宗室尚且翦害，又何以能顾恤他人？他人亦何以吝惜于汝。**《诗》曰：'宗子维城，**杨伯峻："华合比为华氏之宗子，即华族之城垣也。"**毋俾城坏，毋独斯畏。'女其畏哉！"**俾，使也。独，孤独，孤立。斯，是也。

六月丙戌，七日。**郑灾。**灾，火灾。

楚公子弃疾如晋，报韩子也。报去年韩子送女。**过郑，**

郑罕虎、公孙侨、游吉从郑伯以劳诸柤，柤，郑地。**辞不敢见。**杜预："不敢当国君之劳。"**固请，**郑伯坚决请见。**见之。见如见王。**杜预："见郑伯如见楚王，言弃疾共而有礼。"**以其乘马八匹私面。**杜预："私见郑伯。"**见子皮如上卿，**杜预："如见楚卿。"**以马六匹；见子产，以马四匹；见子大叔，以马二匹。**杜预："（自上以下）降杀以两。"**禁刍牧采樵，不入田，不樵树，**杨伯峻："不伐树为柴。"**不采艺，**杨伯峻："种植曰艺。此谓不采摘所种植之菜果。"**不抽屋，**杨伯峻："不撤屋宇之木为用。"**不强匄。**杨伯峻："不就人强行乞讨。"**誓曰："有犯命者，君子废，小人降。"舍不为暴，**杨伯峻："寄宿于东道国不作暴行。"**主不慁宾。**杜预："慁（hùn），患也。"**往来如是。郑三卿皆知其将为王也。**

韩宣子之适楚也，楚人弗逆。杨伯峻："不郊迎。"**公子弃疾及晋竟，晋侯将亦弗逆。叔向曰："楚辟我衷，**杜预："辟，邪也。衷，正也。"**若何效辟？《诗》曰：'尔之教矣，民胥效矣。'**胥，相也，相互之相。杨伯峻："胥，皆也。"误。**从我而已，焉用效人之辟？《书》曰：'圣作则。'**杜预："则，法也。"**无宁以善人为则，**无宁，宁也。**而则人之辟乎？匹夫为善，民犹则之，况国君乎？"晋侯说，乃逆之。**

秋九月，大雩，旱也。

徐仪楚聘于楚。杨伯峻以两件出土春秋文物为证，仪楚时为徐国太子。**楚子执之，逃归。惧其叛也，使薳洩伐徐。**杜预："薳洩，楚大夫。"**吴人救之。令尹子荡帅师伐吴，师于豫章，而次于乾溪。吴人败其师于房钟，获宫厩尹弃疾。**杜预："斗韦龟之父。"**子荡归罪于薳洩而杀之。**

冬，叔弓如楚聘，且吊败也。杜预："吊为吴所败。"

十一月，齐侯如晋，请伐北燕也。杜预："告盟主。"**士匄相士鞅，逆诸河，礼也。**士匄，士文伯，士弱之子，与士鞅之父范宣子士匄同名。**晋侯许之。十二月，齐侯遂伐北燕，将纳简公。**杜预："简公，北燕伯，三年出奔齐。"**晏子曰："不入。**言不克纳。**燕有君矣，民不贰。**燕已更立新君，民奉戴之。**吾君贿，**贪贿。**左右谄谀，作大事不以信，未尝可也。"**

昭公七年

【经】

七年春王正月，暨齐平。北燕及齐平。

三月，公如楚。

叔孙婼如齐莅盟。杜预："公将远适楚，故叔孙如齐寻旧好。"

夏四月甲辰朔，日有食之。

秋八月戊辰，二十六日。**卫侯恶卒。**

九月，公至自楚。

冬十有一月癸未，十三日。**季孙宿卒。**

十有二月癸亥，二十三日。**葬卫襄公。**

【传】

七年春王正月，暨齐平，暨，及也。定十一年"宋公母弟辰暨仲佗、石彄、公子地入于萧"、《尚书》"汝羲暨和"，"稷、契暨皋陶"，"蠙珠暨鱼"，"朔南暨，声教讫于四海"。**齐求之也。**杜预："齐伐燕，燕人赂之，反从求平，如晏子言。"**癸巳，**十八日。**齐侯次于虢。**杜预："燕竟。"**燕人行成，曰："敝邑知罪，敢不听命？先君之敝器，请以谢罪。"公孙晳曰："受服而退，俟衅而动，可也。"**杜预："晳，齐大夫。"杨伯峻："应晏子所言‘左右谄谀’。”**二月戊午，**十四日。**盟于濡上。**濡上，濡水边。**燕人归燕姬，**杜预：“嫁女于齐侯。”**赂以瑶瓮、玉椟、斝耳，**杜预：“瑶，玉也。椟，匮也。斝（jiǎ）耳，玉爵（酒杯）。”**不克而还。**不克，不克纳简公。

楚子之为令尹也，为王旌以田。为，制也，作也。王子围为令尹时，私自制作王之旌旗，用以田猎。**芋尹无宇断之，**芋尹，官名。断，翦断，斩断。据杨伯峻，断之者，可能一则断去五旒（旗上飘带），一则断其旒长，使异于王旗。**曰：“一国两君，其谁堪之？”**大夫而用王旗，是亦为王也，故曰两君。**及即位，**灵王篡立。**为章华之宫，**为，筑也，建也。**纳亡人以实之。**实，充实。**无宇之阍入焉。**杜预：“有罪，亡入章华宫。”**无宇执之，有司弗与，**杨伯峻：“有司指管理章华宫之官员。”与，予也。**曰：“执人于王宫，其罪大矣。”执而谒诸王。**杜预：“执无宇也。”谒，告也。**王将饮酒，**杜预：“遇其欢也。”**无宇辞曰：**辞，辞辩。**“天子经略，**经，经营也。略，封略。**诸侯正封，**杨伯峻：“正，治也。经略与正封同义。”**古之制也。封略之内，何非君土？食土之毛，**杜预：“毛，草也。”杨伯峻：“此谓食生产于土者。”食土之毛即食土之毛者。**谁非君臣？故《诗》曰：‘普天之下，莫非王土；率土之滨，莫非王臣。’**杨伯峻：“率，循也。”杜预：“滨，涯也。”**天有十日，**十日，见五年《传》。**人有十等，下所以事上，上所以共神也。**共同供。**故王臣公，公臣大夫，大夫臣士，士臣皂，皂臣舆，舆臣隶，隶臣僚，僚臣仆，仆臣台。马有圉，牛有牧，**杜预：“养马曰圉，养牛曰牧。”杨伯峻：“圉牧不在十等内。”**以待百事。今有司曰：‘女胡执人于王宫？’将焉执之？周文王之法曰‘有亡，荒阅’，**荒，僻远也，此概近而言，引申为大也。阅，蒐也，搜索。**所以得天下也。吾先君文王，**杜预：“楚文王。”**作仆区之法，**杜预：“仆区，刑书名。”**曰‘盗所隐器，**盗取盗贼隐藏之器。**与盗同罪’，**

所以封汝也。杜预："行善法，故能启疆，北至汝水。"**若从有司，是无所执逃臣也。逃而舍之，是无陪台也。**言王将无陪台。大夫之臣于楚王称陪臣，此不曰陪臣，而曰陪台，数其十等之末者，故杜预谓"言皆将逃"。**王事无乃阙乎！昔武王数纣之罪，以告诸侯曰：'纣为天下逋逃主，萃渊薮。'**逋，亡也。杨伯峻："天下逃亡者，纣为窝藏主，故群集之，如渊为鱼之所藏、薮为兽之所聚。"**故夫致死焉。**杜预："人欲致死讨纣。"致死，今谓拼命。**君王始求诸侯而则纣，无乃不可乎！若以二文之法取之，**二文，周文王、楚文王。**盗有所在矣。"**杜预："言王亦为盗。"杨伯峻："因其窝藏逃亡者。"**王曰："取而臣以往，**杨伯峻："许其执王宫之逃阍。往，去也。"**盗有宠，未可得也。"**杜预："盗有宠，王自谓。"言此盗（己）受天宠，汝等臣下讨执不得。**遂赦之。**之，无宇。

楚子成章华之台，愿与诸侯落之。此"落"与四年"飨大夫以落之"之"落"同义。**大宰薳启强曰："臣能得鲁侯。"薳启强来召公，辞曰："昔先君成公，命我先大夫婴齐曰：'吾不忘先君之好，将使衡父照临楚国，镇抚其社稷，以辑宁尔民。'婴齐受命于蜀，**杜预："蜀盟在成二年。衡父，公衡。"**奉承以来，弗敢失陨，而致诸宗祧。**杜预："言奉成公此语以告宗庙。"**日我先君共王，引领北望，**日，往日。引，犹伸也。**日月以冀。**冀，望也。杜预："冀鲁朝。"**传序相授，于今四王矣。**杜预："四王，共、康、郏敖、灵王。"**嘉惠未至，唯襄公之辱临我丧。**在襄公二十八年。**孤与其二三臣，悼心失图，**襄十四年："寡君不以即刑，而悼弃之。"《鄘风·氓》："静言思之，躬自悼矣。"《桧风·羔裘》："中心是悼。"三"悼"字皆非今悼丧之悼。悼，忧痛之深也，今则多指悼死，悼丧。悼心失图犹怀忧丧志，忧心丧志。**社稷之不皇，况能怀思君德？**皇通遑。杜预："皇，暇也。言有大丧，多不暇。"**今君若步玉趾，辱见寡君，宠灵楚国，**灵，福也。**以信蜀之役，**信，犹实也。信者，言不背弃，使得兑现。**致君之嘉惠，是寡君既受贶矣，何蜀之敢望？**杜预："言但欲使君来，不敢望如蜀复有质子。"**其先君鬼神实嘉赖之，岂唯寡君？君若不来，使臣请问行期，寡君将承质币而见于蜀，**杨伯峻："质，贽也。"**以请先君之贶。"**请，求也。此为倒句，顺读当为"君若不来，寡君将承质币而见于蜀，以请先君之贶，使臣请问行期"。请问会见之期，使楚事先安排出行之期，即"行期"。请问行期其实就是"请期（请会期）"之变辞。杜预："问鲁见伐之期。"是也，杜非言其字面意，乃明言其寓意。

公将往，梦襄公祖。杜预："祭道神。"杨伯峻："古代出行必祭路神。"**梓慎曰："君不果行。襄公之适楚也，梦周公祖而行。今襄公实祖，君其不行。"子服惠伯曰："行！先君未尝适楚，故周公祖以道之。**杨伯峻："道之，导之行也。"**襄公适楚矣，而祖以道君。不行，何之？"**

三月，公如楚，郑伯劳于师之梁。杜预："郑城门。"**孟僖子为介，**杜预："僖子，仲孙貜。"**不能相仪。及楚，不能答郊劳。**

夏四月甲辰朔，日有食之。晋侯问于士文伯曰："谁将当日食？"当日食之殃咎。**对曰："鲁、卫恶之，**杜预："受其凶恶。"**卫大，鲁小。"公曰："何故？"对曰："去卫地，如鲁地。**杜预："卫地，豕韦也。鲁地，降娄也。日食于豕韦之末，及降娄之始乃息，故祸在卫大，在鲁小。"**于是有灾，鲁实受之。**杜预："灾发于卫，而鲁受其余祸。"**其大咎，其卫君乎！鲁将上卿。"**鲁上卿，季孙宿。**公曰："《诗》所谓'彼日而食，于何不臧'者，何也？"**杜预："感日食而问《诗》。"**对曰："不善政之谓也。国无政，不用善，则自取谪于日月之灾，故政不可不慎也。务三而已：一曰择人，**杜预："择贤人。"**二曰因民，**言顺民心。

因，依恃也。**三曰从时。”**杜预：“顺四时之所务。”

晋人来治杞田，杜预：“前女叔侯不尽归，今公适楚，晋人恨，故复来治杞田。”**季孙将以成与之。**杜预：“成，孟氏邑，本杞田。”**谢息为孟孙守，**杨伯峻：“为成宰。”**不可。曰：“人有言曰：‘虽有挈瓶之知，守不假器，礼也。’**《说文》：“挈，县（悬）持也。”《广雅》：“挈，提也。”瓶，陶质汲水器。挈瓶，汲水也。知，知国、知政之知。假，借也。言虽有挈瓶之权，守之而不借瓶于他人，因己非物主也。**夫子从君，而守臣丧邑，**杜预：“夫子，谓孟僖子，从公如楚。”**虽吾子亦有猜焉！”**猜，疑也。杜预：“言季孙亦将疑我不忠。”**季孙曰：“君之在楚，于晋罪也。**杜预：“言晋罪君之在楚。”**又不听晋，鲁罪重矣。**重 chóng。**晋师必至，吾无以待之，**杨伯峻：“待，御也。”**不如与之，间晋而取诸杞。**杜预：“候晋间隙可复伐杞取之。”**吾与子桃，**桃，邑名。**成反，谁敢有之？**言日后成邑若返鲁，非孟孙莫属。**是得二成也。鲁无忧，而孟孙益邑，子何病焉？”辞以无山，**辞以桃邑无山。**与之莱、柞，**杜预：“莱、柞，二山。”**乃迁于桃。**杜预：“谢息迁也。”**晋人为杞取成。**

楚子享公于新台，使长鬣者相。杜预：“鬣（liè），须也。”杨伯峻据焦循、马宗琏及《说文》，又据十七年《传》“使长鬣者三人潜伏于舟侧”，谓长鬣为长壮之人，不从。一者，鬣字本无长壮之义；二者，长鬣为智慧之象征，盖楚人以长鬣为荣；三者，十七年吴、楚交战，吴人盖以楚人好长鬣，故使长鬣者冒充楚人。**好以大屈。**杜预：“宴好之赐。大屈，弓名。”**既而悔之。薳启强闻之，见公。公语之，拜贺。公曰：“何贺？对曰：“齐与晋、越欲此久矣。寡君无适与也，**无有当任此弓之主而以与之。**而传诸君，君其备御三邻。**杜预：“言齐、晋、越将伐鲁而取之。”**慎守宝矣，敢不贺乎？”公惧，乃反之。**

郑子产聘于晋。晋侯有疾，韩宣子逆客，私焉，杜预："私语。"**曰："寡君寝疾，于今三月矣，并走群望，**并，遍也。杜预："晋所望祀山川，皆走往祈祷。"**有加而无瘳。**杨伯峻："瘳，音抽，病愈曰瘳。又，减损也。"**今梦黄熊入于寝门，其何厉鬼也？"对曰："以君之明，子为大政，**大政，国政。**其何厉之有？**杨伯峻："厉鬼即恶鬼，亦单称厉。"**昔尧殛鲧于羽山，**《说文》："殛，诛也。"鲧，禹之父。**其神化为黄熊，**神，精神，魂魄之精气。黄熊，黄熊之神。**以入于羽渊，实为夏郊，三代祀之。**杜预："夏家郊祭之，历殷、周二代，又通在群神之数，并见祀。"**晋为盟主，其或者未之祀也乎！"**杜预："言周衰，晋为盟主，得佐天子祀群神。"**韩子祀夏郊，**杜预："祀鲧。"**晋侯有间，**间，疾稍痊可曰间。**赐子产莒之二方鼎。**

子产为丰施归州田于韩宣子，杜预："丰施，郑公孙段之子。三年晋以州田赐段。"**曰："日君以夫公孙段为能任其事，而赐之州田，今无禄早世，不获久享君德。其子弗敢有，不敢以闻于君，私致诸子。"宣子辞。子产曰："古人有言曰：'其父析薪，**杨伯峻："析薪犹言劈柴。此譬喻语，犹其父劳动以兴家立业。"**其子弗克负荷。'**负荷，同义字连用，犹负担也。言其子不堪其父之辛劳。**施将惧不能任其先人之禄，其况能任大国之赐？纵吾子为政而可，后之人若属有疆埸之言，**后之人，继韩子而知晋国者。杜预："恐后代宣子者，将以郑取晋邑罪郑。"**敝邑获戾，而丰氏受其大讨。吾子取州，是免敝邑于戾，而建置丰氏也。敢以为请。"宣子受之，以告晋侯。晋侯以与宣子。宣子为初言，**杨伯峻："初言指与赵文子争州田之言。"**病有之，以易原县于乐大心。**杨伯峻："乐大心，宋大夫。此盖以州田与乐大心换取原县。原本晋邑，不知何时属宋乐氏。"

郑人相惊以伯有，曰："伯有至矣！"杜预："襄三十年，郑人杀伯有。言其鬼至。”**则皆走，**走，今曰跑。**不知所往。**惊慌奔避，又无目的地乱跑。**铸刑书之岁二月，**在去年。**或梦伯有介而行，**介，着甲。**曰：“壬子，**去年三月二日。**余将杀带也。**杨伯峻：“带，驷带，助子皙杀伯有。”**明年壬寅，**今年正月二十七日。**余又将杀段也。”**杨伯峻：“段，公孙段。亦攻伯有。”**及壬子，驷带卒，国人益惧。齐、燕平之月，**今年正月。**壬寅，公孙段卒。国人愈惧。其明月，子产立公孙洩及良止以抚之，乃止。**杨伯峻：“抚，安抚。‘之’谓伯有之灵。公孙洩，子孔之子。子孔被杀，见襄十九年《传》。良止，伯有之子。立者，立二人为大夫，使得祭祀其父。”**子大叔问其故，子产曰：“鬼有所归，乃不为厉，吾为之归也。”**以得受祭祀为有所归。**大叔曰：“公孙洩何为？”**杜预：“子孔不为厉，何为复立洩。”**子产曰：“说也。**说同悦。言为取悦于民。**为身无义而图说，从政有所反之，以取媚也。**凶恶不义者往往希望别人讨好自己，从政则反之，从政者当讨好取媚于他人（民众）。若以妖鬼故特立良止，则无以服民，故以存亡继绝之大义并立公孙洩，以取媚于民。子孔曾当郑国大政，故后得立，若子然、士子孔之后则不得立。**不媚，不信。不信，民不从也。”**

及子产适晋，赵景子问焉，杜预：“景子，晋中军佐赵成。”**曰：“伯有犹能为鬼乎？”子产曰：“能。人生始化曰魄，**化，孕育也，生也。杨伯峻：“化犹死也。”误。宣十五年“天夺之魄”、襄二十九年“天又除之，夺伯有魄”、昭二十五年“魂魄去之，何以能久”，则人生即有魂魄，魂魄非人死所生也。**既生魄，阳曰魂。**杨伯峻：“《说文》谓‘魄，阴神也’，‘魂，阳气也’。”**用物精多，**杨伯峻：“物谓养生之物，衣食住所资者。”**则魂魄强。是以有精爽，至于神明。**神明，神也。**匹夫匹妇强死，**强死，凶死。**其魂魄犹能冯依于人，**冯依于人，今谓伏体，即鬼魂伏于活人之体。**以为淫厉，**淫厉，恶鬼。**况良霄？我先君穆公之胄，**胄，后代。**子良之孙，**子良，公子去疾。**子耳之子，**子耳，公孙辄。**敝邑之卿，从政三世矣。郑虽无腆，**腆，厚也。**抑谚曰‘蕞尔国’，**犹言弹丸小国。疑“蕞”即草或麦禾之穗。**而三世执其政柄，其用物也弘矣，**弘，大也。**其取精也多矣。其族又大，所冯厚矣。**冯同凭（凴），冯依，冯恃。**而强死，能为鬼，不亦宜乎？”**

子皮之族饮酒无度，故马师氏与子皮氏有恶。杜预：“马师氏，公孙鉏之子罕朔也。襄三十年马师颉出奔，公孙鉏代之为马师，与子皮俱同一族。”**齐师还自燕之月，**杜预：“在此年二月。”**罕朔杀罕魋。**罕朔为公孙鉏之子，公孙鉏为子罕之子，子展之弟。子展生子皮（罕虎）及罕魋（tuí）。朔与魋为从父兄弟（叔伯兄弟）。**罕朔奔晋。韩宣子问其位于子产。**杜预：“问朔可使在何位。”**子产曰：“君之羁臣，**君谓晋君。羁臣即庄二十二年“羁旅之臣”。**苟得容以逃死，何位之敢择？卿违，从大夫之位，**违，去国也，无论获罪出奔或因与国人国君不相得而自出，皆可曰违。杜预：“谓以礼去者，降位一等。”**罪人以其罪降，**杜预：“罪重则降多。”**古之制也。朔于敝邑，亚大夫也，**亚大夫，中大夫。**其官，马师也。获戾而逃，唯执政所寘之。得免其死，为惠大矣，又敢求位？”宣子为子产之敏也，使从嬖大夫。**嬖大夫，下大夫。杜预：“为子产故，使降一等，不以罪降。”

秋八月，卫襄公卒。晋大夫言于范献子曰：献子，士鞅。**“卫事晋为睦，晋不礼焉，庇其贼人而取其地，**杜预：“贼人，孙林父。其地，戚也。”**故诸侯贰。《诗》曰：‘鹏鸰在原，兄弟急难。’**杜预：“喻兄弟相救于急难，不可自舍。”杨伯峻：“鹏鸰本水滨鸟，今在平原，则互相救助。”**又曰：‘死丧之威，兄弟孔怀。’**孔，甚也。杜预：“威，畏也。言有死丧则兄弟宜相怀思。”**兄弟之不睦，于是乎不吊；**杨伯峻：“不吊即不淑，不善。”**况远人，谁敢归之？今又不礼于卫之嗣，**杜预：“嗣，新君也。”

卫必叛我，是绝诸侯也。”献子以告韩宣子。宣子说，使献子如卫吊，且反戚田。

卫齐恶告丧于周，且请命。请王赐襄公命，此自是追命。王使成简公如卫吊，且追命襄公曰：“叔父陟恪，在我先王之左右，以佐事上帝。陟恪，犹曰登天。杜预：“陟，登也。恪，敬也。帝，天也。”余敢忘高圉、亚圉？”杜预：“二圉，周之先也。为殷诸侯，亦受殷王追命者。”

九月，公至自楚。孟僖子病不能相礼，乃讲学之，苟能礼者从之。及其将死也，杜预：“二十四年孟僖子卒，《传》终言之。”召其大夫曰：杜预：“僖子属大夫。”“礼，人之干也。干，体也。无礼，无以立。吾闻将有达者曰孔丘，圣人之后也，杨伯峻据王引之：“圣人指弗父何及正考父。”而灭于宋。杜预：“孔子六代祖孔父嘉为宋督所杀，其子奔鲁。”其祖弗父何以有宋而授厉公。服虔：“弗父何，宋闵公世子，厉公之兄。‘以有宋’，言闵公之適嗣，当有宋国，而让与弟厉公也。”及正考父，杜预：“弗父何之曾孙。”佐戴、武、宣，杜预：“三人皆宋君。”三命兹益共。杜预：“三命，上卿也。言位高益共。”杨伯峻：“兹同滋。”故其鼎铭云：杜预：“考父庙之鼎。”‘一命而偻，再命而伛，三命而俯。杜预：“俯共于伛，伛共于偻。”循墙而走，杨伯峻：“循墙，避道中央。急趋曰走，示恭敬。”《礼记》所谓“行不中道”。亦莫余敢侮。饘于是，鬻于是，以糊余口。’杜预：“于是鼎中为饘鬻，饘鬻糊属，言至俭。”其共也如是。臧孙纥有言曰：杜预：“纥，武仲也。”‘圣人有明德者，若不当世，杨伯峻：“圣人仍指弗父何及正考父。当世，为国君。”其后必有达人。’今其将在孔丘乎！我若获没，得寿终。必属说与何忌于夫子，使事之，而学礼焉，以定其位。”故孟懿子与南宫敬叔师事仲尼。杜预：“说，南宫敬叔。何忌，孟懿子。皆僖子之子。”仲尼曰：“能补过者，君子也。

《诗》曰：‘君子是则是效。’孟僖子可则效已矣。”

单献公弃亲用羁。杜预：“献公，周卿士，单靖公之子，顷公之孙。”羁，羁臣。冬十月辛酉，二十日。襄、顷之族杀献公而立成公。杜预：“襄公，顷公之父。成公，献公弟。”

十一月，季武子卒。晋侯谓伯瑕曰：伯瑕，士文伯。“吾所问日食，从矣，可常乎？”杨伯峻引师古：“谓常可以此占之不。”对曰：“不可。六物不同，民心不壹，事序不类，百事之操作程序不同。官职不则，盖谓虽官阶相同，然所职司各异。王引之：“则犹等也。同也、壹也、类也、则也，皆谓同也。”同始异终，胡可常也？《诗》曰：‘或燕燕居息，或憔悴事国。’其异终也如是。”公曰：“何谓六物？”对曰：“岁、时、日、月、星、辰，是谓也。”岁，即年也。据服虔及杜预，时谓四时，日谓甲至癸，月谓十二月，星谓二十八宿。公曰：“多语寡人辰，而莫同。何谓辰？”对曰：“日月之会，是谓辰，杜预：“一岁日月十二会，所会谓之辰。”故以配日。”杜预：“谓以子丑配甲乙。”

卫襄公夫人姜氏无子，杜预：“姜氏，宣姜。”嬖人婤姶生孟縶。孔成子梦康叔谓己：“立元，康叔，卫始封君。杜预：“成子，卫卿，孔达之孙烝鉏也。元，孟縶弟，梦时元未生。”余使羁之孙圉与史苟相之。”杜预：“羁，烝鉏子。苟，史朝子。”史朝亦梦康叔谓己：“余将命而子苟与孔烝鉏之曾孙圉相元。”史朝见成子，告之梦，梦协。杜预：“协，合也。”晋韩宣子为政聘于诸侯之岁，杜预：“在二年。”婤姶生子，名之曰元。孟縶之足不良，能行。言足虽不良，然仍可勉强行走。孔成子以《周易》筮之，曰：“元尚享卫国，主其社稷。”杨伯峻：“此命筮之辞。尚，表希冀之副词。”遇《屯》䷂。《震》下《坎》上。又曰：“余尚立縶，言己认为縶当立。尚克嘉之。”杜预：“嘉，善也。”遇《屯》䷂之《比》䷇。《坤》下《坎》上，《比》。《屯》

初九爻变而为《比》。**以示史朝。史朝曰：“‘元亨’，又何疑焉？”**元亨，《屯》卦卦辞。**成子曰：“非长之谓乎？”**杨伯峻：“孔成子则以为‘元亨’之‘元’谓年长，乃指絷，非名元。”**对曰：“康叔名之，可谓长矣。**元为善之长，康叔名之，则元为长。**孟非人也，将不列于宗，不可谓长。**杜预：“足跛，非全人，不可列为宗主。”**且其繇曰：‘利建侯。’**杜预：“繇，卦辞。”**嗣吉，何建？建非嗣也。**谓絷为兄长，以立长不立少之礼，絷立是为嗣立；元为弟，若立则是建。今以孟絷有跛疾，不宜立，而筮又得“利建”。**二卦皆云，**杜预：“谓再得《屯》卦，皆有‘建侯’之文。”**子其建之！康叔命之，二卦告之，筮袭于梦，**袭，承袭。**武王所用也，弗从何为？弱足者居。**杜预：“跛则偏弱，居其家，不能行。”**侯主社稷，临祭祀，奉民人，事鬼神，从会朝，又焉得居？各以所利，不亦可乎？”**杜预：“孟跛利居，元吉利建。”**故孔成子立灵公。**杜预：“灵公，元也。”**十二月癸亥，葬卫襄公。**

昭公八年

【经】

八年春，陈侯之弟招杀陈世子偃师。

夏四月辛丑，三日。**陈侯溺卒。**

叔弓如晋。

楚人执陈行人干徵师杀之。杜预：“称行人，明非行人罪。”

陈公子留出奔郑。

秋，蒐于红。

陈人杀其大夫公子过。杜预：“与招共杀偃师，书名罪之。”

大雩。

冬十月壬午，十七日。楚师灭陈。执陈公子招，放之于越。杀陈孔奂。

葬陈哀公。杜预："嬖人袁克葬之。鲁往会，故书。"

【传】

八年春，石言于晋魏榆。石，石头。杜预："魏榆，晋地。"晋侯问于师旷曰："石何故言？"对曰："石不能言，或冯焉。杜预："谓有精神冯依石而言。"不然，民听滥也。滥，泛滥也。蛊言谗说，民惑失听。抑臣又闻之曰：'作事不时，杨伯峻："违农时。"怨讟动于民，则有非言之物而言。'今宫室崇侈，民力彫尽，彫通凋，敝也。怨讟并作，莫保其性。并，遍也。昭十九年"民乐（安）其性"、襄十四年"天生民而立之君，使司牧之，勿使失性"、昭二十五年"淫则昏乱，民失其性"，"因地之性"，"哀乐不失，乃能协于天地之性"，皆此文之"性"。民有好恶、喜怒、哀乐之性，保之勿使有失，是乃民之本性。民动于怨讟，是莫能保其本性也。杜预"性，命也"，杨伯峻读"性"为"生"，皆不从。石言，不亦宜乎？"于是晋侯方筑虒祁之宫。虒 sī。叔向曰："子野之言，君子哉！君子之言，信而有徵，徵即徵验、徵信之徵。故怨远于其身。小人之言，僭而无徵，僭，不信也。故怨咎及之。《诗》曰：'哀哉不能言，匪舌是出，唯躬是瘁。匪舌是出，言无不是出于口舌。瘁，犹病也。哿矣能言，巧言如流，俾躬处休。'《毛诗传》云："哿（gē），可也。"俾，使也。《诗》本意谓，君子以正言见罪，小人以巧言居休。《传》非用《诗》之本意，故"能言""不能言"者，谓善言辞、不善言辞也。其是之谓乎！是宫也成，诸侯必叛，君必有咎，夫子知之矣。"

陈哀公元妃郑姬，生悼大子偃师，杜预："元妃，嫡夫人也。"杨伯峻："悼，偃师之谥。"**二妃生公子留，下妃生公子胜。二妃嬖，留有宠，属诸司徒招与公子过。**杜预："招及过皆哀公弟也。"**哀公有废疾。三月甲申，**十六日。**公子招、公子过杀悼大子偃师，而立公子留。**

夏四月辛亥，哀公缢。杜预："忧恚自杀。"**干徵师赴于楚，且告有立君。公子胜愬之于楚，**杜预："以招、过杀偃师告愬楚。"**楚人执而杀之。**杜预："杀干徵师。"**公子留奔郑。**

书曰"陈侯之弟招杀陈世子偃师"，罪在招也；"楚人执陈行人干徵师杀之"，罪不在行人也。

叔弓如晋，贺虒祁也。杜预："贺宫成。"**游吉相郑伯以如晋，亦贺虒祁也。史赵见子大叔，曰："甚哉，其相蒙也！**杜预："蒙，欺也。"**可吊也，**吊者，谓晋侯不道，国将失霸。**而又贺之。"子大叔曰："若何吊也？其非唯我贺，将天下实贺。"**

秋，大蒐于红，自根牟至于商、卫，革车千乘。杜预："大蒐，数军实，简车马也。"杨伯峻据马宗琏，根牟，鲁东境；商即宋也，与鲁西南边界相交；卫在鲁西北境。自东至西，全国动员，而大蒐于红，革车千乘。

七月甲戌，八日。**齐子尾卒。子旗欲治其室。**杜预："子旗，栾施也。欲并治子尾之家政。"**丁丑，**十一日。**杀梁婴。**杜预："梁婴，子尾家宰。"**八月庚戌，**十四日。**逐子成、子工、子车，**杜预："三子，齐大夫，子尾之属。子成，顷公子固也；子工，成之弟铸也；子车，顷公之孙捷也。"**皆来奔，**杜预："不书，非卿。"**而立子良氏之宰。**杜预："子良，子尾之子高强也。子旗为子良立宰。"**其臣曰："孺子长矣，**杜预："孺子谓子良。"**而相吾室，欲兼我也。"**杜预："兼，并也。"**授甲，将攻之。陈桓子善于子尾，亦授甲，将助**

之。助子良。**或告子旗，子旗不信**。杨伯峻：“不信子良氏攻己。”**则数人告。将往，**孔颖达：“将往子良之家。”**又数人告于道，遂如陈氏**。孔颖达：“不复敢向子良之家，遂如陈氏。”**桓子将出矣，**将率甲往助子良。**闻之而还，**闻子旗来而返家。**游服而逆之**。杨伯峻：“脱去戎衣，改着游服以迎接子旗。游服，燕游之服。”**请命，**子旗见桓子之车徒，问其欲行何命。子旗当是明知故问，无宇亦知子旗言外之意。**对曰：“闻强氏授甲将攻子，子闻诸？”曰：“弗闻。”“子盍亦授甲？无宇请从。”**桓子见不能隐瞒，故借愿助子旗自解说。**子旗曰：“子胡然？**杨伯峻：“何故如此。”**彼，孺子也**。彼，指子良。**吾诲之，犹惧其不济，吾又宠秩之——**杜预：“谓为之立宰。”**其若先人何？**杨伯峻：“此句上有省略，本意是，我若如你所言，亦出兵与子良氏战，将无以对祖宗。因栾氏、高氏同出自惠公。”**子盍谓之？**杜预：“谓之使无攻我。”**《周书》曰：‘惠不惠，茂不茂。’**杜预：“言当施惠于不惠者，劝勉于不勉者。茂，勉也。”**康叔所以服弘大也。”**《康诰》：“汝（康叔）惟小子，乃服惟弘。”杜预：“服，行也。”弘，大也。**桓子稽颡曰：“顷、灵福子，**杨伯峻：“稽颡本凶礼之最重者，旧谓之磕响头。无宇稽颡者，有愧于心也。惠公生顷公及公子栾、公子高，顷公生灵公。公子栾之子公孙灶（子雅）即栾施之父；公子高之子公孙虿（子尾）即高强之父，灵公与子雅、子尾为从兄弟。顷公则子雅、子尾之伯父。故曰顷、灵福子。”**吾犹有望。”**杜预：“望子旗惠及己。”**遂和之如初**。杜预：“和栾、高二家。”

陈公子招归罪于公子过而杀之。九月，楚公子弃疾帅师奉孙吴围陈，杜预：“孙吴，悼大子偃师之子惠公。”**宋戴恶会之**。杜预：“戴恶，宋大夫。”**冬十一月壬午，灭陈。舆嬖袁克杀马毁玉以葬**。葬哀公。**楚人将杀之，请寘之**。寘，置也，舍置，犹言留置。**既又请私，**杨伯峻本俞樾：“私谓小便。”又见襄十五年“师慧过宋朝，将私焉”。**私于幄，**杜预：“幄，帐也。”**加**

绖于颡而逃。杨伯峻："加首绖，为哀公服丧。"

使穿封戌为陈公，杜预："戌，楚大夫。灭陈为县，使戌为县公。"此灵王有愧于城麇之役，故以陈县谢穿封戌，欲柔服之。**曰："城麇之役不谄。"**此为穿封戌之言。谓此时求媚我，何以城麇之役与我争皇颉，而不求媚于我？戌意在刺王无成德。**侍饮酒于王，王曰："城麇之役，女知寡人之及此，女其辟寡人乎？"**杜预："及此谓为王。"辟同避。王闻戌之言，故作此问欲以执其口。王度城麇之役，戌若知己能及王位，必摇尾乞怜，不敢与己争。**对曰："若知君之及此，臣必致死礼以息楚。"**杜预："息，宁静也。"孔颖达："致死礼者，欲为郏敖致死杀灵王也。"

晋侯问于史赵，曰："陈其遂亡乎？"对曰："未也。"公曰："何故？"对曰："陈，颛顼之族也。颛顼zhuānxū。杜预："陈祖舜，舜出颛顼。"**岁在鹑火，是以卒灭，陈将如之。**杜预："颛顼氏以岁在鹑火而灭，火盛而水灭。"**今在析木之津，犹将复由。**杜预："箕、斗之间有天汉，故谓之析木之津。"杨伯峻："由即《说文》之甹，木生条也。《尚书·盘庚》'若颠木之有甹枿'可证。"**且陈氏得政于齐而后陈卒亡。自幕至于瞽瞍无违命。**杜预："幕，舜之先。瞽瞍，舜父。从幕至瞽瞍间无违天命废绝者。"**舜重之以明德，寘德于遂，**杜预："遂，舜后。盖殷之兴，存舜之后而封遂。"**遂世守之。及胡公不淫，故周赐之姓，使祀虞帝。**杜预："胡公满，遂之后也，事周武王，赐姓曰妫，封诸陈，绍舜后。"胡公又见襄二十五年。**臣闻盛德必百世祀，虞之世数未也。**未，未尽。**继守将在齐，其兆既存矣。"**其征兆已存矣。杨伯峻："存，在也，有也。"

昭公九年

【经】

九年春，叔弓会楚子于陈。孔颖达："鲁敬大国，自往会之。"杜预："以事往，非行会礼。"

许迁于夷。杜预："许畏郑欲迁，故以自迁为文。"

夏四月，陈灾。

秋，仲孙貜如齐。貜 jué。

冬，筑郎囿。杨伯峻："囿，苑也。"

【传】

九年春，叔弓、宋华亥、郑游吉、卫赵黡会楚子于陈。

二月庚申，楚公子弃疾迁许于夷，实城父。杜预："此时改城父为夷，故《传》实之。"取州来淮北之田以益之。伍举授许男田。然丹迁城父人于陈，以夷濮西田益之。迁方城外人于许。杜预："成十五年许迁于叶，因谓之许。今许迁于夷，故以方城外人实其处。"

周甘人与晋阎嘉争阎田。杜预："甘人，甘大夫襄也。阎嘉，晋阎县大夫。"晋梁丙、张趯率阴戎伐颍。杜预："阴戎，陆浑之戎。"王使詹桓伯辞于晋，据下文"且王辞直"之言，此"辞"为辞辩之义。杜预"辞，责让之"，非也。曰："我自夏以后稷，魏、骀、芮、岐、毕，吾西土也。杜预："在夏世以后稷功，受此五国，为西土之长。"及武王克商，蒲姑、商奄，吾东土也；巴、濮、楚、

邓，吾南土也；肃慎、燕、亳，吾北土也。吾何迩封之有？言中原皆为周土。杨伯峻："言周之封疆甚远而不近。"**文、武、成、康之建母弟，**封建母弟，共抚周封。**以蕃屏周，**用藩篱屏障周室。**亦其废队是为，**队同坠。杜预："为后世废队，兄弟之国当救济之。"**岂如弁髦而因以敝之？**弁 biàn，男子行冠礼时所用礼帽之一，既成礼，则弃之不用，犹今之博士服、帽，仅用于行礼仪式。杨伯峻："据《仪礼》郑注，'儿生三月，剪发为鬌（留而不剪者）'。如此，则剪去者为髦。"敝，旧也，败坏，引申为弃也。《传》"天其有五材而将用之，力尽而敝之"。句谓周室之封建母弟，难道仅如弁髦一样，礼成而弃之乎？伯父既受封建国，难道晋国就不再履行其藩屏周室的义务了吗？**先王居梼杌于四裔，以御螭魅，**杜预："言梼杌，略举四凶之一。下言四裔，则三苗在其中。"**故允姓之奸居于瓜州。**杜预："允姓，阴戎之祖，与三苗俱放三危者。瓜州，今敦煌。"**伯父惠公归自秦，而诱以来，**杜预："僖十五年，晋惠公自秦归。二十二年，秦、晋迁陆浑之戎于伊川。"**使偪我诸姬，入我郊甸，则戎焉取之。**杜预："邑外为郊，郊外为甸。言戎取周郊甸之地。"**戎有中国，谁之咎也？**杜预："咎在晋。"**后稷封殖天下，今戎制之，不亦难乎？**难，不可。不亦难乎与下文"不亦宜乎"相对。**伯父图之。我在伯父，犹衣服之有冠冕，木水之有本原，民人之有谋主也。伯父若裂冠毁冕，拔本塞原，专弃谋主。虽戎狄，其何有余一人？"**虽，唯也，此与文十七年"虽敝邑之事君，何以不免"之"虽"同。句谓纵使伯父不挑拨戎狄恶周，其尚且无视余一人（周王室）之存在，况伯父又导之以伐周，其将若周何？**叔向谓宣子曰："文之伯也，**伯，霸也。**岂能改物？**杨伯峻："晋文为霸主，周王尚不许其请隧，晋文亦不能改礼。"**翼戴天子而加之以共。**翼，保也，翼保。戴，奉承也。**自文以来，世有衰德而暴蔑宗周，以宣示其侈，诸侯之贰，不亦宜乎？且王辞直，**有理曰直，无理曰曲。**子其图之。"宣子说。**

王有姻丧，杜预："外亲之丧。"**使赵成如周吊，且致阎田与禭，**禭，死人之衣。**反颍俘。王亦使宾滑执甘大夫襄以说于晋，**杜预："宾滑，周大夫。"说同悦。**晋人礼而归之。**

夏四月，陈灾。郑裨灶曰："五年，陈将复封。封五十二年而遂亡。"子产问其故，对曰："陈，水属也；杜预："陈，颛顼之后，故为水属。"**火，水妃也，**杨伯峻："妃同配。火与水相辅相成，故曰配。十七年《传》'水，火之牡也'与此同。"**而楚所相也。**杜预："相，治也。楚之先祝融，为高辛氏火正，主治火事。"**今火出而火陈，**火，心宿。**逐楚而建陈也。**火为水之妃，火星出于陈有福，故曰建陈；楚新县陈，而天即火陈，是逐楚也。**妃以五成，故曰五年。**妃，配也。杜预："妃，合也。五行各相妃合，得五而成，故五岁而陈复封。"上文言水火相配，则五行自可相配。此仍以水为例，复与金、木、水、火、土依次相配，每五配始能成一次，即水火配。**岁五及鹑火，**岁，岁星。**而后陈卒亡，楚克有之，天之道也，故曰五十二年。"**杜预："是岁岁在星纪，五岁及大梁，而陈复封。自大梁四岁而及鹑火。后四周四十八岁，凡五及鹑火，五十二年。天数以五为纪，故五及鹑火，火盛水衰。"五十二年者，自陈复封算起，陈复封在五年后，其时岁星在大梁，自大梁四年而至鹑火，此为岁星第一次及鹑火，余四及鹑火者，皆行岁星之整周期，每周期计十二年，共四十八年加第一次及鹑火之四年，共五十二年。

晋荀盈如齐逆女，杜预："自为逆。"**还，六月，卒于戏阳。殡于绛，未葬。晋侯饮酒，乐。**乐 yuè。**膳宰屠蒯趋入，请佐公使尊，**佐，助也，此指助酒。使，用也。尊同樽，餐桌上斟酒用之酒壶也。**许之。而遂酌以饮工，**工，乐师。杜预谓此乐师为师旷，然师旷甚知礼，且国君之乐工非止数人，故不可信。**曰："女为君耳，将司聪也。**耳听聪，目视明。杜预："乐所以聪耳。"**辰在子、卯，谓之疾日。**杨伯峻："甲子为商纣灭亡死日，乙卯为夏桀亡日，当时人因此以甲子、乙卯为疾日。疾日即忌日。”**君彻宴乐，学人舍业，**彻，去也。据杨伯峻，学人特指学习音乐者。舍业，停止习业。**为疾故也。君之卿佐，是谓股肱。股肱或亏，何痛如之？**杜预：“言痛疾过于忌日。”**女弗闻而乐，**杜预：“不闻是义而作乐。”杨伯峻：“弗闻，谓不使晋平公知之。”**是不聪也。”又饮外嬖嬖叔曰：**外嬖与内嬖相对。**“女为君目，将司明也。服以旌礼，**杜预：“旌，表也。”**礼以行事，事有其物，**杜预：“物，类也。”昭二十五年“哀乐不失”，谓当哀则哀，当乐则乐，宣十七年所谓“喜怒以类”，此即事有其物。句谓饮酒、作乐非哀丧之类。**物有其容。**杜预：“容，貌也。”**今君之容，非其物也，**杜预：“有卿佐之丧，无哀戚之容，而作乐欢会，故曰非其物。”**而女不见，是不明也。”亦自饮也，**自罚。**曰：“味以行气，**杨伯峻：“口味以使血气流通。”**气以实志，**杜预：“气和则志充。”**志以定言，**思想决定言论。**言以出令。臣实司味，二御失官，**杨伯峻：“二御指工与嬖叔，失官谓未能司耳、司目。”**而君弗命，**宣十五年“君能制命为义”，“弗命”即失制命，不能制命。谓二御失官，使君不能制命，为臣丧降礼，非谓不能发命罪二御。**臣之罪也。”**言臣虽司味，然君失制命，臣亦有罪。**公说，彻酒。**

初，公欲废知氏而立其外嬖，废知氏不得为卿。荀盈实为知氏宗主。**为是悛而止。**悛，改也。**秋八月，使荀跞佐下军以说焉。**杜预：“跞，荀盈之子，知文子也。佐下军，代父也。说，自解说。”

孟僖子如齐殷聘，礼也。殷，盛也，厚也。

冬，筑郎囿，书，时也。季平子欲其速成也，杨伯峻：“季平子即季孙意如，悼子之子，武子之孙。悼子见于襄二十三年，先于武子死。七年十一月季武子卒，平子以嫡孙嗣位。”**叔孙昭子曰：“《诗》曰：‘经始勿亟，庶民子来。’**杜预：“言文王始经营灵台，非急疾之，众民自以子义来，劝乐为之。”**焉用速成？其以勦民也？**杜预：“勦

（chāo），劳也。”**无囿犹可，无民其可乎？”**

昭公十年

【经】

十年春王正月。

夏，齐栾施来奔。

秋七月，季孙意如、叔弓、仲孙貜帅师伐莒。

戊子，三日。**晋侯彪卒。**

九月，叔孙婼如晋，葬晋平公。

十有二月甲子，二日。**宋公成卒。**

【传】

十年春，王正月，有星出于婺女。杜预：“客星也。不书，非孛。”言有客星出现于女宿。婺wù。杨伯峻：“婺女即女宿，有星四颗。”**郑裨灶言于子产曰：“七月戊子，晋君将死。今兹岁在颛顼之虚，**杨伯峻：“今兹，今年。岁，木星。颛顼之虚谓玄枵，在二十八宿中为女、虚、危三宿。”**姜氏、任氏实守其地。**杜预：“姜，齐姓；任，薛姓。齐、薛二国守玄枵之地。”**居其维首，**《诗》云“四方是维”、“絷之维之”。维，拴系之意，由拴束点至拴束对象中间的绳子谓之维。此谓星宿头尾序列若维，故曰维。维首者，女、虚、危之首。**而有妖星焉，告邑姜也。**邑姜，周武王后，周成王及唐叔虞之母。杜预：“邑姜，齐大公女，晋唐叔之母。星占，婺女为既嫁之女，织女为处女。邑姜，齐之既嫁女，妖星在婺女，齐得岁，故知祸归邑姜。”然祸归邑姜，何以不加于周室，而归于晋？盖晋奉周室以主诸侯，故知祸当晋。七年，夏郊之不祀，祸亦冲晋，不冲周。**邑姜，晋之妣也。天以七纪。**杜预：“二十八宿，面七（每方七宿）。”**戊子，逢公以登，星斯于是乎出，**杜预：“逢公，殷诸侯居齐地者。逢公将死，妖星出婺女，时非岁星所在，故齐自当祸，而以戊子日卒。”**吾是以讥之。”**

齐惠栾、高氏皆耆酒，杜预：“栾、高二族，皆出惠公。”**信内多怨，**杜预：“说（悦）妇人言，故多怨。”**强于陈、鲍氏而恶之。**强，盛也。权势盛于陈、鲍。而，且也。杜预：“恶陈、鲍。”

夏，有告陈桓子曰：“子旗、子良将攻陈、鲍。”亦告鲍氏。桓子授甲而如鲍氏，遭子良醉而骋，遭，遇也。杨伯峻本俞樾、吴闿生、李慈铭谓：“子良因醉而驰骋于路，陈桓子遇之也。”**遂见文子，**杜预：“文子，鲍国。”**则亦授甲矣。使视二子，**杜预：“二子，子旗、子良。”**则皆从饮酒。桓子曰：“彼虽不信，**杜预：“彼，传言者。”**闻我授甲，则必逐我。及其饮酒也，先伐诸！”陈、鲍方睦，遂伐栾、高氏。子良曰：“先得公，陈、鲍焉往？”**杜预：“欲以公自辅佐。”杨伯峻：“欲挟齐景公以令国人。”**遂伐虎门。**杜预：“欲入，公不听，故伐公门。”

晏平仲端委立于虎门之外，杜预：“端委，朝服。”**四族召之，**杜预：“四族，栾、高、陈、鲍。”**无所往。其徒曰：“助陈、鲍乎？”曰：“何善焉？”**杜预：“言无善义可助。”**“助栾、高乎？”曰：“庸愈乎？”**杜预：“罪恶不差于陈、鲍。”杨伯峻：“庸，岂也。”不从。**“然则归乎？”曰：“君伐，焉归？”**焉能归。**公召之而后入。公卜使王黑以灵姑銔率，吉，请断三尺焉而用之。**杜预：“王黑，齐大夫。灵姑銔（pēi），公旗名。断三尺，不敢与君同。”**五月庚辰，战于稷，栾、高败，又败诸庄。国人追之，又败诸鹿门。栾施、高强来奔。陈、鲍分其室。**

晏子谓桓子："必致诸公！让，德之主也。让之谓懿德。凡有血气，皆有争心，故利不可强，杜预："不可强取。"思义为愈。义，利之本也，蕴利生孽。杜预："蕴，畜（蓄）也。孽，妖害也。"姑使无蕴乎！可以滋长。"义可滋长。桓子尽致诸公，而请老于莒。杜预："莒，齐邑。"

桓子召子山，杜预："子山、子商、子周，襄三十一年子尾所逐群公子。"私具幄幕、器用、从者之衣屦，杜预："私具，不告公。"私具者，谓子山也。而反棘焉。棘，子山故邑。子商亦如之，而反其邑。子周亦如之，而与之夫于。桓子以夫于予子周也。反子城、子公、公孙捷，杜预："三子，八年子旗所逐。"而皆益其禄。凡公子、公孙之无禄者，私分之邑。杜预："以己邑分之。"国之贫约孤寡者，约，困也。私与之粟。曰："《诗》云：'陈锡载周'，杨伯峻："今《毛诗》'载'作'哉'。诗言文王布陈所得赏赐以赐予人，所以载周，即造（缔造）周也。"能施也，桓公是以霸。"杜预："齐桓亦能施以致霸。"公与桓子莒之旁邑，辞。杜预："让不受。"穆孟姬为之请高唐，杜预："穆孟姬，景公母。"陈氏始大。

秋七月，平子伐莒，取郠。杜预："郠，莒邑。取郠不书，公见讨于平丘，鲁讳之。"献俘，献于太庙。始用人于亳社。杀人以祭亳社。臧武仲在齐，闻之，曰："周公其不飨鲁祭乎！周公飨义，鲁无义。杀人以祭，是为不义。《诗》曰：'德音孔昭，视民不佻。'孔，甚也。昭，明也。郑玄："视，古示字。"杜预："佻，偷也。"佻之谓甚矣，杨伯峻："言杀人以为牺牲，比人于牛羊，可谓偷薄甚矣。"而壹用之，壹，专壹也。谓专意，存心用之。将谁福哉？"

戊子，晋平公卒。郑伯如晋，及河，晋人辞之。杜预："礼，诸侯不相吊，故辞。"游吉遂如晋。九月，叔孙婼、齐国弱、宋华定、卫北宫喜、郑罕虎、许人、曹人、莒人、邾人、薛人、杞人、小邾人如晋，葬平公也。

郑子皮将以币行。币，贺新君之礼物。杜预："见新君之贽。"子产曰："丧焉用币？用币必百两，杜预："载币用车百乘。"春秋时之车甚小，车之容纳极有限。两通辆。《召南·鹊巢》"百两将之，百两御之"。百两必千人，一辆须十人。千人至，将不行。至，往也。不行，非谓不能行，乃谓车徒冗繁，不便行进。不行，必尽用之。尽消耗其币。几千人而国不亡？"言耗费甚大，若用师焉。几，近也。子皮固请以行。

既葬，诸侯之大夫欲因见新君。欲因便见新君且致贺，盖不欲更来朝贺。叔孙昭子曰："非礼也。"弗听。叔向辞之，曰："大夫之事毕矣，杜预："送葬礼毕。"而又命孤。孤，晋新君昭公自谓，叔向代昭公致言，故曰"孤"。孤斩焉在衰绖之中，杜预："既葬，未卒哭，故犹服斩衰。"其以嘉服见，则丧礼未毕；其以丧服见，是重受吊也。重，再也。大夫将若之何？"皆无辞以见。

子皮尽用其币。归，谓子羽曰："非知之实难，将在行之。知易行难。夫子知之矣，我则不足。杜预："言己由子产之戒，既知其不可，而遂行之，是我之不足。"《书》曰'欲，败度；纵，败礼'，我之谓矣。欲望败坏法度，纵放败坏礼制。夫子知度与礼矣，我实纵欲而不能自克也。"

昭子至自晋，大夫皆见。高强见而退。杜预："高强，子良。"昭子语诸大夫曰："为人子，不可不慎也哉！昔庆封亡，子尾多受邑，而稍致诸君，稍，尽也。君以为忠而甚宠之。将死，疾于公宫，杜预："在公宫被疾。"辇而归，君亲推之。杜预："推其车而送之。"其子不能任，是以在此。忠为令德，其子弗能任，罪犹及之，难不慎也！难，不可。丧夫人之力，杨伯峻：“夫人指子尾，力谓功劳。”**弃德旷宗，**旷宗，废宗庙祭祀。**以及其身，不亦害乎？《诗》曰：‘不自我先，不自我后。’其是之谓乎！”**杜预：“言祸乱不在他，正当己身。”

冬十二月，宋平公卒。初，元公恶寺人柳，欲杀之。元公，太子佐也。**及丧，柳炽炭于位，**炽 chì。杨伯峻：“位，太子佐之丧位。炽炭以暖地。”**将至，则去之。**去其炽炭，使元公坐其处。**比葬，又有宠。**杜预：“言元公好恶无常。”

昭公十一年

【经】

十有一年春王二月，叔弓如宋。

葬宋平公。

夏四月丁巳，七日。**楚子虔诱蔡侯般杀之于申。**杨伯峻：“楚子虔即灵王，即位后改名虔。”

楚公子弃疾帅师围蔡。

五月甲申，四日。**夫人归氏薨。**杜预：“昭公母，胡女，归姓。”

大蒐于比蒲。

仲孙貜会邾子，盟于祲祥。

秋，季孙意如会晋韩起、齐国弱、宋华亥、卫北宫佗、郑罕虎、曹人、杞人于厥慭。慭 yìn。

九月己亥，二十一日。**葬我小君齐归。**杜预：“齐，谥。”

冬十有一月丁酉，二十日。**楚师灭蔡，执蔡世子有以归，用之。**用之，杀之以祭冈山。

【传】

十一年春，王二月，叔弓如宋，葬平公也。

景王问于苌弘曰："今兹诸侯，何实吉？何实凶？"杜预："苌弘，周大夫。"何，谁也。对曰："蔡凶。此蔡侯般弑其君之岁也，岁在豕韦，杜预："襄三十年蔡世子般弑其君，岁在豕韦，至今十三岁，岁复在豕韦。般即灵侯也。"弗过此矣。杜预："言蔡凶不过此年。"楚将有之，然壅也。杜预："楚无德而享大利，所以壅积其恶。"岁及大梁，蔡复，楚凶，天之道也。"杜预："楚灵王弑立之岁在大梁，到昭十三年，岁复在大梁，美恶周必复，故知楚凶。"

楚子在申，召蔡灵侯。灵侯将往，蔡大夫曰："王贪而无信，唯蔡于感。感即"憾"字。杜预："蔡，近楚之大国，故楚常恨其不服顺。"今币重而言甘，诱我也，不如无往。"蔡侯不可。三月丙申，十五日。楚子伏甲而飨蔡侯于申，醉而执之。夏四月丁巳，杀之，刑其士七十人。公子弃疾帅师围蔡。

韩宣子问于叔向曰："楚其克乎？"对曰："克哉！蔡侯获罪于其君，杜预："谓弑父而立。"而不能其民，不能，不得也。天将假手于楚以毙之，杜预："借楚手以讨蔡。"何故不克？然肸闻之，不信以幸，以不信侥幸成事。不可再也。楚王奉孙吴以讨于陈，在八年。曰：'将定而国。'陈人听命，而遂县之。今又诱蔡而杀其君，以围其国，虽幸而克，必受其咎，弗能久矣。桀克有缗以丧其国，纣克东夷而陨其身。楚小位下，杨伯峻："楚比之夏桀、商纣为国既小，位亦卑下。"而亟暴于二王，亟，屡也。恶甚于桀、纣。能无咎乎？天之假助不善，假通借，假有正反二义，《传》曰"假羽毛于郑"、"假羽毛于齐"，假，借于也（借入），此一义。僖二十八年"天假之年，而除其害"、昭二十年"子假吾名焉，故不吾远也"，假，借与，借予也（借出）。此文“假”，取借与之义，与上文“假手”之“假”义相对。假助为同义词连用。故“假助不善”，非谓借助不善者之力，由下句“非祚之也”可证，若借人之力以自助，则不当曰“非祚之也”。**非祚之也，厚其凶恶而降之罚也。且譬之如天其有五材，而将用之，**五材，金、木、水、火、土。**力尽而敝之，**杨伯峻：“五材之力既尽，人则弃之。敝，弃也。”**是以无拯，**拯，救也。言不可救。**不可没振。”**杨伯峻：“《小尔雅》：‘没，终也。’振犹兴也。犹云不可终兴。”

五月，齐归薨。大蒐于比蒲，非礼也。

孟僖子会邾庄公，盟于祲祥，修好，礼也。

泉丘人有女，梦以其帷幕孟氏之庙，泉丘，鲁邑。帷，名词，布之属。帷可作名词，《传》“以帷缚其妻”；亦可作动词，《传》“帷堂而哭”。幕，在此文为名词作动词用，《周礼》郑玄注“在旁曰帷，在上曰幕”；《说文》“在旁曰帷”，“帷在上曰幕”。**遂奔僖子，其僚从之。**杜预：“邻女为僚友者，随而奔僖子。”**盟于清丘之社，曰：“有子，无相弃也。”**杜预：“二女自共盟。”是也。杨伯峻：“二女与僖子盟。”误。**僖子使助薳氏之簉。**簉 zào。沈钦韩：“或薳氏是僖子别邑，使二女别居于此为簉也，故下宿于薳氏。《小尔雅》：‘簉，倅也。’”杨伯峻主之，且曰：“簉，即妾，后人称妾为簉室，即本于此。”**反自祲祥，宿于薳氏，生懿子及南宫敬叔于泉丘人。**杜预：“似双生（双胞胎）。”**其僚无子，使字敬叔。**履行盟约“有子，无相弃”。字，畜也，养育也。

楚师在蔡，晋荀吴谓韩宣子曰：“不能救陈，又不能救蔡。物以无亲，物，当指万物如木、石等没有情感的东西。人异于物，以亲亲为大，“物以无亲”者，谓物物之间没有亲亲哀戚的伦常关系，晋不能恤救陈、蔡，与物何异？**晋之不能，亦可知也已！为盟主而不恤亡国，将焉用之？”**焉用盟主。

秋，会于厥慭，谋救蔡也。郑子皮将行，子产曰：

“行不远。不能救蔡也。蔡小而不顺，楚大而不德，天将弃蔡以壅楚，盈而罚之。杜预：“盈楚恶。”蔡必亡矣，且丧君而能守者，鲜矣。三年，王其有咎乎！美恶周必复，周，岁星之一周期（十二年）。复，报也。王恶周矣。”杜预：“元年，楚子弑君而立，岁在大梁。后三年，十三岁，岁星周，复于大梁。”

晋人使狐父请蔡于楚，请舍蔡。弗许。

单子会韩宣子于戚，杜预：“单子，单成公。”视下、言徐。叔向曰：“单子其将死乎！朝有著定，朝位不设表，或以朝廷内建筑物，如门、屏、墙、柱、阶、县（悬）等为参照，即可各知其位。盖卿大夫百官之著位，于典册中有明文规定，故曰著定。会有表，杜预：“野会设表（标识）以为位。”衣有禬，杨伯峻：“禬音怪，衣衿交会之处，左右衿相交当胸。”带有结。杜预：“禬，领会。结，带结也。”会朝之言，必闻于表著之位，杨伯峻：“必使在座者皆能闻之。”所以昭事序也。表著有尊卑，所以昭事序。命事之大小多寡因位序而定，《传》曰“列尊贡重”。视不过结、禬之中，所以道容貌也。不过，不外于。道，事物之道，犹“喜怒以类”之“类”。谓使容貌合于事物之道（类）。言以命之，容貌以明之，失则有阙。所命之事必致阙失。今单子为王官伯，师古：“伯，长也。”而命事于会，视不登带，视下。言不过步，言徐。杨伯峻：“其声细小，过一步即听不到。”貌不道容，杨伯峻：“貌指外相，容指威仪。”而言不昭矣。不道，不共；不昭，不从。杜预：“貌正曰共，言顺曰从。”则杜预“不共”、“不从”者，谓单子不共不从。杨伯峻意谓“不共”、“不从”者，言受命者不共不从。昭元年：“神怒，不歆其祀；民叛，不即其事，祀事不从，又何以年。”无守气矣。”言将死。

九月，葬齐归，公不戚。晋士之送葬者归以语史赵。史赵曰：“必为鲁郊。”杜预：“言昭公必出在郊野，不能有国。”为昭公二十六年居郓传。侍者曰：“何故？”曰：“归姓也，昭公母齐归，为归姓。**不思亲，祖不归也。”**

叔向曰：“鲁公室其卑乎！君有大丧，国不废蒐。杜预：“谓蒐比蒲。”**有三年之丧，而无一日之戚。国不恤丧，不忌君也。**杜预：“忌，畏也。”**君无戚容，不顾亲也。国不忌君，君不顾亲，能无卑乎？殆其失国。”**

冬十一月，楚子灭蔡，用隐大子于冈山。杜预：“蔡灵公之大子，蔡侯庐之父。”用，杀之以祭为用。**申无宇曰：“不祥。五牲不相为用，**杜预：“五牲，牛、羊、豕、犬、鸡。”僖十九年：“古者六畜不相为用，小事不用大牲，而况敢用人乎？”谓当用牛者，不用羊；当用犬、鸡者，不用豕。**况用诸侯乎？**诸侯，指隐太子。**王必悔之。”**

十二月，单成公卒。

楚子城陈、蔡、不羹。不羹有二，据杨伯峻，即东不羹、西不羹也。**使弃疾为蔡公。王问于申无宇曰：“弃疾在蔡，何如？”对曰：“择子莫如父，择臣莫如君。郑庄公城栎而寘子元焉，**子元，郑厉公之字，公子突也。郑庄公盖无適子，有四公子为曼伯（公子仪）、昭公（公子忽）、厉公（公子突）、公子亹。**使昭公不立。**子元与昭公争位，卒使昭公不得立。昭公出奔，其后复国，又被高渠弥所弑。**齐桓公城穀而寘管仲焉，至于今赖之。**杜预：“城穀在庄三十二年。”**臣闻五大不在边，**贾逵：“五大谓大子、母弟、贵宠公子、公孙、累世正卿也。”**五细不在庭。**杨伯峻据孔颖达引郑众说，五细即隐三年“贱防贵，少陵长，远间亲，新间旧，小加大”之贱、少、远、新及小者。**亲不在外，羁不在内，**羁，羁旅之臣，来自外国者。**今弃疾在外，**弃疾，灵王弟。**郑丹在内。**郑丹，即然丹，字子革，郑穆公孙，襄十九年奔楚为右尹，是楚之羁臣。**君其少戒。”王曰：“国有大城，何如？”**杨伯峻：“言有大城，足御叛乱。”**对曰：“郑京、栎实杀曼伯，**曼伯之身份颇有争议，杜预谓曼伯即檀伯也，竹添光鸿疑曼伯为昭公，皆误。阮芝生谓曼伯即子仪，此说是也，详参隐五年

《传》注。子仪居君位十四年，终为厉公所杀。**宋萧、亳实杀子游，**在庄十二年。**齐渠丘实杀无知，**杜预："在庄九年。渠丘，齐大夫雍廪邑。"**卫蒲、戚实出献公，**杜预："蒲，甯殖邑。戚，孙林父邑。出献公在襄十四年。"**若由是观之，则害于国。**杨伯峻："谓五大据大城实于国有害。"**末大必折，**杜预："折其本。"折，折断之折。**尾大不掉，**《说文》："掉，摇也。"**君所知也。"**

昭公十二年

【经】

十有二年春，齐高偃帅师纳北燕伯于阳。杜预："三年，燕伯出奔齐。（偃，）高傒玄孙，齐大夫。阳即唐，燕别邑。"

三月壬申，二十七日。**郑伯嘉卒。**

夏，宋公使华定来聘。杜预："定，华椒孙。"

公如晋，至河乃复。杜预："晋人以莒故辞公。"

五月，葬郑简公。

楚杀其大夫成熊。成熊，《传》作"成虎"。

秋七月。

冬十月，公子慭出奔齐。

楚子伐徐。

晋伐鲜虞。

【传】

十二年春，齐高偃纳北燕伯款于唐，因其众也。杜预："言因唐众欲纳之，故得先入唐。"

三月，郑简公卒，将为葬除。除，清除通往墓地之道路。及游氏之庙，杜预："游氏，子大叔族。"将毁焉。毁其庙以通路。子大叔使其除徒执用以立，用，作业工具。而无庸毁，杨伯峻："备而不毁。"曰："子产过女，而问何故不毁，乃曰：'不忍庙也！诺，将毁矣！'"杜预："教毁庙者之辞。"既如是，子产乃使辟之。辟同避，避让游氏庙。司墓之室有当道者，杜预："司墓之室，郑之掌公墓大夫徒属之家。"毁之，则朝而堋；杜预："堋（bèng），下棺。"《说文》："堋，丧葬下土也。"弗毁，则日中而堋。盖其室为通往墓地捷径之必经路段，若避之，则当迂回绕道。子大叔请毁之，曰："无若诸侯之宾何？"宾，来送葬者。盖春秋之礼以朝下葬为常。子产曰："诸侯之宾能来会吾丧，岂惮日中？无损于宾，而民不害，何故不为？"遂弗毁，日中而葬。君子谓："子产于是乎知礼。礼，无毁人以自成也。"

夏，宋华定来聘，通嗣君也。杜预："宋元公新即位。"享之，为赋《蓼萧》，弗知，又不答赋。弗知者，盖华定不知鲁赋诗之意，故不能致言辞谢。答赋，赋诗以答对也。文四年："不辞，又不答赋。"昭子曰："必亡。宴语之不怀，怀，思也。杨伯峻："《蓼萧》有句云：'燕笑语兮，是以有誉处兮。'"宠光之不宣，杨伯峻："又有句云：'为龙为光。'龙即宠。"杜预："宣，扬也。"令德之不知，杨伯峻："《诗》又云：'宜兄宜地，令德寿凯（恺）。'以此赞美华定而彼不知。"同福之不受，杨伯峻："《诗》又云：'万福攸同。'华定不答赋，是不受也。"将何以在？"言何以保守其位。十五年："福祚之不登，叔父焉在？"

齐侯、卫侯、郑伯如晋，朝嗣君也。嗣君，晋昭公，去年即位。公如晋，杜预："亦欲朝嗣君。"至河乃复。取郠之役，在十年。莒人愬于晋，晋有平公之丧，未之治也，故辞公。杨伯峻："辞，不受也。"公子慭遂如晋。

晋侯享诸侯，子产相郑伯，辞于享，请免丧而后听命。请除丧之后受享，婉辞晋侯。时简公未葬，免丧者，当指三年之丧毕。古礼，三年之丧二十五月而毕。**晋人许之，礼也。**

晋侯以齐侯宴，中行穆子相。穆子，荀吴。**投壶，**古有投壶礼，实娱乐活动。置壶于前，以矢投其内，中多者胜。古时军事贵射箭，此礼盖因射衍生。**晋侯先。穆子曰："有酒如淮，有肉如坻。**淮，淮水。杨伯峻："坻音池，水中高地。"《秦风·蒹葭》："宛在水中坻。"**寡君中此，为诸侯师。"**师，长也。**中之。齐侯举矢，曰："有酒如渑，**渑 shéng，渑水。**有肉如陵。寡人中此，与君代兴。"**杜预："代，更也。"**亦中之。伯瑕谓穆子曰：**伯瑕，士文伯。**"子失辞。吾固师诸侯矣，壶何为焉？其以中儁也！**儁同俊。投壶之礼，以中者为俊杰，而不论其投者之实力强弱、德贤与否，中即为胜。杜预："言投壶中，不足为儁异。"**齐君弱吾君，归弗来矣。"**杜预："欲与晋君代兴，是弱之。"**穆子曰："吾军帅强御，卒乘竞劝，今犹古也，齐将何事？"**何，谁也。杜预："言晋德不衰于古，齐不事晋，将无所事。"**公孙傁趋进，曰："日旰君勤，可以出矣！"以齐侯出。**以，事物能左右之曰以，犹引携也。杜预："傁，齐大夫。"杨伯峻："闻晋卿相对之言，惧有变，故趋而与齐侯出。"

楚子谓成虎，若敖之余也，遂杀之。杜预："成虎，令尹子玉之孙，与斗氏同出于若敖。宣四年，斗椒作乱，今楚子信谮而托讨若敖之余。"**或谮成虎于楚子，成虎知之而不能行。书曰："楚杀其大夫成虎。"怀宠也。**怀恋宠幸，不能避祸，故被杀。

六月，葬郑简公。杜预："《经》书'五月'，误。"

晋荀吴伪会齐师者，假道于鲜虞，遂入昔阳。杜预："鲜虞，白狄别种。"**秋八月壬午，**十日。**灭肥，以肥子绵皋归。**肥，国名。

周原伯绞虐，其舆臣使曹逃。杜预："原伯绞，周大夫原公也。

舆，众也。曹，群也。”**冬十月壬申朔，原舆人逐绞而立公子跪寻，**杜预：“跪寻，绞弟。”**绞奔郊**。杜预：“郊，周地。”

甘简公无子，立其弟过。杜预：“甘简公，周卿士。”**过将去成、景之族**。杜预：“成公、景公，皆过之先君。”**成、景之族赂刘献公**。杜预：“欲使杀过。刘献公亦周卿士，刘定公子。”**丙申，**二十五日。**杀甘悼公，**杜预：“悼公即过。”**而立成公之孙鳝**。鳝 qiū。杜预：“鳝，平公。”**丁酉，**二十六日。**杀献大子之傅庾皮之子过，**杨伯峻：“庾皮为献大子之傅，过为庾皮子。献似太子之谥，或疑即十五年死之王大子寿。”**杀瑕辛于市，及宫嬖绰、王孙没、刘州鸠、阴忌、老阳子**。杜预：“六子，周大夫，及庾过，皆甘悼公之党。”

季平子立，而不礼于南蒯。杜预：“蒯，南遗之子，季氏费邑宰。”**南蒯谓子仲：**杜预：“子仲，公子慭。”**“吾出季氏，而归其室于公。子更其位**。杜预：“更，代也。”**我以费为公臣。”子仲许之。南蒯语叔仲穆子，且告之故**。杜预：“穆子，叔仲带之子，叔仲小也。语以欲出季氏，以不见礼故。”

季悼子之卒也，杜预：“悼子，季武子之子，平子父也。”**叔孙昭子以再命为卿。及平子伐莒克之，更受三命**。杜预：“十年，平子伐莒，以功加三命。昭子不伐莒，亦以例加为三命。”伐莒之役，昭子不出，守国也。**叔仲子欲构二家，**杜预：“欲构使相憎。”**谓平子曰：“三命逾父兄，非礼也。”**杜预：“言昭子受三命，自逾其先人。”是也。上卿三命，亚卿再命。僖三十三年“以三命命先且居将中军，以再命命先茅之县赏胥臣”，诸侯于三命之卿只授一人，再命之卿不知可否授于两人，然一命之卿则可授于多人，如晋国下卿（一命之卿）即有数人。三命逾父兄者，叔孙氏世为亚卿，昭子父祖未尝有受三命者，今昭子以亚卿受三命，是逾其父兄而匹于季孙也。叔仲子责其不当与平子同命，用使季孙恶昭子。**平子曰：“然。”故使昭子**。杜预：“使昭子自贬黜。”**昭子曰：“叔孙氏有家祸，杀適立庶，故婼也及此。若因祸以毙之，则闻命矣。**杜预：“言因乱讨己，不敢辞。”此言盖讽刺季孙，谓叔孙氏之家祸，季氏助纣非轻。**若不废君命，则固有著矣。”**杜预：“著，位次。”**昭子朝，而命吏曰：**吏，公朝之吏。**“婼将与季氏讼，书辞无颇。”**杜预：“颇，偏也。”**季孙惧，而归罪于叔仲子。故叔仲小、南蒯、公子慭谋季氏。慭告公，而遂从公如晋。**杜预：“慭，子仲。”**南蒯惧不克，以费叛如齐。子仲还，及卫，闻乱，逃介而先。**杜预：“介，副使也。”**及郊，闻费叛，遂奔齐。**

南蒯之将叛也，其乡人或知之，过之而叹，且言曰：“恤恤乎，湫乎攸乎！杨伯峻引俞樾：“恤，忧也。湫即愁之假字。攸即悠之假字。愁，忧也；悠，忧也。恤恤乎愁乎悠乎三句一意，深忧之，故重言之。”**深思而浅谋，**谋逐季氏，思深也。浅谋，谓谋划肤浅也。**迩身而远志，**身为季氏家臣，谋出季氏，而求登为公臣。**家臣而君图，**身为家臣，不为家主图谋，反为国君图谋。**有人矣哉！”**杜预：“言今有此人，微以感之。”是也。杨伯峻谓，人谓人才，唯有才能之人，始能图谋此事，非也。南蒯所图谋者，实乃大不忠之事，若因为有才即可行不忠之事，非《传》之宗旨。**南蒯枚筮之，**杜预：“不指其事，泛卜吉凶。”**遇《坤》䷁**《坤》下《坤》上。**之《比》䷇，**《坤》下《坎》上。《坤》六五爻变而为《比》卦。**曰：“黄裳元吉。”**《坤》六五之爻辞。**以为大吉也，示子服惠伯，**惠伯，孟椒。**曰：“即欲有事，何如？”**即，就也，将也。**惠伯曰：“吾尝学此矣，**杨伯峻：“谓学《易》。”**忠信之事则可，**可，可筮。**不然，必败。外强内温，忠也；**《比》之悔，《坎》也，故曰外强；其贞，《坤》也，故曰内温。外强内温，倡和之象，故曰忠。**和以率贞，信也。**率，行也。杜预：“水和而土安正。和正，信之本也。”杨伯峻“贞，卜问也”，非。**故曰‘黄裳元吉’。黄，中之色也；**《易》贵黄色，以黄色代表中和之象。**裳，下之饰也；**裳，古代下身之所穿曰裳。杨伯峻："古代男子着裳，犹今之裙。""中"、"下"二字，皆有双关义。**元，善之长也。**以上解"黄"、"裳"、"元"。**中不忠，不得其色；**色，黄。**下不共，不得其饰；**饰，裳。杨伯峻："共同恭，谓为下不恭。"**事不善，不得其极。**极，元。**外内倡和为忠，率事以信为共，**杜预："率，犹行也。"**供养三德为善，**惠栋："三德谓黄、裳、元。"是也。杨伯峻："三德谓忠、信、极。"误。**非此三者弗当。**三者非三德，三者谓忠、共、善。**且夫《易》，不可以占险，将何事也？**问其事忠信乎。**且可饰乎？**杨伯峻："谓为下恭乎不恭乎。"**中美能黄，**能，犹堪也。**上美为元，下美则裳，参成可筮。**杜预："参（三）美尽备，吉可如筮。"**犹有阙也，**犹，仍也。惠伯知南蒯卜作乱，故明言其事有阙，用讽戒之。**筮虽吉，未也。"**

将适费，饮乡人酒。乡人或歌之曰："我有圃，生之杞乎！杨伯峻："圃，谓种菜地。杞柳生于水旁，圃不生菜蔬而长杞柳。喻所得违其所欲。"**从我者子乎，**子，古代对男子之美称。**去我者鄙乎，**杨伯峻："去犹违也。"鄙，卑鄙，鄙陋。二十一年："不狎，鄙。"**倍其邻者耻乎！**倍通背。**已乎已乎，**杨伯峻："绝望之辞。"**非吾党之士乎！"**

平子欲使昭子逐叔仲小。杜预："欲以自解说。"**小闻之，不敢朝。昭子命吏谓小待政于朝，**吏，公朝之吏。**曰："吾不为怨府。"**杜预："言不能为季氏逐小，生怨祸之聚。"

楚子狩于州来，杜预："狩，冬猎也。"**次于颍尾，**杨伯峻："颍水入淮处，亦曰颍口。"**使荡侯、潘子、司马督、嚣尹午、陵尹喜帅师围徐以惧吴。**杜预："五子，楚大夫。徐，吴与国，故围之以偪吴。"**楚子次于乾溪，以为之援。雨雪，王皮冠，秦复陶，**杜预："秦所遗羽衣也。"**翠被，**被同披。杜预："以翠羽饰被。"**豹舄，**杜预："以豹皮为履。"**执鞭以出，仆析父从。**马宗琏谓此"仆"即太仆。**右尹子革夕，**子革，郑丹。夕，朝（zhāo）见曰朝（cháo），夕见曰夕。旦至食时之间曰朝，夕在日落之前。**王见之，去冠、被，舍鞭，**杜预："敬大臣。"**与之语曰："昔我先王熊绎，**杜预："楚始封君。"**与吕伋、王孙牟、燮父、禽父，并事康王，**吕伋，齐大公之子丁公。王孙牟，卫康叔子康伯。燮父，晋唐叔虞之子。禽父，周公旦之子伯禽。康王，周成王子。**四国皆有分，**杜预："四国，齐、晋、鲁、卫。分，珍宝之器。"**我独无有。今吾使人于周，求鼎以为分，王其与我乎？"**杨伯峻："王谓周王。"**对曰："与君王哉！昔我先王熊绎，辟在荆山，筚路蓝缕，以处草莽。跋涉山林，以事天子。**天子，周天子。**唯是桃弧、棘矢，以共御王事。**共御，供奉侍御。**齐，王舅也。晋及鲁、卫，王母弟也。**唐叔为成王母弟，周公、康叔为武王母弟。**楚是以无分，而彼皆有。今周与四国服事君王，将唯命是从，岂其爱鼎？"王曰："昔我皇祖伯父昆吾，旧许是宅。**旧许即许国之旧地，许为郑偪而迁出，其地归郑，故谓之旧许。**今郑人贪赖其田，而不我与。我若求之，其与我乎？"对曰："与君王哉！周不爱鼎，郑敢爱田？"王曰："昔诸侯远我而畏晋，今我大城陈、蔡、不羹，赋皆千乘，子与有劳焉。诸侯其畏我乎？"对曰："畏君王哉！是四国者，**杜预："四国，陈、蔡、二不羹。"杨伯峻："国谓大都大邑。"**专足畏也，又加之以楚，敢不畏君王哉！"工尹路请曰："君王命剥圭以为鍼柲，**杜预："鍼，斧也。柲（bì），柄也。破圭玉以饰斧柄。"**敢请命。"**杜预："请制度之命。"**王入视之。析父谓子革："吾子，楚国之望也。今与王言如响，**响，回响之响。杜预："讥其顺王心如响应声。"**国其若之何？"**犹曰国家怎么办。言不恤国。**子革曰："摩厉以须，**摩厉，今作磨砺。须，待也。**王出，吾刃将斩矣。"**斩王淫欲。杜预："以己喻锋刃。"**王出，复语。左史倚相趋过。**杜预："倚相，楚史名。"

王曰："是良史也，子善视之！是能读《三坟》、《五典》、《八索》、《九丘》。"杜预："皆古书名。"对曰："臣尝问焉，昔穆王欲肆其心，周行天下，穆王，周穆王。肆，放纵，恣放。周，遍也。将皆必有车辙马迹焉。祭公谋父作《祈招》之诗，祈招或为器名。以止王心，王是以获没于祗宫。杜预："获没，不见篡弑。"臣问其诗而不知也。若问远焉，其焉能知之？"王曰："子能乎？"对曰："能。其诗曰：'祈招之愔愔，式昭德音。杜预："愔愔（yīn），安和貌。式，用也。昭，明也。"思我王度，式如玉，式如金。杜预："金玉取其坚重。"此二"式"字，当是"仪式刑"之式。形民之力，而无醉饱之心。'"杨伯峻主李富孙："形为型之假借字。谓程量其力之所能为而不过也。"杜预："言国之用民，当随其力任，如金冶之器，随器而制形，故言形民之力，去其醉饱过盈之心。"王揖而入，馈不食，寝不寐，数日，杜预："深感子革之言。"不能自克，杨伯峻："克制。"以及于难。

仲尼曰："古也有志：'克己复礼，仁也。'信善哉！楚灵王若能如是，岂其辱于乾溪？"

晋伐鲜虞，因肥之役也。杜预："肥役在此年。"

昭公十三年

【经】

十有三年春，叔弓帅师围费。

夏四月，楚公子比自晋归于楚，弑其君虔于乾溪。

楚公子弃疾杀公子比。

秋，公会刘子、晋侯、宋公、卫侯、郑伯、曹伯、莒子、邾子、滕子、薛伯、杞伯、小邾子于平丘。

八月甲戌，七日。同盟于平丘。公不与盟。杜预："鲁不堪晋求，谗慝弘多，公不与盟，非国恶，故不讳。"

晋人执季孙意如以归。

公至自会。

蔡侯庐归于蔡。陈侯吴归于陈。杜预："陈、蔡皆受封于楚，故称爵。诸侯纳之曰归。"

冬十月，葬蔡灵公。

公如晋，至河乃复。杜预："晋人辞公。"

吴灭州来。州来，楚属之小国。

【传】

十三年春，叔弓围费，弗克，败焉。杜预："为费人所败，不书，讳之。"平子怒，令见费人执之，下令，若遇费人，则就而执之。以为囚俘。冶区夫曰："非也。若见费人，寒者衣之，饥者食之，为之令主，平子本费人之君主。而共其乏困，共同供。费来如归，杨伯峻："言费邑之人来投季氏者如归家然。"南氏亡矣。民将叛之，谁与居邑？杨伯峻："谁与南氏居于围城之中。"若惮之以威，惧之以怒，民疾而叛，为之聚也。民疾而叛季氏，是为南氏聚民。若诸侯皆然，然，如此。谓暴虐无辜民众。费人无归，杨伯峻："无归依之处。"不亲南氏，将焉入矣？"平子从之，费人叛南氏。杜预："费叛南氏在明年，《传》善区夫之谋，终言其效。"

楚子之为令尹也，杀大司马薳掩而取其室。在襄三十年。及即位，夺薳居田。杜预："居，掩之族。言薳氏所以怨。"迁许而质许围。杜预："迁许在九年。围，许大夫。"蔡洧有宠于王，王之灭蔡也，其父死焉，杜预："楚灭蔡在十一年。洧仕楚，其父在国，故死。”**王使与于守而行**。杜预：“使洧守国，而行至乾谿。”王至乾谿在去年冬，时仍在乾谿。**申之会，越大夫戮焉**。杜预：“申会在四年。”戮，被刑也。刑之小者，虽鞭抉亦曰戮。**王夺斗韦龟中犨**，杜预：“韦龟，令尹子文玄孙。中犨，邑名。”**又夺成然邑，而使为郊尹**。杜预：“成然，韦龟子。”**蔓成然故事蔡公**，蔓成然即斗成然，蔓为成然之食邑名。杜预：“蔡公，弃疾也。故，犹旧也。韦龟以弃疾有当璧之命，故使成然事之。”**故薳氏之族及薳居、许围、蔡洧、蔓成然，皆王所不礼也。因群丧职之族，启越大夫常寿过作乱**，越，越国，越固为楚与国。杜预：“常寿过，申会所戮者。”**围固城，克息舟，城而居之**。

观起之死也，其子从在蔡，事朝吴，杜预：“观起死在襄二十二年。朝吴，故蔡大夫声子之子。”**曰：“今不封蔡，蔡不封矣**。杨伯峻：“谓今不谋恢复蔡国，蔡将永远被灭亡。”**我请试之。”**怨楚杀其父，且欲复蔡，故欲试作乱。**以蔡公之命召子干、子皙**，矫蔡公命召二子。杜预：“二子皆灵王弟，元年，子干奔晋，子皙奔郑。”杨伯峻：“子干即公子比，子皙即公子黑肱。”**及郊**，杨伯峻：“二子至蔡郊。”**而告之情**，杨伯峻：“观从以真相告之。”**强与之盟**，似二子疑虑，故强盟之。**入袭蔡。蔡公将食，见之而逃**。杜预：“不知其故，惊起辟之。”**观从使子干食**，就蔡公食食子干。**坎，用牲，加书**，杨伯峻：“挖坑，杀牲，加盟书于牲上。”**而速行**。使子干速去。杜预：“使子干居蔡公之床，食蔡公之食，并伪与蔡公盟之徵验以示众。”**己徇于蔡**，杜预：“己，观从也。”**曰：“蔡公召二子，将纳之，与之盟而遣之矣，将师而从之。”**杜预：“诈言蔡公将以师助二子。”**蔡人聚，将执之**。杜预：“执观从。”**辞曰：“失贼成军，而杀余，何益？”**杜预：“贼谓子干、子皙也。言蔡公已成军，杀己不解罪。”**乃释之。朝吴曰：“二三子若能死亡，则如违之**，杨伯峻：“如，应当也。下‘如’字同。之指蔡公。”**以待所济**。

言若能奉大义为灵王死亡，则可违蔡公之命，以待成败所在。**若求安定，则如与之，**杨伯峻：“与之，赞助蔡公也。”古礼，为人臣者，以尽忠为上，虽受命不义，罪不在己。襄二十三年，栾盈曰“我实不天，子无咎焉”，言有罪在其主君，臣下无罪。故从蔡公可得安定，若不从蔡公，将有不忠之罪，逃无所入。**以济所欲。**杨伯峻：“所欲，恢复祖国也。”**且违上，何适而可？”**言亡于何处为可。为人臣仅忠其私主，此又惧之以不忠之罪。杜预：“言不可违上也。上谓蔡公。”**众曰：“与之！”乃奉蔡公，召二子而盟于邓，依陈、蔡人以国。**杨伯峻：“依，依赖。”杜预：“国陈、蔡而依之。”依又有许、允之义，然不知先秦时有此义否。**楚公子比**、子干。**公子黑肱**、子皙。**公子弃疾**、蔡公。**蔓成然、蔡朝吴帅陈、蔡、不羹、许、叶之师，因四族之徒，**杜预：“四族，薳氏、许围、蔡洧、蔓成然。”**以入楚。及郊，陈、蔡欲为名，**时陈、蔡已灭为楚县，非诸侯。陈、蔡欲复国，故求正名，即复启用“陈国”、“蔡国”之名号。此乃是临战而同谋乱者讲条件，恐事成之后，谋乱者食言，而不许其复国。**故请为武军。**武军，军事纪念建筑。筑武军，则必当书诸侯名号于其上，因就而书陈国、蔡国之名，如此即是为复国而正名。**蔡公知之，曰：“欲速，**兵贵速。**且役病矣，**临战兴劳役，士卒将疲劳。**请藩而已。”乃藩为军。**杨伯峻：“军营以篱围之。”诸侯盟会时，以藩为军，即各与会国以藩篱分隔。此用盟会之制，亦示陈、蔡以诸侯国出师。**蔡公使须务牟与史猈先入，因正仆人杀大子禄及公子罢敌。**杜预：“须务牟、史猈（pí），楚大夫，蔡公之党也。正仆，大子之近官。”**公子比为王，公子黑肱为令尹，次于鱼陂。公子弃疾为司马，先除王宫。**蔡公弃疾先翦除灵王党羽，更以己之亲信。**使观从从师于乾溪，而遂告之，**杜预：“从乾谿之师，告使叛灵王。”**且曰：“先归复所，后者劓。”**杜预：“劓（yì），截鼻。”**师及訾梁而溃。**杜预：“灵王还至訾梁而众散。”

王闻群公子之死也，自投于车下，痛群公子死，忿而扑撞于车下。定三年："自投于床。"哀二年："大子惧，自投于车下。"曰："人之爱其子也，亦如余乎？"侍者曰："甚焉！小人老而无子，知挤于沟壑矣。"《说文》："挤，排也。"王曰："余杀人子多矣，能无及此乎？"右尹子革曰："请待于郊，以听国人。"杜预："听国人之所与。"王曰："众怒不可犯也。"曰："若入于大都而乞师于诸侯。"欲借诸侯之师以剿乱。王曰："皆叛矣。"曰："若亡于诸侯，以听大国之图君也。"冀大国奉义讨篡贼。王曰："大福不再，只取辱焉。"徒取辱而已。言不得救。然丹乃归于楚。杜预："然丹，子革。弃王归。"王沿夏，将欲入鄢。杜预："夏，汉别名。顺流为沿。顺汉水南至鄢。"芋尹无宇之子申亥曰："吾父再奸王命，杜预："谓断王旌，执人于章华宫。"王弗诛，惠孰大焉？君不可忍，忍，忍心也。杨伯峻："谓灵王有难，吾不可忍而不助。"惠不可弃，吾其从王。"乃求王，遇诸棘围以归。以王归己家。夏五月癸亥，二十五日。王缢于芋尹申亥氏。杜预："《传》终言之。"申亥以其二女殉而葬之。

观从谓子干曰："不杀弃疾，虽得国，犹受祸也。"子干曰："余不忍也。"子玉曰："人将忍子，杜预："子玉，观从。"吾不忍俟也。"乃行。国每夜骇曰："王入矣！"此或为弃疾使为。杨伯峻："时灵王生死不知，故以灵王至惊扰之。"乙卯夜，十七日。弃疾使周走而呼曰："王至矣！"杜预："周，遍也。"国人大惊。使蔓成然走告子干、子皙曰："王至矣！国人杀君司马，将来矣！君司马，弃疾。君若早自图也，可以无辱。无辱，不被刑戮。众怒如水火焉，不可为谋。"言事已败，众怒如水火，不复能再作谋议。劝二子速自杀，可得全尸。又有呼而走至者曰："众至矣！"二子皆自杀。丙辰，十八日。弃疾即位，名曰熊居。葬子干于訾，子干，公子比，立为王不数日。**实訾敖**。杨伯峻："楚君王无谥者，多以葬地冠'敖'字。"**杀囚，衣之王服而流诸汉，**伪为灵王之尸。**乃取而葬之，以靖国人。使子旗为令尹。**杜预："子旗，蔓成然。"

楚师还自徐，杜预："前（去）年围徐之师。"**吴人败诸豫章，获其五帅。**杨伯峻："荡侯、潘子、司马督、嚣尹午、陵尹喜是也。"

平王封陈、蔡，复迁邑，致群赂，杜预："始举事时所货赂。"**施舍宽民，宥罪举职。召观从，王曰："唯尔所欲。"**杜预："观从教子干杀弃疾，弃疾今召用之，明在君为君之义。"**对曰："臣之先，佐开卜。"**杜预："佐卜人开龟兆。"佐开卜其实即主开卜之谦辞。**乃使为卜尹。使枝如子躬聘于郑，且致犫、栎之田。**杜预："犫、栎本郑邑，楚中取之。平王新立，故还以赂郑。"**事毕，**聘事毕。**弗致。**杜预："知郑自说（悦）服，不复须赂故。"**郑人请曰："闻诸道路，将命寡君以犫、栎，敢请命。"对曰："臣未闻命。"**未闻致犫、栎之命。**既复，王问犫、栎。降服而对，**降服，脱冠服，请受罪。**曰："臣过失命，未之致也。"王执其手，曰："子毋勤！**杨伯峻："王念孙云：'勤犹辱也。'此辱指'降服'言。"**姑归，不穀有事，其告子也。"**杜预："王善其有权，有事将复使之。"

他年芉尹申亥以王柩告，乃改葬之。

初，灵王卜，曰："余尚得天下。"杨伯峻："（尚，）表希冀之副词。此命龟之辞。"**不吉。投龟，诟天而呼曰："是区区者而不余畀，**诟 gòu。杜预："区区，小天下。"畀，与，予也。**余必自取之。"民患王之无厌也，故从乱如归。**追随祸乱如回家一样理所当然。

初，共王无冢適，冢適即"冢子"，亦即適子。《传》又有"冢卿"、"冢宰"。凡冢者皆与宗庙祭祀之事有关，《传》之"冢卿"、"冢宰"皆指国姓之上卿，宗庙祭祀之事由上卿主持。而太子为嗣子，祭祀时亦尊居大位。疑“冢”者，指直接奉事宗庙及宗墓者。**有宠子五人，无適立焉。乃大有事于群望，**杨伯峻：“遍祭名山大川。名山大川为群望。大有事，遍祭也。”**而祈曰：“请神择于五人者，使主社稷。”乃遍以璧见于群望，曰：“当璧而拜者，神所立也，谁敢违之？”既，乃与巴姬密埋璧于大室之庭，**杜预：“巴姬，共王妾。大室，祖庙。”**使五人齐，**齐同斋，斋戒。**而长入拜。**长，长幼之省也，以长幼次序依次入拜。**康王跨之，灵王肘加焉，子干、子皙皆远之。平王弱，**弱，幼也。**抱而入，再拜，皆厌纽。**厌同压。纽，璧心，璧孔也。**斗韦龟属成然焉，**杜预：“知其将立，故托其子。”**且曰：“弃礼、违命，楚其危哉！”**杜预：“弃立长之礼，违当璧之命，终致灵王之乱。”

子干归，韩宣子问于叔向曰：“子干其济乎！”对曰：“难。”宣子曰：“同恶相求，如市贾焉，何难？”谓子干与国人同恶灵王，以此为同恶。服虔：“国人共恶灵王者如市贾之人求利也。”**对曰：“无与同好，谁与同恶？**言子干不与国人同好，唯就与国人同恶灵王一事，不可谓同恶。**取国有五难：有宠而无人，一也；**杜预：“宠须贤人而固。”**有人而无主，二也；**杜预：“虽有贤人，当须内主为应。”**有主而无谋，三也；**谋，智谋。**有谋而无民，四也；**杜预：“民，众。”**有民而无德，五也。**杜预：“四者既备，当以德成。”**子干在晋十三年矣，**昭元年出奔晋。**晋、楚之从不闻达者，可谓无人。**杜预：“晋、楚之士从子干游，皆非达人。”**族尽亲叛，可谓无主。**杜预：“无亲族在楚。”**无衅而动，可谓无谋。**杜预：“召子干时，楚未有大衅。”**为羁终世，可谓无民。**杜预：“终身羁客在晋，是无民。”**亡无爱徵，可谓无德。**杜预：“楚人无爱念之者。”“徵”与“征”简体通作“征”，二字义不尽同。《左传》“徵”与“征”有时亦通用，然凡“征伐”之“征”，无有写作“徵”者，“徵”字无“征伐”之义。疑此“徵”即信而有徵、明徵定保之徵。**王虐而不忌，**俞樾："灵王虽暴虐，而尚不忌刻。"**楚君子干，涉五难以弑旧君，谁能济之？**无人能济成之。**有楚国者，其弃疾乎！君陈、蔡，城外属焉。**杜预："城，方城。时穿封戌既死，弃疾并领陈、蔡。"**苛慝不作，盗贼伏隐，私欲不违，**杜预："不以私欲违民事。"**民无怨心。先神命之，**杜预："先神，谓群望。"**国民信之。芈姓有乱，必季实立，楚之常也。**杨伯峻："文元年《传》云：'楚国之举，恒在少者。'平王为共王幼子。"**获神，一也；**杜预："当璧拜。"**有民，二也；**杜预："民信之。"**令德，三也；**杜预："无苛慝。"**宠贵，四也；**杨伯峻："或以当璧拜而特见宠爱。"**居常，五也。**杜预："弃疾季。"**有五利以去五难，谁能害之？子干之官，则右尹也；数其贵宠，则庶子也；以神所命，则又远之。其贵亡矣，其宠弃矣。民无怀焉，国无与焉，将何以立？"宣子曰："齐桓、晋文，不亦是乎？"**服虔："皆庶子而出奔。"**对曰："齐桓，卫姬之子也，有宠于僖；**杜预："卫姬，齐僖公妾。"**有鲍叔牙、宾须无、隰朋以为辅佐；有莒、卫以为外主；**杜预："齐桓出奔莒，卫有舅氏之助。"**有国、高以为内主；**杜预："国氏、高氏，齐上卿。"**从善如流，下善齐肃；**下善盖谓日常行止仪节之类。齐，敏达持中，与事齐一。肃，严，整，端庄也。**不藏贿，**杜预："清也。"**不从欲，**"从"即哀元年"所欲必成，玩好必从"之"从"字，顺也，不违也。**施舍不倦，求善不厌，是以有国，不亦宜乎？我先君文公，狐季姬之子也，有宠于献。好学而不贰，**杜预："言笃志。"**生十七年，有士五人。**杜预："狐偃、赵衰、颠颉、魏武子、司空季子五士从出。"**有先大夫子馀、子犯以为腹心，**杜预："子馀，赵衰。子犯，狐偃。"**有魏犨、贾佗以为股肱，有齐、宋、秦、楚以为外主，**杜预："齐妻以女，宋赠以马，楚王享之，秦伯纳之。"**有栾、郤、狐、先以为内**

主。杜预："谓栾枝、郤縠、狐突、先轸也。"亡十九年，守志弥笃。弥，更也，更加。惠、怀弃民，杜预："惠公、怀公不恤民也。"民从而与之。与之，与文公也。献无异亲，民无异望，杜预："献公之子九人，唯文公在。"天方相晋，将何以代文？何，谁也。此二君者，异于子干。共有宠子，宠子指弃疾。"共有宠子"与"献无异亲"相对应。国有奥主。奥主仍指弃疾。"国有奥主"又与上文"民无异望"相对应。奥者，盖指隐秘不现而又心照不宣之事物。无施于民，无援于外，去晋而不送，归楚而不逆，何以冀国？"杨伯峻："谓子干以何希冀得享楚国。"

晋成虒祁，在八年。诸侯朝而归者皆有贰心。杜预："贱其侈也。"为取郠故，杜预："（鲁）取郠在十年。"晋将以诸侯来讨。叔向曰："诸侯不可以不示威。"杜预："知晋德薄，欲以威服之。"乃并徵会，并，遍也。徵，召也。告于吴。秋，晋侯会吴子于良，水道不可，吴子辞，杜预："辞不会。"乃还。

七月丙寅，二十九日。治兵于邾南。甲车四千乘。杨伯峻："所谓示威也。"羊舌鲋摄司马，羊舌鲋，叔向弟叔鱼也。摄，代也。遂合诸侯于平丘。子产、子大叔相郑伯以会。子产以幄幕九张行。杜预："幄幕，军旅之帐。"子大叔以四十，既而悔之，每舍，损焉。幄幕可以重复使用，夜宿则张之，朝行而收之。子大叔携带太多，每宿一次即弃之，不再回收重复使用。及会，亦如之。杜预："亦九张也。《传》言子产之适宜，大叔之从善。""亦如之"，自是亦如子产之数也，杜预谓亦九张，则子产所带幄幕无有损毁丢弃者？

次于卫地，叔鲋求货于卫，淫刍荛者。淫，放纵也。刍chú，食马之草。《说文》："荛（ráo），薪也。"刍荛者，刈草伐薪者。杜预："欲使卫患之而致货。"卫人使屠伯馈叔向羹与一箧锦，曰："诸侯事晋，未敢携贰，况卫在君之宇下，杜预："屋宇之下，喻近也。"而敢有异志？刍荛者异于他日，异，言反常。敢请之。"

杜预："请止之。"**叔向受羹反锦，**杜预："受羹示不逆其意，且非货。"**曰："晋有羊舌鲋者，渎货无厌，**渎，亵渎，轻慢，不敬慎。货，贿赂，索贿。不慎重对待贿赂之行为且不满足。**亦将及矣。**杜预："将及祸。"**为此役也，**杜预："役，事也。"此役，即刍荛之事。**子若以君命赐之，其已。"**杨伯峻："谓以卫君之命赐叔鲋以此箧锦，放纵刍荛之事将止。"**客从之，**屠伯从叔向言。**未退，而禁之。**杨伯峻："屠伯未退出叔鲋之庭，而叔鲋已禁刍荛者。"

晋人将寻盟，齐人不可。杜预："有贰心故。"**晋侯使叔向告刘献公曰：**杜预："献公，王卿士刘子。"**"抑齐人不盟，若之何？"对曰："盟以底信。**杜预："底，致也。"**君苟有信，诸侯不贰，何患焉？告之以文辞，董之以武师，虽齐不许，君庸多矣。**杜预："董，督也。庸，功也。讨之有辞，故功多也。"**天子之老，**天子、诸侯之正卿，大夫之家宰，皆得自称某某之老。**请帅王赋，**杨伯峻："王赋谓王军。"**'元戎十乘，以先启行'，**杜预："元戎，戎车在前者。启，开也。行，道也。"**迟速唯君。"**杜预："欲佐晋讨齐。"**叔向告于齐，曰："诸侯求盟，已在此矣。今君弗利，寡君以为请。"对曰："诸侯讨贰，则有寻盟。若皆用命，何盟之寻？"**言诸侯皆用命而无贰心，不须寻盟。杜预："托用命以拒晋。"**叔向曰："国家之败，有事而无业，**事，谓某一领域之事务。如王事、政事、公侯之事、祀事、戎事、盟会之事、农事、百工之事、皂隶之事等。业，日日进习者谓业。自天子至于庶民，公卿皂隶，士农工商，学人，各有其业，故业勤则事成。业者，杜注"贡赋之业"，晋为侯伯，受天子赐命，代王治诸侯，故霸主致诸侯之使命征发，诸侯皆当奉行，此所谓致诸侯之业，襄二十八年"共其职贡"是也，杜注是。**事则不经；**经，经纬之经。**有业而无礼，经则不序；**谓虽有经，然不能序列。**有礼而无威，序则不共；**虽有序，但不恭敬。**有威而不昭，共则不明。**杜预："威须昭告神明而后信义著。"

不明弃共，百事不终，所由倾覆也。杜预：“信义不明则弃威，不威弃礼。无礼无经，无经无业，故百事不成。”**是故明王之制，使诸侯岁聘以志业，**杜预：“志，识也。”**间朝以讲礼，**杜预：“三年而一朝，正班爵之义，率长幼之序。”**再朝而会以示威，**杜预：“六年而一会，以训上下之则，制财用之节。”**再会而盟以显昭明。**杜预：“十二年而一盟，所以昭信义也。凡八聘、四朝、再会，王一巡守，盟于方岳之下。”**志业于好，**杜预：“聘也。”**讲礼于等，**杜预：“朝也。”**示威于众，**杜预：“会也。”**昭明于神。**杜预：“盟也。”**自古以来，未之或失也。存亡之道，恒由是兴。晋礼主盟，**杜预：“依先王先公旧礼主诸侯盟。”**惧有不治。奉承齐牺，**杨伯峻：“齐同斋。盟会谓之齐盟，则盟之牺牲亦谓之齐牺。”**而布诸君，求终事也。**杜预：“终，竟也。”**君曰：‘余必废之，何齐之有？’**齐，同斋。**唯君图之，寡君闻命矣！”齐人惧，对曰：“小国言之，大国制之，**言，讥也，议也。谓小国议论之，大国裁断之。**敢不听从？既闻命矣，敬共以往，迟速唯君。”叔向曰：“诸侯有间矣，**杨伯峻：“谓诸侯于晋有嫌隙，非真亲睦也。间，隙也。”**不可以不示众。”**杨伯峻：“示威于众。”**八月辛未，**四日。**治兵，建而不旆。**杜预：“建立旌旗，不曳其旆。旆，游也。”杨伯峻：“游即旒，旌旗飘带。”**壬申，**五日。**复旆之。诸侯畏之。**杜预：“军将战则旆，故曳旆以恐之。”

邾人、莒人愬于晋曰：“鲁朝夕伐我，几亡矣。我之不共，鲁故之以。”共同供。杜预：“不共晋贡，以鲁故也。”**晋侯不见公，使叔向来辞，曰：“诸侯将以甲戌盟，寡君知不得事君矣，请君无勤。”**杜预：“托谦辞以绝鲁。”**子服惠伯对曰：“君信蛮夷之诉，**杜预：“蛮夷谓邾、莒。”**以绝兄弟之国，弃周公之后，亦唯君。寡君闻命矣。”叔向曰：“寡君有甲车四千乘在，虽以无道行之，必可畏**

也。况其率道，率，循也。其何敌之有？牛虽瘠，偾于豚上，其畏不死？瘠，瘦也。偾，仆也。隐三年“郑伯之车偾（倾覆）于济”。《说文》：“豚，小豕（崽猪）也。”杨伯峻：“瘦牛仆于小豕上，小豕必死。”牛喻晋，豚喻鲁。南蒯、子仲之忧，事在去年。其庸可弃乎？若奉晋之众，用诸侯之师，因邾、莒、杞、鄫之怒，杜预：“四国近鲁，数以小事相忿。鄫已灭，其民犹存，故并以恐鲁。”以讨鲁罪，间其二忧，杜预：“因南蒯、子仲二忧为间隙。”何求而弗克？”鲁人惧，听命。杜预：“不敢与盟。”

甲戌，七日。同盟于平丘，齐服也。此句为“经”，下文始叙盟事之原委。令诸侯日中造于除。此乃癸酉（六日）朝中所命，命诸侯甲戌日中至于除，且此句与上句不相承。造，至也。杜预：“除地为（筑）坛，盟会处。”癸酉，六日。退朝。杨伯峻：“六日朝晋而退，七日盟。”古代朝事皆在上午，此“退朝”，例当在食时（九点）左右。子产命外仆速张于除，杜预：“张幄幕。”子大叔止之，使待明日。欲待七日上午张之。及夕，六日夕。子产闻其未张也，使速往，乃无所张矣。杜预：“地已满也。《传》言子产每事敏于大叔。”

及盟，七日日中始盟。子产争承，承，所承贡赋之班次。曰：“昔天子班贡，轻重以列。杨伯峻：“班贡，定贡献之次序。班，次也，序也。杜注：‘列，位也。’谓依位为次。”列尊贡重，周之制也。杜预：“公侯地广，故所贡者多。”卑而贡重者，甸服也。杜预：“甸服谓天子畿内共职贡者。”郑，伯男也，伯男，伯子男之省。而使从公侯之贡，惧弗给也，杨伯峻：“给，足也。恐不能足此数。”敢以为请。诸侯靖兵，杜预：“靖，息也。”好以为事。杨伯峻：“以友好为事。”行理之命无月不至，杨伯峻：“行理亦作行旅，谓使人。言晋国使人来催问贡赋之命无月不至。”贡之无艺，服虔：“艺，极也。”小国有阙，所以得罪也。诸侯修盟，存小国也。贡献无极，极，标准，准则。亡可待也。存亡之制，将在今矣。”自日中以争，至于昏，郑人不从，故不得盟。晋人许之。许郑求，始得盟，故盟在昏。既盟，子大叔咎之曰：“诸侯若讨，谓晋奉诸侯来讨。其可渎乎？”渎，亵渎，怠慢。言可轻慢诸侯来讨之师乎。子产曰：“晋政多门，贰偷之不暇，何暇讨？谓诸侯贰晋偷晋，晋之不暇顾，何能来讨。国不竞亦陵，何国之为？”杜预：“不竞争则为人所侵陵，不成为国。”

公不与盟。杜预：“信邾、莒之诉，欲讨鲁故。”晋人执季孙意如，以幕蒙之，杜预：“蒙，裹也。”杨伯峻引姚鼐：“盖晋以在行无牢狱，故以幕蒙闭之以为狱，不必裹之也。”使狄人守之。司铎射怀锦，奉壶饮冰，杜预：“冰，箭筒盖，可以取饮。”陆粲：“此夏至六月，晋人以幕蒙季孙，故当不堪其热，而饮之以冰，不当以为箭筒也。”两说皆有理。以蒲伏焉。杨伯峻：“蒲伏即匍匐，谓爬行，惧人见而阻之也。”守者御之，御，阻止。乃与之锦而入。赂之锦。晋人以平子归，子服湫从。杜预：“湫，子服惠伯，从至晋。”

子产归，未至，闻子皮卒，哭，且曰：“吾已，无为为善矣，唯夫子知我。”无为，无以也。

仲尼谓：“子产于是行也，足以为国基矣。《诗》曰：‘乐只君子，邦家之基。’子产，君子之求乐者也。”且曰：“合诸侯，艺贡事，礼也。”杨伯峻：“艺贡事，即制定对霸主贡献之极限，防止之贪求无厌。”

鲜虞人闻晋师之悉起也，而不警边，且不修备。晋荀吴自著雍以上军侵鲜虞，及中人，驱冲竞，冲，冲车。杜预：“驱冲车与狄争逐。”大获而归。

楚之灭蔡也，灵王迁许、胡、沈、道、房、申于荆焉。杜预：“灭蔡在十一年。许、胡、沈，小国也。道、房、申，皆故诸侯，楚灭以为邑。”杨伯峻：“荆即楚。”平王即位，既封陈、蔡，而皆复之，礼也。隐大子之子庐归于蔡，礼也。杜预：“隐大子，大子有也。庐，蔡平侯。”悼大子之子吴归于陈，礼也。杜预：“悼大子，偃师也。吴，陈惠公。”

冬十月，葬蔡灵公，礼也。杜预：“国复，成礼以葬也。此陈、蔡事，《传》皆言礼，嫌楚所封不得比诸侯，故明之。”

公如晋。荀吴谓韩宣子曰：“诸侯相朝，讲旧好也，杨伯峻：“讲，习也。”执其卿而朝其君，有不好焉，不如辞之。”乃使士景伯辞公于河。杜预：“景伯，士文伯之子弥牟也。”

吴灭州来。令尹子期请伐吴，王弗许，曰：“吾未抚民人，未事鬼神，未修守备，未定国家，而用民力，败不可悔。州来在吴，犹在楚也。子姑待之。”

季孙犹在晋，子服惠伯私于中行穆子曰：“鲁事晋，何以不如夷之小国？鲁，兄弟也，土地犹大，所命能具。命，征发之命。具，具备。若为夷弃之，使事齐、楚，其何瘳于晋？瘳，疗治也。杜预：“瘳，差也。”亲亲、与大，鲁为诸姬且国大。赏共、罚否，共同供，指能供给贡赋者。所以为盟主也。子其图之。谚曰：‘臣一主二。’杜预：“言一臣必有二主，道不合，得去事他国。”吾岂无大国？”杜预：“言非独晋可事。”穆子告韩宣子，且曰：“楚灭陈、蔡，不能救，而为夷执亲，将焉用之？”言执季孙何用。乃归季孙。惠伯曰：“寡君未知其罪，合诸侯而执其老。杨伯峻：“老指季孙，诸侯之卿亦称老。”若犹有罪，死命可也。杜预：“死晋命也。”若曰无罪而惠免之，诸侯不闻，是逃命也，何免之为？杨伯峻：“言不为免也。”请从君惠于会。”杜预：“欲得盟会见遣，不欲私去。”宣子患之，杨伯峻：“晋若许与鲁盟而后归季孙以告诸侯，不啻自认执季孙为非。”谓叔向曰：“子能归季孙乎？”对曰：“不能。鲋也能。”鲋，叔鱼。乃使叔鱼。叔鱼见季孙，曰：“昔鲋也得罪于晋君，自归于鲁君。杜预：“盖襄二十一年坐叔虎与栾氏党，并得罪。”自归，不敢斥晋君，故言“自归”，谓非见逐。**微武子之赐，不至于今。**武子，季孙宿，平子（意如）之祖父。**虽获归骨于晋，犹子则肉之，**杨伯峻：“感恩其祖，因及其孙，犹平子使之再生也。”**敢不尽情？**敢不以实相告。情，实也。**归子而不归，**归子而子不归。**鲋也闻诸吏，将为子除馆于西河，**诈言晋将置平子于西河。**其若之何？”且泣。平子惧，先归。惠伯待礼。**杜预：“待见遣之礼。”

昭公十四年

【经】

十有四年春，意如至自晋。

三月，曹伯滕卒。

夏四月。

秋，葬曹武公。

八月，莒子去疾卒。

冬，莒杀其公子意恢。

【传】

十四年春，意如至自晋，尊晋罪己也。杜预：“以舍族为尊晋罪己。”**尊晋、罪己，礼也。**杜预：“礼，修己而不责人。”

南蒯之将叛也，盟费人。司徒老祁、虑癸伪废疾，司徒，费邑司徒。昭二十年“使城父司马奋扬杀大子”、定十年“使郈马正侯犯杀公若”，费为鲁之大邑，自当有司徒之官。老祁与虑癸皆季氏家臣，二人虽位在南蒯之下，然皆季氏直隶臣属，如国之卿大夫虽亦受制于国政（上卿），然实属国君之直属大臣。下文“群臣不忘其君”、“费人不忍其君”，亦可证二人为季孙之臣。杜预谓二人为南蒯家臣，误。俞樾读“废疾”为“发疾”。**使请于南蒯曰：“臣愿受盟而疾兴，若以君灵不死，请待间而盟。”**君，指南蒯，畏其淫威，故媚称之君。间，疾稍痊可曰间。**许之。二子因民之欲叛也，**欲叛南蒯。**请朝众而盟。**杜预：“欲因合众以作乱。”**遂劫南蒯曰：“群臣不忘其君，**君，季孙。**畏子以及今，三年听命矣。子若弗图，费人不忍其君，将不能畏子矣。**杜预：“不能复畏子。”**子何所不逞欲？**杨伯峻：“言到处可以快其意愿，不必在费。”**请送子。”**杜预：“送使出奔。”**请期五日。**杜预：“南蒯请期，冀有变。”**遂奔齐。侍饮酒于景公。公曰：“叛夫！”**杜预：“戏之。”**对曰：“臣欲张公室也。”**杜预：“张，强也。”**子韩晳曰：**杜预：“齐大夫。”**“家臣而欲张公室，罪莫大焉。”司徒老祁、虑癸来归费，**杜预：“归鲁。”**齐侯使鲍文子致之。**杨伯峻：“费人不欲从南蒯，故齐景公亦伪为好，使人还费于鲁。”

夏，楚子使然丹简上国之兵于宗丘，且抚其民。简，选练也。上国，古人以北方为阳为君为上，南方为阴为民为下，故“上国”者，北国也。楚之威胁一在北，一在东。文十六年楚之南方部落戎、庸、麇、百濮同伐楚，“于是申、息之北门不启”，即是防备北方诸侯乘机南下，彼时吴国弱，尚为楚与国。**分贫振穷，**杜预：“振，救也。”**长孤幼，养老疾，收介特，**杜预：“介特，单身民也。收聚不使流散。”**救灾患，宥孤寡，**杜预：“宽其赋税。”**赦罪戾，诘奸慝，**杜预：“诘，责问也。”**举淹滞，**杜预：“淹滞，有才德而未叙者。”**礼新叙旧，**杜预：“新，羁旅也。”叙同序，《尚书》“百揆时叙”，“敦叙九族”。**禄勋合亲，**禄勋，有勋者益其禄爵。杜预：“勋，功也。亲，九族。”**任良物官。**任良，用贤良。物，类也。物官即襄九年“类能而使之”，贾逵“物官，量能授官也”。**使屈罢简东国之兵于召陵，亦如之。**简东国之兵以待吴。**好于边疆，息民五年，而后用师，礼也。**

秋八月，莒著丘公卒，郊公不戚。杜预："郊公，著丘公子。"**国人弗顺，欲立著丘公之弟庚舆。**杜预："庚舆，莒共公。"**蒲馀侯恶公子意恢而善于庚舆，**杜预："蒲馀侯，莒大夫兹夫也。意恢，莒群公子。"**郊公恶公子铎，而善于意恢。**杜预："铎亦群公子。"**公子铎因蒲馀侯而与之谋曰："尔杀意恢，我出君而纳庚舆。"许之。**

楚令尹子旗有德于王，杜预："有佐立之德。"**不知度。与养氏比，而求无厌。**杜预："养氏，子旗之党，养由基之后。"**王患之。九月甲午，**三日。**楚子杀斗成然，**杨伯峻："斗成然亦曰蔓成然，即子旗。"**而灭养氏之族。使斗辛居郧，以无忘旧勋。**杜预："辛，子旗之子郧公辛。"据杨伯峻，旧勋指令尹子文之勋。

冬十二月，蒲馀侯兹夫杀莒公子意恢，郊公奔齐。公子铎逆庚舆于齐。齐隰党、公子鉏送之，有赂田。杜预："莒赂齐以田。"

晋邢侯与雍子争鄐田，杜预："邢侯，楚申公巫臣之子也。雍子，亦故楚人。"鄐 chù。**久而无成。士景伯如楚，**杜预："士景伯，晋理官。"**叔鱼摄理，**杜预："摄代景伯。"**韩宣子命断旧狱，罪在雍子。雍子纳其女于叔鱼，叔鱼蔽罪邢侯。**杜预："蔽，断也。"哀十八年"官占唯能蔽志"。**邢侯怒，杀叔鱼与雍子于朝。宣子问其罪于叔向。叔向曰："三人同罪，施生戮死可也。**施，施刑也。杜预："施，行罪也。"戮，刑也。杨伯峻谓"施"为"陈尸"，不从。**雍子自知其罪而赂以买直，鲋也鬻狱，**鬻，卖也。**刑侯专杀，其罪一也。己恶而掠美为昏，**杜预："掠，取也。昏，乱也。"**贪以败官为墨，**杜预："墨，不洁之称。"**杀人不忌为贼。**忌，忌讳，顾忌。杜预："忌，畏也。"**《夏书》曰：'昏、墨、贼，杀。'**杜预："三者皆死刑。"**皋陶之刑也。请从之。"乃施邢侯而尸雍子与叔鱼于市。**杨伯峻，"邢侯先杀之而后陈尸，雍子与叔鱼则已死，故仅言陈尸”，此说未必信，雍子与叔鱼虽死，然非刑罚所诛，故仍陈其尸以致刑；施邢侯者，杀之而已，未必陈尸，若杀之又陈尸，则是重刑也，即同罪异罚。

仲尼曰：“叔向，古之遗直也。杜预：“言叔向之直有古人遗风。”**治国制刑，不隐于亲，**不包庇隐瞒其亲之罪。制，裁制，制断。**三数叔鱼之恶，不为末减。**杜预：“末，薄也。减，轻也。”**曰义也夫，**义，大公曰义。**可谓直矣！平丘之会，数其贿也，**杜预：“言渎货无厌。”**以宽卫国，晋不为暴。归鲁季孙，**见去年《传》末。**称其诈也，以宽鲁国，晋不为虐。邢侯之狱，言其贪也，以正刑书，晋不为颇。**颇，偏也。**三言而除三恶，加三利。**杜预：“三恶，暴、虐、颇也。”三利，宽卫国、宽鲁国、正刑书。**杀亲益荣，犹义也夫！”**犹，仍也。言国政与私难不相干。

昭公十五年

【经】

十有五年春王正月，吴子夷末卒。夷末即夷昧。

二月癸酉，十五日。**有事于武宫。籥入，**籥，乐器名，此作动词用，吹籥也。**叔弓卒。去乐，卒事。**杜预：“略书有事，为叔弓卒起也。武宫，鲁武公庙。”

夏，蔡朝吴出奔郑。

六月丁巳朔，日有食之。

秋，晋荀吴帅师伐鲜虞。

冬，公如晋。

【传】

十五年春，将禘于武公，戒百官。戒，戒期也，戒告禘之期。杨伯峻“先期告戒百官，使之准备并斋戒”，过分解读。**梓慎曰：“禘之日其有咎乎！吾见赤黑之祲，非祭祥也，丧氛也。**杨伯峻：“祲，杜注以为妖恶之气。赤黑，其色也。”**其在莅事乎！”**莅事，（莅位）主祭者。**二月癸酉，禘。叔弓莅事，籥入而卒。去乐，卒事，礼也。**杜预：“大臣卒，故为之去乐。”卒事，竟禘事。

楚费无极害朝吴之在蔡也，害，患也，畏也。杜预：“朝吴，蔡大夫，有功于楚平王，故无极恐其有宠，疾害之。”**欲去之。乃谓之曰：“王唯信子，故处子于蔡。子亦长矣，而在下位，辱。必求之，吾助子请。”**杜预：“请求上位。”**又谓其上之人曰：**杜预：“蔡人在上位者。”**“王唯信吴，故处诸蔡，二三子莫之如也。而在其上，不亦难乎？弗图，必及于难。”夏，蔡人逐朝吴。朝吴出奔郑。王怒，曰：“余唯信吴，故寘诸蔡。且微吴，吾不及此。女何故去之？”无极对曰：“臣岂不欲吴？**杜预：“非不欲善吴。”**然而前知其为人之异也。**异，俊异也。杜预：“言其多权谋。”杨伯峻“异，谓有异心”，不可信，文两言“信吴”，又言“信子（吴）”，昭二十七年“去朝吴”，亦是对朝吴之肯定，又何以谓其有异心？**吴在蔡，蔡必速飞。去吴，所以翦其翼也。”**杜预：“以鸟喻也。言吴在蔡，必能使蔡速强而背楚。”

六月乙丑，九日。**王大子寿卒。**杜预：“周景王子。”

秋八月戊寅，二十二日。**王穆后崩。**杜预：“大子寿之母也。”

晋荀吴帅师伐鲜虞，围鼓。鼓，国名。**鼓人或请以城叛，穆子弗许。左右曰：“师徒不勤，而可以获城，何故不为？”穆子曰：“吾闻诸叔向曰：‘好恶不愆，民知所适，事无不济。’**杜预：“愆，过也。适，归也。”**或以吾城叛，吾所甚恶也；人以城来，吾独何好焉？赏所甚恶，**恶，以地叛者。

若所好何？好，尽忠守城者。若其弗赏，谓叛者得赏，而尽忠者不得赏。是失信也，何以庇民？力能则进，否则退，量力而行。吾不可以欲城而迩奸，所丧滋多。”使鼓人杀叛人而缮守备。围鼓三月，鼓人或请降，使其民见，曰：“犹有食色，姑修而城。”军吏曰：“获城而弗取，勤民而顿兵，谓来叛而不取，必欲以武力征服之，是劳民顿兵也。何以事君？”穆子曰：“吾以事君也。获一邑而教民怠，将焉用邑？邑，指赏叛而得之邑。邑以贾怠，赏赐敌臣之不忠者使其来叛，等于是买来己臣守城者之懈怠不忠。不如完旧，杜预：“完犹保守。”贾怠无卒，杜预：“卒，终也。”弃旧不祥。鼓人能事其君，我亦能事吾君。率义不爽，爽，忒也。好恶不愆，城可获而民知义所，杜预：“知义所在也。荀吴必其能获，故因以示义。”有死命而无二心，不亦可乎？”鼓人告食竭力尽，而后取之。克鼓而反，不戮一人，以鼓子䳒鞮归。”䳒鞮 yuándī。

冬，公如晋，平丘之会故也。杜预：“平丘会，公不与盟，季孙见执。今既得免，故往谢之。”

十二月，晋荀跞如周，葬穆后，籍谈为介。既葬，除丧，以文伯宴，樽以鲁壶。杜预：“文伯，荀跞。鲁壶，鲁所献壶樽。”樽，置放于餐桌上之盛酒器，用以斟酒，近现代多为有颈之壶也。杨伯峻：“谓以鲁所贡于周室之壶为樽。”王曰：“伯氏，诸侯皆有以镇抚王室，晋独无有，何也？”杜预：“感鲁壶而言也。镇抚王室谓贡献之物。”文伯揖籍谈，杜预：“文伯无辞，揖籍谈使对。”对曰：“诸侯之封也，皆受明器于王室，杜预：“谓明德之分器。”以镇抚其社稷，故能荐彝器于王。杜预：“荐，献也。”《说文》：“彝，宗庙常器也。”晋居深山，戎狄之与邻，而远于王室。王灵不及，拜戎不暇，灵，福也。焦循：“拜，服也。”《诗·国风·甘棠》：“勿翦勿拜。”其何以献器？”王曰：“叔氏，而忘诸乎？

籍谈为晋侯使者，因称之为“叔氏”。**叔父唐叔，成王之母弟也，其反无分乎？**言众皆有分，晋其反倒无分乎。**密须之鼓与其大路，文所以大蒐也。**杜预：“密须，姞姓国也。文王伐之，得其鼓、路以蒐。”**阙巩之甲，武所以克商也。**杜预：“阙巩国所出铠。”**唐叔受之以处参虚，**杜预：“参虚，实沈之次，晋之分野。”**匡有戎狄。**匡，正也，治也。**其后襄之二路，**杜预：“周襄王所赐晋文公大路、戎路。”**鍼钺、秬鬯，**杜预：“鍼，斧也。钺，金钺也。秬，黑黍。鬯，香酒。”**彤弓、虎贲，文公受之，以有南阳之田，**杜预：“事在僖二十八年。”贲 bèn。**抚征东夏，非分而何？夫有勋而不废，**杜预：“加重赏。”**有绩而载，**杜预：“书功于策。”**奉之以土田，**杜预：“有南阳。”**抚之以彝器，**杜预：“弓钺之属。”**旌之以车服，**车服，文王、襄王之路赐晋者。杨伯峻：“旌，表彰，表扬。”**明之以文章，**杜预：“旌旗。”**子孙不忘，所谓福也。福祚之不登，**登，犹奉也，举陈也。谓晋受王之厚赐而不对扬之，是不登之也。**叔父焉在？**言叔父何以保其禄命，为明年晋侯卒张本。**且昔而高祖孙伯黡，司晋之典籍，以为大政，故曰籍氏。**杜预：“孙伯黡，籍谈九世祖。”**及辛有之二子董之晋，**杨伯峻：“辛有，平王时人。日人安井衡云：‘二子，次子也，谓第二子。’”**于是乎有董史。女，司典之后也，**杨伯峻：“司典指孙伯黡。”**何故忘之？”**杜预：“忘祖业。”**籍谈不能对。宾出，王曰：“籍父其无后乎！数典而忘其祖。”**言忘本。杨伯峻：“数典即下文之举典。”

籍谈归，以告叔向。叔向曰：“王其不终乎！吾闻之：‘所乐必卒焉。’乐于某事，必卒于某事。言人必死其嗜好。**今王乐忧，**居丧，不忧而乐，故曰乐忧。乐忧，则必卒于忧。**若卒以忧，不可谓终。**终，善终。**王一岁而有三年之丧二焉，**太子寿之丧及穆后之丧。**于是乎以丧宾宴，又求彝器，乐忧甚矣，且非礼也。彝器之来，嘉功之由，**杨伯峻：“由于嘉功之倒装句。”**非由丧也。三年之丧，虽贵遂服，礼也。**杨伯峻：“遂，终也，竟也。遂服谓如礼服丧三年。”古礼有卒哭之除丧，有期年之除丧，三年之除丧，丧服由重至轻也。三年之丧二十五月而毕。此景王则尽除之，而着吉服矣。**王虽弗遂，宴乐以早，**杨伯峻：“以同已，太也。”**亦非礼也。礼，王之大经也。**经，纪纲也。**一动而失二礼，无大经矣。**杜预：“失二礼，谓既不遂服，又设宴乐。”**言以考典，**考即“考终命”之考，杜预“考，成也”。**典以志经，**志，记也。杨伯峻：“经即礼。”是也。经（礼）乃典之本。**忘经而多言举典，将焉用之？”**忘典之本旨，虽多举典故，不足为用。

昭公十六年

【经】

十有六年春，齐侯伐徐。

楚子诱戎蛮子杀之。

夏，公至自晋。

秋八月己亥，二十日。晋侯夷卒。

九月，大雩。

季孙意如如晋。

冬十月，葬晋昭公。

【传】

十六年春，王正月，公在晋，晋人止公。不书，讳之也。杜预：“犹以取郑故也。公为晋人所执止，故讳不书。”

齐侯伐徐。

楚子闻蛮氏之乱也，与蛮子之无质也，杜预：“质，信也。”**使然丹诱戎蛮子嘉杀之，遂取蛮氏。既而复立其子焉，礼也。**杜预：“诈之，非也；立其子，礼也。”

二月丙申，十四日。**齐师至于蒲隧。徐人行成。徐子及郯人、莒人会齐侯，盟于蒲隧，赂以甲父之鼎。**杜预：“甲父，古国名。徐人得甲父鼎以赂齐。”**叔孙昭子曰：“诸侯之无伯，害哉！**杜预：“为小国害。”**齐君之无道也，兴师而伐远方，会之，**之，齐侯也。言远方会齐侯。**有成而还，莫之亢也，**杨伯峻：“无有抗御之者。”**无伯也夫！**杨伯峻：“由于无霸主。”**《诗》曰：‘宗周既灭，靡所止戾。正大夫离居，莫知我肄。’**杜预：“戾，定也。肄，劳也。言周旧为天下宗，今乃衰灭，乱无息定，执政大夫离居异心，无有念民劳者。”**其是之谓乎！”**杜预：“《传》言晋之衰。”

三月，晋韩起聘于郑，郑伯享之。子产戒曰：“苟有位于朝，无有不共恪。”苟，但凡。恪，敬也。**孔张后至，**主宾皆已序定，孔张始至。孔张，子孔之孙，公孙洩之子。**立于客间。**立于客人行列之间。**执政御之，**杜预：“执政，掌位列者。御，止也。”杨伯峻：“御，拒也。”**适客后。又御之，适县间。**杨伯峻：“县同悬，悬挂钟、磬等乐器者。乐器在西，子张先误至客间，被拒，又误后退，在客后；又被拒，又后退，不得已而至钟磬之悬间。”**客从而笑之。事毕，富子谏曰：**杜预：“富子，郑大夫，谏子产也。”**“夫大国之人，不可不慎也，几为之笑，而不陵我？**杜预：“言数见笑则心陵侮我。”**我皆有礼，夫犹鄙我。**杜预：“鄙，贱也。”**国而无礼，何以求荣？孔张失位，吾子之耻也。”子产怒曰：“发命之不衷，**杜预：“衷，当也。”**出令之不信，刑之颇类，**杜预：“缘事类以成偏颇。”孔颖达：“服虔读类（纇）为纇。解云：‘颇，偏也。纇，不平也。’”**狱之放纷，**放，放任不约束，荒而不治也。杜预：“放，纵也。纷，乱也。”**会朝之不敬，**杜预：“谓国无礼敬之心。”**使命之不听，**杜预：“下不从上命。”**取陵于大国，罢民而无功，罪及而弗知，侨之耻也。孔张，君之昆孙子孔之后也，**杜预：“昆，兄也。子孔，郑襄公兄，孔张之祖父。”**执政之嗣也，**杜预：“子孔尝执郑国之政。”**为嗣大夫；承命以使，周于诸侯；**杨伯峻：“谓曾受命遍使于各国。”**国人所尊，诸侯所知。立于朝而祀于家，**杨伯峻：“立于朝谓朝有官爵，祀于家谓家有祖庙。”**有禄于国，**杜预：“受禄邑。”**有赋于军，**杜预：“军，出卿赋百乘。”杨伯峻：“有采邑之卿大夫皆出军赋，在国家战争时，率属邑军队作战。”**丧祭有职，**杜预：“有所主。”杨伯峻：“国有大丧、大祭，孔张俱有职事。”**受脤、归脤，**成十三年“祀有执膰，戎有受脤”。出师必祭庙、社，受脤肉于社。脤肉由主祭者授于帅师者，是谓受脤。戎事毕，入国，复祭告于庙、社，且致祭肉（此乃新备办之祭肉），由帅师者致之，主祭者受而献之，是为归脤。**其祭在庙，已有著位，**杜预：“其祭在庙，谓助君祭。”**在位数世，世守其业，而忘其所，侨焉得耻之？辟邪之人而皆及执政，**有过谬皆归罪于执政。**是先王无刑罚也。**杜预：“言为过谬者，自应用刑罚。”**子宁以他规我。”**杜预：“规，正也。”

宣子有环，其一在郑商。环有二说，杜预：“玉环同工共朴，自共为双。”环，孔大而身细；璧者，孔小而身侈，此为一说。据杨伯峻引王国维《说环玦》，环为璧根据需要，等分切割成两片、三片或以上，可以分人。对合即成一环，分离即为玦。玦上有小孔，可以拴系，此又一说。当以杜说为是。**宣子谒诸郑伯，**谒，告也。**子产弗与，曰：“非官府之守器也，寡君不知。”**言无权治私事。**子大叔、子羽谓子产曰：“韩子亦无几求，**杜预：“言所求少。”**晋国亦未可以贰。晋国、韩子，不可偷也。**杜预：“偷，薄也。”言事之不可苟且。**若属有谗人交斗其间，**杨伯峻：“属，适也。交斗，谓离间晋、郑。”**鬼神而助之，以兴其凶怒，悔之何及？吾**

子何爱于一环，爱，惜也。**其以取憎于大国也，盍求而与之？”子产曰：“吾非偷晋而有二心，将终事之，是以弗与，忠信故也。侨闻君子非无贿之难，**难，患也。**立而无令名之患。侨闻为国非不能事大字小之难，无礼以定其位之患。夫大国之人令于小国，而皆获其求，将何以给之？一共一否，为罪滋大。**杨伯峻：“大国有求必应，必求而不止，终不能满其欲，势必拒之。或供给，或拒绝，得罪更大。”**大国之求，无礼以斥之，**杨伯峻：“言不依礼以驳斥之。”**何餍之有？吾且为鄙邑，**杨伯峻：“谓为晋边鄙之县。”**则失位矣。**杜预：“不复成国。”**若韩子奉命以使，而求玉焉，贪淫甚矣，独非罪乎？出一玉以起二罪，吾又失位，韩子成贪，将焉用之？且吾以玉贾罪，不亦锐乎？”**杜预：“锐，细小也。”君子贵德而轻贿，今为一玉而起罪，故曰“锐”。

韩子买诸贾人，既成贾矣，杨伯峻：“成贾疑即今之成交（交易完成也）。陆德明以贾（賈）即今之价（價）字，成贾谓货价议定。”不从。“成贾”非“成交”，时双方交易尚未完成（成交）。《传》例曰“成昏”、“毁中军于施氏，成诸臧氏”，“成”皆指签订契约，非谓事竟，此亦然。故“成贾”者，谓达成口头协议或已签订契约，但尚未及交割。**商人曰：“必告君大夫。”**盖商人本不欲卖其环，或者于价格不甚满意，故使告“君大夫”。杨伯峻：“据下文子产之言，乃韩宣子欲‘强夺商人’也。”**韩子请诸子产曰：“日起请夫环，执政弗义，**杨伯峻：“弗义，不以为义也。”**弗敢复也。**复，复请。**今买诸商人，商人曰，必以闻，敢以为请。”**请听于子产。**子产对曰：“昔我先君桓公，与商人皆出自周，**桓公友，郑始封君。杜预：“郑本在周畿内，桓公东迁，并与商人俱。”**庸次比耦，**次，序也。庸次，以次序接力做某事。比耦，并肩协力做某事。庸次比耦，有时轮替接力工作，有时则一起上。**以艾杀此地，**杨伯峻：“艾同刈。”**斩之蓬、蒿、藜、藋，而**

共处之。藋tiào。共，共同。**世有盟誓，以相信也，**相，互也。**曰：'尔无我叛，我无强贾，**杜预："无强市其物。"市，买卖之总名。**毋或匄夺。**杨伯峻："不乞求，不掠夺。"**尔有利市宝贿，我勿与知。'**杨伯峻："利市犹言好买卖，宝贿犹言奇货。"**恃此质誓，**杜预："质，盟信也。"是。**故能相保，以至于今。今吾子以好来辱，而谓敝邑强夺商人，是教敝邑背盟誓也，毋乃不可乎！吾子得玉，而失诸侯，必不为也。若大国令，而共无艺，**杜预："艺，法也。"杨伯峻："若晋国有命令，使我供贡无法则。"**郑，鄙邑也，**杨伯峻："谓此乃视郑国若晋边鄙之邑。"**亦弗为也。**杜预："不欲为鄙邑之事。"**侨若献玉，不知所成，**成，广义之成，事有结果皆可曰成。句谓不知事情将发展到何种地步。**敢私布之。"韩子辞玉，**辞不受玉。**曰："起不敏，敢求玉以徼二罪？敢辞之。"**

夏四月，郑六卿饯宣子于郊。杜预："饯，送行饮酒。"**宣子曰："二三君子请皆赋，起亦以知郑志。"**杜预："诗言志也。"杨伯峻："六卿，郑之大臣。六卿之志足以代表郑国之志。"**子齹赋《野有蔓草》。**杜预："子齹（cuō），子皮之子婴齐也。《野有蔓草》，《诗·郑风》。取其'邂逅相遇，实我愿兮。'"**宣子曰："孺子善哉！吾有望矣。"**杜预："君子相愿，己所望也。"**子产赋郑之《羔裘》。**《郑风》、《唐风》、《桧风》皆有《羔裘》之诗，故称郑之《羔裘》以别之。杜预："取其'彼己之子，舍命不渝'、（国之司直、）'邦之彦兮'，以美韩子。"**宣子曰："起不堪也。"**杜预："不堪国之司直。"**子大叔赋《褰裳》。**涉"河"必褰（qiān）裳，褰裳，提起裙子也。杜预："《褰裳》诗曰：'子惠思我，褰裳涉溱。子不我思，岂无他人？'言宣子思己，将有褰裳之志；如不我思，亦岂无他人？"**宣子曰："起在此，敢勤子至于他人乎？"**杨伯峻："勤，劳也。言我在晋执政，不致使汝劳累服事他国，必能护郑。"**子大叔拜。**杜预："谢宣子之有郑。"**宣子曰："善哉，子之言是！**杜预："是，

《褰裳》。”**不有是事，其能终乎？”** 杨伯峻：“顾炎武引傅逊云：‘人情相与翫习，恒不善其终。惟有是警戒，当能终于好。’”**子游赋《风雨》，** 杜预：“子游，驷带之子驷偃也。《风雨》诗取其‘既见君子，云胡不夷’。”**子旗赋《有女同车》，** 杜预：“子旗，公孙段之子丰施也。《有女同车》取其‘洵美且都’，爱乐宣子之志。”杨伯峻：“洵，诚也，信也。都，娴雅也。”**子柳赋《萚兮》。** 萚 tuò。杜预：“子柳，印段之子印癸也。《萚兮》诗取其‘倡予和女’，言宣子倡，己将和从之。”**宣子喜曰：“郑其庶乎！** 杜预：“庶几于兴盛。”**二三君子以君命贶起，赋不出郑志，** 杜预：“六诗皆《郑风》，故曰不出郑志。”杨伯峻据杨树达，谓“郑志即郑诗”，是。**皆昵燕好也。** 杜预：“昵，亲也。赋不出其国，以示亲好。”**二三君子，数世之主也，可以无惧矣。”宣子皆献马焉，而赋《我将》。** 杜预：“取其‘日靖四方’、‘我其夙夜，畏天之威’，言志在靖乱，畏惧天威。”**子产拜，使五卿皆拜，曰：“吾子靖乱，敢不拜德？”**

宣子私觌于子产以玉与马， 觌，盖奉物以见曰觌。**曰：“子命起舍夫玉，是赐我玉而免吾死也，敢不藉手以拜？”** 杜预：“以玉、马藉手拜谢子产。”杨伯峻：“藉手者，借此手持或牵之赠品也。”

公至自晋。 杜预：“晋人听公得归。”**子服昭伯语季平子曰：** 杜预：“昭伯，惠伯之子子服回也。随公从晋还。”**“晋之公室，其将遂卑矣。君幼弱，六卿强而奢傲，将因是以习，习实为常，能无卑乎？”平子曰：“尔幼，恶识国？”** 恶，何也。

秋八月，晋昭公卒。

九月，大雩，旱也。

郑大旱，使屠击、祝款、竖柎有事于桑山。 杜预：“三子，郑大夫。有事，祭也。”**斩其木，不雨。子产曰：“有事于山，艺山林也，** 杜预：“艺，养护令繁殖。”**而斩其木，其罪大矣。”**

夺之官邑。

冬十月，季平子如晋葬昭公。平子曰：“子服回之言犹信，杜预：“自往见之，乃信回言。”子服氏有子哉！”杜预：“有贤子也。

昭公十七年

【经】

十有七年春，小邾子来朝。

夏六月甲戌朔，日有食之。

秋，郯子来朝。

八月，晋荀吴帅师灭陆浑之戎。

冬，有星孛于大辰。杜预：“大辰，房心尾也。妖变非常，故书。”

楚人及吴战于长岸。杜预：“长岸，楚地。”

【传】

十七年春，小邾穆公来朝，公与之燕。季平子赋《采叔》，杜预：“取其‘君子来朝，何锡与之’，以穆公喻君子。”穆公赋《菁菁者莪》。杜预：“取其‘既见君子，乐且有仪’，以答《采叔》。”昭子曰：“不有以国，以，事能左右之曰以。言不有左右国家之才能。其能久乎？”杜预：“嘉其能答赋，言其贤，故能久有国。”

夏六月甲戌朔，日有食之。祝史请所用币。杜预：“礼，正阳之月日食，当用币于社，故请之。”杨伯峻：“古人以夏正四月为正阳之月，周正六月即夏正四月也。请所用币即请示用何种物祭社。”昭子曰：“日有食之，天子不举，杜预：“不举盛馔。”伐鼓于社；杜预：

“责群阴。”**诸侯用币于社，**杜预：“请上公。”**伐鼓于朝。**杜预：“退自责。”**礼也。”平子御之，**杜预：“御，禁也。”**曰：“止也。唯正月朔，慝未作，日有食之，于是乎有伐鼓用币，礼也。其余则否。”大史曰：“在此月也。**杜预：“正月谓建巳正阳之月也，于周为六月，于夏为四月。慝，阴气也。四月纯阳用事，阴气未动而侵阳，灾重，故有伐鼓用币之礼也。平子以为六月非正月，故大史答言在此月也。”**日过分而未至，**杜预：“过春分而未夏至。”**三辰有灾。**杜预：“三辰，日、月、星也。日月相侵，又犯是宿，故三辰皆为灾。”**于是乎百官降物，**杜预：“降物，素服。”**君不举，辟移时，**辟同避。杜预：“辟正寝，过日食时。”**乐奏鼓，**杜预：“伐鼓。”**祝用币，**杜预：“用币于社。”**史用辞。**杜预：“用辞以自责。”杨伯峻：“古人迷信日食为上天示谴，故自责。”**故《夏书》曰：‘辰不集于房，**《说文》：“集，群鸟在木上也。”杜预：“集，安也。房，舍也。日月不安其舍则食。”杨伯峻以现代天文学解日食，且谓杜预不知日食，故误注。非也，杜预虽不知日食，然其解《传》不误，误在古人不知日食，误在《传》所引《夏书》。**瞽奏鼓，啬夫驰，庶人走。’**杜预：“车马曰驰，步曰走，为救日食备也。”**此月朔之谓也。当夏四月，是谓孟夏。”**杜预：“言此六月，当夏家之四月。”**平子弗从。昭子退曰：“夫子将有异志，不君君矣。”**杜预：“安君之灾，故曰有异志。”孔颖达：“日食，阴侵阳，臣侵君之象。救日食，所以助君抑臣也。”

秋，郯子来朝，公与之宴。昭子问焉，曰：“少皞氏鸟名官，以鸟命名百官。**何故也？”**杨伯峻：“据定四年《传》，鲁封于少皞之墟，郯子又为少皞之后，故昭子问焉。”**郯子曰：“吾祖也，我知之。昔者黄帝氏以云纪，**纪，纪事，纪纲百事。**故为云师而云名；**杜预：“黄帝，轩辕氏，姬姓之祖也。黄帝受命有云瑞，故以云纪事，百官师长皆以云为名号，缙云氏盖其一官也。”**炎帝氏以火纪，故为火师而火名；**杜预：“炎帝，神农氏，姜姓之祖也。亦有火瑞，以火纪事，名百官。”**共工氏以水纪，故为水师而水名；**杜预：“共工以诸侯霸有九州者，在神农前，大皞后，以受水瑞，以水名官。”**大皞氏以龙纪，故为龙师而龙名。**杜预：“大皞，伏羲氏，风姓之祖也，有龙瑞，故以龙命官。”**我高祖少皞挚之立也，凤鸟适至，故纪于鸟，为鸟师而鸟名：凤鸟氏，历正也；**杜预：“凤鸟知天时，故以名历正之官。”**玄鸟氏，司分者也；**杜预：“玄鸟，燕也。以春分来，秋分去。”**伯赵氏，司至者也；**杜预：“伯赵，伯劳也。以夏至鸣，冬至止。”**青鸟氏，司启者也；**杜预：“青鸟，鸧鴳也。以立春鸣，立夏止。”孔颖达：“立春、立夏谓之启。”**丹鸟氏，司闭者也。**杜预：“丹鸟，鷩雉也。以立秋来，立冬去。上四鸟皆历正之属官。”**祝鸠氏，司徒也；**杜预：“祝鸠，鷦鸠也。鷦鸠孝，故为司徒，主教民。”杨伯峻：“鷦鸠即鹁鸪。”**鴡鸠氏，司马也；**杜预：“鴡（jū）鸠，王鴡也。鸷而有别，故为司马，主法制。”杨伯峻：“王鴡，雕类，亦谓之鹗，是猛武之禽。”**鸤鸠氏，司空也；**杜预：“鸤鸠平均，故为司空平水土。”**爽鸠氏，司寇也；**杜预：“爽鸠，鹰也。鸷，故为司寇。”**鹘鸠氏，司事也。**杜预：“春来冬去，故为司事。”杨伯峻：“鹘鸠亦名鶌鸠、鹘鵃。春夏秋忙，冬闲。”**五鸠，鸠民者也。**杜预：“鸠，聚也。治民上聚，故以鸠为名。”**五雉，为五工正，**据杜预，五雉指东南西北，伊、洛之南五种雉鸟。**利器用、正度量，夷民者也。**杜预：“夷，平也。”**九扈为九农正，**九扈，九种扈鸟。**扈民无淫者也。**杜预：“扈，止也。止民使不淫放。”**自颛顼以来，不能纪远，乃纪于近，为民师而命以民事，则不能故也。”**杜预：“颛顼氏，代少皞者。德不能致远瑞，而以民事命官。”

仲尼闻之，见于郯子而学之。杨伯峻：“此时孔丘年二十七。”**既而告人曰：“吾闻之，‘天子失官，学在四夷’，犹信。”**杜预：“失官，官不修其职也。《传》言圣人无常师。”

晋侯使屠蒯如周，请有事于雒与三涂。杜预：“屠蒯，晋侯之膳宰也。以忠谏见进。雒，雒水也。三涂，山名。”杨伯峻：“有事，祭祀也。雒与三涂皆在成周，故请于周。”**苌弘谓刘子曰：“客容猛，非祭也，其伐戎乎！陆浑氏甚睦于楚，必是故也。君其备之！”乃警戎备**。杜预：“警戒以备戎也。欲因晋以合势。”**九月丁卯，**二十四日。**晋荀吴帅师涉自棘津，使祭史先用牲于雒**。杀牲祭雒。**陆浑人弗知，**不知晋之谋。**师从之。庚午，**二十七日。**遂灭陆浑，数之以其贰于楚也。陆浑子奔楚，其众奔甘鹿**。杜预：“甘鹿，周地。”**周大获**。杜预：“先警戎备，故获。”杨伯峻：“大获所奔之戎众为俘囚。”**宣子梦文公携荀吴而授之陆浑，故使穆子帅师。献俘于文宫**。杜预：“欲以应梦。”文宫，晋文公庙。

冬，有星孛于大辰，杨伯峻：“古人孛、彗不分，至《晋书·天文志》始以光芒四射者为孛，长尾者为彗。此乃是彗星，即俗所谓扫帚星。大辰即心宿二，又名大火。”**西及汉**。杨伯峻：“汉即银河。谓彗星长尾光芒西及于银河。”**申须曰：“彗所以除旧布新也**。杜预：“申须，鲁大夫。”彗，本义扫帚也，此并指彗星。除，扫除，清除，粪除。布，陈也。扫帚所以去除尘垢，故曰除旧布新。**天事恒象，**杜预：“天道恒以象类告示人。”**今除于火，**非谓除去大火星，乃谓为大火星清除尘垢污秽。彗星除于大火星，大火星之光芒亦将被彗星之亮光掩盖，而不得见。**火出必布焉**。杨伯峻：“大火星再次出现，必布散为灾。”**诸侯其有火灾乎！”梓慎曰：“往年吾见之，是其徵也，**杜预：“徵，始有形象而微也。”杨伯峻：“言去年亦见彗星，征兆已见。”**火出而见**。杨伯峻：“去年大火出现时而见彗星。”**今兹火出而章，**章同彰，言彗星更明亮。**必火入而伏**。伏，隐伏，去也。大火星入，彗星亦将同时隐伏。**其居火也久矣，**杜预：“历二年。”**其与不然乎？**杜预：“言必然也。”**火出，于夏为三月，**杜预：“谓昏见。”**于商为四月，于周为五月**。夏正三月相当于商正四月、周正五月。**夏数得天**。杨伯峻：“言夏正与自然气象适应。夏正大体以立春之月为正月，故《周书·周月》云：‘万物春生、夏长、秋收、冬藏，天地之正，四时之极，不易之道。夏数得天。’”**若火作，其四国当之，在宋、卫、陈、郑乎！宋，大辰之虚也；**杜预：“大辰，大火。宋分野。”**陈，大皞之虚也；**杜预：“大皞居陈。木，火所自出。”《吕氏春秋·孟春》“其帝大皞，其神句芒”，高诱《注》：“大皞，伏羲氏，以木德王天下之号。死祀于东方，佐木德之帝，死为木官之神。”**郑，祝融之虚也，**杜预：“祝融，高辛氏之火正，居郑。”**皆火房也。**杜预：“房，舍也。”**星孛及汉，汉，水祥也。**杜预：“天汉，水也。”**卫，颛顼之虚也，故为帝丘，**帝丘，时卫之国都。**其星为大水，**杜预：“卫星营室，营室，水也。”**水，火之牡也。**杨伯峻：“言水火相配，水为雄，火为雌。”**其以丙子若壬午作乎！**杨伯峻：“若，或也。作谓发火灾。”**水火所以合也。**杜预：“丙午，火；壬子，水。水火合而相薄，水少而火多，故水不胜火。”**若火入而伏，**伏，星孛（彗星）伏。**必以壬午，不过其见之月。”**不过彗星现之月，即周正五月。

郑裨灶言于子产曰：“宋、卫、陈、郑将同日火，若我用瓘斝玉瓒，瓘斝玉瓒，郑国宝器。用之以禳火，用则必毁之。**郑必不火。”子产弗与。**与，从也。杜预：“以为天灾流行，非禳所息故也。”

吴伐楚。阳匄为令尹，卜战，不吉。杜预：“阳匄，穆王曾孙，令尹子瑕。”**司马子鱼曰：“我得上流，何故不吉。**杜预：“子鱼，公子鲂也。顺江而下，易用胜敌。”**且楚故，**杨伯峻：“楚故犹言楚国旧例。”**司马令龟，**杨树达：“令龟即命龟。”杨伯峻：“卜前告以所卜之事曰命龟。”**我请改卜。”令曰：“鲂也，以其属死之，**杨伯峻：“其属，子鱼之私卒。”**楚师继之，尚大克之！”**杨伯峻：“尚，表希冀副词。”**吉。战于长岸，子鱼先死，楚师继之，大败吴师，获其乘舟馀皇。**馀皇，舟名。**使随人与后至者守之，环而堑之，及泉。**环舟掘沟堑，深及地下水。**盈其隧炭，**疑隧即环舟挖掘之沟堑也，以炭填满之，盖诱吴人取舟，则可以火之。杜预：“隧，出入道。”**陈以待命。**待吴人来取而击之。**吴公子光请于其众，**光，阖庐也，杨伯峻：“夷末子。”**曰：“丧先王之乘舟，岂唯光之罪，众亦有焉。请藉取之以救死。”**杜预：“藉众之力以取舟。”**众许之。使长鬣者三人，**长鬣 liè，长须髯也。杜预：“与吴人异形状，诈为楚人。”是也。杨伯峻：“长鬣者，长壮之人。”不从，此乃智取，故不必长壮之人。详参昭七年“使长鬣者相”。**潜伏于舟侧，**三人散伏于舟侧。**曰：“我呼馀皇，则对。”**对，应也。**师夜从之。三呼，皆迭对。**杜预：“迭，更也。”**楚人从而杀之，**三人从不同角度更迭答应，楚师循声而逐之。方逐于此，则彼应，又逐于彼，则又一人应，所以乱楚师也。**楚师乱。吴人大败之，取馀皇以归。**杜预：“《传》言吴光有谋。”

昭公十八年

【经】

十有八年春王三月，曹伯须卒。

夏五月壬午，十三日。**宋、卫、陈、郑灾。**

六月，邾人入鄅。鄅 yǔ，国名。

秋，葬曹平公。

冬，许迁于白羽。杜预：“自叶迁也。畏郑而乐迁，故以自迁为文。”

【传】

十八年春，王二月乙卯，十五日。**周毛得杀毛伯过而代之。**杜预：“代居其位。”**苌弘曰：“毛得必亡，是昆吾稔**

之日也，侈故之以。杜预：“昆吾，夏伯也。稔，熟也。侈恶积熟，以乙卯日与桀同诛。”**而毛得以济侈于王都，不亡何待？”**

三月，曹平公卒。

夏五月，火始昏见。杨伯峻：“火即大火，心宿二。”**丙子，**七日。**风。梓慎曰：“是谓融风，火之始也。**杜预：“东北曰融风。融风，木也。木，火母，故曰火之始。”**七日，其火作乎！”**杜预：“从丙子至壬午七日，水火合之日，故知当火作。”**戊寅，**九日。**风甚。壬午，大甚。宋、卫、陈、郑皆火。梓慎登大庭氏之库以望之，**杜预：“大庭氏，古国名，在鲁城内，鲁于其处作库，高显，故登以望气。”**曰：“宋、卫、陈、郑也。”数日，皆来告火。**

裨灶曰：“不用吾言，郑又将火。”杜预：“前年（去年）裨灶欲用瓘斝禳火，子产不听，今复请用之。”**郑人请用之，子产不可。子大叔曰：“宝，以保民也。若有火，国几亡。**杨伯峻：“几，殆也。”**可以救亡，子何爱焉？”子产曰：“天道远，人道迩，非所及也，**天道幽远，难以捉摸；人道浅近，易于把握，两者不相及。此乃子产对人道治理之自信。**何以知之？**何以知天道必及人事。**灶焉知天道？是亦多言矣，**是，指裨灶。**岂不或信？”**杜预：“多言者或时有中。”**遂不与，亦不复火。**复，应上文“郑又将火”之“又”字。

郑之未灾也，里析告子产曰：“将有大祥，杜预：“里析，郑大夫。祥，变异之气。”祥或为祲祥之省。**民震动，国几亡。吾身泯焉，**杨伯峻：“泯，灭也，尽也，犹言死亡。”**弗良及也。**盖谓不能生及其事。杜预：“言将先灾死。”**国迁，**杨伯峻：“谓迁都。”国，国都也。**其可乎！”子产曰：“虽可，吾不足以定迁矣。”**杜预：“子产知天灾不可逃，非迁所免，故托以知不足。”**及火，里析死矣，未葬，子产使舆三十人迁其柩。**

火作，子产辞晋公子、公孙于东门。杜预："晋人新来，未入，故辞不使前也。"**使司寇出新客，**杜预："新来聘者。"**禁旧客勿出于宫。**杜预："为其知国情，不欲令去。"**使子宽、子上巡群屏摄，至于大宫。**杜预："二子，郑大夫。屏摄，祭祀之位。大宫，郑祖庙。巡行宗庙，不得使火及之。"杨伯峻："子宽，游吉之子游速。"**使公孙登徙大龟。**杜预："登，开卜大夫。"**使祝史徙主祏于周庙，告于先君。**杜预："祏（shí），庙主石函（主，神主牌位，灵牌也。石函，藏牌位之石匣，可以隔火）。周庙，厉王庙也。有火灾，故合群主于祖庙，易救护。"**使府人、库人各儆其事。**儆其职司以备火灾。**商成公儆司宫，**杜预："商成公，郑大夫。司宫，巷伯、寺人之官。"**出旧宫人，寘诸火所不及。**杜预："旧宫人，先公宫女。"**司马、司寇列居火道，**杨伯峻："一则救火，一则禁盗。"**行火所焮。**杜预："焮，炙也。"杨伯峻："焮音欣，《集韵》：'爇也。'火所烧处，行而救助之。"**城下之人，伍列登城。**为部伍登城，备敌寇。**明日，使野司寇各保其徵。**杜预："野司寇，县士也。火之明日，四方乃闻灾，故戒保所徵役之人。"杨伯峻："各保其徵，使所徵发之徒役不散。"**郊人助祝史除于国北，**杜预："为祭处于国北者，就大阴禳火。"杨伯峻："除，除地为祭祀之坛。"**禳火于玄冥、回禄，**杜预："玄冥，水神。回禄，火神。"**祈于四鄘。**杜预："鄘，城也。城积土，阴气所聚，故祈祭之，以禳火之余灾。"**书焚室而宽其征，与之材。**杜预："征，赋税也。"**三日哭，国不市。**杜预："示忧戚，不会市。"**使行人告于诸侯。宋、卫皆如是。陈不救火，许不吊灾，君子是以知陈、许之先亡也。**

六月，鄅人藉稻。杜预："鄅，妘姓国也。其君自出藉稻，盖履行之。"孔颖达："藉，践履之义，故为履行之。"杨伯峻："即巡行踏勘其藉田以督农奴耕种。"**邾人袭鄅，鄅人将闭门。**关闭城门，此为对开门，故曰闭。**邾人羊罗摄其首焉，遂入之，**杜预谓"斩得闭门者头”、孔颖达谓“斩得闭门者头而持其头”、焦循“摄首者，手提其头”、俞樾“此盖以手相搏，而摄持其头”，以上皆不取。竹添光鸿：“《论语》：‘千乘之国摄乎大国之间。’摄，夹摄。羊罗摄其首，亦言其首为门扇所夹摄也。盖罗先鄅人未闭门，急以己首内于门，门扇为首所碍，不得闭，因遂入之也。”杨伯峻驳之，谓城门甚重，头夹于门扇必破碎。然窃以竹添光鸿之说为善。城门重，其事大，守门者必当数人，绝不至于仅使一人司其启闭，故前四说不取。军事时效性极强，关键时刻，虽一秒之差或影响战局，羊罗摄其首于门扇之间，必影响鄅人之闭门，后者踵之，鄅人闭门不克；且左氏尚勇，羊罗，小人也，若非大勇，将不得见名。**尽俘以归。鄅子曰：“余无归矣。”从帑于郳，**男以妻为室，鄅子之妻室被俘，失夫人（无室），故曰无归。**郳庄公反鄅夫人，**盖郳人不欲鄅子从而适郳，故返其夫人，用使鄅子归。**而舍其女。**舍，置也。留之为妾。

秋，葬曹平公。往者见周原伯鲁焉，杜预：“原伯鲁，周大夫。”**与之语，不说学，**说同悦。**归以语闵子马。闵子马曰：“周其乱乎！夫必多有是说，**杨伯峻：“是说，不学之说。”**而后及其大人。**杜预：“大人，在位者。”不学之说染及在位者。**大人患失而惑，**杨伯峻：“患失，患失位也。惑，不明理也。”患得失而惑于治道，即惧失去权力及利益，违道而治。**又曰：‘可以无学，无学不害。’不害而不学，则苟而可。**杨伯峻：“一切政务苟且即可。”**于是乎下陵上替，**杨伯峻：“在下者驾陵于上。替，废也，惰也，弛也。在上者废弛也。”**能无乱乎？夫学，殖也，不学将落，**将落，枝叶将落。《大雅·荡》“颠沛之揭，枝叶未有害，本实先拔”，昭三年“其宗族枝叶先落”，此“殖”、“落”皆以树喻。**原氏其亡乎！”**

七月，郑子产为火故，大为社，为，作也，筑也。杨伯峻：“大筑社庙也。”**祓禳于四方，振除火灾，**二十六年“则振救之”。《说文》：“振，举救也。”**礼也。乃简兵大蒐，**杨伯峻：“精选车乘徒兵，将大检阅，大演习。”**将为蒐除。**杨伯峻：“为检阅清除场地。”**子大叔之庙在道南，其寝在道北，其庭小。**盖划定清除范围在道北，正当子太叔之寝。子太叔之寝在道北，其寝庭小，若仅毁其庭则不足用，必当毁其寝始能达到规划要求。**过期三日，**超过戒定期限三日。**使除徒陈于道南庙北，**子太叔不欲毁其寝，欲毁道南游氏之庙以代之。**曰：“子产过女，而命速除，乃毁于而乡。”**而同尔。乡同向。毁于除徒所立之向，即毁庙也。**子产朝，**杜预：“朝君。”**过而怒之。**杜预：“怒不毁。”**除者南毁。**毁游氏庙。**子产及冲，**冲，通行之大道，犹今之干道、主干道。**使从者止之曰：“毁于北方。”**子太叔毁于道南，则蒐场将迂曲而不规则，故使毁于道北。

火之作也，子产授兵登陴。授兵，发放兵器。**子大叔曰：“晋无乃讨乎？”**郑国偪于晋，授兵登陴有备晋之嫌疑，故谓晋将讨乎。**子产曰：“吾闻之，小国忘守则危，况有灾乎？国之不可小，**小国之不可以被轻视。**有备故也。”既，晋之边吏让郑曰：**晋、郑无嫌隙，而郑授兵登陴，是挑衅于晋也，故责让之。**“郑国有灾，晋君、大夫不敢宁居，卜筮走望，**言为郑灾卜望祈祷，此外交饰辞。杨伯峻：“走望，谓四出祭祀名山大川。”**不爱牲玉。**祭祀必杀牲毁玉，晋不吝惜之。**郑之有灾，寡君之忧也。今执事撊然授兵登陴，**杜预：“撊（xiàn）然，劲忿貌。”孔颖达引服虔：“撊然，猛貌也。”**将以谁罪？边人恐惧，不敢不告。子产对曰：“若吾子之言，**若，如也。**敝邑之灾，君之忧也。敝邑失政，天降之灾，又惧谗慝之间谋之，以启贪人，荐为敝邑不利，**间，乘间隙也。荐，重（chóng）也。**以重君之忧。**重 zhòng。**幸而不亡，犹可说也。**杨伯峻：“授兵之事，尚可解说。”**不幸而亡，君虽忧之，亦无及也。郑有他竟，望走在晋。**顾炎武：“言郑有他竟之忧也，则望晋走晋以救助之。”**既事晋矣，其敢有二心？”**

楚左尹王子胜言于楚子曰：“许于郑，仇敌也，而

居楚地，许时居楚方城外之叶地，偪于郑。以不礼于郑。杜预："恃楚而不事郑。"晋、郑方睦，郑若伐许，而晋助之，楚丧地矣。将丧叶地。君盍迁许？许不专于楚，言许自以旧国之故，不专属于楚，犹言不肯降为楚之附庸。若许专属楚，郑必不敢伐之，伐之是伐楚也。郑方有令政，许曰：'余，旧国也。'此句乃借许对楚而言，非谓许对郑言。谓许自以己为故诸侯国之缘故，不肯专属楚。郑曰：'余俘邑也。'郑、许世仇，许又尝为郑之俘虏，许既不属楚，则其所居邑（叶邑），即相当于郑俘虏之邑。许又不礼郑，郑若以此故伐许，楚将丧叶地。叶在楚国，方城外之蔽也。杜预："为方城外之蔽障。"土不可易，杜预："易，轻也。"国不可小，杜预："谓郑。"许不可俘，雠不可启，君其图之！"楚子说。冬，楚子使王子胜迁许于析，实白羽。杜预："于《传》时，白羽改（改名）为析。"

昭公十九年

【经】

十有九年春，宋公伐邾。杜预："为郳。"

夏五月戊辰，五日。许世子止弑其君买。

己卯，十六日。地震。

秋，齐高发帅师伐莒。

冬，葬许悼公。

【传】

十九年春，楚工尹赤迁阴于下阴，令尹子瑕城郏。叔孙昭子曰："楚不在诸侯矣！言志不在诸侯，无霸诸侯之志。

其仅自完也，以持其世而已。”杨伯峻：“迁阴城郏，皆是防御性措施，故云‘仅自完’。完，保守也。”持，执也。

楚子之在蔡也，楚子，平王弃疾。郹阳封人之女奔之，生大子建。杜预：“郹（jú）阳，蔡邑。”及即位，使伍奢为之师，杜预：“伍奢，伍举之子，伍员之父。”费无极为少师，无宠焉，欲谮诸王，曰：“建可室矣。”杜预：“室，妻也。”王为之聘于秦，无极与逆，劝王取之。正月，楚夫人嬴氏至自秦。杜预：“王自取之，故称‘夫人至’，为下拜夫人起。”

鄅夫人，宋向戌之女也，故向宁请师。杜预：“宁，向戌子也。请于宋公伐邾。”二月，宋公伐邾，围虫。虫，邾邑。三月，取之。乃尽归鄅俘。

夏，许悼公疟。杨伯峻：“患疟疾。”五月戊辰，饮大子止之药卒。大子奔晋。书曰：“弑其君。”君子曰：“尽心力以事君，舍药物可也。”杨伯峻引万斯大：“夫疟非必死之疾，治疟无立毙之剂。今药出自止，饮之即卒，是有心毒杀之也。”

邾人、郳人、徐人会宋公。乙亥，五月十二日。同盟于虫。杜预：“终宋公伐邾事。”

楚子为舟师以伐濮。杜预：“濮，南夷也。”费无极言于楚子曰：“晋之伯也，迩于诸夏，而楚辟陋，辟同僻。故弗能与争。若大城城父而寘大子焉，以通北方，王收南方，是得天下也。”王说，从之。故大子建居于城父。

令尹子瑕聘于秦，拜夫人也。

秋，齐高发帅师伐莒。杜预：“莒不事齐故。”莒子奔纪鄣。杜预：“纪鄣，莒邑也。”使孙书伐之。杜预：“孙书，陈无宇之子子占也。”初，莒有妇人，莒子杀其夫，已为嫠妇。嫠 lí。杜预：“寡妇为嫠。”及老，托于纪鄣，托，寄托，托身也。纺焉以度而去之。杨伯峻：“纺线或葛丝为绳索也。度，量城之高度也。”

去，藏也。闵二年："卫侯不去其旗，是以甚败。"成十六年："石首曰：'卫懿公唯不去其旗，是以败于荧。'乃内旌于弢中。"**及师至，则投诸外。**孔颖达："当是系绳城上而投其所垂于外。"**或献诸子占，子占使师夜缒而登。**缘绳登城或出城皆可曰缒。**登者六十人。缒绝。师鼓噪，城上之人亦噪。**城下齐师擂鼓喊杀，已登者亦喊杀于城上。**莒共公惧，启西门而出。七月丙子，**十四日。**齐师入纪。**杜预："《传》言怨不在大。"

是岁也，郑驷偃卒。驷偃，子游。**子游娶于晋大夫，生丝，弱。**杜预："弱，幼少。"**其父兄立子瑕。**子瑕，驷乞。杨伯峻："孔《疏》引《世本》，'子游、子瑕并公孙夏之子'，则子瑕乃丝之叔父。"**子产憎其为人也，**杜预："憎子瑕。"**且以为不顺，**杜预："舍子立叔，不顺礼也。"**弗许，亦弗止。**杜预："许之为违礼，止之为违众，故中立。"**驷氏耸。**耸，惧也。**他日，丝以告其舅。**杨伯峻："其舅即晋之大夫。"**冬，晋人使以币如郑，问驷乞之立故。驷氏惧，驷乞欲逃。子产弗遣。**不下遣命。**请龟以卜，亦弗予。大夫谋对，**杨伯峻："商量如何对答晋问。"**子产不待而对客曰："郑国不天，**不天，即违天。详见襄二十三年"我实不天，子无咎焉"。十八年《传》"敝邑失政，天降之灾"，亦言违天致灾。**寡君之二三臣札瘥夭昏，**杨伯峻："因疫疠而死曰札，病死曰瘥（cuó），短命而死曰夭。"昏 hūn，盖与夭对，即老死或正常死亡。**今又丧我先大夫偃。其子幼弱，其一二父兄惧队宗主，**队同坠，陨落也。**私族于谋，而立长亲。寡君与其二三老曰：'抑天实剥乱是，吾何知焉？'**抑，或也。剥乱，同义词连用。知，治，理也，插手。**谚曰：'无过乱门。'民有兵乱，犹惮过之，而况敢知天之所乱？今大夫将问其故，抑寡君实不敢知，**抑，然也。**其谁实知之？**言郑卿大夫亦不敢知其事。**平丘之会，**在十三年。**君寻旧盟曰：'无或失职。'若寡君之二三臣，其即**

世者，即世即去世。**晋大夫而专制其位，是晋之县鄙也，何国之为？”**内政皆受制于晋，则郑不成为国，而是晋之边邑也。**辞客币而报其使。**辞不受客所献币，复以礼物报答其来使之劳。**晋人舍之。**杨伯峻：“舍，置而不再问也。”

楚人城州来。沈尹戌曰：“楚人必败。昔吴灭州来，在十三年。**子旗请伐之。王曰：‘吾未抚吾民。’今亦如之，**亦未抚民。**而城州来以挑吴，**挑，挑衅。**能无败乎？”侍者曰：“王施舍不倦，息民五年，可谓抚之矣。”戌曰：“吾闻抚民者，节用于内，而树德于外，民乐其性，**乐，犹安也。杨伯峻：“性同生。”不从。性即本性之性，另参襄十四年、昭八年、昭二十五年。**而无寇雠。今宫室无量，民人日骇，**骇，马惊鸣也，此引为惊惶。**劳罢死转，**罢，疲也，病也。转，徙也，迁徙。《小雅·祈父》：“胡转予于恤。”**忘寝与食，非抚之也。”**杜预：“《传》言平王所以不能霸。”

郑大水，龙斗于时门之外洧渊。杜预：“时门，郑城门也。”**国人请为禜焉，**禜，禳祭之名。**子产弗许，曰：“我斗，龙不我觌也。**觌，见也。**龙斗，我独何觌焉？禳之，则彼其室也。**顾炎武：“言渊固龙之室也，岂能禳而去之。”觌 dí。**吾无求于龙，龙亦无求于我。”乃止也。**龙斗自止。

令尹子瑕言蹶由于楚子曰：杜预：“蹶由，吴王弟。五年，灵王执以归。”**“彼何罪？谚所谓‘室于怒，市于色’者，楚之谓矣。**杜预：“言灵王怒吴子而执其弟，犹人忿于室家而作色于市人。”杨伯峻，“室于怒市于色”乃倒句，其正句即《战国策》“怒于室者色于市”。**舍前之忿可也。”乃归蹶由。**

昭公二十年

【经】

二十年春王正月。

夏，曹公孙会自鄸出奔宋。

秋，盗杀卫侯之兄絷。

冬十月，宋华亥、向宁、华定出奔陈。

十有一月辛卯，七日。蔡侯卢卒。

【传】

二十年春，王二月己丑，初二。日南至。冬至。梓慎望氛曰：杜预："氛，气也。""今兹宋有乱，国几亡，三年而后弭。蔡有大丧。"叔孙昭子曰："然则戴、桓也。杜预："戴族，华氏。桓族，向氏。"汏侈无礼已甚，乱所在也。"

费无极言于楚子曰："建与伍奢将以方城之外叛，自以为犹宋、郑也，杨伯峻："言将割据，自成一国。"齐、晋又交辅之，将以害楚，其事集矣。"集，成也。王信之，问伍奢。伍奢对曰："君一过多矣，杜预："一过，纳建妻。"多，大也。何信于谗？"王执伍奢。杜预："忿奢切言。"使城父司马奋扬杀大子。未至，而使遣之。未至城父，使人先已返，而遣出之。杜预："知大子冤，故遣令去。"三月，大子建奔宋。王召奋扬，奋扬使城父人执己以至。至郢。王曰："言出于余口，入于尔耳，谁告建也？"对曰："臣告之。君

王命臣曰：'事建如事余。'臣不佞，杜预："佞，才也。"**不能苟贰。奉初以还，**还，返也，归也。言奉初命以返城父。杜预："奉初命以周旋。"非也。王既命奋扬事太子为城父司马，则城父固奋扬之所，故曰"还"。**不忍后命，**不忍杀之。**故遣之。既而悔之，亦无及已。"王曰："而敢来，何也？"对曰："使而失命，召而不来，是再奸也。**是再奸王命。奸，犯也。**逃无所入。"**古礼，王既委奋扬为城父司马以臣事太子，则奋扬即当忠事太子一人。然奋扬初为太子之臣，又为王所亲任，太子即获罪于王，故奋扬于事太子抑或事王之间尚可回旋。**王曰："归。"从政如他日。**杜预："善其言，舍使还。"

无极曰："奢之子材，若在吴，必忧楚国，盍以免其父召之。彼仁，必来。不然，将为患。"王使召之，曰："来，吾免而父。"棠君尚谓其弟员曰：杜预："棠君，奢之长子尚也，为棠邑大夫。员，尚弟子胥。"员音云。或谓"棠君"乃"棠尹"之误。**"尔适吴，我将归死。吾知不逮，**杨伯峻："知同智。自以为才智不及其弟。"**我能死，尔能报。**报父兄被杀之仇。**闻免父之命，不可以莫之奔也；亲戚为戮，不可以莫之报也。**亲戚当指员之父与兄二人。**奔死免父，孝也；度功而行，仁也；**杜预："仁者贵成功。"**择任而往，知也；**择己所堪任而往，是为智。**知死不辟，勇也。**杨伯峻："尚自知往必死而仍往，为勇。"**父不可弃，**杜预："俱去为弃父。"**名不可废，**杜预："俱死为废名。"**尔其勉之，相从为愈。"**相，互也。愈，犹善也。相从者，从上诸言。谓二人当以相从此言为善，非谓相从奔父也。杜预："愈，差也。"则是解此句为，二人相从奔父为差，不取。**伍尚归。奢闻员不来，曰："楚君、大夫其旰食乎！"**杜预："将有吴忧，不得早食。"**楚人皆杀之。**

员如吴，言伐楚之利于州于。杜预："州于，吴子僚。"

公子光曰："是宗为戮而欲反其雠，不可从也。"杜预："光，吴公子阖庐也。反，复也。"**员曰："彼将有他志。**杜预："光欲弑僚，不利员用事，故破其议，而员亦知之。"**余姑为之求士，而鄙以待之。"**杜预："计未得用，故进勇士以求入于光，退居边鄙。"**乃见鱄设诸焉，**见鱄设诸于光，即引荐，推荐之于光。杜预："鱄诸，勇士。"**而耕于鄙。**待时也。

宋元公无信多私，私，不公也。多私与无私相对，言凡事但求独善己身。**而恶华、向。华定、华亥与向宁谋曰："亡愈于死，先诸！"**杜预："恐元公杀己，欲先作乱。"**华亥伪有疾，以诱群公子。公子问之，**问候华亥之疾。**则执之。夏六月丙申，**九日。**杀公子寅、公子御戎、公子朱、公子固、公孙援、公孙丁，拘向胜、向行于其廪。**拘，囚也。廪，华亥家之粮仓。府库廪厩（廄），四者所储各不同。杜预："八子皆公党。"**公如华氏请焉，弗许，遂劫之。**华亥劫公。**癸卯，**十六日。**取大子栾与母弟辰、公子地以为质。**杜预："栾，景公也。"质，今谓人质，古指用于定信之人或物。**公亦取华亥之子无戚、向宁之子罗、华定之子启，与华氏盟，以为质。**

卫公孟絷狎齐豹，杜预："公孟，灵公兄也。齐豹，齐恶之子，为卫司寇。"狎，狎侮也。不顾亲疏贵贱长幼之礼，过度亲昵曰狎，相狎者常相轻侮，即《旅獒》所谓"狎侮"。公孟虽侮犯齐豹，然于齐豹实极为亲信，故齐豹被伤害之后，仍胜似公孟之家宰，主理公孟之事，故能害之。**夺之司寇与鄄。**杜预："鄄，豹邑。"**有役则反之，无则取之。**役，劳役征发。有劳役之事，则还其官、邑于齐豹，使齐豹完之；无，则取其官、邑，以得其利。谓公孟唯求其利，不欲其害。**公孟恶北宫喜、褚师圃，欲去之。**杜预："喜，贞子。"**公子朝通于襄夫人宣姜，**杜预："宣姜，灵公嫡母（非灵公生母）。"**惧，而欲以作乱。故齐豹、北宫喜、褚师圃、公子朝作乱。**

初，齐豹见宗鲁于公孟，见，见以进之也。**为骖乘焉。**杜预："为公孟骖乘。"骖乘居车右之位。**将作乱，而谓之曰："公孟之不善，子所知也。勿与乘，吾将杀之。"对曰："吾由子事公孟，子假吾名焉，故不吾远也。**齐豹嘉举宗鲁于公孟，故曰借予之善名。杜预："言子借我以善名，故公孟亲近我。"**虽其不善，吾亦知之。抑以利故，不能去，是吾过也。**抑，或也。言若我去公孟于子有利，而我不能去，则是我之过。"利"非谓利齐豹杀公孟，谓己若闻难而去公孟，则将使齐豹荐举己之言不信，从而使齐豹蒙不信之名，以此为不利齐豹。**今闻难而逃，是僭子也。**僭，不信也。使齐豹荐举己之言不信。**子行事乎，吾将死之，以周事子，**杜预："周犹终竟也。"宗鲁使齐豹杀公孟，己将从公孟死，以成齐豹不僭名，以此为周事齐豹。**而归死于公孟，**如此，人将谓齐豹推荐之人，能为其主致死。**其可也。"**

丙辰，二十九日。**卫侯在平寿，**杜预："平寿，卫下邑。"**公孟有事于盖获之门外，**杜预："有事，祭也。盖获，卫郭门。"**齐子氏帷于门外，而伏甲焉。**齐子氏，齐豹之家。帷于盖获之门外，伏甲于其内。**使祝蛙寘戈于车薪以当门，**伪将入，以当正门。**使一乘从公孟以出。使华齐御公孟，宗鲁骖乘。**由此可见，公孟极信用齐豹，故其事皆由齐豹主理。**及闳中，**正门被薪车所阻，故出闳门。杜预："闳，曲门中。"**齐氏用戈击公孟，宗鲁以背蔽之，断肱，以中公孟之肩，皆杀之。**

公闻乱，乘，驱自阅门入。庆比御公，庆比为公乘车之司机。**公南楚骖乘，使华寅乘贰车。**杜预："公副车。"**及公宫，鸿駵魋驷乘于公，**駵魋音留颓。杜预："鸿駵魋复就公乘，一车四人。"**公载宝以出。褚师子申遇公于马路之衢，**衢，四通八达之道。《说文》："四达谓之衢。"**遂从。**杜预："从公出。"**过齐氏，使华寅肉袒，执盖以当其阙。**顾炎武："肉袒示必死。"杨伯峻："盖，形似今之伞，本以遮日光或雨，此以挡兵器。阙，空阙处。”**齐氏射公，中南楚之背，公遂出。寅闭郭门，**杜预：“不欲令追者出。”**逾而从公。**杜预：“逾郭出。”**公如死鸟，析朱鉏宵从窦出，徒行从公。**杜预：“朱鉏，成子，黑背孙。”

齐侯使公孙青聘于卫。杜预：“青，顷公之孙。”**既出，闻卫乱，使请所聘。**杨伯峻：“途中闻卫侯已出，不知应聘问否，及向谁聘问，故遣使问齐侯。”**公曰：“犹在竟内，则卫君也。”乃将事焉，**杜预：“将事，行聘事。”**遂从诸死鸟，请将事。**杨伯峻：“行聘礼。”**辞曰：“亡人不佞，失守社稷，越在草莽，**越，陨坠也。**吾子无所辱君命。”宾曰：“寡君命下臣于朝，曰：‘阿下执事。’**杨伯峻：“顾炎武引傅逊云：‘阿下，亲附而卑之。’”执事，指卫侯，不敢斥言卫侯，因称卫侯之执事。**臣不敢贰。”**杜预：“贰，违命也。”**主人曰：“君若惠顾先君之好，昭临敝邑，镇抚其社稷，则有宗祧在。”**杜预：“言受聘当在宗庙也。”**乃止。**杜预：“止，不行聘事。”**卫侯固请见之，**必欲私见公孙青。**不获命，**青不获拒见之命。**以其良马见，**杨伯峻：“公孙青不得已，以己之良马为见卫侯之礼。”**为未致使故也。**杜预：“未致使，故不敢以客礼见。”杨伯峻：“未致使即未行聘礼，致使命。”**卫侯以为乘马。**杜预：“喜其敬己，故贵其物。”**宾将掫，**《说文》“掫（zhōu），夜戒，有所击也”，其义即本于此《传》，然此义不可信。公孙青见卫侯在白昼，疑在下午夕时之前。下文曰“终夕，与于燎”，夕在昏前，不执燎，至昏时始执燎。公孙青之掫，或终夕之后，又稍从于昏时执火燎巡视，然并未终昏，更未至夜。襄二十五年“陪臣干掫有淫者”，亦在白昼。**主人辞曰：“亡人之忧，不可以及吾子；草莽之中，不足以辱从者。**公孙青非卫侯之从者，此盖谓不敢屈尊宾客代为从者。**敢辞。”宾曰：“寡君之下臣，君之牧圉也。若不获扞外役，**扞，捍之古字。**是不有寡君也。臣惧不免于戾，请以除死。”亲执铎，**《说文》："铎，大铃也。"**终夕，与于燎**。燎，火把。

齐氏之宰渠子召北宫子。杜预："北宫喜也。"**北宫氏之宰不与闻谋，杀渠子，**齐氏宰召北宫子，必经北宫氏宰传达引见，北宫氏宰料齐氏必败，故不与闻齐氏宰（渠子）之谋而杀之，以促使北宫氏与齐氏决裂。**遂伐齐氏，**既杀渠子，则是与齐氏决裂，不得不伐之。**灭之。丁巳晦，**三十日。**公入，与北宫喜盟于彭水之上。**杜预："喜本与齐氏同谋，故公先与喜盟。"**秋七月戊午朔，**初一。**遂盟国人。八月辛亥，**二十五日。**公子朝、褚师圃、子玉霄、子高鲂出奔晋。**杜预："皆齐氏党。"**闰月戊辰，**十二日。**杀宣姜。**杜预："与公子朝通谋故。"**卫侯赐北宫喜谥曰贞子，赐析朱鉏谥曰成子，而以齐氏之墓予之。**谥本是人死后，审其生前之功过所授之号。盖有大功者，生时即可赐谥，然仍须死后始能用之。

卫侯告宁于齐，且言子石。杜预："子石，公孙青，言其有礼。"**齐侯将饮酒，遍赐大夫，**喜获荣庆故。**曰："二三子之教也。"苑何忌辞，**杨伯峻：'不受赐酒。'杜预："何忌，齐大夫。"**曰："与于青之赏，必及于其罚。**言今青有功，群臣并受其赏，若青有过，则恐当并受其罚。**在《康诰》曰：'父子兄弟，罪不相及。'况在群臣？臣敢贪君赐以干先王？"**杜预："言受赐则犯《康诰》之义。"

琴张闻宗鲁死，将往吊之。仲尼曰："齐豹之盗，而孟絷之贼，女何吊焉？杜预："言齐豹所以为盗，孟絷所以见贼，皆由宗鲁。"**君子不食奸，**杜预："如公孟不善而受其禄，是食奸也。"**不受乱，**杜预："许豹行事，是受乱也。"**不为利疚于回，**杜预："疚，病也。回，邪也。为利故不能去，是病身于邪。"**不以回待人，**杜预："知难不告，是以邪待人。"**不盖不义，**杜预："以周事豹，是盖不义。"**不犯非礼。"**杜预："以二心事絷，是非礼。"

宋华、向之乱，公子城、公孙忌、乐舍、司马强、向宜、

向郑、楚建、郳甲出奔郑。杜预："八子，宋大夫，皆公党，辟难出。"据杜预，城，平公子；舍，乐喜孙；宜、郑，皆向戌子；建，楚平王之亡太子；甲，小邾穆公子。其徒与华氏战于鬼阎，杜预："八子之徒众也。"败子城。子城适晋。杜预："子城为华氏所败，别走至晋。"

华亥与其妻，必盥而食所质公子者而后食。公与夫人每日必适华氏，食公子而后归。华亥患之，欲归公子。向宁曰："唯不信，杨伯峻："宋元公无信。"故质其子。若又归之，死无日矣。"公请于华费遂，将攻华氏。杜预："费遂，大司马，华氏族。"对曰："臣不敢爱死，无乃求去忧而滋长乎？杜预："恐杀大子，忧益长。"臣是以惧，敢不听命？"公曰："子死亡有命，杨伯峻："子谓太子栾及其弟公子辰、公子地。"余不忍其訽。"杜预："訽（gòu），耻也。"冬十月，公杀华、向之质而攻之。戊辰，十三日。华、向奔陈，华登奔吴。杜预："登，费遂之子，党华、向者。"向宁欲杀大子，华亥曰："干君而出，干，犯也。又杀其子，其谁纳我？且归之有庸。"杜预："可以为功善。"使少司寇牼以归，杜预："以三公子归公也。牼（kēng），华亥庶兄。"曰："子之齿长矣，不能事人，杨伯峻："言其年老，不能逃至他国为人臣。"以三公子为质，必免。"杜预："质，信也。送公子归，可以自明不叛之信。"公子既入，华牼将自门行。杜预："从公门去。"公遽见之，执其手曰："余知而无罪也，入，复而所。"杜预："所，所居官。"

齐侯疥，杨伯峻："疥，即疥癣虫寄生之传染性皮肤病。"遂痁，痁 shān，《说文》"有热疟"。期而不瘳。杨伯峻："期同朞，一年也。"瘳 chōu。诸侯之宾问疾者多在。杜预："多在齐。"梁丘据与裔款言于公曰：杜预："二子，齐嬖大夫。""吾事鬼神丰，于先君有加矣。今君疾病，为诸侯忧，是祝史之罪也。诸侯不知，其谓我不敬。君盍诛于祝固、史嚚以辞宾？"

杜预："欲杀嚚、固以辞谢来问疾之宾。"**公说，告晏子。晏子曰："日宋之盟，**杜预："日，往日也。宋盟在襄二十七年。"**屈建问范会之德于赵武。**范会，士会。**赵武曰：'夫子之家事治，言于晋国，竭情无私。**竭，尽也。**其祝史祭祀，陈信不愧。其家事无猜，其祝史不祈。'**杜预："家无猜疑之事，故祝、史无求于鬼神。"**建以语康王，**楚康王。**康王曰：'神人无怨，宜夫子之光辅五君，以为诸侯主也。'"**杜预："五君：文、襄、灵、成、景。"**公曰："据与款谓寡人能事鬼神，故欲诛于祝、史。子称是语，何故？"**称，举也。**对曰："若有德之君，外内不废，**外，国事。内，君之家事。**上下无怨，**上下，谓朝野上下。或以上下为神、人，非也。**动无违事，**据杨伯峻，无违礼之事。**其祝、史荐信，**荐，进言于神。**无愧心矣。**杜预："君有功德，祝、史陈说之，无所愧。"**是以鬼神用飨，**用，食也，受也。"用"与下"受"字皆作动词用。飨，祭祀。**国受其福，祝、史与焉。**杜预："与受国福。"**其所以蕃祉老寿者，为信君使也，其言忠信于鬼神。其适遇淫君，外内颇邪，上下怨疾，动作辟违，**辟同僻。**从欲厌私。**杜预："使私情厌足。"**高台深池，撞钟舞女，斩刈民力，输掠其聚，**输，输入、输出皆曰输。输掠，同义词连用。杜预："掠，夺取也。"**以成其违，不恤后人。暴虐淫从，**杨伯峻："从读为纵。"**肆行非度，无所还忌，**杜预："还犹顾也。"**不思谤讟，不惮鬼神，神怒民痛，无悛于心。其祝、史荐信，是言罪也。**杜预："以实白神，是为言君之罪。"**其盖失数美，是矫诬也。**孔颖达："掩盖愆失，妄数美善，是矫诈诬罔也。"**进退无辞，则虚以求媚。**杜预："作虚辞以求媚于神。"**是以鬼神不飨其国以祸之，祝、史与焉。**与，从其祸。**所以夭昏孤疾者，为暴君使也。其言僭嫚于鬼神。"**杨伯峻："《说文》：'僭，假也。''嫚，侮伤（从段玉裁注）也。'"襄二十八年"使无黜嫚"。

公曰：“然则若之何？”对曰：“不可为也：山林之木，衡鹿守之；泽之萑蒲，杨伯峻：“萑音完，萑蒲即芦苇之类，可以作葺屋、制簾、编席之用。”**舟鲛守之；薮之薪蒸，**《小雅·无羊》“尔牧来思，以薪以蒸”、《正月》“瞻彼中林，侯薪侯蒸”。杨伯峻：“薪蒸即柴木，《释文》：‘粗曰薪，细曰蒸。’”**虞候守之；海之盐蜃，**杨伯峻：“蜃（shèn），大蛤也。”**祈望守之。**杜预：“衡鹿、舟鲛、虞候、祈望皆官名也。言公专守山泽之利，不与民共。”**县鄙之人，入从其政；**政盖指劳役、役赋之政。**偪介之关，**介，附也。偪附国都之关卡。**暴征其私；**杜预：“言边鄙既入服政役，又为近关所征税枉暴，夺其私物。”**承嗣大夫，强易其贿。**杜预：“承嗣大夫，世位者。”杨伯峻：“强易犹言强买。易，交易。贿，财物也。”**布常无艺，**杨伯峻：“布谓公布，常指政令。艺，准则。言所布政令毫无准则。”**徵敛无度；宫室日更，**日日更换，犹言今日东宫，明日西宫。**淫乐不违。**杜预：“违，去也。”**内宠之妾，肆夺于市；**肆，恣意也。**外宠之臣，僭令于鄙。**杜预：“诈为教令于边鄙。”**私欲养求，**竹添光鸿：“养谓口体之奉，求谓玩好之类，皆私欲也。”**不给则应。**应，报，复也。杜预：“所求不给，则应之以罪。”**民人苦病，夫妇皆诅。祝有益也，诅亦有损。聊、摄以东，**杜预：“聊、摄，齐西界也。”**姑、尤以西，**杜预：“姑、尤，齐东界也。”**其为人也多矣。虽其善祝，岂能胜亿兆人之诅？君若欲诛于祝、史，修德而后可。”公说，使有司宽政，毁关，去禁，薄敛，已责。**已，止也。杨伯峻：“责同债。”已责即免除民人拖欠国家之债务租税。

十二月，齐侯田于沛，杜预：“言疾愈行猎。沛，泽名。”**招虞人以弓，不进。**杜预：“虞人，掌山泽之官。”**公使执之，辞曰：“昔我先君之田也，旃以招大夫，**旃，旗也。**弓以招士，皮冠以招虞人。臣不见皮冠，故不敢进。”乃舍之。仲尼曰：“守道不如守官。”**杜预：“君招当往，道之常也。非物不进，官之制也。”**君子韪之。**杜预：“韪，是也。”

齐侯至自田，晏子侍于遄台，子犹驰而造焉。杜预：“子犹，梁丘据。”造，犹至也。**公曰：“唯据与我和夫！”晏子对曰：“据亦同也，焉得为和？”公曰：“和与同异乎？”对曰：“异。和如羹焉，水、火、醯、醢、**杨伯峻：“《说文》：‘醯（xī），酢也。’酢即醋字。”醢 hǎi，肉酱也。**盐、梅，以烹鱼肉，燀之以薪。**《说文》：“燀（chǎn），炊也。”**宰夫和之，**杨伯峻：“调和其味。”**齐之以味，**齐五味。齐，全也。谓五味当有者尽有。**济其不及，以泄其过。**杜预：“济，益也。泄，减也。”**君子食之，以平其心。君臣亦然。**杜预：“亦如羹。”**君所谓可而有否焉，臣献其否以成其可。君所谓否而有可焉，臣献其可以去其否。是以政平而不干，民无争心。**干，犯也。**故《诗》曰：‘亦有和羹，既戒既平。**既，已也。戒，戒其过差。平，和也。杨伯峻：“平，其味适中也。”**鬷嘏无言，时靡有争。’**鬷嘏 zōngjiǎ。杨伯峻：“鬷，《中庸》引作奏。嘏，今《诗》作‘假’。鬷假即奏格，奏，献羹；格，神至也。无言，无所指谪。因此则朝野皆无所争。”**先王之济五味、和五声也，**杨伯峻：“五味，辛、酸、咸、苦、甘。五声，宫、商、角、徵、羽。”**以平其心，成其政也。声亦如味，一气，**杜预：“须气以动。”**二体，**杜预：“舞者有文、武。”**三类，**杜预：“《风》、《雅》、《颂》。”**四物，**杜预：“杂用四方之物以成器。”**五声，六律，**杜预：“黄钟、大蔟、姑洗、蕤宾、夷则、无射也。阳声为律，阴声为吕。”**七音，**《释文》：“七音，宫、商、角、徵、羽、变宫、变徵也。”**八风，**杜预：“八方之风。”**九歌，**九功之德皆可歌也，谓之九歌。六府三事谓之九功。详见文七年。**以相成也。清浊，小大，短长，疾徐，哀乐，刚柔，迟速，高下，出入，周疏，以相济也。**杜预：“周，密也。”**君子听之，以平其心。心平，德和。故《诗》曰：‘德音不瑕。’**杜预：“义取心平则德音无瑕阙。”**今据不然。君所**

谓可，据亦曰可；君所谓否，据亦曰否。若以水济水，济，和济。**谁能食之？若琴瑟之专一，谁能听之？同之不可也如是。”**不可，不可取，不可用。是，水济水，琴瑟专一。

饮酒，乐。乐 yuè。**公曰：“古而无死，其乐若何？”晏子对曰：“古而无死，则古之乐也，君何得焉？昔爽鸠氏始居此地，**杜预：“爽鸠氏，少皞氏之司寇也。”**季莂因之，**杜预：“季莂，虞、夏诸侯，代爽鸠氏者。”**有逢伯陵因之，**杜预：“逢伯陵，殷诸侯，姜姓。”**蒲姑氏因之，**杜预：“蒲姑氏，殷、周之间代逢公者。”**而后大公因之。古若无死，爽鸠氏之乐，非君所愿也。”**

郑子产有疾，谓子大叔曰：“我死，子必为政。唯有德者能以宽服民，其次莫如猛。夫火烈，民望而畏之，故鲜死焉；水懦弱，民狎而玩之，狎，轻侮也。**则多死焉。故宽难。”**杜预：“难以治。”**疾数月而卒。大叔为政，不忍猛而宽。郑国多盗，取人于萑苻之泽。**取，掠取，今曰打劫。庄十九年“边伯之宫近于王宫，王取之”、襄二十二年“使司徒禁掠栾氏者，归所取焉”。人，过往行人。杨伯峻：“人即盗也。”不从，既为盗，则例不称人。**大叔悔之，曰：“吾早从夫子，不及此。”兴徒兵以攻萑苻之盗，尽杀之，盗少止。**

仲尼曰：“善哉！政宽则民慢，慢则纠之以猛。纠，约制也。**猛则民残，残则施之以宽。宽以济猛，猛以济宽，政是以和。《诗》曰：‘民亦劳止，汔可小康。惠此中国，以绥四方。’施之以宽也。**汔，求也。《周易·未济》：“小狐汔济。”杜预：“康、绥，皆安也。”**‘毋从诡随，**杨伯峻：“‘从’，《毛诗》作‘纵’。诡随，不顾是非而妄随人者。”**以谨无良。**杜预：“谨，敕慎也。”**式遏寇虐，惨不畏明。’**杜预：“式，用也。遏，止也。惨，曾也。言为寇虐，曾不畏明法者，亦当用猛政纠治之。”**纠之以猛也。‘柔远能迩，以定我王。’**能，犹得也，和也。**平之以和也。又曰：**

‘不竞不絿，不刚不柔。布政优优，百禄是遒。’杨伯峻：“竞，强也。絿，音求，缓也。优优，宽裕之貌。遒，聚也。”**和之至也。”**

及子产卒，仲尼闻之，出涕曰：“古之遗爱也。”杜预：“子产见爱，有古人之遗风。”

昭公二十一年

【经】

二十有一年春王三月，葬蔡平公。

夏，晋侯使士鞅来聘。

宋华亥、向宁、华定自陈入于宋南里以叛。

秋七月壬午朔，日有食之。

八月乙亥，二十五日。叔辄卒。杜预：“叔弓之子伯张。”

冬，蔡侯朱出奔楚。

公如晋，至河乃复。杜预：“晋人辞公，故还。”

【传】

二十一年春，天王将铸无射。杜预：“周景王也。无射（yì），钟名，律中无射。”**泠州鸠曰：“王其以心疾死乎！**杜预：“泠，乐官；州鸠，其名也。”**夫乐，天子之职也。**杜预：“职，所主也。”**夫音，乐之舆也；**杜预：“乐因音而行。”**而鐘，音之器也。**杜预：“音由器以发。”**天子省风以作乐，**杜预：“省风俗，作乐以移之。”**器以锺之，**杜预：“锺，聚也。以器聚音。”**舆以行之。**杜预：“乐须音而行。”**小者不窕，**小，小乐器。杜预：“窕，细不满。”不满即不饱满。**大者不摦，**杜预：“摦（huà），横大不入。”粗旷不堪入耳。

则和于物，物，事也。事不同，所用音乐、乐器亦不同，比如婚丧祭祀之乐各不相同。**物和则嘉成。**杜预：“嘉乐成也。”**故和声入于耳而藏于心，心亿则乐。**杜预：“亿，安也。”**窕则不咸，**杜预：“不充满人心。”杨伯峻：“咸，遍也。”**摦则不容，**杜预：“心不堪容。”**心是以感，**杨伯峻：“感借为憾。”**感实生疾。今锺摦矣，王心弗堪，其能久乎？”**杜预：“为明年天王崩传。”

三月，葬蔡平公。蔡大子朱失位，位在卑。杜预：“不在适子位，以长幼齿。”盖太子自卑而怯懦，故自适卑位。**大夫送葬者归，见昭子。**昭子，叔孙婼。**昭子问蔡故，**杨伯峻：“故，事也。”**以告。昭子叹曰：“蔡其亡乎！若不亡，是君也必不终。《诗》曰：‘不解于位，民之攸塈。’**解同懈。杜预：“塈，息也。”**今蔡侯始即位，而适卑，**太子朱为丧主，今弃丧主之位而如卑位。**身将从之。”**

夏，晋士鞅来聘，叔孙为政。据杨伯峻，某人主持某事，可谓为某事之政，是也。**季孙欲恶诸晋，**恶叔孙于晋。**使有司以齐鲍国归费之礼为士鞅。**杜预：“鲍国归费在十四年。牢礼各如其命数，鲁人失礼，故为鲍国七牢。”杨伯峻：“鲍国仅当五牢。”**士鞅怒，曰：“鲍国之位下，其国小，而使鞅从其牢礼，是卑敝邑也。将复诸寡君。”鲁人恐，加四牢焉，为十一牢。**杜预：“言鲁不能以礼事大国，且为哀七年吴征百牢起。”

宋华费遂生华貙、华多僚、华登。貙 yú。**貙为少司马，多僚为御士，**杜预：“公御士也。”**与貙相恶，乃谮诸公曰：“貙将纳亡人。”**杜预：“亡人，华亥等。”**亟言之。**亟，屡也。**公曰：“司马以吾故，亡其良子。**杜预：“司马谓费遂，为大司马。良子谓登。”华登出奔在去年。**死亡有命，吾不可以再亡之。”**言我死亡自有天命，不可以再亡其子华貙。**对曰：“君若爱司马，则如亡。**杜预：“言若爱大司马，则当亡走失国。”**死如可逃，何远之有？”**

杜预："言亡可以逃死，勿虑其远，以恐动公。"**公惧，使侍人召司马之侍人宜僚，饮之酒，而使告司马。**杜预："告司马使逐貙。"**司马叹曰："必多僚也。**必多僚之谋。**吾有谗子而弗能杀，**杨伯峻："因宋公宠信之。"**吾又不死，**杨伯峻："华费遂盖已年老而仍在世。"**抑君有命，可若何？"**杨伯峻："言无可奈何，唯从君命耳。"**乃与公谋逐华貙，将使田孟诸而遣之。公饮之酒，厚酬之，**之，指华貙。杨伯峻谓"指宜僚"，误。杜预："酬，酒币。"**赐及从者。司马亦如之。**华费遂亦厚赐华貙及其从者。**张匄尤之，**杜预："张匄，华貙臣。尤，怪赐之厚。"**曰："必有故。"使子皮承宜僚以剑而讯之。**杜预："子皮，华貙。讯，问也。"承，盖以剑加其胸或颈以威胁之。二十七年："执铍者夹承之。"哀十六年："承之以剑，不动。"**宜僚尽以告。**尽告其事原委。**张匄欲杀多僚，子皮曰："司马老矣，登之谓甚，吾又重之，**登之一乱，伤司马已甚，吾又重乱。杜预"言登亡，伤司马心已甚"，杨伯峻"言杀多僚则又伤老父之心"，皆非。**不如亡也。"**亡，出奔。**五月丙申，**十四日。**子皮将见司马而行，**欲出奔，临别辞父。行，出奔。**则遇多僚御司马而朝。张匄不胜其怒，遂与子皮、臼任、郑翩杀多僚，**杜预："任、翩亦貙家臣。"**劫司马以叛，而召亡人。壬寅，**二十日。**华、向入。**杨伯峻："华氏、向氏。"**乐大心、丰愆、华牼御诸横。华氏居卢门，以南里叛。六月庚午，**十九日。**宋城旧鄘及桑林之门而守之。**杜预："旧鄘，故城也。"

秋七月壬午朔，日有食之。公问于梓慎曰："是何物也，杜预："物，事也。"**祸福何为？"**主何祸何福。**对曰："二至、二分，**杜预："二至，冬至、夏至。二分，春分、秋分。"**日有食之，不为灾。日月之行也，分，同道也；**道，路径也。二分之时，于地球上所见日月所行之目测路径近似于同一路径，故曰同道。**至，相过也。**冬至时，日之目测路径在天南，月之目测路径在天中，夏至则反之，故曰相过。二分时，日月行同道，势相匹敌，故阴克阳（日食）不为灾。夏至时，日盛极将衰；冬至时，日否极，故为阴所克皆不为灾。**其他月则为灾，阳不克也，**杜预："阴侵阳，是阳不胜阴。"**故常为水。"**常为水灾。

于是叔辄哭日食。杜预："意在于忧灾。"**昭子曰："子叔将死，非所哭也。"八月，叔辄卒。**

冬十月，华登以吴师救华氏。华登去年奔吴。**齐乌枝鸣戍宋。**杜预："乌枝鸣，齐大夫。"**厨人濮曰：**杜预："濮，宋厨邑大夫。"**"《军志》有之：'先人有夺人之心，后人有待其衰。'**杨伯峻："后人有待其衰，《周礼·大司马》贾公彦《疏》引《左传》注云：'待敌之衰乃攻。'"**盍及其劳且未定也伐诸？若入而固，则华氏众矣，悔无及也。"从之。丙寅，**十七日。**齐师、宋师败吴师于鸿口，获其二帅公子苦雂、**雂gàn。**偃州员。华登帅其余以败宋师。**其余，杜预"吴余师"。**公欲出，**杜预："出奔。"**厨人濮曰："吾小人，可藉死，**杜预："可借使死难。"**而不能送亡，**言位卑，无资格从君逃亡。**君请待之。"**杜预："请君待复战决胜负。"**乃徇曰："扬徽者，公徒也。"**杜预："徽，识也。"**众从之。公自扬门见之，**杜预："见国人皆扬徽。"**下而巡之，曰："国亡君死，二三子之耻也，岂专孤之罪也？"齐乌枝鸣曰："用少莫如齐致死，**用，兵也，兵器。用少，宋师既被华登打败，公欲出奔，则宋师难免损兵折将，故曰用少。**齐致死莫如去备。**当一方处于弱势时，莫如有戮力致死之心；有戮力致死之心，莫如破釜沉舟自断后路，唯如此方能致死不顾。杜预："备，长兵也。"是。杨伯峻驳杜预，谓去备为示弱诱敌之意，误。**彼多兵矣，**犹言全副武装。**请皆用剑。"**欲致死反击。杨伯峻："短兵相接，以勇者胜。"**从之。华氏北，**杜预："北，败走。"**复即之。**即，从也，逐也。**厨人濮以裳裹首而荷以走，曰："得华登矣！"遂败华氏于新里。**

杜预：“新里，华氏所取邑。”**翟偻新居于新里，既战，说甲于公而归。**说同脱。杜预：“居华氏地而助公战。”**华妵居于公里，亦如之。**妵 tóu。杨伯峻：“华妵亦华族，不从华氏而从公。”

十一月癸未，四日。**公子城以晋师至。**杜预：“城以前（去）年奔晋，今还救宋。”**曹翰胡会晋荀吴、齐苑何忌、卫公子朝救宋。**公子朝，杜预：“前年出奔晋，今还卫。”**丙戌，**七日。**与华氏战于赭丘。**杜预：“赭丘，宋地。”**郑翩愿为鹳，其御愿为鹅。**杜预：“郑翩，华氏党。鹳、鹅皆陈（阵）名。”《传》盖谓华氏不一心。**子禄御公子城，庄堇为右。**杜预：“子禄，向宜。”**干犨御吕封人华豹，张匄为右。**杜预：“吕封人华豹，华氏党也。”**相遇，城还。华豹曰：“城也！”**谓此逃还者乃城也。**城怒，而反之。**怒其侮己，返还与战。**将注，豹则关矣。**《说文》：“注，灌也。”往容器中灌水、往弹匣中装子弹皆可曰注，此谓上矢于弓弦之上。杨伯峻：“关是已注引满弓。”**曰：“平公之灵，尚辅相余。”**杨伯峻：“此公子城临战祈祷之辞。平公为公子城之父。”**豹射，出其间。**杜预：“出子城、子禄之间。”**将注，则又关矣。**城将注矢，豹则又已拉满弓将射。**曰：“不狎，鄙！”**杜预：“狎，更也。”孔颖达：“城谓豹，女频射我，不使我得更递，是为鄙也。豹服此言，故抽矢而止。”鄙，卑鄙。**抽矢。**弛弓，下其矢。**城射之，殪。**杜预：“豹死。”**张丐抽殳而下，**殳 shū。杜预：“殳长丈二，在车边。”**射之，**城射之。**折股。扶伏而击之，折轸。**杜预：“折城车轸。”**又射之，死。**杜预：“匄死。”**干犨请一矢，**杜预：“求死。”**城曰：“余言汝于君。”**杜预：“欲活之。”**对曰：“不死伍乘，军之大刑也。**杜预：“同乘共伍，当皆死。”**干刑而从子，君焉用之？子速诸！”乃射之，殪。**杜预：“犨又死。”**大败华氏，围诸南里。华亥搏膺而呼，**杨伯峻：“搏膺犹椎胸。”**见华貙，曰：“吾为栾氏矣。”**杜预：“晋栾盈还入，作乱而死，事在襄二十三年。”**貙曰：“子无我迋。**杜预：“迋，恐也。”又据定十年“是我迂吾兄也”，及《王风·扬之水》“无信人之言，人实迂女”，迂亦可解作欺。**不幸而后亡。”** 若幸，或将得志。**使华登如楚乞师。华貙以车十五乘，徒七十人，犯师而出，** 杜预：“犯公师出，送华登。”**食于睢上，哭而送之，乃复入。** 杜预：“入南里。”**楚薳越帅师将逆华氏，大宰犯谏曰：“诸侯唯宋事其君，** 据杨伯峻，当时晋、鲁、齐君皆失政，政在大夫，唯宋之臣民事其君。**今又争国，释君而臣是助，无乃不可乎！”王曰：“而告我也后，既许之矣。”**

蔡侯朱出奔楚。费无极取货于东国， 杜预：“东国，隐大子之子，平侯庐之弟，朱叔父也。”**而谓蔡人曰：“朱不用命于楚，君王将立东国。若不先从王欲，楚必围蔡。”蔡人惧，出朱而立东国。朱愬于楚，楚子将讨蔡。无极曰：“平侯与楚有盟，故封。** 杜预：“盟于邓，依陈、蔡人以国。”**其子有二心，故废之。** 杜预：“子谓朱也。”**灵王杀隐大子，其子与君同恶，德君必甚。** 杨伯峻：“其子，东国也。灵王杀东国之父，楚平王又杀灵王，是与东国同恶灵王，且德其为父报仇。”**又使立之，不亦可乎？且废置在君，蔡无他矣。”** 杜预：“言权在楚，则蔡无他心。”

公如晋，及河。鼓叛晋， 杜预：“叛晋属鲜虞。”**晋将伐鲜虞，故辞公。**

昭公二十二年

【经】

二十有二年春，齐侯伐莒。

宋华亥、向宁、华定自宋南里出奔楚。

大蒐于昌间。

夏四月乙丑，十八日。天王崩。

六月，叔鞅如京师，葬景王。杜预："叔鞅，叔弓子。二月而葬，乱，故速。"

王室乱。

刘子、单子以王猛居于皇。杜预："辟子朝难，出居皇。王猛书名，未即位。"

秋，刘子、单子以王猛入于王城。杜预："王城，郏鄏。"

冬十月，王子猛卒。杜预："未即位，故不言崩。"

十有二月癸酉朔，日有食之。

【传】

二十二年春，王二月甲子，十六日。齐北郭启帅师伐莒。杜预："启，齐大夫北郭佐之后。"莒子将战，苑羊牧之谏，杜预："牧之，莒大夫。"曰："齐帅贱，贱，位卑也。其求不多，不如下之。屈下之。大国不可怒也。"弗听，败齐师于寿余。齐侯伐莒，杜预："怒败。"莒子行成。司马灶如莒莅盟，杜预："灶，齐大夫。"莒子如齐莅盟，盟于稷门之外。不得盟于国，所以大辱之也。杜预："稷门，齐城门也。"莒于是乎大恶其君。

楚薳越使告于宋曰："寡君闻君有不令之臣为君忧，无宁以为宗羞？无宁，宁也。寡君请受而戮之。"谓宁使复作乱以至宋宗庙蒙羞，不如授于楚，使楚讨杀之。杨伯峻："楚欲接纳华、向。"对曰："孤不佞，不能媚于父兄，杜预："华、向，公族也，故称父兄。"以为君忧，拜命之辱。抑君臣日战，日，往日。君曰'余必臣是助'，亦唯命。人有言曰：'唯乱门之无过。'君若惠保敝邑，无亢不衷，亢，激亢，犹纵之使走极端。上文"余必臣是助"，即是激亢之也。以奖乱人，奖，成也。孤之望也。唯君图之！"楚人患之。杜预："患宋以义距之。"诸侯之戍谋曰："若华氏知困而致死，楚耻无功而疾战，非吾利也。杨伯峻："楚索华、向诸人而不得，故耻无功。"不如出之，以为楚功，其亦无能为也已。杜预："言华氏不能复为宋患。"救宋而除其害，又何求？"乃固请出之。宋人从之。己巳，二十一日。宋华亥、向宁、华定、华貙、华登、皇奄伤、省臧、士平出奔楚。杜预："华貙以下五子不书，非卿也。"宋公使公孙忌为大司马，杜预："代华费遂。"边卬为大司徒，杜预："代华定。"边卬，平公孙。乐祁为司城，杜预："祁，子罕孙乐祁犁。"仲几为左师，杜预："几，仲江孙，代向宁。"乐大心为右师，杜预："代华亥。"乐輓为大司寇，杜预："輓，子罕孙。"以靖国人。

王子朝、宾起有宠于景王，杜预："子朝，景王之庶长子。宾起，子朝之傅。"王与宾孟说之，欲立之。杜预："孟即起也。王语宾孟，欲立子朝为大子。"是也。杨伯峻驳杜预谓，说同悦，非。刘献公之庶子伯蚠事单穆公，杜预："献公，刘挚。伯蚠，刘狄。穆公，单旗。"恶宾孟之为人也，愿杀之。又恶王子朝之言，以为乱，愿去之。杜预："子朝有欲位之言，故刘蚠恶之。"宾孟适郊，见雄鸡自断其尾。问之，侍者曰："自惮其牺也。"杨伯峻：

“雄鸡自断其尾，或拔旧毛当改变者。侍者答以自惧养为祭品，而自残毁。”**遽归告王，且曰：“鸡其惮为人用乎！**用，用为牺牲。杀牲以祭曰用。杀俘虏或奴隶以祭亦曰用，然非礼，故不当此文之义。**人异于是。**杜预：“鸡牺虽见宠饰，然卒当见杀。若人见宠饰，则当贵盛，故言异于鸡。”**牺者，**牺喻被选用。**实用人，**此“人”字，特指人主。杨伯峻：“实用人，实用于人也。”无论牛羊豕犬鸡被选用，还是人被选用，都是为服务人主之利益。**人牺实难，**人，他人，此指王子猛。王子猛时已失王宠，故谓之为他人。难，去声。言王子猛被选用（立为嗣），不符合王之利益。**己牺何害？”**己，己之人，指王子朝。时王子朝得宠，王欲更立之为太子，故谓之为己之人。言王子朝得立，始符合王之利益。以上诸“人”字，义各不同，当区别之。**王弗应。**杜预：“十五年大子寿卒，王立子猛，后复欲立子朝而未定。宾孟感鸡，盛称子朝，王心许之，故不应。”

夏四月，王田北山，使公卿皆从，将杀单子、刘子。杜预：“北山，洛北芒也。王知单、刘不欲立子朝，欲因田猎先杀之。”**王有心疾，乙丑，崩于荣锜氏。戊辰，**二十一日。**刘子挚卒，无子，**子谓適子。**单子立刘蚠。**刘蚠，刘子挚庶子。**五月庚辰，**四日。**见王，**王，王子猛也。王子猛为太子，嗣父为王，时虽立，于礼当在明年即位。**遂攻宾起，杀之，盟群王子于单氏。**杜预：“王子猛次正，故单、刘立之，惧诸王子或党子朝，故盟之。”三年《传》曰“不协而盟”，时群王子多党于子朝，故盟之，若党于王猛，则固不必盟之矣。

晋之取鼓也，杜预：“在十五年。”**既献，**献俘于庙。献与用不同，于俘虏仅献不杀。**而反鼓子焉，**释鼓子返国。**又叛于鲜虞。**杜预：“叛晋属鲜虞。”

六月，荀吴略东阳，略本名词，封略之义，此作动词用，为巡行封略之义。**使师伪籴者，负甲以息于昔阳之门外，遂袭鼓，灭之。以鼓子鸢鞮归，使涉佗守之。**杜预：“守鼓之地。涉佗，晋大夫。”

丁巳，十一日。葬景王。王子朝因旧官、百工之丧职秩者，与灵、景之族以作乱。杨伯峻："百工之工乃工匠之工。"杜预："（灵、景之族，）灵王、景王之子孙也。"帅郊、要、饯之甲，杜预："三邑，周地。"以逐刘子。杜预："逐伯蚠。"壬戌，十六日。刘子奔扬。单子逆悼王于庄宫以归。杜预："悼王，子猛也。"杨伯峻："庄宫在王城。归，归于单旗之家。"王子还夜取王以如庄宫。杜预："王子还，子朝党也。不欲使单子得王猛，故取之。"癸亥，十七日。单子出。杜预："失王，故出奔。"王子还与召庄公谋，杜预："庄公，召伯奂，子朝党也。"曰："不杀单旗，不捷。杜预："旗，单子也。"与之重盟，必来。杨伯峻："前已盟群王子于单氏，此为再盟。"背盟而克者多矣。"从之。杜预："从还谋也。"樊顷子曰："非言也，必不克。"非言，非人言，谓不义。顷子，樊齐，子朝党也，闻二子之言，惧子朝不能胜，遂叛子朝而奉王猛。遂奉王以追单子。杜预："王子还奉王。"及领，大盟而复，杜预："欲重盟令单子、刘子复归。"杀挚荒以说。杜预："委罪于荒。"刘子如刘，杨伯峻："自扬归其采邑。"单子亡。杨伯峻："盖樊齐告以王子还之阴谋，故出逃。"乙丑，十九日。奔于平畤，群王子追之。单子杀还、姑、发、弱、鬷、延、定、稠，杜预："八子，灵、景之族，因战而杀之。"子朝奔京。杜预："其党死故。"丙寅，二十日。伐之，杜预："单子伐京。"京人奔山。杨伯峻："山疑即上《传》'田北山'之北山，即邙山。"刘子入于王城。杜预："子朝奔京，故得入。"辛未，二十五日。巩简公败绩于京。乙亥，二十九日。甘平公亦败焉。杜预："甘、巩二公，周卿士，皆为子朝所败。"

叔鞅至自京师，杜预："葬景王还。"言王室之乱也。闵马父曰："子朝必不克，其所与者，天所废也。"杜预："闵马父，闵子马，鲁大夫。天所废，谓群丧职秩者。"

单子欲告急于晋，秋七月戊寅，三日。以王如平畤，

遂如圃车，次于皇。杜预："出次，以示急也。戊寅，七月三日。《经》书六月，误。"**刘子如刘。单子使王子处守于王城，**杜预："王子处，子猛党。守王城，距子朝。"**盟百工于平宫。**杜预："平宫，平王庙。"**辛卯，**十六日。**鄩肸伐皇，**杜预："鄩（xún）肸，子朝党。"**大败，获鄩肸。壬辰，**十七日。**焚诸王城之市。**杜预："焚鄩肸。"**八月辛酉，**十六日。**司徒丑以王师败绩于前城，**杜预："丑，悼王司徒。前城，子朝所得邑。"**百工叛。**因王师败遂叛王。**己巳，**二十四日。**伐单氏之宫，败焉。**杜预："百工伐单氏，为单氏所败。"**庚午，**二十五日。**反伐之。**杜预："单氏反伐百工。"**辛未，**二十六日。**伐东圉。**杜预："百工所在。"**冬十月丁巳，**十三日。**晋籍谈、荀跞帅九州之戎及焦、瑕、温、原之师，**杜预："九州戎，陆浑戎，十七年灭，属晋。州，乡属也，五州为乡。焦、瑕、温、原，晋四邑。"**以纳王于王城。**杜预："丁巳在十月，《经》书秋，误。"**庚申，**十六日。**单子、刘盆以王师败绩于郊，**杜预："为子朝之党所败。"**前城人败陆浑于社。**杜预："前城，子朝众。社，周地。"**十一月乙酉，**十二日。**王子猛卒，**杜预："乙酉在十一月，《经》书十月，误。虽未即位，周人谥曰悼王。"**不成丧也。**不以王礼葬，故不称"王崩"，不书葬。**己丑，**十六日。**敬王即位，**景王崩仍未逾年，此盖因乱故，不待逾年而即位。杜预："敬王，王子猛母弟王子匄。"**馆于子旅氏。**杜预："子旅，周大夫。"**十二月庚戌，**七日。**晋籍谈、荀跞、贾辛、司马督帅师军于阴，**杜预："籍谈所军。"杨伯峻："司马督即司马乌。"**于侯氏，**杜预："荀跞所军。"**于溪泉，**杜预："贾辛所军。"**次于社。**杜预："司马督所次。"**王师军于氾，于解，次于任人。**杜预："王师分在三邑。"**闰月，晋箕遗、乐征，右行诡济师，取前城，**杜预："三子，晋大夫。济师，渡伊、洛。"**军其东南。**驻军于京之东南。**王师军于京楚。辛丑，**二十九日。**伐京，毁其西南。**京，子朝所在。

昭公二十三年

【经】

二十有三年春王正月，叔孙婼如晋。杜预：“谢取邾师。”

癸丑，十二日。**叔鞅卒。**

晋人执我行人叔孙婼。杜预：“称‘行人’，讥晋执使人。”

晋人围郊。杜预：“讨子朝也。郊，周邑。”

夏六月，蔡侯东国卒于楚。

秋七月，莒子庚舆来奔。

戊辰，二十九日。**吴败顿、胡、沈、蔡、陈、许之师于鸡父，**杜预：“鸡父，楚地。”**胡子髡、沈子逞灭，**杜预：“国虽存，君死曰灭。”**获陈夏齧。**杜预：“大夫死生通曰获。夏齧(niè)，征舒玄孙。”

天王居于狄泉。杜预：“敬王辟(避)子朝也。”**尹氏立王子朝。**杜预：“尹氏，周世卿也。书尹氏立子朝，明非周人所欲立。”

八月乙未，二十六日。**地震。**

冬，公如晋，至河，有疾，乃复。

【传】

二十三年春，王正月壬寅朔，二师围郊。杜预：“二师，王师、晋师也。”**癸卯，**二日。**郊、鄩溃。**杜预：“郊、鄩二邑，皆子朝所得。”**丁未，**六日。**晋师在平阴，王师在泽邑。王使告间，**间，病稍痊可曰间；据此《传》，局势、事态缓和亦曰间。杨伯峻：“乱稍平，欲晋师撤回，谓己力足以胜子朝也。”**庚戌，**九日。**还。**杜预：“晋师还。”

邾人城翼，杜预：“翼，邾邑。”**还，将自离姑。**杜预：“离姑，邾邑。从离姑则道径鲁之武城。”**公孙鉏曰：“鲁将御我。”**杜预：“鉏，邾大夫。”御，抗御。**欲自武城还，循山而南。**杜预：“至武城而还，依山南行，不欲过武城。”**徐鉏、丘弱、茅地曰：**杜预：“三子，邾大夫。”**“道下，遇雨，将不出，是不归也。”**谓其道地势低下，若遇雨，师将被水淹。**遂自离姑。**杜预：“遂过武城。”**武城人塞其前，**杜预：“以兵塞其前道。”**断其后之木而弗殊。**杨伯峻：“《广雅》：‘殊，断也。’又云：‘殊，绝也。’”殊又有异、不同之义，《魏风·汾沮洳》“殊异乎公族”。弗殊可解为不使殊异于常。**邾师过之，乃推而蹶之。**蹶，仆倒也。**遂取邾师，获鉏、弱、地。**

邾人愬于晋，晋人来讨。叔孙婼如晋，晋人执之。书曰：“晋人执我行人叔孙婼。”言使人也。晋人使与邾大夫坐。杜预：“坐讼曲直。”**叔孙曰：“列国之卿，当小国之君，固周制也。**杜预：“在礼，（大国之）卿得会伯、子、男，故曰当小国之君。”**邾又夷也。寡君之命介子服回在，**杜预：“子服回，鲁大夫，为叔孙之介副。”杨伯峻：“介亦奉君命，故云命介。”**请使当之，不敢废周制故也。”乃不果坐。**

韩宣子使邾人聚其众，将以叔孙与之。杜预：“与邾，使执之。”**叔孙闻之，去众与兵而朝。**杜预：“示欲以身死。”**士弥牟谓韩宣子曰：**杜预：“弥牟，士景伯。”**“子弗良图，而以叔孙与其雠，叔孙必死之。鲁亡叔孙，必亡邾。邾君亡国，将焉归？**杜预：“时邾君在晋，若亡国，无所归，将益晋忧。”**子虽悔之，何及？所谓盟主，讨违命也。若皆相执，焉用盟主？”**杜预：“听邾众取叔孙，是为诸侯皆得辄相执。”**乃弗与，使各居一馆。**郑众：“使叔孙、子服回各居一馆。”**士伯听其辞，**

而愬诸宣子，乃皆执之。杜预："二子辞不屈，故士伯愬而执之。"**士伯御叔孙，**御，载也；制也。**从者四人，过郲馆以如吏。**杜预："欲使郲人见叔孙之屈辱。"**先归郲子。**杨伯峻："先使郲君返国。"**士伯曰："以刍荛之难，从者之病，将馆子于都。"**杨伯峻："柴薪难以供给，侍者辛劳过甚，皆系托辞。"士伯此言盖欲使叔孙畏惧而就范（屈服），未必确实要馆叔孙于别都，犹羊舌鲋惧季孙曰"将为子除馆于西河"。杜预"都，别都。谓箕也"，不妥，晋人仅是威胁叔孙就范，非真欲馆之于别都，更未必谋馆之于何都，杜预谓都即箕，未免言之尚早。**叔孙旦而立，期焉。**叔孙示己不惧。杜预："立，待命也。从旦至旦为期。"是也。期同朞，即一日之周期。**乃馆诸箕。**晋人为其言，不得已，乃馆叔孙于箕。**舍子服昭伯于他邑。**舍，置也。杜预："别囚之。"

范献子求货于叔孙，使请冠焉。杜预："以求冠为辞。"**取其冠法，而与之两冠，曰："尽矣。"**杜预："既送作冠模法，又进二冠以与之，伪若不解其意。"**为叔孙故，申丰以货如晋。**杜预："欲行货以免叔孙。"**叔孙曰："见我，吾告女所行货。"见，而不出。**杜预："留申丰不使得出，不欲以货免。"**吏人之与叔孙居于箕者，**吏人，晋吏人之守叔孙者。**请其吠狗，弗与。及将归，杀而与之食之。**示不慑服晋。**叔孙所馆者，虽一日，必葺其墙屋，**杜预："葺，补治也。"**去之如始至。**《传》言叔孙之敬慎。

夏四月乙酉，十四日。**单子取訾，刘子取墙人、直人。**杜预："三邑，属子朝者。"**六月壬午，**十二日。**王子朝入于尹。**杜预："自京入尹氏之邑。"**癸未，**十三日。**尹圉诱刘佗杀之。**杜预："尹圉，尹文公也。刘佗，刘蚠族，敬王党。"**丙戌，**十六日。**单子从阪道，刘子从尹道伐尹。单子先至而败，刘子还。**杜预："单子败故。"**己丑，**十九日。**召伯奂、南宫极以成周人戍尹。**杜预："二子，周卿士。奂，召庄公。"**庚寅，**二十日。**单子、刘子、樊齐以王如刘。**杜预："辟子朝，出居刘子邑。"**甲午，**二十四日。

王子朝入于王城，次于左巷。杜预："近东城。"**秋七月戊申，**九日。**鄩罗纳诸庄宫。**杜预："鄩罗，周大夫，鄩肸之子。"**尹辛败刘师于唐。**杜预："尹辛，尹氏族。唐，周地。"**丙辰，**十七日。**又败诸鄩。甲子，**二十五日。**尹辛取西闱。丙寅，**二十七日。**攻蒯，**尹辛攻蒯。**蒯溃。**杜预："于是敬王居狄泉，尹氏立子朝。"杨伯峻："此时刘师屡败，尹师屡胜，敬王王位又不稳矣。"

莒子庚舆虐而好剑，苟铸剑，必试诸人。以人试其利钝。**国人患之。又将叛齐。**庚舆欲叛齐。杨伯峻："去年与齐盟。"**乌存帅国人以逐之。**杜预："乌存，莒大夫。"**庚舆将出，闻乌存执殳而立于道左，惧将止死。**杜预："殳长丈二而无刃。"**苑羊牧之曰："君过之！**杜预："牧之亦莒大夫。"**乌存以力闻可矣，何必以弑君成名？"遂来奔。齐人纳郊公。**杜预："郊公，著丘公之子，十四年奔齐。"

吴人伐州来，楚薳越帅师及诸侯之师奔命救州来。杜预："令尹以疾从戎，故薳越摄其事。"**吴人御诸钟离。子瑕卒，楚师熸。**杜预："子瑕即令尹，不起所疾也。吴、楚之间谓火灭为熸。军之重主丧亡，故其军人无复气势。"杨伯峻："熸未必仅吴、楚间语。"是也。**吴公子光曰："诸侯从于楚者众，而皆小国也，畏楚而不获已，**不获已，不得已。**是以来。吾闻之曰：'作事威克其爱，虽小，必济。'**爱，私爱，私欲，私见等。威克其爱者，谓有法制可畏，故无私爱私欲，包括嬖宠、个人英雄主义，以及无团队意识者因不敢放纵。《尚书·胤征》："威克厥爱，允济；爱克厥威，允罔功。"**胡、沈之君幼而狂，**狂，狂妄。**陈大夫齧壮而顽，**顽，顽固。**顿与许、蔡疾楚政。**襄四年："公如晋听政。"政，贡赋，役使征发之政。**楚令尹死，其师熸。帅贱、多宠，政令不壹。**杜预："帅贱，薳越非王卿也。军多宠人，政令不壹于越。"**七国同役而不同心，**杜预："七国，楚、顿、胡、沈、蔡、陈、许。"**帅贱而不能整，**帅贱无威，无威则下不畏，故不能整。**无大威命，楚可败也。若分师先以犯胡、沈与陈，必先奔。三国败，诸侯之师乃摇心矣。诸侯乖乱，楚必大奔。请先者去备薄威，**杜预：“示之以不整以诱之。”**后者敦陈整旅。”**杜预：“敦，厚也。”**吴子从之。戊辰晦，战于鸡父。**杜预：“七月二十九日。遣兵忌晦战，击楚所不意。”**吴子以罪人三千，先犯胡、沈与陈，**杜预：“囚徒不习战，以示不整。”**三国争之。**杨伯峻：“争获得吴兵以为俘。”**吴为三军以系于后，中军从王，**杜预：“从吴王。”**光帅右，掩馀帅左。**杜预：“掩馀，吴王寿梦子。”**吴之罪人或奔或止，三国乱。吴师击之，三国败，获胡、沈之君及陈大夫。舍胡、沈之囚，使奔许与蔡、顿，曰：“吾君死矣！”师噪而从之，三国奔，**杜预：“三国，许、蔡、顿。”**楚师大奔。书曰：“胡子髡、沈子逞灭，获陈夏齧。”君臣之辞也。**杜预：“国君，社稷之主，与宗庙共其存亡者，故称‘灭’；大夫轻，故曰‘获’。获，得也。”

不言战，楚未陈也。

八月丁酉，二十八日。**南宫极震。**杜预：“《经》书乙未地动，鲁地也。丁酉南宫极震，周地亦震也。为屋所压而死。”**苌弘谓刘文公曰：“君其勉之！先君之力可济也。**杜预：“文公，刘盆也。先君谓盆之父献公也。献公亦欲立子猛，未及而卒。”**周之亡也，其三川震。**杜预：“谓幽王时也。三川，泾、渭、洛水也。地动，川岸崩。”**今西王之大臣亦震，天弃之矣！**杜预：“子朝在王城，故谓西王。”**东王必大克。”**杜预：“敬王居狄泉，在王城之东，故曰东王。”

楚大子建之母在郹，杜预：“郹，郹阳也。平王娶秦女，废大子建，故母归其家。”**召吴人而启之。**启，启城门。**冬十月甲申，**十六日。**吴大子诸樊入郹，取楚夫人与其宝器以归。楚司马薳越追之，不及。将死，众曰：“请遂伐吴以徼之。”**徼，求也。**薳越曰：“再败君师，死且有罪。**死不解罪。**亡君夫人，**

不可以莫之死也。"乃缢于薳澨。

公为叔孙故如晋，及河，有疾而复。杜预："此年春晋为邾人执叔孙，故公如晋谢之。"

楚囊瓦为令尹，城郢。城，增修或加高加固之。**沈尹戌曰："子常必亡郢。苟不能卫，城无益也。古者，天子守在四夷；**杜预："德及远。"故四夷为之守。**天子卑，守在诸侯。**杜预："政卑损。"以诸侯为藩屏。**诸侯守在四邻；**杜预："邻国为之守。"**诸侯卑，守在四竟。**杜预："裁自完。"**慎其四竟，结其四援，民狎其野，**狎，昵就。**三务成功，**杜预："春、夏、秋，三时之务。"**民无内忧，而又无外惧，国焉用城？今吴是惧，而城于郢，守已小矣。卑之不获，**诸侯卑落之时，尚且守在四境，今楚国仅城国都以自守，是不得诸侯卑落之时。**能无亡乎？昔梁伯沟其公宫而民溃。**在僖十九年。**民弃其上，不亡何待？夫正其疆埸，修其土田，险其走集，**杜预："走集，边竟之垒壁。"**亲其民人，明其伍候，**杜预："使民有部伍，相为候望。"**信其邻国，慎其官守，守其交礼，**杜预："交接之礼。"**不僭不贪，**僭，参僖九年注。**不懦不耆，**杜预："懦，弱也。耆，强也。"耆，老也，引申为刚。**完其守备，以待不虞，又何畏矣？《诗》曰：'无念尔祖，聿修厥德。'**无念，念也。无，发语词，无义。杨伯峻："聿亦发语词。"**无亦监乎若敖、蚡冒至于武、文，**杜预："四君皆楚先君之贤者。"**土不过同，**杜预："方百里为一同，言未满一圻。"**慎其四竟，犹不城郢。今土数圻，**圻 qí，杜预"方千里为圻"。**而郢是城，不亦难乎？"**杜预："言守若是，难以为安也。"

昭公二十四年

【经】

二十四年春王三月丙戌，二十日。**仲孙貜卒。**貜，孟僖子。

婼至自晋。杜预："喜得赦归，故书至。"竹添光鸿："内卿见执，必书其终，例也。杜云喜书，臆断。"

夏五月乙未朔，日有食之。

秋八月，大雩。

丁酉，九月五日。**杞伯郁釐卒。**釐 lí。

冬，吴灭巢。

葬杞平公。

【传】

二十四年春，王正月辛丑，五日。**召简公、南宫嚚以甘桓公见王子朝。**杜预："简公，召庄公之子召伯盈。嚚，南宫极之子。桓公，甘平公之子。"**刘子谓苌弘曰："甘氏又往矣。"**又者，言往日即有王猛、敬王之党叛而从王子朝者，今又有甘氏叛而往矣。三年《传》"又丧子雅矣"，亦此"又"字。**对曰："何害？同德度义。**度，量也，衡量。**《大誓》曰：'纣有亿兆夷人，亦有离德；余有乱臣十人，同心同德。'**杜预："武王言：'我有治臣十人，虽少，同心也。'今《大誓》无此语。"**此周所以兴也。君其务德，无患无人。"戊午，**二十二日。**王子朝入于邬。**

晋士弥牟逆叔孙于箕。叔孙使梁其踁待于门内，杜预：

“踁，叔孙家臣。”**曰：“余左顾而欬，**欬kài。杨伯峻：“欬同咳，咳嗽。”得其意。疑欬者，乃清嗓之声也。**乃杀之。**杜预：“疑士伯来杀己，故谋杀之。”**右顾而笑，乃止。”叔孙见士伯，士伯曰：“寡君以为盟主之故，是以久子。**杨伯峻：“久留子于晋也。”**不腆敝邑之礼，将致诸从者。**杨伯峻：“从者实指叔孙。古人常言‘执事’、‘从者’、‘左右’，意谓其下属，不直指其人，亦表敬之方式。”**使弥牟逆吾子。”叔孙受礼而归。二月，婼至自晋，尊晋也。**杜预：“贬婼族，所以尊晋。婼，行人，故不言罪己。”

三月庚戌，十五日。**晋侯使士景伯莅问周故，**杜预：“就问子朝、敬王，知谁曲直也。”**士伯立于乾祭，**立，莅官位。**而问于介众。**杜预：“乾祭，王城北门。介，大也。”**晋人乃辞王子朝，不纳其使。**杜预：“众言子朝曲故。”

夏五月乙未朔，日有食之。梓慎曰：“将水。”杜预：“阴胜阳，故曰将水。”**昭子曰：“旱也。日过分而阳犹不克，克必甚，能无旱乎？阳不克莫，**杨伯峻：“莫，暮本字。”暮，迟，晚也。日已过春分，而阳犹不克阴，故曰暮，谓其逾期不能克也。**将积聚也。”**

六月壬申，八日。**王子朝之师攻瑕及杏，皆溃。**杜预：“瑕、杏，敬王邑。”

郑伯如晋，子大叔相，见范献子。献子曰：“若王室何？”对曰：“老夫其国家不能恤，恤，顾也。**敢及王室？抑人亦有言曰：‘嫠不恤其纬，**杜预：“嫠，寡妇也。织者常苦纬少，寡妇所宜忧。”**而忧宗周之陨，为将及焉。’**纺织者，必先定其经线，织时仅绩其纬线。此盖以宗周比经线，寡妇自绩其纬线，经线棼坏，纬亦不能绩。或者谓宗周陨坠，无人能幸免。**今王室实蠢蠢焉，**杜预：“蠢蠢，动扰貌。”**吾小国惧矣。然大国之忧也，吾侪何知焉？吾子其早图之！《诗》曰：‘缾之罄矣，惟罍**

之耻。’缾，犹今曰酒瓶。罍 léi，犹酒坛也。缾之罄竭，而罍不能供给，是罍亦无余，故以为罍之耻。杨伯峻：“此以瓶喻王室，以罍喻晋。晋虽诸侯，实强大。”**王室之不宁，晋之耻也。”**大不能庇小，故谓晋之耻。**献子惧，而与宣子图之。**杜预：“宣子，韩起。”**乃徵会于诸侯，期以明年。**

秋八月，大雩，旱也。

冬十月癸酉，十一日。**王子朝用成周之宝珪于河。**杜预：“祷河求福。”或于“宝珪”之后加“沈”字，非也，句既有“用”字，自是沈之也，故不宜复加“沈”字。**甲戌，**十二日。**津人得诸河上。**河上，黄河边。**阴不佞以温人南侵，**杜预：“不佞，敬王大夫。晋以温兵助敬王，南侵子朝。”**拘得玉者，取其玉，将卖之，则为石。**杨伯峻：“此当时人故神其说。”**王定而献之，**杜预：“不佞献王。”**与之东訾。**杜预：“喜得玉，故与之邑。”

楚子为舟师以略吴疆。杜预：“略，行也。行吴界，将侵之。”**沈尹戌曰：“此行也，楚必亡邑。不抚民而劳之，吴不动而速之，吴踵楚，**踵楚者，谓紧随楚之脚跟。**而疆埸无备，邑，能无亡乎？”**

越大夫胥犴劳王于豫章之汭。杜预：“汭，水曲。”**越公子仓归王乘舟，**归，遗也，馈也。**仓及寿梦帅师从王，**杜预：“寿梦，越大夫。”**王及圉阳而还。**杜预：“圉阳，楚地。”**吴人踵楚，而边人不备，遂灭巢及钟离而还。沈尹戌曰：“亡郢之始，于此在矣。王一动而亡二姓之帅，**杜预：“二姓之帅，守巢、钟离大夫。”**几如是而不及郢？**杨伯峻：“几，几次。”**《诗》曰：‘谁生厉阶，至今为梗？’**杜预：“厉，恶。阶，道。梗，病也。”杨伯峻：“阶所以升堂，以喻祸乱所由进。”**其王之谓乎！”**

昭公二十五年

【经】

二十五年春，叔孙婼如宋。

夏，叔诣会晋赵鞅、宋乐大心、卫北宫喜、郑游吉、曹人、邾人、滕人、薛人、小邾人于黄父。叔诣，叔鞅之子。

有鸜鹆来巢。鸜鹆 qúyù。杨伯峻：“鸜鹆即今之八哥。”来巢，来巢于鲁。

秋七月上辛，大雩；季辛，又雩。上辛，上旬之辛日，三日。下辛，二十三日。

九月己亥，十二日。**公孙于齐，**孙同逊。杜预：“讳奔，故曰孙，若自孙让而去位者。”**次于阳州。**据杨伯峻，阳州本鲁邑，时已属齐，在齐、鲁边界之上。**齐侯唁公于野井。**

冬十月戊辰，十一日。**叔孙婼卒。**

十有一月己亥，十三日。**宋公佐卒于曲棘。**

十有二月，齐侯取郓。杜预：“取郓以居公也。”

【传】

二十五年春，叔孙婼聘于宋，桐门右师见之。杜预：“右师，乐大心，居桐门。”**语，卑宋大夫，而贱司城氏。**杜预：“司城，乐氏之大宗也。卑、贱，谓其才德薄。”**昭子告其人曰：“右师其亡乎！君子贵其身，而后能及人，是以有礼。**人必先自爱，而后能爱人；必先自尊，而后能尊人。**今夫子卑其大夫而贱其宗，**

是贱其身也，能有礼乎？无礼必亡。”

宋公享昭子，赋《新宫》。昭子赋《车辖》。杜预：“周人思得贤女以配君子。昭子将为季孙迎宋公女，故赋之。”明日宴，饮酒，乐。宋公使昭子右坐，杜预：“坐宋公右以相近，言改礼坐。”语相泣也。乐祁佐，杜预：“助宴礼。”退而告人曰：“今兹君与叔孙其皆死乎！吾闻之：‘哀乐杜预：“可乐而哀。”而乐哀，杜预：“可哀而乐。”皆丧心也。’心之精爽，是谓魂魄。魂魄去之，何以能久？”

季公若之姊为小邾夫人，杜预：“平子庶姑，与公若同母，故曰公若姊。”则公若乃季平子之庶叔父。生宋元夫人，小邾夫人生女，嫁宋元公，故曰宋元夫人。杜预：“宋元夫人，平子之外姊。”生子，子，女子也。以妻季平子。昭子如宋聘，且逆之。盖平子使昭子趁访聘之便，代为己逆妻。公若从，谓曹氏勿与，鲁将逐之。曹氏，宋元夫人之姓。宋元夫人为小邾女，曹姓。公若乃宋元夫人之舅，故告之不使嫁女于平子，因鲁欲逐平子。曹氏告公，公告乐祁。乐祁曰：“与之。如是，杨伯峻：“谓如鲁君逐季平子。”鲁君必出。政在季氏三世矣，杜预：“文子、武子、平子。”鲁君丧政四公矣。杜预：“宣、成、襄、昭。”无民而能逞其志者，未之有也。国君是以镇抚其民。《诗》曰：‘人之云亡，心之忧矣。’人，本指贤人，人才，在此文则指民人。云，语中助词。鲁君失民矣，鲁国之民已尽被三桓瓜分。焉得逞其志？靖以待命犹可，杨伯峻：“靖，安也，静也。命谓天命。”动必忧。”杜预：“为下公孙（逊）传。”

夏，会于黄父，谋王室也。杜预：“王室有子朝乱，谋定之。”赵简子令诸侯之大夫输王粟，具戍人，简子，赵鞅。曰：“明年将纳王。”

子大叔见赵简子，简子问揖让、周旋之礼焉。对曰：“是仪也，非礼也。”简子曰：“敢问何谓礼？”对曰：

“吉也闻诸先大夫子产曰：‘夫礼，天之经也，地之义也，民之行也。’杜预：“经者道之常，义者利之宜，行者人所履。”**天地之经，而民实则之。则天之明，**杜预：“日、月、星、辰，天之明也。”**因地之性，**杜预：“高下、刚柔，地之性也。”**生其六气，**杜预：“谓阴阳、风雨、晦明。”**用其五行。**金、木、水、火、土。**气为五味，**杜预：“酸、咸、辛、苦、甘。”**发为五色，**杜预：“青、黄、赤、白、黑。”**章为五声，**杜预：“宫、商、角、徵、羽。”**淫则昏乱，民失其性。**失其常性。性，本性也。**是故为礼以奉之：**杜预：“制礼以奉其性。”奉，犹保也。**为六畜、**杜预：“马、牛、羊、鸡、犬、豕。”**五牲、**杜预：“五牲，牛、羊、豕、犬、鸡。”**三牺，**杨伯峻：“始养曰畜，将用曰牲，毛羽完具曰牺。三牺即牛、羊、豕也。”杜预：“祭天、地、宗庙三者谓之牺。”**以奉五味；为九文、**杜预：“谓山、龙、华（花）、虫（动物）、藻（水草）、火、粉米（白米）、黼、黻也。黼若斧，黻若两己相戾。”杨伯峻：“伪孔安国《尚书》注：黼若斧形，谓刀白身黑。黻实若两弓相背。”**六采、**杜预：“画缋之事，杂用天地四方之色，青与白、赤与黑、玄与黄皆相次，谓之六色。”**五章，**杜预：“青与赤谓之文，赤与白谓之章，白与黑谓之黼，黑与青谓之黻，五色备谓之绣。”**以奉五色；为九歌、八风、七音、六律，以奉五声；**详见二十年注。**为君臣上下，以则地义；**杜预：“君臣有尊卑，法地有高下。”**为夫妇外内，以经二物；**杜预：“夫治外，妇治内，各治其物。”杨伯峻：“二物谓阴阳，亦即刚柔。经，法也。”**为父子、兄弟、姑姊、甥舅、昏媾、姻亚，以象天明；**杜预：“六亲和穆，以事严父，若众星之共（拱）辰极也。妻父曰昏，重昏曰媾。婿父曰姻，两婿相谓曰亚。”杨伯峻：“姻，《说文》：‘婿家也。女之所因，故曰姻。’两婿相谓曰亚，今曰连襟。”**为政事、庸力、行务，以从四时；**杜预：“在君为政，在臣为事；民功曰庸，治功曰力；行其德教，务其时要，礼之本也。”**为刑罚、威狱，使民畏忌，以类其震曜杀戮；**

杜预："雷震电曜，天之威也。圣人作刑狱，以象类之。"**为温慈、惠和，以效天之生殖长育。民有好恶、喜怒、哀乐，生于六气。**杜预："此六者，皆禀阴阳、风雨、晦明之气。"**是故审则宜类，**审其所法则使合宜于事之类。**以制六志。**杜预："为礼以制好恶、喜怒、哀乐六志，使不过节。"**哀有哭泣，乐有歌舞，喜有施舍，怒有战斗。喜生于好，怒生于恶。是故审行信令，**审其行止信其言令。**祸福赏罚，以制死生。生，好物也；死，恶物也。好物，乐也；恶物，哀也。哀乐不失，**可哀则哀，可乐则乐，是谓本性。**乃能协于天地之性，是以长久。"**杜预："协，和也。"

简子曰："甚哉，礼之大也！"对曰："礼，上下之纪，纪，纪纲。**天地之经纬也，**杜预："经纬，错居以相成者。"**民之所以生也，是以先王尚之。故人之能自曲直以赴礼者，谓之成人。大，不亦宜乎？"简子曰："鞅也，请终身守此言也。"**

宋乐大心曰："我不输粟。我于周为客，杜预："二王后为宾客。"**若之何使客？"**使，命也。**晋士伯曰："自践土以来，**践土盟在僖二十八年。**宋何役之不会，而何盟之不同？**同，会同。**曰'同恤王室'，子焉得辟之？子奉君命，以会大事，而宋背盟，无乃不可乎！"右师不敢对，受牒而退。**右师，乐大心。杨伯峻："牒，简札。书宋输粟具戍之事。"**士伯告简子曰："宋右师必亡。奉君命以使，而欲背盟以干盟主，无不祥大焉。"**

有鸜鹆来巢，书，所无也。《经》所以书之，言之先未有鸜鹆来巢于鲁者，今为异常，故书之。言鸜鹆非鲁之物。**师己曰："异哉！吾闻文、成之世，**杨伯峻："此谓鲁文公、宣公、成公之世，不言宣，举其首尾耳。"杜预："师己，鲁大夫。"**童谣有之曰：'鸜之鹆之，公出辱之。**杜预："言鸜鹆来则公出辱也。"**鸜鹆之羽，公在外野，**此为下公出居郓起本。外野指郓。**往馈之马。**二十七年"（季氏）事君如在国”、二十九年“平子每岁贾马，具从者之衣屦，而归之于乾侯”，由此可知，公出居郓时，季氏致公之馈送未曾间断。此言“往馈之马”者，举其大者而言，若其衣食器具亦必馈送。**鸜鹆跦跦，公在乾侯，**杜预：“跦跦，跳行貌。”乾侯，晋邑。二十八年，公求告于晋，次在乾侯。**徵褰与襦。**徵，求也。杜预：“褰（qiān），袴。”杨伯峻：“襦，短衣也。”二十九年，公在乾侯，执季平子使来馈送马及衣屦之使者，而卖其马，平子因是“乃不归马（此‘马’亦泛指一切供给）”，公自是断季平子之供，日用不济，故不得不征求于人。此言公在乾侯，困约已甚，子家子曰“从者病矣，请以食之”，可为证。**鸜鹆之巢，远哉遥遥。裯父丧劳，**裯，昭公之名。丧劳，死于奔劳。昭公数年奔波于齐、晋之道以求复，卒于晋乾侯，故曰丧劳。**宋父以骄。**杜预：“宋父，定公，代立，故以骄。”**鸜鹆鸜鹆，往歌来哭。’**杜预：“昭公生出，歌；死还，哭。”非也。人生则歌，死而哭，此常情也，何必昭公？“往歌来哭”本是承“鸜鹆鸜鹆”而言，往，鸜鹆去鲁；来，鸜鹆来鲁，鸜鹆非鲁之物，来巢于鲁为凶兆，故忧哭；若鸜鹆去鲁，是去凶也，故歌，有下句“鸜鹆来巢，其将及乎”可以为证。**童谣有是，今鸜鹆来巢，其将及乎！”**杜预：“将及祸也。”

秋，书再雩，旱甚也。

初，季公鸟娶妻于齐鲍文子，杜预：“公鸟，季公亥（公若）之兄，平子庶叔父。”**生甲。公鸟死，季公亥与公思展与公鸟之臣申夜姑相其室。**杜预：“公亥即公若也。展，季氏族。相，治也。”**及季姒与饔人檀通，**杜预：“季姒，公鸟妻，鲍文子女。饔人，食官。”杨伯峻：“此乃季氏家臣之主饮食者，名檀。”**而惧，**惧公亥等人讨己。**乃使其妾抶己，**杨伯峻：“妾，婢女。抶音叱，扑打。”**以示秦遄之妻，**杜预：“秦遄，鲁大夫。妻，公鸟妹秦姬也。”**曰：“公若欲使余，**杨伯峻：“使其视寝也。”是。谓公若欲使己视其寝事，即强迫己与之通。**余不可而抶余。”又诉于公甫，**杜预：“公甫，平子弟。”**曰：“展与夜姑将要余。”**杨伯峻：“要谓要挟，要胁。此谓公思展、申夜姑将逼胁我以从公若与之通。皆诬辞。”**秦姬以告公之，**杜预：“公之，亦平子弟。”**公之与公甫告平子。平子拘展于卞而执夜姑，将杀之。公若泣而哀之，曰：“杀是，是杀余也。”将为之请。平子使竖勿内，**杨伯峻：“左右小吏皆可曰竖。内同纳，不使入内，平子不欲见之。”**日中不得请。有司逆命，**杜预：“执夜姑之有司，欲迎受杀生之命。”**公之使速杀之。故公若怨平子。**

季、郈之鸡斗。斗鸡也。斗鸡是一种兼竞赛、娱乐、赌博之活动。襄二十一年“平阴之役，先二子鸣”，即是以斗鸡喻。**季氏介其鸡，**郑众：“介，甲也，为鸡著甲。”杨伯峻据《吕氏春秋·察微篇》注云“作小铠著鸡头”。**郈氏为之金距。**杨伯峻据《汉书·五行志》注：“距，鸡附足骨，斗时所用刺之。”则距即鸡足后偏上之附足趾，较短而尖。盖郈氏暗中以薄金属为假距着其斗鸡鸡距之上。**平子怒，**杨伯峻引《吕氏春秋·察微篇》曰：“季氏之鸡不胜。”或者郈氏鸡之金距被平子发现，又因其鸡败，故怒。**益宫于郈氏，**杜预：“侵郈氏室以自益。”**且让之。**让，责也。**故郈昭伯亦怨平子。**

臧昭伯之从弟会，杜预：“昭伯，臧为子。”会，疑为臧贾之子。从弟，今曰叔伯弟，堂弟。**为谗于臧氏，而逃于季氏，臧氏执旃。**执之于季孙家。杨伯峻：“旃，之焉之合音字。”**平子怒，拘臧氏老。**老，家宰。**将禘于襄公，万者二人，其众万于季氏。**杜预：“禘，祭也。万，舞也。”诸侯之舞用六佾，四十八人也。傅逊谓“二人”当作“二八”。**臧孙曰：“此之谓不能庸先君之庙。”**言这就叫不能致功于先君之庙。**大夫遂怨平子。**

公若献弓于公为，公为，昭公太子务人也。**且与之出射于外，而谋去季氏。公为告公果、公贲。**杜预：“果、贲皆公为弟。”**公果、公贲使侍人僚相告公。公寝，**杨伯峻：“公就寝以告，恐旁人闻之。”**将以戈击之，乃走。公曰：“执之！”亦无命也**。公仅言之而已，未敕命。**惧而不出，**僚柤惧。**数月不见，**不见公。**公不怒。又使言，**又使僚柤言逐季孙。**公执戈以惧之，乃走。又使言，公曰：“非小人之所及也。”**事体大，非小人所宜图谋。僚柤为侍人，故谓之小人。**公果自言。**说公逐季孙。**公以告臧孙，臧孙以难。**难，难易之难，谓难成。**告郈孙，郈孙以可，**可，可行。**劝。**杨伯峻：“怂恿昭公为之。”**告子家懿伯，**杜预：“子家羁，庄公之玄孙。”**懿伯曰：“谗人以君徼幸，**徼，求也。谓谗人皆欲因公求幸其私欲（报复季孙），非真心谋公室也。杨伯峻读“徼幸”为侥幸，非也。**事若不克，君受其名，**杜预：“受恶名。”**不可为也。舍民数世，以求克事，不可必也。**言必不可。**且政在焉，**季氏专鲁国政。**其难图也。”公退之。**杜预：“退，使去。”**辞曰：“臣与闻命矣，言若泄，臣不获死。”**不获死，不得好死。**乃馆于公［宫］**。杜预：“恐受泄命之罪，于留公宫以自明。”

叔孙昭子如阚，阚 kàn，鲁邑。**公居于长府。**长府，府名。**九月戊戌，**十一日。**伐季氏，杀公之于门，遂入之。**公之，平子弟。**平子登台而请曰：“君不察臣之罪，使有司讨臣以干戈，臣请待于沂上以察罪。”**杜预：“鲁城南自有沂水，平子欲出城待罪也。”**弗许。请囚于费，弗许。**费，季孙邑。**请以五乘亡，弗许。子家子曰：“君其许之！**许其以五乘亡。**政自之出久矣，隐民多取食焉。**杜预：“隐，约，穷困。”言穷困之民多有受季氏恩惠者。**为之徒者众矣，日入慝作，弗可知也。**慝，隐恶也。言日入，隐恶将兴，祸不可知。**众怒不可蓄也，**蓄，积聚也。杨伯峻：“三请而不得许，季氏之众必蓄怒。”**蓄而弗治，将蕴。**蕴，蕴集，蕴结。**蕴畜，民将生心。**生祸乱之心。**生心，同求将合。**杨伯峻：“与季氏同求叛君者将会合。”**君必悔之。”弗听。**

郈孙曰："必杀之。"

公使郈孙逆孟懿子。杜预："懿子，仲孙何忌。"叔孙氏之司马鬷戾言于其众曰："若之何？"莫对。杜预："众疑所助。"又曰："我，家臣也，不敢知国。言身为家臣，只为家主谋议，鲁国（昭公）之事与己不相干。凡有季氏与无，于我孰利？"意在劝众攻公。皆曰："无季氏，是无叔孙氏也。"鬷戾曰："然则救诸！"救季氏。帅徒以往，陷西北隅以入。杜预："陷公围也。"公徒释甲，执冰而踞。公徒，昭公之徒众。杜预："言无战心也。冰，椟丸盖。或云椟丸是箭筒，其盖可以取饮。"《说文》："踞，蹲也。"遂逐之。逐公徒。孟氏使登西北隅，以望季氏。据杨伯峻，孟氏之家盖在季氏东南，故登其家之西北角以望形势。见叔孙氏之旌，知叔孙氏已助季氏矣。以告。孟氏执郈昭伯，杀之于南门之西，杨伯峻："示与公决绝。"遂伐公徒。子家子曰："诸臣伪劫君者，而负罪以出，君止。见事不济，故谋退路，伪若众臣挟持昭公使逐季孙，事非昭公本意，如此谋逐季氏者出奔，昭公自可留。意如之事君也，不敢不改。"季孙以此变故，必将收敛而改事君。意如，平子之名。公曰："余不忍也。"杨伯峻："不能忍受季氏之僭越欺辱。"与臧孙如墓谋，杜预："辞先君，且谋奔所。"遂行。

己亥，公孙于齐，次于阳州。齐侯将唁公于平阴，公先至于野井。杨伯峻："昭公且越过平阴迎齐景。"齐侯曰："寡人之罪也。使有司待于平阴，为近故也。"杨伯峻："此齐侯致谦意之辞。谓本拟唁公于平阴，以其距阳州近，不意公竟先至野井候己。"书曰："公孙于齐，次于阳州，齐侯唁公于野井。"礼也。将求于人，则先下之，礼之善物也。杜预："物，事也。谓先往至野井。"齐侯曰："自莒疆以西，请致千社，杜预："二十五家为社，千社，二万五千家，欲以给公。"杨伯峻："社，哀十五年《传》

谓之书社，盖书每社之户籍于社簿也。”**以待君命**。杜预：“待君伐季氏之命。”**寡人将帅敝赋以从执事，唯命是听，君之忧，寡人之忧也。”公喜。子家子曰：“天禄不再**。杨伯峻：“既得千社，不能再君鲁国。”**天若胙君，不过周公，**杨伯峻：“周公即鲁国之义，鲁以周公受封也。”**以鲁足矣。失鲁，而以千社为臣，**杜预：“为齐臣。”**谁与之立？**与，从也，犹今曰助。元年：“国于天地，有与立焉。”哀八年：“鲁虽无与立，必有与毙。”句谓将无人视昭公为诸侯而奉之立者。**且齐君无信，不如早之晋。”弗从。**

臧昭伯率从者将盟，载书曰：“戮力壹心，戮，齐也。**好恶同之。信罪之有无，**信有罪与无。信，诚也，今谓确实。**缱绻从公，**杜预：“缱绻，不离散。”以能否缱绻从公，来衡量有罪与无罪。**无通外内。”以公命示子家子。子家子曰：“如此，吾不可以盟。羁也不佞，不能与二三子同心，而以为皆有罪。**杜预：“从者陷君，留者逐君，皆有罪也。”**或欲通外内，且欲去君。**或有人为谋复君而通外内，离君奔走。**二三子好亡而恶定，焉可同也？**言己欲通外内而去君，不能与二三子同心。杨伯峻：“谓尔等好逃亡而恶公复国定位，我则恶逃亡，而欲定君之位，如何可同好恶。”其时公之从者皆欲借公为庇荫，宁携公逃亡，而不欲使公复国定位，因从公逃亡者皆与季孙有大怨，若昭公复国，己必不能与昭公同归，且其人尽无能之辈，一旦失昭公之庇荫，众将不如丧家之犬。**陷君于难，罪孰大焉？通外内而去君，君将速入，弗通何为？而何守焉？”**杜预：“何必守公。”是也。杨伯峻：“逃亡寄居，无所守也。”与上文“从公”、“去君”之意不相承，故不从。**乃不与盟。**

昭子自阚归，见平子。平子稽颡，曰：“子若我何？”昭子曰：“人谁不死？子以逐君成名，子孙不忘，不亦伤乎？将若子何？”平子曰：“苟使意如得改事君，杨伯峻：“改变态度以事君。”**所谓生死而肉骨也。”昭子从公于**

齐，与公言。子家子命适公馆者执之。公与叔孙谋，惧泄密，故子家子命公馆侍卫之人："不可使任何人进入公馆，入则执之。"公与昭子言于幄内，曰："将安众而纳公。"杜预："昭子请归安众。"公徒将杀昭子，杨伯峻："不欲使昭公归。"伏诸道。杨伯峻："伏兵于道，将杀昭子。"左师展告公，杜预："展，鲁大夫。"公使昭子自铸归。杨伯峻："改道以避伏兵。"平子有异志。杜预："不欲复纳公。"冬十月辛酉，四日。昭子齐于其寝，杨伯峻："齐同斋，斋戒。"使祝宗祈死。戊辰，十一日。卒。杜预："耻为平子所欺，因祈而自杀。"左师展将以公乘马而归，杨伯峻引宋翔凤："言以车一乘归鲁。"善。公徒执之。惧失公，故执左师展。

壬申，十五日。尹文公涉于巩，焚东訾，弗克。杜预："文公，子朝党。于巩县涉洛水也。东訾，敬王邑。"

十一月，宋元公将为公故如晋，杜预："请纳公。"梦大子栾即位于庙，己与平公服而相之。梦为死兆。襄十四年"夫君，神之主"，故鬼神礼当服事人君。杜预："平公，元公父。"杨伯峻："服，服朝服。"旦，召六卿。公曰："寡人不佞，不能事父兄，杜预："父兄谓华、向。"以为二三子忧，寡人之罪也。若以群子之灵，获保首领以没，唯是楄柎所以藉干者，杜预："楄柎，棺中笭床也。干，骸骨也。"杨伯峻："楄音骈，柎音附。楄柎，古时棺中垫尸体之木板，亦谓之笭床。干，身体。"藉，即《周易·大过》"藉用白茅"之藉，承托，衬垫也。干，体也。请无及先君。"杜预："欲自贬损。"杨伯峻："元公虽仅言棺木，实指一切葬具。"仲几对曰："君若以社稷之故，私降昵宴，群臣弗敢知。杜预："昵，近也。降昵宴谓损亲近、声乐、饮食之事。"若夫宋国之法，死生之度，杨伯峻："制度。"先君有命矣。杨伯峻："有成文规定。"群臣以死守之，弗敢失队。队同坠。臣之失职，杨伯峻："不守先君之命即失职也。"常刑不赦。臣不忍其死，杨伯峻："谓不能因失职而受常刑。”**君命只辱。”**只辱君命，言徒辱君制此命也，实谓臣不敢从。**宋公遂行。己亥，卒于曲棘。**

十二月庚辰，二十四日。**齐侯围郓。**杜预：“欲取以居公。不书围，郓人自服，不成围。”

初，臧昭伯如晋，臧会窃其宝龟偻句，句音沟。竹添光鸿谓，偻句是宝龟之名，善。**以卜为信与僭，**杜预：“僭，不信也。”**僭吉。臧氏老将如晋问，**杜预：“问昭伯起居。”**会请往。**杜预：“代家老行。”**昭伯问家故，**杜预：“故，事也。”**尽对。及内子与母弟叔孙，则不对。**杜预：“内子，昭伯妻。”杨伯峻：“似有难言之隐者。”**再三问，不对。归，及郊，会逆。问，又如初。**杜预：“又不对。”**至，次于外而察之，**杨伯峻：“昭伯心生疑惑，先宿于外以察其妻与母弟。”次者，言察其事过三日。**皆无之。**杨伯峻：“皆无可疑之事。”**执而戮之，**执臧会。**逸，奔郈。郈鲂假使为贾正焉。**杜预：“鲂假，郈邑大夫。贾正，掌货物，使有常价，若市吏。”**计于季氏。**盖有账目之事，临时计算于季氏家。《说文》：“计，会（kuài）算也。”**臧氏使五人以戈楯伏诸桐汝之间。**杜预：“桐汝，里名。”杨伯峻：“闾，里门也。”**会出，**会自季氏家出。**逐之，反奔，执诸季氏中门之外。平子怒，曰：“何故以兵入吾门？”拘臧氏老。季、臧有恶。及昭伯从公，平子立臧会。**杜预：“立以为臧氏后。”**会曰：“偻句不余欺也。”**句 gōu。

楚子使薳射城州屈，复茄人焉。茄 jiā。杜预：“还复茄人于州屈。”**城丘皇，迁訾人焉。**杜预：“移訾人于丘皇。”**使熊相禖郭巢，季然郭卷。**禖音梅。卷音权。郭，名词作动词用，筑郭也。杜预：“使二大夫为巢、卷筑郭也。”**子大叔闻之，曰：“楚王将死矣。使民不安其土，民必忧。忧将及王，弗能久矣。”**

昭公二十六年

【经】

二十有六年春王正月，葬宋元公。

三月，公至自齐，居于郓。

夏，公围成。杜预："成，孟氏邑。不书齐师，帅贱众少，重在公。"

秋，公会齐侯、莒子、邾子、杞伯，盟于鄟陵。

公至自会，居于郓。

九月庚申，九日。**楚子居卒。**

冬十月，天王入于成周。尹氏、召伯、毛伯以王子朝奔楚。杜预："召（shào）伯当言召氏，《经》误也。"

【传】

二十六年春，王正月庚申，五日。**齐侯取郓。**杜预："前（去）年已取郓，至是乃发《传》者，为公处郓起。"

葬宋元公，如先君，礼也。杜预："善宋人违命以合礼。"

三月，公至自齐，处于郓，言鲁地也。杜预："入鲁竟，故书至。犹在外，故书地。"杨伯峻："'至自齐'，至为至本国。又言'居'言'处'，皆明所居所处是本国之地。若在齐则云'次于阳州'；而在晋，则云'在乾侯'。"是也。又云"但下年《经》言'居于郓'，则齐地也"，非。

夏，齐侯将纳公，命无受鲁货。申丰从女贾，丰、贾，鲁行人。**以币锦二两，**杜预："二丈为一端，二端为一两，所谓匹也。二两，二匹。"杨伯峻："馈赠品古皆可曰币，此以锦为币。"**缚一如**

瑱，杨伯峻：“瑱（tiàn）即瑱圭之瑱，亦作镇。谓此以二两锦紧缚束为一，状如镇圭，易于怀藏。”**适齐师。谓子犹之人高齮：**杜预：“齮，子犹家臣。子犹，梁丘据。”杨伯峻：“不得见据，乃见高齮。”**“能货子犹，为高氏后，粟五千庾。”**杜预：“言若能为我行货于子犹，当为请，使得为高氏后，又当致粟五千庾。”**高齮以锦示子犹，子犹欲之。齮曰：“鲁人买之，百两一布，**布，陈也，列也。以每百两为一堆，言不止一堆也。**以道之不通，先入币财。”**两国拟交战，先封锁一切民间往来，故曰道之不通。**子犹受之，言于齐侯曰：“群臣不尽力于鲁君者，非不能事君也。**杜预：“欲行其说，故先示欲尽力纳鲁君。”**然据有异焉。**杜预：“异犹怪也。”**宋元公为鲁君如晋，卒于曲棘。叔孙昭子求纳其君，无疾而死。不知天之弃鲁耶，抑鲁君有罪于鬼神故及此也。**此当作肯定句。**君若待于曲棘，使群臣从鲁君以卜焉。**杨伯峻：“试探战争情况以测可胜与否，亦谓之卜。”**若可，师有济也，君而继之，兹无敌矣。若其无成，君无辱焉。”齐侯从之，使公子鉏帅师从公。**从鲁公。

成大夫公孙朝谓平子曰：成，孟氏邑。**“有都以卫国也，请我受师。”**襄十年《传》曰“亲受矢石”，当与此“受”字同。谓以成邑承受（缓冲）齐师之攻击，即杜注“以成邑御齐师”。**许之。请纳质，**杜预：“恐见疑。”**弗许，曰：“信女，足矣。”告于齐师曰：“孟氏，鲁之敝室也。**敝，衰坏也。**用成已甚，**用成邑之民力太甚。**弗能忍也，请息肩于齐。”**杜预：“公孙朝诈齐师，言欲降，使来取成。”**齐师围成。成人伐齐师之饮马于淄者，曰：“将以厌众。”**淄，水名。厌同压。杜预：“以厌众心，不欲使知己降也。”**鲁成备而后告曰：“不胜众。”**杜预：“告齐，言众不欲降，己不能胜。”

师及齐师战于炊鼻。杜预：“炊鼻，鲁地。”**齐子渊捷从**

洩声子，子渊捷，顷公之孙。杨伯峻："子渊是其氏，捷为其名，字子车。"洩声子，鲁大夫野洩也。从，逐也。**射之，中楯瓦。**杜预："瓦，楯脊。"**繇朐汏辀，匕入者三寸。**杜预："入楯瓦也。朐，车轭。辀，车辕。繇（yóu），过也。汏，矢激。匕，矢镞也。"杨伯峻："繇同由。"**声子射其马，斩鞅，殪。**杨伯峻："鞅，马颈之革。"矢镞斩断马鞅而入其颈，马死。**改驾，人以为鬷戾也而助之。**杜预："人，鲁人也。鬷戾，叔孙氏司马。"**子车曰："齐人也。"**子车，子渊捷。**将击子车，子车射之，殪。其御曰："又之。"**欲使多射。**子车曰："众可惧也，而不可怒也。"**实乃不欲战事激化。**子囊带从野洩，叱之。**杜预："囊带，齐大夫。野洩即声子。"**洩曰："军无私怒，报乃私也，将亢子。"**亢同抗，御也。杜预："欲以公战御之，不欲私报其叱。"**又叱之，**杜预："子囊复叱之。"**亦叱之。**野洩亦还叱子囊，但不抗御之。言双方皆不欲战，但相叱。**冉竖射陈武子，**杜预："冉竖，季氏臣。"杨伯峻："陈武子，陈无宇子，名开，字子强。"**中手，失弓而骂。以告平子，曰："有君子白皙，鬒须眉，甚口。"**鬒须眉，须、眉浓密而黑也。杨伯峻："甚口，善骂。"**平子曰："必子强也，无乃亢诸？"对曰："谓之君子，何敢亢之？"**冉竖固知平子志——不欲怒齐师，故对曰不敢抗君子。**林雍羞为颜鸣右，下。**林雍不知上志，以为颜鸣无勇，耻为其右，故下其车，为步卒与齐师战。**苑何忌取其耳，**杜预："何忌，齐大夫。不欲杀雍，但截其耳以辱之。"**颜鸣去之。**颜鸣弃林雍而去。杜预："其右见获，惧而去之。"非也。颜鸣所以去林雍，一者怒其离局失职，一者恐战事激化，非惧而去也。**苑子之御曰："视下！"**盖林雍将自车下以长兵袭击苑子，苑子之御先见之，而急提醒苑子。二十一年"（车右）张匄抽殳而下，射之，折股。扶伏而击之，折轸"，张匄折股，尚能伏击，折敌车轸，此林雍仅失耳，无防于车下击苑子。**顾。**苑子闻车御之言遽下顾。**苑子刜林雍，断其足。**刜音拂，挥兵器逆击也。**鑋而乘于他车**

以归。磬qìng，杜预：“一足行。”**颜鸣三入齐师，呼曰：“林雍乘！”**杜预：“言鲁人皆致力于季氏，不以私怨而相弃。”

四月，单子如晋告急。五月戊午，五日。**刘人败王城之师于尸氏**。杜预：“刘人，刘盆之属。王城，子朝之徒。”**戊辰，**十五日。**王城人、刘人战于施谷，刘师败绩**。杜预：“施谷，周地。”

秋，盟于鄟陵，谋纳公也。杜预：“齐侯谋。”

七月己巳，十七日。**刘子以王出**。杜预：“师败，惧而出。”**庚午，**十八日。**次于渠。王城人焚刘**。杜预：“烧刘子邑。”**丙子，**二十四日。**王宿于褚氏**。褚zhǔ氏，周地名。**丁丑，**二十五日。**王次于萑谷**。萑音丸。**庚辰，**二十八日。**王入于胥靡。辛巳，**二十九日。**王次于滑。晋知跞、赵鞅帅师纳王，使女宽守阙塞**。杨伯峻：“女宽即叔宽（女叔齐之子）。阙塞即伊阙，亦即洛阳市南三十里之龙门。”

九月，楚平王卒。令尹子常欲立子西，服虔：“子西，平王之长庶宜申。”**曰：“大子壬弱，**十九年，平王使为太子建娶妻于秦，嬴氏至楚，平王自娶嬴氏，生壬。杜预：“壬，昭王也。”**其母非适也，王子建实聘之**。太子建既聘嬴氏，而平王娶之，故曰非适（嫡）。**子西长而好善。立长则顺，建善则治。王顺国治，可不务乎？”子西怒曰：“是乱国而恶君王也**。杜预：“言王子建聘之，是彰君王之恶。”**国有外援，不可渎也；**外援，秦也。壬为秦之外甥，秦，大国也。杨伯峻：“渎，轻慢。”**王有适嗣，不可乱也**。太子建得罪出奔，其母亦出在郹，嬴氏为平王夫人，壬为適嗣。**败亲，速雠；**亲，当谓姻亲。庄元年“绝不为亲”，昭五年“既获姻亲”，“亲”皆姻亲。太子壬为秦之外甥，废之是败秦、楚之姻亲关系，秦必速来讨。**乱嗣，不祥**。杨伯峻读此句为“败亲、速雠、乱嗣，不祥”，不从。**我受其名**。杜预：“受恶名。”**赂吾以天下，吾滋不从也。楚国何为？**犹言以天下赂我，我尚且不受，何况一区区楚国。杜预：“滋，益也。”**必杀令尹！”令尹惧，乃立昭王。**

冬十月丙申，十六日。**王起师于滑。**杜预："起，发也。"**辛丑，**二十一日。**在郊，**杜预："郊，子朝邑。"**遂次于尸。十一月辛酉，**十一日。**晋师克巩。**杜预："知跞、赵鞅之师。"**召伯盈逐王子朝。**杜预："伯盈本党子朝，晋师克巩，知子朝不成，更逐之而逆敬王。"**王子朝及召氏之族、毛伯得、尹氏固、南宫嚚奉周之典籍以奔楚。阴忌奔莒以叛。**杜预："阴忌，子朝党。莒，周邑。"**召伯逆王于尸，及刘子、单子盟。**杜预："召伯新还，故盟。"**遂军圉泽，次于堤上。癸酉，**二十三日。**王入于成周。甲戌，**二十四日。**盟于襄宫。**杜预："襄王之庙。"**晋师使成公般戍周而还。**杜预："般，晋大夫。"**十二月癸未，**四日。**王入于庄宫。**杜预："庄宫在王城。"

王子朝使告于诸侯曰："昔武王克殷，成王靖四方，康王息民，并建母弟，以蕃屏周。亦曰：'吾无专享文、武之功，杜预："不敢专，故建母弟。"**且为后人之迷败倾覆，而溺入于难，则振救之。'至于夷王，王愆于厥身，**杜预："夷王，厉王父也。愆，恶疾也。"**诸侯莫不并走其望，以祈王身。**杨伯峻："诸侯皆遍祭其国之名山大川，为王祈祷。"**至于厉王，王心戾虐，万民弗忍，居王于彘。**杜预："厉王之末，周人流王于彘。"**诸侯释位，以间王政。**间，间厕之间，言厕身王之政事。杜预："去其位，与治王之政事。"**宣王有志，而后效官。**杜预："宣王，厉王子。彘之乱，宣王尚少，召公虎取而长之。效，授也。"沈钦韩："效官，致天子之位于宣王也。""授"与"致"义同。**至于幽王，天不吊周，王昏不若，用愆厥位。**杜预："幽王，宣王子。若，顺也。愆，失也。"杨伯峻："吊，古淑字，淑，善也。""若"训为"顺"者，例多见《尚书》。**携王奸命，诸侯替之，而建王嗣，用迁郏鄏。**替，废也。杜预："携王，幽王少子伯服也。王嗣，宜臼也。幽王后申姜生大子宜臼，王幸褒姒，生伯服，欲立之而杀大子，大子奔申，申伯与鄫及西戎伐周，战于戏，幽王死，诸侯废伯服而立宜臼，是为平王，东迁郏鄏。”**则是兄弟之能用力于王室也。至于惠王，天不靖周，生颓祸心，施于叔带，惠、襄辟难，越去王都。**杜预：“惠王，平王六世孙。颓，惠王庶叔也。庄十九年作乱，惠王适郑。襄王，惠王子。叔带，襄王弟。僖二十四年，叔带作难，襄王处氾。”杨伯峻：“施，延也。”**则有晋、郑咸黜不端，**杜预：“黜，去也。晋文杀叔带，郑厉杀子颓，为王室去不端直之人。”咸，尽也。**以绥定王家。则是兄弟之能率先王之命也。在定王六年，**杜预：“定王，襄王孙。定王六年，鲁宣八年。”**秦人降妖，**降 jiàng。**曰：‘周其有頿王，**《说文》：“頿（zī），口上须也。”**亦克能修其职。诸侯服享，二世共职。**杜预：“二世，谓灵、景。”杨伯峻：“共，同恭。”**王室其有间王位，**间，干犯也。**诸侯不图，而受其乱灾。’**杨伯峻：“此王子朝用妖语为己谋。王室中人间王位者先指王猛，今指敬王。诸侯不图，自指晋、鲁、宋、卫诸国。”**至于灵王，生而有頿。**杜预：“灵王，定王孙。”**王甚神圣，无恶于诸侯。灵王、景王克终其世。**杜预：“景王，灵王子。”

今王室乱，单旗、刘狄，剥乱天下，杨伯峻：“剥亦乱义。剥乱同义词连用。”《周易》有《剥》卦，剥，腐败，朽坏也。**壹行不若。**杜预：“单旗，穆公也。刘狄，刘蚠也。壹，专也。”**谓：‘先王何常之有？唯余心所命，其谁敢讨之？’**杨伯峻：“此王子朝述单旗、刘狄之意，谓立王即古昔亦无成法，今日唯我所立，人不敢讨。”**帅群不吊之人，**杨伯峻：“不吊，不善。”**以行乱于王室。侵欲无厌，规求无度，**规，约也，要也。**贯渎鬼神，**杜预：“贯，习也。”渎，亵渎之渎。**慢弃刑法，倍奸齐盟，**倍同背。齐同斋。**傲很威仪，矫诬先王。晋为不道，是摄是赞，**杨伯峻：“摄、赞皆佐助之义。”**思肆其罔极。**杜预：“肆，放也。”杨伯峻：“罔极，无准则，无限度也。”**兹不穀震荡播越，**杜预：“兹，此也。”不穀，子朝自谓。震，颠簸。荡，摇摆。播，扬也。越，颠，坠也。**窜在荆蛮，未有攸厎。**杜预：“厎，至也。攸，所也。”厎亦可训为止。**若我一二兄弟甥舅，奖顺天法，**奖，成也。奖顺，谓顺成之也。**无助狡猾，以从先王之命，毋速天罚，赦图不穀，**杜预：“赦其忧而图其难。”**则所愿也。敢尽布其腹心及先王之经，而诸侯实深图之。**

昔先王之命曰：‘王后无适，则择立长。年钧以德，德钧以卜。’钧同均。**王不立爱，公卿无私，**爱，私爱，私宠。私，私爱，私好。“爱”与“私”同义。无私，无奉立私好之人为嗣。谓王及公卿皆不违背礼制，不立其私宠、私好者。**古之制也。穆后及大子寿早夭即世，**杨伯峻：“俱见十五年《传》。盖王子朝不以王猛为太子也。即世即去世。”**单、刘赞私立少，以间先王，**间，干犯也。**亦唯伯仲叔季图之！”**杜预：“伯仲叔季，总谓诸侯。”

闵马父闻子朝之辞，曰：“文辞以行礼也。子朝干景之命，景王已立王子猛为太子，子朝争立是干景之命。盖景王初宠王子猛，故立之为太子，后改宠王子朝，虽欲废王子猛而立王子朝，然终不果。**远晋之大，以专其志，**专行其志，为得王位而专行不顾。**无礼甚矣，文辞何为？”**杜预：“《传》终王室乱。”

齐有彗星，齐侯使禳之。彗星，今又称扫帚星，古人以为非吉象。杨伯峻盖拘泥于昭十七年“有星孛于大辰（大火星）”，故谓“彗星有火灾”，是乃刻舟求剑也。**晏子曰：“无益也，只取诬焉。**杜预：“诬，欺也。”**天道不謟，**杜预：“謟，疑也。”**不贰其命，若之何禳之？且天之有彗也，以除秽也。君无秽德，又何禳焉？若德之秽，禳之何损？**杨伯峻：“谓于其秽德无减损也。”**《诗》曰：‘惟此文王，小心翼翼。**杨伯峻：“翼翼，恭敬貌。”**昭事上帝，聿怀多福。厥德不回，以受方国。’**杜预：“回，违也。言文王德不违天人，故四方之国归往之。”**君无违德，方国将至，何患于彗？《诗》曰：‘我无所监，夏后及商。用乱之故，民卒流亡。’**杜预：“言追监夏、商之亡，皆以乱故。”杨伯峻：“监即鉴，以夏、商之乱亡为镜鉴。”**若德回乱，民将流亡，祝史之为，无能补也。”公说，乃止。**

齐侯与晏子坐于路寝，公叹曰：“美哉室！其谁有此乎？”杜预：“景公自知德不能久有国，故叹也。”**晏子曰：“敢问何谓也？”公曰：“吾以为在德。”对曰：“如君之言，其陈氏乎！陈氏虽无大德，而有施于民。豆、区、釜、钟之数，其取之公也薄，**杜预：“谓以公量收。”**其施之民也厚。**杜预：“谓以私量贷。”事见昭三年。**公厚敛焉，陈氏厚施焉，民归之矣。《诗》曰：‘虽无德与女，式歌且舞。’**杜预：“式，用也。”**陈氏之施，民歌舞之矣。后世若少惰，陈氏而不亡，则国其国也已。”公曰：“善哉！是可若何？”对曰：“唯礼可以已之。**已，止也。唯礼可以止政权旁落。**在礼，家施不及国，**谓唯国君可以作福于国民。家，卿大夫曰家。国，国民也，又曰公民。卿大夫之施舍，不可以惠及于国民，因国民乃国君之民，卿大夫仅有其食邑之民，若卿大夫施舍于国民，则是收买公之民，与国君争民也。**民不迁，农不移，工贾不变，**杜预：“守常业。”**士不滥，**杜预：“不失职。”**官不滔，**《尧典》“象恭滔天”，“浩浩滔天”。《益稷》：“洪水滔天。”《诗·齐风·载驱》：“汶水滔滔。”《小雅·四月》：“滔滔江汉。”滔，水漫大貌，引申为人之行为放诞，倨慢。杜预：“滔，慢也。”**大夫不收公利。”**不因公事谋私利。**公曰：“善哉！我不能矣。吾今而后知礼之可以为国也。”对曰：“礼之可以为国也久矣，与天地并。**杜预：“有天地则礼义兴。”**君令、臣共，父慈、子孝，兄爱、弟敬，夫和、妻柔，姑慈、妇听，礼也。**姑、妇，婆、媳也。

君令而不违，臣共而不贰；父慈而教，子孝而箴；杜预："箴，谏也。"**兄爱而友，弟敬而顺；夫和而义，妻柔而正；姑慈而从，**杜预："从，不自专。"**妇听而婉，**杜预："婉，顺也。"**礼之善物也。"公曰："善哉！寡人今而后闻此礼之上也。"对曰："先王所禀于天地，以为其民也，**杜预："禀，受也。"为，治也。**是以先王上之。"**

昭公二十七年

【经】

二十有七年春，公如齐。杜预："自郓行。"

公至自齐，居于郓。

夏四月，吴弑其君僚。

楚杀其大夫郤宛。

秋，晋士鞅、宋乐祁犁、卫北宫喜、曹人、邾人、滕人会于扈。

冬十月，曹伯午卒。

邾快来奔。杜预："快，邾命卿也，故书。"

公如齐。杜预："自郓行。"

公至自齐，居于郓。

【传】

二十七年春，公如齐。公至自齐，处于郓，言在外也。杜预："在外邑，故书地。"是也。杨伯峻意谓，郓时已属齐，故云在外，误。十一年《传》"必为鲁郊"、二十五年"公在外野"，"鲁郊"、"外野”皆指郓，时郓不属齐。

吴子欲因楚丧而伐之，时楚有平王之丧。平王卒在去年九月。**使公子掩馀、公子烛庸帅师围潜。**杜预：“二子皆王僚母弟。潜，楚邑。”**使延州来季子聘于上国，**杜预：“季子本封延陵，后复封州来，故曰延州来。”上国，中国。**遂聘于晋，以观诸侯。**观诸侯之志。晋为霸主，故晋之意志即代表诸侯之意志。**楚莠尹然、王尹麇帅师救潜。左司马沈尹戌帅都君子与王马之属以济师，**杜预：“都君子，在都邑之士有复除者。王马之属，王之养马官属校人也。济，益也。”**与吴师遇于穷。令尹子常以舟师及沙汭而还。**舟师，水军。沙，水名。**左尹郤宛、工尹寿帅师至于潜，吴师不能退。**杜预：“楚师强，故吴不得退去。”

吴公子光曰：“此时也，弗可失也。”杜预：“欲因其师徒在外，国不堪役，以弑王。”服虔：“夷昧生光而废之。僚者，夷昧之庶兄。夷昧卒，僚代立，故光曰：‘我，王嗣也。’”寿梦生四子：诸樊、余祭、夷昧（夷末）、季札。夷昧欲立季札为王，季札不立，遂立庶兄僚。**告鱄设诸曰：“上国有言曰：‘不索何获？’**索，求也。**我，王嗣也，吾欲求之。事若克，季子虽至，不吾废也。”**杜预：“至谓聘还。”季札为太子光之叔。**鱄设诸曰：“王可弑也。母老、子弱，是无若我何。”**言我可行弑王，然母老子弱，否则弑王又能若我何？多而死矣。**光曰：“我，尔身也。”**杜预：“言我身犹尔身。”

夏四月，光伏甲于堀室而享王。堀kū室，盖即地下室。杜预：“掘地为室。”**王使甲坐于道及其门。**自太子光家门前之道路两旁直至太子光之家门皆由王之甲士坐列警备。备非常，可以内外救护，门为出入救护之道，由王甲镇守，则他人不得制门。**门、阶、户、席，皆王亲也，**杨伯峻：“从门至阶，从阶至户以至户内之席，皆王僚之亲兵。”**夹之以铍。**夹冒王也，以护卫之。**羞者献体改服于门外，**杨伯峻：“羞，进食也。献为呈现，献体谓呈现其体，即赤身露体，然后改换服装，再入门进食品。”**执羞者坐行而入，**执羞者即进羞者，今谓上菜者。杜预：“坐行，膝行。”**执铍者夹承之，及体，以相授也。**孔颖达：“铍之锋刃及进羞者体也。”执铍者夹承羞者以授菜，故曰相授。授，上菜也。杨伯峻谓此进羞者为鱄设诸，非也，享王，菜式必多，且非一次上讫，乃是边吃边上，如明年《传》曰，“馈之始至……中置……及馈之毕”，故进羞者非止一人，且鱄设诸必将待时而进。**光伪足疾，入于堀室。**光本侍王宴饮，此盖于宴酣时伪足疾，请暂退，遂入堀室。光既避，鱄设诸遂行事。**鱄设诸寘剑于鱼中以进，**杜预：“全鱼炙。”鱄设诸亦以羞者身份进鱼。**抽剑刺王，铍交于胸，**鱄设诸刺王之同时，侍卫之铍亦交刺其胸。**遂弑王。**王被弑，鱄设诸亦死。**阖庐以其子为卿。**杜预：“阖庐，光也。以鱄诸子为卿。”

季子至，曰：“苟先君无废祀，民人无废主，社稷有奉，国家无倾，乃吾君也，吾谁敢怨？哀死事生，以待天命。杨伯峻：“哀死者，谓王僚。事生者，谓阖庐。”**非我生乱，立者从之，先人之道也。”**杜预：“吴自诸樊以下兄弟相传，而不立適，是乱由先人起也。季子自知力不能讨光，故云耳。”先人之道，谓从其更立者，先人即如此。**复命哭墓，**杜预：“复使命于僚墓。”**复位而待。**杜预：“复本位，待光命。”**吴公子掩馀奔徐，公子烛庸奔钟吾。**杜预：“钟吾，小国。”**楚师闻吴乱而还。**杜预：“言闻吴乱，明郤宛不取赂而还。”

郤宛直而和，国人说之。鄢将师为右领，杜预：“右领，官名。”**与费无极比而恶之。**杜预：“恶郤宛。”**令尹子常贿而信谗，**贿，贪贿。**无极谮郤宛焉，谓子常曰：“子恶欲饮子酒。”**杜预：“子恶，郤宛。”**又谓子恶：“令尹欲饮酒于子氏。”**子氏，谓你家。**子恶曰：“我，贱人也，不足以辱令尹。令尹将必来辱，为惠已甚。吾无以酬之，若何？”**杜预：“酬，报献。”**无极曰：“令尹好甲兵，**好甲兵，喜欢盔甲兵器。**子出之，吾择焉。”**杜预：“择取以进子常。”**取五甲五兵，曰：“寘诸门，令尹至，必观之，而从以酬之。”**杨伯峻：“此无极语子恶之言。”**及飨日，帷诸门左。**张帷门左，置兵甲于其中。**无极谓令尹曰：“吾几祸子。**几，近，几乎。**子恶将为子不利，甲在门矣，子必无往。且此役也，**杜预：“此春救潜之役。”**吴可以得志，**言可以得志于吴。**子恶取赂焉而还；又误群帅，使退其师，曰：‘乘乱不祥。’吴乘我丧，我乘其乱，不亦可乎？”令尹使视郤氏，则有甲焉。不往，召鄢将师而告之。将师退，遂令攻郤氏，且爇之。**杜预：“爇（ruò），烧也。”**子恶闻之，遂自杀也。国人弗爇，令曰：“不爇郤氏，与之同罪。”或取一编菅焉，或取一秉秆焉，**菅jiān，草名。杜预：“秉，把也。”**国人投之，**国人为应付上命，或有取一编菅者，或有取一秉秆者，以投郤氏。《传》谓所投不足以爇郤氏也。古礼，上命不可违，如襄十四年“射为背师，不射为戮，射为礼乎！射两軥而还”。**遂弗爇也。令尹炮之，**令，命令。尹，官尹。炮，犹燔也、爇也。《小雅·瓠叶》：“炮之燔之。”民不共命，遂命官尹烧郤氏。**尽灭郤氏之族党，杀阳令终与其弟完及佗与晋陈及其子弟。**杜预：“令终，阳匄子；晋陈，楚大夫，皆郤氏之党。”**晋陈之族呼于国曰：“鄢氏、费氏自以为王，**杨伯峻：“时昭王年仅七八岁，故诸人得以王自居。”**专祸楚国，弱寡王室，蒙王与令尹以自利也，**杜预：“蒙，欺也。”**令尹尽信之矣，国将如何？”令尹病之。**

秋，会于扈，令戍周，且谋纳公也。宋、卫皆利纳公，固请之。范献子取货于季孙，谓司城子梁与北宫贞子曰：杜预：“子梁，宋乐祁也。贞子，卫北宫喜。”**“季孙未知其罪，而君伐之。请囚、请亡，于是乎不获。君又弗克，而自出也。夫岂无备而能出君乎？**谓季孙尚不知其罪，且请囚、请亡，故知季孙无备。无备必不能出君，今君出者，是自出也。**季氏之复，**复，即《周易》《复》卦之复。**天救之也。休公徒之怒，**杜预："休，息也。"**而启叔孙氏之心。不然，岂其伐人而说甲执冰以游？叔孙氏惧祸之滥，而自同于季氏，天之道也。鲁君守齐，三年而无成。季氏甚得其民，淮夷与之，有十年之备，有齐、楚之援，**杜预："公虽在齐，言齐不致力。"**有天之赞，有民之助，有坚守之心，有列国之权，**杨伯峻："言季氏之权势若诸侯。"**而弗敢宣也，**杜预："宣，用也。"**事君如在国。**杨伯峻本顾炎武谓："当时诸侯出奔，即别立君；唯鲁不然，而季孙意如犹每岁贾马，具从者之衣履而归之于公，故范鞅以为言。"**故鞅以为难。二子皆图国者也，而欲纳鲁君，鞅之愿也，请从二子以围鲁。无成，死之。"二子惧，皆辞。乃辞小国，而以难复。**杜预："以难纳白晋君。"

孟懿子、阳虎伐郓。杜预："阳虎，季氏家臣。伐郓，欲夺公。"可信。值此衰乱之世，诸侯自顾不暇，何暇谋鲁？季氏虽内得国民，外赂诸侯之大夫，然出君者，终为不义；诸侯荐讨而无成，是亦不能也。然季氏亦因此不能自安，且君久不得入，多因从者之阻止，故季孙欲伐郓而夺公。**郓人将战，子家子曰："天命不慆久矣。**杜预："慆，疑也。言弃君不疑。"**使君亡者，必此众也。**杨伯峻："此众谓将战之众。"**天既祸之，而自福也，**此句当紧承上句。之，君也。自，"此众"也，即欲战者，公从者。天既降祸昭公，其从者反欲赖君自福。**不亦难乎？犹有鬼神，**犹有鬼神，盖谓若不绝祀为福。另参襄二十年。**此必败也。乌呼！为无望也夫，其死于此乎！"公使子家子如晋，公徒败于且知。**杜预："且知，近郓地。"

楚郤宛之难，国言未已，谤言不止。**进胙者莫不谤令尹。**胙，祭肉也。据《传》例，祭祀毕，必以祭肉分赐众人。受赐者盖即参与祭祀者，多与宗庙之鬼有血亲关系。盖于祭祀之前，参与祭祀之家皆当致供祭祀之肉，是为进胙。**沈尹戌言于子常曰：“夫左尹与中厩尹莫知其罪，**杜预：“左尹，郤宛也。中厩尹，阳令终。”杨伯峻：“莫，无人也。”**而子杀之，以兴谤讟，至于今不已。戌也惑之。仁者杀人以掩谤，犹弗为也。今吾子杀人以兴谤，而弗图，**杨伯峻：“不图谋补救之策。”**不亦异乎？夫无极，楚之谗人也，民莫不知。去朝吴，**在十五年。**出蔡侯朱，**在二十一年。**丧大子建，杀连尹奢，**在二十年。**屏王之耳目，**杨伯峻：“屏，蔽也。”**使不聪明。不然，平王之温惠共俭，有过成、庄，无不及焉。所以不获诸侯，迩无极也。今又杀三不辜，以兴大谤，**杜预：“三不辜，郤氏、阳氏、晋陈氏。”**几及子矣。**杨伯峻：“几，几乎，言其近也。”**子而不图，将焉用之？**之，无极。**夫鄢将师矫子之命，以灭三族，国之良也，而不愆位。**杜预：“在位无愆过。”**吴新有君，**杜预：“光新立也。”**疆埸日骇，**骇，骇惧。**楚国若有大事，**事，戎事。**子其危哉！知者除谗以自安也，**知同智。**今子爱谗以自危也，甚矣，其惑也！”子常曰：“是瓦之罪，**杨伯峻：“囊瓦字子常。”**敢不良图。”九月己未，**十四日。**子常杀费无极与鄢将师，尽灭其族，以说于国。谤言乃止。**

冬，公如齐，齐侯请飨之。杜预：“设飨礼。”**子家子曰：“朝夕立于其朝，又何飨焉？其饮酒也。”**杨伯峻：“此请飨礼，仅以享名招其饮酒耳，故子家子先辞之，使名实相符，免受轻侮。”**乃饮酒，使宰献，而请安。**杜预：“比公于大夫也。礼，君不敌臣，宴大夫，使宰为主。献，献爵也。请安，齐侯请自安，不在坐也。”**子仲之子曰重，为齐侯夫人，曰：“请使重见。”**杜预：“子仲，鲁公子慭也。十二年谋逐季氏不能而奔齐，今行饮酒礼，而欲使重见，从宴媟也。”**子家子乃以君出。**杜预：“辟齐夫人。”

十二月，晋籍秦致诸侯之戍于周，鲁人辞以难。杜预：

"《经》所以不书成周。籍秦，籍谈子。"

昭公二十八年

【经】

二十有八年春王三月，葬曹悼公。

公如晋，次于乾侯。

夏四月丙戌，十四日。**郑伯宁卒。**

六月，葬郑定公。

秋七月癸巳，二十三日。**滕子宁卒。**

冬，葬滕悼公。

【传】

二十八年春，公如晋，将如乾侯。公守齐数年而无成，又遭齐侯卑贱，故欲转求于晋，将先如乾侯。乾侯，晋边境上之邑。**子家子曰："有求于人，而即其安，**即安，就安也，另参僖三十三年及定四年。其，指己。即其安，就己之便。杨伯峻谓此"即安"是即安于齐，误，此"即安"乃即安于乾侯。**人孰矜之？**矜，怜，惜也。**其造于竟。"**欲使公造于晋之边境，待晋逆。**弗听。**昭公若如乾侯，则乾侯大夫即当尽地主之谊，供奉鲁昭及其随从之饮食起居等一应事宜，故昭公欲先安顿于乾侯，然后使如绛请逆。遂不听子家之言，越过晋之边境，如乾侯。**使请逆于晋。**请晋逆己如绛。**晋人曰："天祸鲁国，君淹恤在外，君亦不使一个辱在寡人，**杜预："一个，单使。"杨伯峻："在，存问。实际表示通知求援。"**而即安于甥舅，其亦使逆君？"**甥舅指齐国。谓昭公既安顿于甥舅，而无视兄弟之存在，则又何必来请告于兄弟，而使请逆。言虽责昭公即安于齐，实者怒其无礼，即安于乾侯而请逆，不知己身在忧恤。**使公复于竟而后逆之。**使公退还边境然后逆之。仍逆公至乾侯，而不逆之绛。

晋祁胜与邬臧通室，杜预："二子，祁盈家臣。通室，易妻。"**祁盈将执之，**杜预："祁盈，祁午子。"**访于司马叔游。**杜预："叔游，司马叔侯之子。"**叔游曰："《郑书》有之：**杨伯峻："盖郑国先代之书也。"**'恶直丑正，实蕃有徒。'**杜预："言害正直者，实多徒众。"恶直与丑正同义。**无道立矣，子惧不免。**杜预："言世乱谗胜。"**《诗》曰：'民之多辟，无自立辟。'**前"辟"字同僻，邪僻也；后"辟"字多训为"法"，杨伯峻解此二"辟"字同作僻，曰"辟，邪也。言民已多邪僻，毋再自陷于邪僻"，亦通。**姑已，**已，止也。**若何？"盈曰："祁氏私有讨，国何有焉？"**杜预："言讨家臣，无与国事。"**遂执之。祁胜赂荀跞，荀跞为之言于晋侯，晋侯执祁盈。**杜预："以其专戮。"**祁盈之臣曰："钧将皆死，**杜预："钧，同也。"言杀二子与不杀二子，同样都是死。**慭使吾君闻胜与臧之死也以为快。"**《说文》："慭，甘也。"**乃杀之。夏六月，晋杀祁盈及杨食我。**杜预："杨，叔向邑。食我，叔向子伯石也。"**食我，祁盈之党也，而助乱，故杀之。遂灭祁氏、羊舌氏。**

初，叔向欲娶于申公巫臣氏，杨伯峻："娶巫臣与夏姬所生女。"**其母欲娶其党。**欲使叔向娶其母家女。**叔向曰："吾母多而庶鲜，吾惩舅氏矣。"**杜预："言父多妾媵而庶子鲜少，嫌母氏性不旷。"妾媵，随母陪嫁之女。性不旷，今谓生育能力差。惩，惩戒。**其母曰："子灵之妻杀三夫，**子灵，巫臣，其妻，夏姬。三夫，子蛮、陈御叔、楚襄老。**一君，**陈灵公。**一子，**夏征舒。**而亡一国、**杜预："陈也。"**两卿矣，**孔宁、仪行父。**可无惩乎？吾闻之：'甚美必**

有甚恶。’是郑穆少妃姚子之子，子貉之妹也。杜预：“子貉，郑灵公夷。”郑灵公立之元年即被弑，见宣四年《传》。**子貉早死，无后，而天锺美于是，**杜预：“是，夏姬也。锺，聚也。”《传》“锺”与“鐘”有区别，简体通作“钟”。**将必以是大有败也。昔有仍氏生女，黰黑而甚美，**杜预：“有仍，古诸侯也。”杨伯峻：“黰（zhěn）即鬒，言其发稠密而乌黑也。”**光可以鉴，**杜预：“发肤光色，可以照人。”**名曰玄妻。**杜预：“以发黑故。”**乐正后夔取之，生伯封，实有豕心，贪惏无餍，**惏，音义同婪。**忿纇无期，**杜预：“纇（lèi），戾也。”《小雅·白驹》：“尔公尔侯，逸豫无期。”《南山有台》：“万寿无期。”无期，无穷尽，无了期也。忿纇无期者，犹言怙恶不悛。**谓之封豕。**封，大也。**有穷后羿灭之，夔是以不祀。且三代之亡，共子之废，皆是物也。**杜预：“夏以末喜，殷以妲己，周以褒姒，三代所由亡也。共子，晋申生，以骊姬废。”**女何以为哉？**杨伯峻：“言汝娶之何为。”**夫有尤物，**尤物，极美之物。**足以移人，**移人心志。**苟非德义，则必有祸。”**杨伯峻：“若非德义之人娶之，必有祸殃。”

叔向惧，不敢取。平公强使取之，生伯石。伯石始生，子容之母走谒诸姑，杜预：“子容母，叔向嫂，伯华妻也。”谒，告也。诸，之于合音字（于，古音乌）。姑，叔向之母，羊舌职嫡妻。**曰：“长叔姒生男。”**长叔，叔向也，叔向于四兄弟中排行第二，故曰长叔。姒，姒娣之省也，姒娣犹言妯娌。详参成十一年“吾不以妾为姒”。**姑视之，**叔向母往视之。**及堂，闻其声而还，曰：“是豺狼之声也。狼子野心，非是，莫丧羊舌氏矣。”遂弗视。**据上文，巫臣之女为叔向嫡妻，明矣。古礼，嫡妻所生长子，有与生俱来之嗣子合法性，故杨食我为叔向之適子。然昭三年叔向曰“肸又无子”，盖因食我不贤之故，故杜注“无子”为“无贤子”，可信。杨伯峻：“昭三年《传》叔向自谓无子，或此（彼）时伯石尚未生，杜注未必确。”非也。昭五年《传》“五卿八大夫辅韩须、杨石（即杨食我）……”则五年时，杨食我已成年。

秋，晋韩宣子卒，魏献子为政。杜预：“献子，魏舒。”分祁氏之田以为七县，分羊舌氏之田以为三县。司马弥牟为邬大夫，贾辛为祁大夫，司马乌为平陵大夫，魏戊为梗阳大夫，魏戊，魏献子之子。知徐吾为涂水大夫，杜预：“徐吾，知盈孙。”韩固为马首大夫，杜预：“固，韩起孙。”孟丙为孟大夫，乐霄为铜鞮大夫，赵朝为平阳大夫，杜预：“朝，赵胜曾孙。”僚安为杨氏大夫。谓贾辛、司马乌为有力于王室，杜预：“二十二年，辛、乌帅师纳敬王。”故举之。谓知徐吾、赵朝、韩固、魏戊，余子之不失职，能守业者也。余子，適子之母弟也。余子又见宣二年。其四人者，皆受县而后见于魏子，以贤举也。杜预：“四人，司马弥牟、孟丙、乐霄、僚安也。受县而后见，言采众而举，不以私也。”

魏子谓成鱄：杜预：“鱄，晋大夫。”“吾与戊也县，人其以我为党乎！”为族党之故而举之乎。对曰：“何也？戊之为人也，远不忘君，近不偪同，杜预：“不偪同位。”居利思义，杜预：“不苟得。”在约思纯，杜预：“无滥心。”约，穷困。有守心而无淫行。虽与之县，不亦可乎？昔武王克商，光有天下。”其兄弟之国者十有五人，姬姓之国者四十人，皆举亲也。夫举无他，唯善所在，亲疏一也。言在于善，不在亲疏。《诗》曰：‘唯此文王，帝度其心，莫其德音。其德克明，克明克类，克长克君。王此大国，克顺克比。比于文王，其德靡悔。既受帝祉，杨伯峻：“祉，福也。”施于孙子。’杨伯峻：“施，延及也。孙子犹子孙。”心能制义曰度，谓君能制政令，使皆合于道义曰度。德正应和曰莫，德正以应和万物曰莫。杜预：“莫然清静。”照临四方曰明，勤施无私曰类，教诲不倦曰长，杜预：“教诲，长人之道。”赏庆刑威曰君，杜预：“作威作福，君之职也。”慈和遍服曰顺，慈和以率循天道曰顺。择善而从之曰比，杜预："比方善事，使相从也。"经纬天地曰文。杜预："经纬相错，故织成文。"九德不愆，作事无悔，杜预："九德，上九曰也。皆无愆过，则动无悔吝。"故袭天禄，子孙赖之。杜预："袭，受也。"主之举也，近文德矣，所及其远哉！"

贾辛将适其县，见于魏子。魏子曰："辛来！昔叔向适郑，鬷蔑恶，杜预："恶，貌丑。"欲观叔向，从使之收器者而往，杜预："从，随也。随使人应敛俎豆者。"立于堂下，一言而善。叔向将饮酒，闻之，曰：'必鬷明也！'杨伯峻："鬷明即鬷蔑，又称然明。"下，执其手以上，曰：'昔贾大夫恶，杜预："贾国之大夫。恶亦丑也。"娶妻而美，三年，不言不笑。御以如皋，杜预："为妻御，之皋泽。"射雉，获之。其妻始笑而言。贾大夫曰："才之不可以已，已，止也，止而不用也。我不能射，女遂不言不笑夫！"今子少不扬，貌不甚扬。子若无言，吾几失子矣。言之不可以已也如是。'遂如故知。今女有力于王室，吾是以举女。行乎！敬之哉！毋堕乃力！"堕，陨也，废坠。

仲尼闻魏子之举也，以为义，曰："近不失亲，远不失举，近举不失亲，远疏不失举。上下互文为义。可谓义矣。"又闻其命贾辛也，以为忠，"《诗》曰：'永言配命，自求多福。'忠也。杜预："永，长也。"杨伯峻："配，合也。命，天命。"魏子之举也义，其命也忠，其长有后于晋国乎！"

冬，梗阳人有狱，魏戊不能断，以狱上。杜预："上魏子。"其大宗赂以女乐，杜预："讼者之大宗。"魏子将受之。魏戊谓阎没、女宽曰：女宽即叔宽。杨伯峻引《晋语》韦昭注："阎没，阎明。叔宽，女齐之子叔褒，皆晋臣也。""主以不贿闻于诸侯，若受梗阳人，贿莫甚焉。吾子必谏！"皆许诺。退朝，待于庭。杜预："魏子朝君退，而（二人）待于魏子之庭。"杨伯峻：

“盖魏舒执政，或单人朝君；或虽同朝而晚归，二人先退，待于魏子之庭。”**馈入，召之。**杜预：“召二大夫食。”**比置，**杨伯峻：“比，及也。置，置食器、食品。”**三叹。既食，使坐。魏子曰：“吾闻诸伯叔，谚曰：‘唯食忘忧。’吾子置食之间三叹，何也？”同辞而对曰：“或赐二小人酒，不夕食。**谓昨日有人赐我二人酒，故未得夕食，此时甚饿矣。春秋时之饮食作息与今大不同，日仅食二餐，即朝食与夕食（哺食）。朝食为一日之主食，在上午九点左右进食，夕食在下午五点左右。古人没有夜生活，夕食既毕，即将准备寝息（古时野兽甚多，野兽常有于夕时之后出山觅食者，至天将明时返归山林）；古人晨起甚早，先劳作，至食时（九点），食第一餐，君臣上朝亦然，天不亮即起，不进食即上朝，朝毕始食，大概就在食时。此文魏献子食二子者，即是朝食，故二子谓甚饿。**馈之始至，恐其不足，是以叹。中置，**杨伯峻：“中置，上菜之半也。”**自咎曰：‘岂将军食之，而有不足？’**杜预：“魏子中军帅，故谓之将军。”**是以再叹。及馈之毕，愿以小人之腹为君子之心，**为，作也，当也。谓以小人之腹（食量）来衡量君子之心（德）。二子之寓意谓，献子是君子，自然不会受贿于梗阳人，然在下位之小人“以小人之心度君子之腹”，其已认定献子将要受贿于梗阳人。此句今作“以小人之心度君子之腹”。**属厌而已。”**杨伯峻：“属，适也。厌，足也。”**献子辞梗阳人。**辞梗阳人之贿。

昭公二十九年

【经】

二十有九年春，公至自乾侯，居于郓，杜预：“以乾侯至，不得见晋侯故。”**齐侯使高张来唁公。**杜预：“唁公至晋不见受。高张，高偃子。”

公如晋，次于乾侯。杜预：“复不见受，往乾侯。”

夏四月庚子，五日。**叔诣卒。**

秋七月。

冬十月，郓溃。杜预：“民逃其上曰溃。溃散叛公。”

【传】

二十九年春，公至自乾侯，处于郓。公在晋乾侯不受待见，故复欲转求齐，遂归郓，将如齐。**齐侯使高张来唁公，称主君。**称昭公为主君。杜预：“比公于大夫。”**子家子曰：“齐卑君矣，君只辱焉。”**言公若如齐，只受侮辱而已。**公如乾侯。**本欲复请于齐，岂知求齐已不可能，郓又不济，不得已又如乾侯。此可见昭公之处境。

三月己卯，十三日。**京师杀召伯盈、尹氏固及原伯鲁之子。**杜预：“皆子朝党也。”**尹固之复也，**杜预：“二十六年尹固与子朝俱奔楚，而道还。”**有妇人遇之周郊，尤之，曰：“处，则劝人为祸；行，则数日而反，是夫也，其过三岁乎？”**《传》讥其智不如妇人。

夏五月庚寅，二十五日。**王子赵车入于鄻以叛，**杜预：“赵车，子朝之余党也。见王杀伯盈等，故叛。鄻（liǎn），周邑。”**阴**

不佞败之。

平子每岁贾马，贾，买也。具从者之衣屦，而归之于乾侯。公执归马者，卖之，杜预："卖其马。"杨伯峻："盖执其人而卖其马。"乃不归马。公自是断季孙之贡，二十五年《传》曰"公在乾侯，徵褰与襦"，即因此。卫侯来献其乘马曰启服，堑而死，坠于堑而死。堑，沟也。公将为之椟。杜预："为作棺也。"子家子曰："从者病矣，请以食之。"请以作棺之资食从者，而不作棺。乃以帏裹之。杜预："礼曰：'敝帷不弃，为埋马也。'"

公赐公衍羔裘，使献龙辅于齐侯，杜预："龙辅，玉名。"遂入羔裘。亦以羔裘献齐侯。齐侯喜，与之阳穀。杜预："阳穀，齐邑。"公衍、公为之生也，其母偕出。杜预："出，之产舍（产房）。"公衍先生，公为之母曰："相与偕出，请相与偕告。"同之产舍，生子亦请同告于公。三日，公为生，其母先以告，公为为兄。公私喜于阳穀，而思于鲁，思及在鲁国时之事。曰："务人为此祸也。杜预："务人，公为也。始与公若谋逐季氏。"且后生而为兄，其诬也久矣。"诬，欺也。乃黜之，而以公衍为大子。

秋，龙见于绛郊。见同现。绛，晋国都。魏献子问于蔡墨曰：杜预："蔡墨，晋大史。""吾闻之，虫莫知于龙，虫，泛指动物类，与今义不同。知同智。言动物之中无有智于龙者。以其不生得也。杨伯峻："因人不能活捕之。"谓之知，信乎？"对曰："人实不知，非龙实知。言非龙智，乃人不智耳。古者畜龙，故国有豢龙氏，有御龙氏。"畜，养也，驯养。杜预："豢（huàn）、御，养也。"献子曰："是二氏者，吾亦闻之，而不知其故，是何谓也？"故，事也。是，此也，谓二氏。对曰："昔有飂叔安，杜预："飂（liù），古国也。叔安，其君名。"有裔子曰董父，杜预："裔，远也。玄孙之后为裔。"实甚好龙，能求其耆欲以饮食之，耆同嗜。**龙多归之。乃扰畜龙，**杨伯峻：“扰，驯服之也。”扰畜，驯养也。**以服事帝舜。帝赐之姓曰董，氏曰豢龙。**杜预：“豢龙，官名，官有世功，则以官氏。”**封诸鬷川，鬷夷氏其后也。故帝舜氏世有畜龙。及有夏孔甲，扰于有帝，**杜预：“孔甲，少康之后九世君也。其德能顺于天。”杨伯峻：“扰可训顺，亦可训乱，从下文‘帝赐之’推之，杜说是。”襄四年“德用不扰”、《尚书·胤征》“俶扰天纪”，此二“扰”，乱也；《尚书·皋陶谟》“扰而毅”、《周官》“司徒掌邦教，敷五典，扰兆民”，此二者，顺也。**帝赐之乘龙，**乘龙，一乘之龙。**河、汉各二，**杜预：“合为四。”**各有雌雄。孔甲不能食，**杨伯峻：“食，饲养也。”**而未获豢龙氏。**且未得豢龙氏之服事。**有陶唐氏既衰，其后有刘累，**杜预：“陶唐，尧所治地。”**学扰龙于豢龙氏，以事孔甲，能饮食之。夏后嘉之，赐氏曰御龙，**杜预：“夏后，孔甲。”**以更豕韦之后。**杜预：“更，代也。以刘累代彭姓之豕韦，为豕韦氏，在襄二十四年。”**龙一雌死，潜醢以食夏后。**潜醢，于暗中醢制之。杜预：“明龙不知（智）。”**夏后飨之，**杨伯峻：“飨之，食之也。”**既而使求之。**杨伯峻：“夏后不知己所食为已死之龙，以其美味，不久又求此种食物，不知其不可再得。”**惧而迁于鲁县，**杜预：“不能致龙，故惧迁鲁县，自贬退也。”**范氏其后也。”献子曰：“今何故无之？”对曰：“夫物，物有其官，官修其方，**杜预：“方，法术。”**朝夕思之。一日失职，则死及之。**杜预：“失职有罪。”**失官不食。**杜预：“不食禄。”**官宿其业，**宿，居也，守也。杜预：“宿犹安也。”**其物乃至。**杜预：“设水官修则龙至。”**若泯弃之，物乃坻伏，**杜预：“泯，灭也。”杨伯峻据王引之谓：“坻音抵。坻伏，隐伏。”**郁湮不育。**郁，积，结也。杜预：“郁，滞也。湮，塞也。育，生也。”**故有五行之官，是谓五官，实列受氏姓，封为上公，**杜预：“爵上公。”**祀为贵神。社稷五祀，是尊是奉。**杜预：“五官之君长能修其业者，死皆配食于五行之神，为王者所尊奉。”**木正曰句芒，**杜预：“正，官长也。”**火正曰祝融，金正曰蓐收，水正曰玄冥，土正曰后土。龙，水物也，水官弃矣，**杜预：“弃，废也。”**故龙不生得。不然，《周易》有之：在《乾》☰之《姤》☴，曰：‘潜龙勿用。’**杜预：“《乾》初九爻辞。”《乾》之《姤》，《乾》初九爻变，故用初九爻辞。姤gòu。“龙”在《易》中喻阳气。潜龙，潜伏之龙。勿用，勿用事也。潜龙勿用者，谓事物此时所具备的能量在最低阶段，故不可用事。**其《同人》☰曰：‘见龙在田。’**《乾》九二变为六二，为《同人》卦，故用《乾》九二爻辞。现龙在田者，谓阳气（事物）经过一个时段的能量积累，已经可以驰骋于田野，然此时“龙”所具备的能量亦仅限于居处田野。**其《大有》☰曰：‘飞龙在天。’**《乾》九五爻辞。事物经过不间断地能量积累，已至九五之尊。**其《夬》☱曰：‘亢龙有悔。’**《乾》上九爻辞。事物之能量过度膨胀，将侵及他类，若不能自克制，将至悔吝。**其《坤》☷曰：‘见群龙无首，吉。’**《乾》群爻皆变，故用《乾》用九之辞。群龙，谓各种各样的龙，其实指“龙”在整个《乾》卦周期中所处的各个阶段，包括潜龙、见龙、跃渊之龙、飞龙、亢龙，故曰群龙。现群龙无首者，谓“龙”无论处在《乾》卦周期的哪一个阶段，都不可行超越己身能量范围之事。**《坤》之《剥》☶曰：‘龙战于野。’**《坤》上六变上九，为《剥》卦，故用《坤》上六爻辞。龙战于野，谓新势力取代腐朽势力，所发生的战争。**若不朝夕见，谁能物之？”**物，类也。之，群龙也。言谁能区分归类之。杜预：“今说《易》者皆以龙喻阳气，如史墨之言，则谓皆是真龙。”**献子曰：“社稷五祀，谁氏之五官也？”**杨伯峻：“谁氏即上古帝者曰氏，此问何帝之五官也。”**对曰：“少皞氏有四叔，**杨伯峻：“此四叔疑少皞氏之弟辈。”**曰重、曰该、曰修、曰熙，实能金、木及水。使重为句芒，该为蓐收，修及熙为玄冥，世不失职，遂济穷桑，此其三祀也。**济，功成也。杜预：“少皞，金天氏。”杨伯峻引《帝王世纪》

云："少皞邑于穷桑以登帝位，都曲阜，故或谓之穷桑帝。"**颛顼氏有子曰犁，为祝融；**杜预："犁为火正。"**共工氏有子曰句龙，为后土，此其二祀也。**凡金、木、水、火、土五正。**后土为社；稷，田正也。**社，土神也。稷，谷神也。**有烈山氏之子曰柱为稷，自夏以上祀之。**杜预："祀柱。"**周弃亦为稷，自商以来祀之。"**杜预："弃，周之始祖，能播百谷。汤既胜夏，废柱而以弃代之。"

冬，晋赵鞅、荀寅帅师城汝滨，杜预："赵鞅，赵武孙也。荀寅，中行荀吴之子。汝滨，晋所取陆浑地。"**遂赋晋国一鼓铁，**因城汝滨，向国都征军赋——一鼓铁。杨伯峻："鼓为衡名，亦为量词。"铁，即钢铁之铁。**以铸刑鼎，著范宣子所为刑书焉。**冶铸著有范宣子刑法之鼎。宣子，士匄。为，作也。

仲尼曰："晋其亡乎！失其度矣。夫晋国将守唐叔之所受法度，以经纬其民，卿大夫以序守之。杜预："序，位次也。"**民是以能尊其贵，贵是以能守其业。贵贱不愆，所谓度也。文公是以作执秩之官，为被庐之法，**杜预："僖二十七年文公蒐被庐，修唐叔之法。"**以为盟主。今弃是度也，而为刑鼎，民在鼎矣，**刑法铸于鼎，故鼎借指刑法、刑书。**何以尊贵？**言权让位于法，则民不畏上。杜预："弃礼徵书，故不尊贵。"**贵何业之守？贵贱无序，何以为国？**为，治也。**且夫宣子之刑，夷之蒐也，晋国之乱制也，**杜预："范宣子所用刑，乃夷蒐之法也。夷蒐在文六年，一蒐而三易中军帅，贾季、箕郑之徒遂作乱，故曰乱制。"**若之何以为法？**"**蔡史墨曰：**杜预："蔡史墨即蔡墨。"**"范氏、中行氏其亡乎！中行寅为下卿，而干上令，**干，奸，犯也。**擅作刑器，以为国法，是法奸也。又加范氏焉，易之，亡也。**杜预："范宣子刑书，中既废矣，今复兴之，是成其咎。"杨伯峻："易之，谓范氏改易被庐之法。"**其及赵氏，赵孟与焉。**及谓及祸。与谓参与刑鼎之事。杨伯峻："赵孟谓赵鞅。"**然不得已，若德，可以免。"**杜预："铸刑鼎本非赵鞅意，不得已而从之。若能修德可以免祸。”

昭公三十年

【经】

三十年春王正月，公在乾侯。杜预：“释不朝正于庙。”

夏六月庚辰，二十二日。**晋侯去疾卒。**

秋八月，葬晋顷公。

冬十有二月，吴灭徐，徐子章羽奔楚。

【传】

三十年春王正月，公在乾侯。不先书郓与乾侯，非公，与，及也。不先书郓事而次及乾侯。公不能郓民，以致郓溃，郓虽溃，公未必不能归行朝正之礼，以致《经》直书“公在乾侯”，故曰非公。**且徵过也。**徵，章（彰）也。杜预：“徵，明也。”彰明过误之所在也。昭公虽信不德，然春秋之礼，诸侯自有纳昭公之义务，昭公淹恤在外不能纳，是诸侯之失礼也。国人壅害昭公；昭公之从者赖昭公之庇荫，阻其复国；郓人溃叛，是又失人臣之道，故书以彰明内外皆有过。

夏六月，晋顷公卒。秋八月，葬。郑游吉吊，且送葬。魏献子使士景伯诘之，曰：“悼公之丧，子西吊，子蟜送葬。在襄十五年。**今吾子无贰，何故？”**杜预：“吊、葬共使。”**对曰：“诸侯所以归晋君，礼也。**言诸侯所以归服晋君者，乃归晋之有礼也。**礼也者，小事大，大字小之谓。**字，畜也。**事大在共其时命，**据杨伯峻，“时命”有不时之命，即襄二十八年之“时命”；又有按时之命，即此文者。**字小在恤其所无。以敝邑居大国之间，共其职贡，**

与其备御不虞之患，与，从也。杨伯峻：“与读为参与之与。”岂忘共命？先王之制：诸侯之丧，士吊，大夫送葬；唯嘉好、聘享、三军之事，于是乎使卿。杨伯峻：“嘉好谓朝会。”晋之丧事，敝邑之间，先君有所助执绋矣。间，间暇。杜预：“绋，輓索也。礼，送葬必执绋。”若其不间，虽士大夫有所不获数矣。杜预：“不得如先王礼数。”大国之惠，亦庆其加，杜预：“庆，善也。”而不讨其乏。明底其情，取备而已，杜预：“底，致也。”情，实也。言明致其情实，以取为礼之备而已。以为礼也。灵王之丧，在襄二十九年。我先君简公在楚，我先大夫印段实往——敝邑之少卿也。沈钦韩：“少卿，下卿也。”王吏不讨，恤所无也。今大夫曰：‘女盍从旧？’杜预：“盍，何不也。”旧有丰有省，不知所从。从其丰，则寡君幼弱，是以不共。共同恭。从其省，则吉在此矣。唯大夫图之。”晋人不能诘。

吴子使徐人执掩馀，使钟吾人执烛庸，杜预：“二十七年奔故。”二公子奔楚。楚子大封，而定其徙。杜预：“大封，与土田。定其所徙之居。”使监马尹大心逆吴公子，使居养。杜预：“二子奔楚，楚使逆之于竟也。养即所封之邑。”莠尹然、左司马沈尹戌城之，杜预：“城养。”取于城父与胡田以与之。杜预：“胡田，故胡子之地。”将以害吴也。子西谏曰：“吴光新得国，而亲其民，视民如子，辛苦同之，将用之也。若好吴边疆，使柔服焉，犹惧其至。惧吴师至。吾又强其雠，以重怒之，重 zhòng。杜预：“雠谓二公子。”无乃不可乎！吴，周之胄裔也，胄裔，后代。而弃在海滨，不与姬通。姬，中原姬姓国。今而始大，比于诸华。诸华，中原诸国。杨伯峻：“自比于文化发达之国。”光又甚文，将自同于先王。欲复先王烈。杜预：“先王谓大王、王季。”不知天将以为虐乎，使翦丧吴国而封大异姓乎？谓纵其凶恶而降之罚。封大，同义字连用。其抑亦将卒以祚吴乎？其终不远矣。抑，或也。杨伯峻："其结果不久可以知。"我盍姑亿吾鬼神，杜预："亿，安也。"而宁吾族姓，以待其归。待其归于德，抑或归于恶，再作区处。将焉用自播扬焉？"杜预："播扬犹劳动也。"王弗听。吴子怒。冬十二月，吴子执钟吾子，遂伐徐，防山以水之。杜预："防壅山水以灌徐。"己卯，二十三日。灭徐。徐子章禹断其发，杨伯峻："示从吴俗为吴民也。"携其夫人，携，携带。以逆吴子。吴子唁而送之，使其迩臣从之，仍使徐子之近臣侍从之。遂奔楚。楚沈尹戌帅师救徐，弗及。遂城夷，使徐子处之。杜预："夷，城父也。"

吴子问于伍员曰："初而言伐楚，而同尔。余知其可也，而恐其使余往也，又恶人之有余之功也。其、人，皆指吴王僚。今余将自有之矣，伐楚何如？"对曰："楚执政众而乖，莫适任患。适，犹当也，堪也，能也。若为三师以肄焉，杜预："肄，犹劳也。"杨伯峻读"肄"为"肆"，非也。一师至，彼必皆出。彼出则归，彼归则出，楚必道敝。杜预："罢敝于道。"亟肄以罢之，杜预："亟，数也。"多方以误之。以多种方法疑误之。既罢而后以三军继之，必大克之。"阖庐从之，楚于是乎始病。杜预："为定四年吴入楚传。"

昭公三十一年

【经】

三十有一年春王正月，公在乾侯。

季孙意如会晋荀跞于適历。杜预：“適历，晋地。”

夏四月丁巳，三日。薛伯縠卒。

晋侯使荀跞唁公于乾侯。

秋，葬薛献公。

冬，黑肱以滥来奔。杜预：“黑肱，邾大夫。不书邾，史阙文。”

十有二月辛亥朔，日有食之。

【传】

三十一年春，王正月，公在乾侯，言不能外内也。能，得也。杜预：“公内不容于臣子，外不容于齐、晋，所以久在乾侯。”

晋侯将以师纳公。范献子曰：“若召季孙而不来，则信不臣矣。然后伐之，若何？”晋人召季孙，献子使私焉，使人暗中通告季孙。曰：“子必来，我受其无咎。”受，犹保也，守也。襄九年“騑也受其咎”，“受”为“承受”之义，于此文不可通。竹添光鸿：“受其无咎犹保其无咎也。《尚书·召诰》曰‘保受王威命明德’，《仪礼·士冠礼》字辞曰‘永受保之’，是受与保义相近。”可信。襄二十四年“若夫保姓受氏，以守宗祊”，是亦可为之证。季孙意如会晋荀跞于適历。荀跞曰：“寡君使跞谓吾子：‘何故出君？有君不事，周有常刑，子其图之！’”季孙练冠、麻衣、跣行，杜预：

"示忧戚。"跣，赤脚。**伏而对曰："事君，臣之所不得也，敢逃刑命？君若以臣为有罪，请囚于费，以待君之察也，亦唯君。若以先臣之故，不绝季氏，而赐之死。**疑此文有错简。姚鼐以为"死且不朽"四字当移于此，陶鸿庆以为"亦唯君"三字当移于此。**若弗杀弗亡，君之惠也，死且不朽。若得从君而归，则固臣之愿也。敢有异心？"**杜预："君皆谓鲁侯也。"

夏四月，季孙从知伯如乾侯。杨伯峻："知伯即荀跞，盖偕往迎鲁侯归鲁。"**子家子曰："君与之归。一惭之不忍，而终身惭乎？"公曰："诺。"众曰："在一言矣，君必逐之。"**众，公从者。杜预："言晋既忧君，君一言使晋，晋必逐之。"**荀跞以晋侯之命唁公，且曰："寡君使跞以君命讨于意如，意如不敢逃死，君其入也！"公曰："君惠顾先君之好，施及亡人，将使归粪除宗祧以事君，则不能见夫人。己所能见夫人者，有如河！"**夫人，那人，那个人。杨伯峻："夫人指季孙，发誓不见之。"**荀跞掩耳而走，**杜预："怪公所言，示不忍听。"**曰："寡君其罪之恐，敢与知鲁国之难？**杜预："言恐获不纳君之罪，今纳而不入，何敢复知耶。"**臣请复于寡君。"退而谓季孙："君怒未怠，**怠，懈，弛也。**子姑归祭。"**杜预："归摄君事。"**子家子曰："君以一乘入于鲁师，**杨伯峻："单车而入季孙之军，以摆脱众人。"**季孙必与君归。"公欲从之，众从者胁公，不得归。**

薛伯縠卒，同盟，故书。杜预："谓书名也。"

秋，吴人侵楚，伐夷，侵潜、六。杜预："皆楚邑。"**楚沈尹戌帅师救潜，吴师还。楚师迁潜于南冈而还。吴师围弦。左司马戌、右司马稽帅师救弦，及豫章，吴师还。始用子胥之谋也。**子胥，伍员。

冬，邾黑肱以滥来奔。贱而书名，重地故也。杜预："黑肱非命卿，故曰贱。”**君子曰：“名之不可不慎也如是。夫有所有名而不如其已。**杜预读“有所”“有名”为平列关系。杨伯峻用王引之，以“有所有名”为一读，皆不从。夫，发语词。“有”字一读，“所有名”三字一读。所有名即所得之名，即《经》所书之名，亦即窃邑叛君之名。已，止也。句谓虽有此见书之名，不如其无。**以地叛，虽贱，必书地，以名其人，终为不义，弗可灭已。是故君子动则思礼，行则思义；不为利回，**上句言“思礼”，“思义”，故此句当加“礼”字，读作“不为利回礼”。回，违也。**不为义疚。**据上下文皆言“求名”、“求利”二事，且上句亦有“利”字，故在此句加“名”字，读为“不为名疚义”。若此句不加“名”字，亦当读为“不为疚义”，不为疚义之事也。疚，病害也。**或求名而不得，或欲盖而名章，**章同彰。**惩不义也。齐豹为卫司寇，守嗣大夫，**杨伯峻：“谓世袭而为卿大夫者。”杜预：“守先人嗣，言其尊。”**作而不义，其书为‘盗’。**杨伯峻：“二十年，卫齐豹杀卫侯之兄，《经》书‘盗杀卫侯之兄絷’，此求名而不得者。”**郲庶其、莒牟夷、郲黑肱以土地出，**庶其事在襄二十一年，牟夷事在昭五年。**求食而已，不求其名，贱而必书。**杜预：“春秋叛者多，唯取三人来适鲁者。三人皆小国大夫，故曰贱。”**此二物者，所以惩肆而去贪也。**杜预：“物，事也。肆，放也。齐豹书盗，惩肆也。三叛人名，去贪也。”**若艰难其身，以险危大人，**谓冒险犯难以危害大人。杜预：“大人，在位者。”**而有名章彻，**杜预：“谓得勇名。”杨伯峻：“章彻同义，明也。”**攻难之士将奔走之。**攻即攻玉、攻书、“术业有专攻”之攻字，致力于，专工于某事也。攻难犹言专行险难。杜预：“奔走，犹赴趣也。”**若窃邑叛君，以徼大利而无名，**无名，谓不书名以罪之。**贪冒之民将寘力焉。**寘力，置力也。若有罪恶而不被书名，贪冒之民将置力于窃邑叛君等不义之事，无所顾忌。**是以《春秋》书齐豹曰‘盗’，三叛人名，以惩不义，数恶无礼，其善志也。**杜预：“无礼恶逆，皆数而不忘，记事之善者也。”杨伯峻：“善志谓善于记述。”**故曰：《春秋》之称微而显，**杜预：“文微而义著。”**婉而辨。**杜预：“辞婉而旨别。”**上之人能使昭明，善人劝焉，淫人惧焉，**杜预、杨伯峻解此皆不得义。此句当读为“能使上之人昭明，能使善人劝焉，能使淫人惧焉”。**是以君子贵之。”**

十二月辛亥朔，日有食之。是夜也，赵简子梦童子赢而转以歌。杨伯峻：“赢，今作裸，赤身露体。沈钦韩《补注》云：‘转者，舞之节以应歌也。’”杜预：“转，婉转也。”**旦占诸史墨，曰：“吾梦如是，今而日食，何也？”**杜预：“简子梦适与日食会，谓咎在己，故问之。”**对曰：“六年及此月也，吴其入郢乎！终亦弗克。**郢，楚国都。杜预：“史墨知梦非日食之应，故释日食之咎，而不释其梦。”**入郢必以庚辰，日月在辰尾。**杜预：“辰尾，龙尾也。周十二月今之十月，日月合朔于辰尾而食。”**庚午之日，日始有谪。火胜金，故弗克。”**杜预：“谪，变气也。庚午，十月十九日，去辛亥朔四十一日，虽食在辛亥，更以始变为占也。午，南方，楚之位也。午火，庚金也。日以庚午有变，故灾在楚。楚之仇敌唯吴，故知入郢必吴。火胜金者，金为火妃，食在辛亥，亥，水也，水数六，故六年也。”

昭公三十二年

【经】

三十有二年春王正月，公在乾侯。

取阚。阚 kàn，疑阚为鲁群公墓地所在。杜预：“公别居乾侯，遣人诱阚而取之，不用师徒。”

夏，吴伐越。

秋七月。

冬，仲孙何忌会晋韩不信、齐高张、宋仲几、卫世叔申、郑国参、曹人、莒人、薛人、杞人、小邾人城成周。杜预："世叔申，世叔仪孙也。国参，子产之子。"

十有二月己未，十四日。**公薨于乾侯。**

【传】

三十二年春王正月，公在乾侯。言不能外内，能，得也，与下"能"字不同。**又不能用其人也。**杜预："其人谓子家羁。言公不能用人，故于今犹在乾侯。"

夏，吴伐越，始用师于越也。杜预："自此之前，虽疆事小争，未尝用大兵。"**史墨曰："不及四十年，越其有吴乎！**杜预："存亡之数，不过三纪。岁星三周三十六岁，故曰不及四十年。哀二十二年，越灭吴，至此三十八岁。"**越得岁而吴伐之，必受其凶。"**岁，岁星，即木星。

秋八月，王使富辛与石张如晋，请城成周。杜预："子朝之乱，其余党多在王城，敬王畏之，徙都成周。成周狭小，故请城之。"**天子曰："天降祸于周，俾我兄弟并有乱心，**俾，使也。杨伯峻："我兄弟当指王子朝之（'之'应作"及其"）党，如二十二年《传》所云'灵、景之族'。"**以为伯父忧。**杜预："伯父谓晋侯。"**我一二亲昵甥舅，不遑启处，于今十年。**杜预："谓二十三年，二师围郊至于今。"**勤戍五年。**杜预："谓二十八年，晋籍秦致诸侯之戍至于今。"**余一人无日忘之，**杜预："念诸侯劳。"**闵闵焉如农夫之望岁，惧以待时。**杨伯峻："闵闵，忧愁貌。岁谓丰收。时谓收割之时。"**伯父若肆大惠，复二文之业，驰周室之忧，**杜预："肆，展放也。二文，谓文侯仇、文公重耳。弛犹解也。"**徼文、武之福，**杨伯峻："谓晋求文王、武王之福佑。"**以固盟主，宣昭**

令名，则余一人有大愿矣。大愿，城成周之愿。昔成王合诸侯城成周，以为东都，崇文德焉。杜预读此“文”为文王，杨伯峻读此“文”为文德武功之文。今我欲徼福假灵于成王，修成周之城，杨伯峻：“徼福与假灵义相近，谓求其福。”俾戍人无勤，诸侯用宁，蝥贼远屏，蝥贼指作乱王室者。屏，蔽也，隔离也。晋之力也。其委诸伯父，委，任，交付，交托。使伯父实重图之。俾我一人无徼怨于百姓，杜预：“徼，召也。”而伯父有荣施，先王庸之。”杨伯峻：“庸，酬功也。”则是读“庸”为“车服以庸”之庸。

范献子谓魏献子曰：“与其戍周，不如城之。天子实云，杜预：“云欲罢戍而城。”虽有后事，晋勿与知可也。从王命以纾诸侯，晋国无忧。是之不务，而又焉从事？”不能奉从君（王）事，是不为臣也。魏献子曰：“善！”使伯音对曰：杜预：“伯音，韩不信。”杨伯峻：“不信为韩起孙，谥简子。”“天子有命，敢不奉承以奔告于诸侯。迟速衰序，杜预：“衰，差也。”杨伯峻：“差序谓工作量及分配各国之等级。”于是焉在。”杨伯峻：“在于此也。”杜预：“在周所命。”

冬十一月，晋魏舒、韩不信如京师，合诸侯之大夫于狄泉，寻盟，杜预：“寻平丘盟。”且令城成周。魏子南面。杜预：“居君位。”卫彪傒曰：杜预：“彪傒，卫大夫。”“魏子必有大咎。干位以令大事，非其任也。卿而居君位，非其所堪任。《诗》曰：‘敬天之怒，不敢戏豫。杨伯峻：“戏豫今言游戏，犹轻嫚也。”敬天之渝，不敢驰驱。’杨伯峻：“渝，变也。变谓改变常态，亦怒意。”况敢干位以作大事乎？”

己丑，十四日。士弥牟营成周，杨伯峻：“此谓定设计方案。”计丈数，杜预：“计所当城之丈数。”揣高卑，杜预：“度高曰揣。”度厚薄，仞沟洫，杜预：“度深曰仞。”物土方，议远迩，杜预：

“物，相也。相取土之方面、远近之宜。”**量事期，**杜预：“知事几时毕。”**计徒庸，**杜预：“知用几人功。”**虑材用，**杜预：“知费几材用。”**书餱粮，**杜预：“知用几粮食。”**以令役于诸侯。属役赋丈，**属役于诸侯，以其小大，赋之相当丈数。**书以授帅，**杜预：“帅，诸侯之大夫。”**而效诸刘子。**杜预：“效，致也。”**韩简子临之，**杨伯峻：“监督此工程。”**以为成命。**杨伯峻：“成命，今曰既定方案。”

十二月，公疾，遍赐大夫，杜预：“从公者。”**大夫不受。赐子家子双琥、**杜预：“琥，玉器。”**一环、一璧、轻服，**杜预：“细好之服。”**受之。大夫皆受其赐。己未，公薨。子家子反赐于府人，**杨伯峻：“府人盖掌管鲁侯货藏之官。”**曰：“吾不敢逆君命也。”大夫皆反其赐。书曰：“公薨于乾侯。”言失其所也。**杜预：“不薨路寝为失所。”

赵简子问于史墨曰：“季氏出其君，而民服焉，诸侯与之，君死于外，而莫之或罪也！”对曰：“物生有两、有三、有五、有陪贰。谓组成机体的元素的数量各不相同，比如一辆战车，必须有四匹马，组成动力机体；有车御、车左、车右三人，组成作战机体。**故天有三辰，**日、月、星。**地有五行，体有左右，**杜预：“谓有两。”**各有妃耦。**杜预：“谓陪贰。”是也。君臣、夫妇皆出于阴阳，臣为君之陪贰，则妇亦夫之陪贰。**王有公，诸侯有卿，皆有贰也。天生季氏，以贰鲁侯，**为鲁侯之副贰。**为日久矣。民之服焉，不亦宜乎？鲁君世从其失，季氏世修其勤，民忘君矣。虽死于外，其谁矜之？**杨伯峻：“矜，怜惜也。”**社稷无常奉，**杜预：“奉之无常人，言唯德也。”**君臣无常位，自古以然。故《诗》曰：‘高岸为谷，深谷为陵。’三后之姓，于今为庶，**杜预：“三后，虞、夏、商。”庶，庶民。**主所知也。在《易》卦，雷乘《乾》曰《大壮》☳，**杜预：“《乾》下《震》上，《大壮》。《震》在《乾》上，故曰雷乘《乾》。”

天之道也。杜预：“《乾》为天子，《震》为诸侯，而在《乾》上。君臣易位，犹大臣强壮，若天上有雷。”**昔成季友，桓之季也，**杨伯峻：“季友为桓公季子。”**文姜之爱子也，始震而卜。**震通娠，怀孕也。**卜人谒之，**谒，告也。**曰：‘生有嘉闻，**杜预：“嘉名闻于世。”**其名曰友，为公室辅。’及生，如卜人之言，有文在其手曰‘友’，遂以名之。既而有大功于鲁，**杜预：“立僖公。”**受费以为上卿。至于文子、武子，**杜预：“文子，行父；武子，宿。”**世增其业，不废旧绩。**绩，功勋也。**鲁文公薨，而东门遂杀适立庶，鲁君于是乎失国，**失国，失国政。**政在季氏，于此君也，四公矣。民不知君，何以得国？是以为君，慎器与名，不可以假人。”**器，此指政权。古人认为政权是国之大器。杜预：“名，爵号。”

定公

定公名宋，襄公之子，昭公之弟。

定公元年

【经】

元年春王三月，晋人执宋仲几于京师。

夏六月癸亥，二十一日。**公之丧至自乾侯。**杜预：“告于庙，故书至。”

戊辰，二十六日。**公即位。**杜预：“定公不得以正月即位，失其时，故详而日之，记事之宜，无义例。”

秋七月癸巳，二十二日。**葬我君昭公。**

九月，大雩。

立炀宫。作炀公庙。炀公，伯禽之子。

冬十月，陨霜杀菽。杜预：“周十月，今八月，陨霜杀菽，非常之灾。”

【传】

元年春，王正月辛巳，七日。**晋魏舒合诸侯之大夫于狄泉，将以城成周。**去年冬已完成城成周之前期规划筹备等工作，施工则在今年。**魏子莅政。**杜预："代天子大夫为政。"政，城成周之政事。**卫彪傒曰："将建天子，**杜预："立天子之居。"**而易位以令，非义也。**此本宜天子之大夫莅政，今魏子以诸侯大夫之身份莅之，故曰易位。**大事奸义，必有大咎。**咎，祸殃也。**晋不失诸侯，魏子其不免乎！"**谓两者必有其一。不免，不免于祸。**是行也，魏献子属役于韩简子及原寿过，**杜预："简子，韩起孙不信也。原寿过，周大夫。"**而田于大陆，焚焉，**《周语》："魏献子合诸侯之大夫于狄泉，遂田于大陆，焚而死。"杜预："火田，并见烧也。"可信。杨伯峻："焚谓烧薮泽之草木便于田猎，非死于火。其死在猎毕返还途中。"未必信。若以杨注，则魏子属自死（即正常死亡），如此，则不能应验去年《传》"魏子必有大咎"，及今年《传》"（魏子）必有大咎"、"魏子其不免乎"诸语，且魏子若非被火而死，则"焚焉"二字自不必言及。**还，卒于甯。范献子去其柏椁，以其未复命而田也。**杜预："范献子代魏子为政，去其柏椁，示贬之。"

孟懿子会城成周，庚寅，十六日。**栽。**栽，立板杆也。栽者，谓开工也，立板杆为筑城（土功）之第一道工序。**宋仲几不受功，**功，事功也，即宣十一年"量功命日"之功。通过工程总量，可以核算出完成全部工程须用功之多少，再按诸侯之小大，分派于相当的功量，是为授功，受之者即是受功。**曰："滕、薛、郳，吾役也。"**杜预："欲使三国代宋受功役也。"**薛宰曰："宋为无道，绝我小国于周，以我适楚，**事物能左右之曰以。**故我常从宋。**言己为宋之属国，常被宋胁迫以服事楚。**晋文公为践土之盟，**在僖二十八年。**曰：'凡我同盟，各复旧职。'若从践土，若从宋，亦唯命。"**杨伯峻："若，或也。或从践土盟约，复旧职，直属周天子；或从宋，为其属役，唯晋之命。”**仲几曰：“践土固然。”**固然，固如此也。谓从践土之盟，薛亦当为宋役。薛宰所言“复旧职”，盖指西周时期，自入春秋后，薛盖为宋属国，故仲几曰“践土固然”，则唯举践土之前。薛宰怒其所举近，故报以远事以压之，见下文。**薛宰曰：“薛之皇祖奚仲居薛，以为夏车正。奚仲迁于邳，仲虺居薛，以为汤左相。**邳pēi。杜预：“仲虺（huǐ），奚仲之后。”**若复旧职，将承王官，何故以役诸侯？”**“承”即摄官承乏之承。杜预：“承，奉也。”**仲几曰：“三代各异物，**杨伯峻：“物犹事也。时不同，事各异。”**薛焉得有旧？**杜预：“言居周世，不得以夏、殷为旧。”**为宋役，亦其职也。”**则西周亦不可举。**士弥牟曰：“晋之从政者新，**杨伯峻：“韩不信主持筑成周城之事，此指韩不信新为卿。”可信。杜预：“言范献子新为政，未习故事。”非也，范献子时在晋，不在成周，不参与城成周之事。**子姑受功。归，吾视诸故府。”**杨伯峻：“归而查档案以决之。”**仲几曰：“纵子忘之，山川鬼神其忘诸乎？”**杜预：“山川鬼神，盟所告。”**士伯怒，谓韩简子曰：“薛徵于人，**举先祖以为证。杜预：“典籍故事，人所知也。”**宋徵于鬼，**杜预：“取证于鬼神。”**宋罪大矣。且己无辞而抑我以神，诬我也。**无辞，无理，理曲也。抑，压也。诬，欺也。**启宠纳侮，其此之谓矣。**启宠纳侮，犹言以尊宠接之，而反得彼之侵侮。杨伯峻：“意谓己先宠宋，宋反压己，是开宠端而终受侮也。”**必以仲几为戮。”**戮，刑也。**乃执仲几以归。三月，归诸京师。**先归之晋，后归之京师。

城三旬而毕，乃归诸侯之戍。齐高张后，不从诸侯。杜预：“后期，不及诸侯之役。”**晋女叔宽曰：“周苌弘、齐高张皆将不免。苌叔违天，高子违人。**杜预：“天既厌周德，苌弘欲迁都以延其胙，故曰违天；诸侯相帅以崇天子，而高子后期，故曰违人。”**天之所坏，不可支也；众之所为，不可奸也。”**

夏，叔孙成子逆公之丧于乾侯。成子，叔孙婼之子叔孙不敢也。**季孙曰："子家子亟言于我，未尝不中吾志也。吾欲与之从政，子必止之，**止之，挽留之不使去，必使之归鲁。**且听命焉。"**杜预："众事皆谘问子家子。"**子家子不见叔孙，易几而哭。**几同机，哭时也。杨伯峻："初丧，朝夕哭同在中庭北面。子家子不欲见叔孙，故改易己之哭时，或较早或较晚。"**叔孙请见子家子，子家子辞，曰："羁未得见，而从君以出。**杜预："出时成子未为卿。"成子时虽践卿位，然非昭公允命，子家盖不视之为卿也。**君不命而薨，羁不敢见。"**盖谓昭公未嘱托立君之命，故己不得奉君命与国人相见。**叔孙使告之曰："公衍、公为实使群臣不得事君，若公子宋主社稷，则群臣之愿也。**杜预："宋，昭公弟定公。"恶立昭公子公衍及公为，欲改立公子宋为君，故诬二子而罪之，似己则无出君之罪。**凡从君出而可以入者，将唯子是听。**谁可以入，由子家决定。**子家氏未有后，季孙愿与子从政。**欲使子家归而为卿。**此皆季孙之愿也，使不敢以告。"对曰："若立君，则有卿士、大夫与守龟在，羁弗敢知。**责季孙欲弃常而改立。立君之事，国有常法旧制，非一二子得擅专之。**若从君者，则貌而出者，入可也；**杨伯峻："貌而出，谓表面从君以出，心未必忠于君。"**寇而出者，行可也；**杜预："与季氏为寇雠者，自可去。"**若羁也，则君知其出也，而未知其入也，羁将逃也。"**言己奉义从公，亦必以终。

丧及坏隤，公子宋先入，从公者皆自坏隤反。杜预："出奔。"杨伯峻："无一从者入国矣。"

六月癸亥，公之丧至自乾侯。戊辰，公即位。季孙使役如阚公氏，杨伯峻："阚，鲁之群公墓地名，以其为公墓所在，故曰阚公氏。"**将沟焉。**杜预："季孙恶昭公，欲沟绝其兆域，不使与先君同。"**荣驾鹅曰："生不能事，死又离之，以自旌也。**杜预："驾鹅，鲁大夫荣成伯也。旌，章也。"不使昭公入兆域，是罪之也，既归罪昭公，则己无罪，即是自表彰也。**纵子忍之，**杨伯峻：“谓狠心为之。”**后必或耻之。”**后，后人。**乃止。季孙问于荣驾鹅曰：“吾欲为君谥，使子孙知之。”**为昭公谋恶谥，使子孙知昭公无道。**对曰：“生弗能事，死又恶之，以自信也。**为昭公恶谥，实是洗白己之罪过，故曰“以自取信”。为君立谥，非一二人可擅专之，故必谋于卿大夫，示所立之谥为国人意志，而季孙欲专制其事，为公立恶谥。**将焉用之？”乃止。**

秋七月癸巳，葬昭公于墓道南。杨伯峻：“诸墓在北，季孙葬昭公于道南，则虽不沟而实与鲁诸先公墓相隔较远。”**孔子之为司寇也，沟而合诸墓。**此乃探后言之。杜预：“明臣无贬君之义。”杨伯峻：“沟者，于昭公之墓外为沟，扩大墓域，表示昭公墓与鲁群公之墓同一兆域。”

昭公出故，季平子祷于炀公。杨伯峻：“据《鲁世家》，伯禽卒，子考公酉立；考公四年卒，立弟熙，是谓炀公。然则炀公乃以弟继兄位者。季氏亦欲废公衍而立昭公之弟，效炀公嗣位故事，故祷之。”**九月，立炀宫。**炀宫即炀公庙。

周巩简公弃其子弟，而好用远人。杜预：“简公，周卿士。远人，异族也。”

定 公 二 年

【经】

二年春王正月。

夏五月壬辰，二十五日。**雉门及两观灾。**杜预：“雉门，公宫之南门。”杨伯峻：“两观在雉门之两旁，积土为台，台上为重屋曰楼，可以观望，故曰观。”

秋，楚人伐吴。

冬十月，新作雉门及两观。

【传】

二年夏四月辛酉，二十四日。**巩氏之群子弟贼简公。**此接去年《传》。贼，杀也。

桐叛楚。桐，楚属国。**吴子使舒鸠氏诱楚人，**舒鸠，故国，楚于襄二十五年灭之。**曰：“以师临我，**杜预：“教舒鸠诱楚，使以师临吴。”**我伐桐，为我使之无忌。”**杜预：“吴伐桐也，伪若畏楚师之临己，而为其伐叛国以取媚者也，欲使楚不忌吴，所谓‘多方以误之’。”

秋，楚囊瓦伐吴，师于豫章。杜预：“从舒鸠言。”**吴人见舟于豫章，**杜预：“伪将为楚伐桐。”**而潜师于巢。**杜预：“实欲以击楚。”**冬十月，吴军楚师于豫章，**杨伯峻：“军，动词，击也。”**败之。**杜预：“楚不忌故。”**遂围巢，克之，获楚公子繁。**杜预：“繁，守巢大夫。”

郲庄公与夷射姑饮酒，私出。杜预：“射姑，郲大夫。”杨伯峻：“私，小便。”**阍乞肉焉。夺之杖以敲之。**阍，守门者。杜预：“夺阍杖以敲阍头也。”

定公三年

【经】

三年春王正月，公如晋，至河乃复。

二月辛卯，二十九日。邾子穿卒。

夏四月。

秋，葬邾庄公。

冬，仲孙何忌及邾子盟于拔。

【传】

三年春二月辛卯，邾子在门台，门台，门上之台。临廷。阍以缾水沃廷。以瓶盛水洒㴽或泼于朝廷。邾子望见之，怒。怒其沃廷。阍曰："夷射姑旋焉。"杜预："旋，小便。"谓夷射姑小便于此，故沃之也。命执之，命执夷射姑。据杨伯峻，纵使去年夷射姑小便于廷，于此时事隔较久，则早无有矣。庄公穿因卞急而好洁，故信谗言。弗得，滋怒。自投于床，因怒而忿扑于床。废于炉炭，烂，遂卒。杜预："废，隋（堕）也。"烂者，杨伯峻谓被烧灼也。先葬以车五乘，殉五人。杜预："欲藏中之洁，故先内车及殉，别为便房，盖其遗命。"庄公卞急而好洁，故及是。杜预："卞，躁疾也。"

秋九月，鲜虞人败晋师于平中，杜预："平中，晋地。"获晋观虎，恃其勇也。

冬，盟于郯，杜预："郯即拔也。"修邾好也。杜预："公即位，故修好。"

蔡昭侯为两佩与两裘，以如楚，杜预："佩，佩玉也。"献一佩一裘于昭王。昭王服之，以享蔡侯。蔡侯亦服其一。子常欲之，子常，令尹囊瓦。弗与，三年止之。扣留之不使归。唐成公如楚，有两肃爽马，子常欲之，杜预："成公，唐惠侯之后。"肃爽，马品种名。弗与，亦三年止之。唐人或相与谋，唐人，唐大夫之守国者。请代先从者，许之。谓请于楚，楚许之。或以为请于唐侯，误。若是请于唐侯，则固不必醉其从者而窃马以献，既代先从者，径以马献即可。饮先从者酒，醉之，窃马而献之子常。子常归唐侯。自拘于司败，杜预："窃马者自拘。"司败即司寇。曰："君以弄马之故，杨伯峻："弄，玩也。"善。隐君身，隐，淹也，讳言"淹"，故曰"隐"。弃国家，群臣请相夫人以偿马，必如之。"杜预："相，助也。夫人谓养马者。"疑"夫人"指守唐成公肃爽马者，即先从者，因饮酒失马。杨伯峻："言必得好马如旧马以偿唐侯。"唐侯曰："寡人之过也，二三子无辱！"无辱，不使其自拘。皆赏之。蔡人闻之，固请，而献佩于子常。子常朝，见蔡侯之徒，见，召见也。徒，从者。命有司曰："蔡君之久也，官不共也。官，指楚有司之待宾客者。共，可读恭，亦可读供，前者善。杜预："言楚所以礼遣蔡侯之物不共（供）备故。"明日，礼不毕，用遣送蔡侯之礼物仍不完备。将死。"自谓将处死己之相关有司。此固外交饰辞。蔡侯归，及汉，执玉而沈，曰："余所有济汉而南者，有若大川。"沈同沉。杨伯峻："誓不再朝楚。"蔡侯如晋，以其子元与其大夫之子为质焉，而请伐楚。

定公四年

【经】

四年春王二月癸巳，杜预：“癸巳，正月七日，书二月，从赴。”陈侯吴卒。

三月，公会刘子、晋侯、宋公、蔡侯、卫侯、陈子、郑伯、许男、曹伯、莒子、邾子、顿子、胡子、滕子、薛伯、杞伯、小邾子、齐国夏于召陵，侵楚。

夏四月庚辰，二十四日。蔡公孙姓帅师灭沈，以沈子嘉归，杀之。

五月，公及诸侯盟于皋鼬。诸侯，会于召陵之诸侯。鼬音右。杜预：“复称‘公’者，会、盟异处故。”

杞伯成卒于会。

六月，葬陈惠公。

许迁于容城。

秋七月，公至自会。

刘卷卒。刘卷，刘蚠。

葬杞悼公。

楚人围蔡。

晋士鞅、卫孔圉帅师伐鲜虞。杜预：“孔圉，孔羁孙。士鞅即范鞅。”

葬刘文公。

冬十有一月庚午，十八日。蔡侯以吴子及楚人战于柏

举，楚师败绩。杜预："师能左右之曰以，皆陈曰战，大崩曰败绩。柏举，楚地。"**楚囊瓦出奔郑。**杜预："书名，恶之。"**庚辰，**二十八日。**吴入郢。**杜预："弗地曰入。"

【传】

四年春三月，刘文公合诸侯于召陵，谋伐楚也。晋荀寅求货于蔡侯，弗得。言于范献子曰："国家方危，诸侯方贰，将以袭敌，不亦难乎？水潦方降，疾疟方起，谓临近雨季，雨季又疾疟生发流行之时节。**中山不服，**杜预："中山，鲜虞。"**弃盟取怨，无损于楚，**杜预："晋、楚同盟，伐之为取怨。"**而失中山，不如辞蔡侯。吾自方城以来，**杜预："晋败楚，侵方城，在襄十六年。"**楚未可以得志，**谓晋未能得志于楚。**只取勤焉。"**杨伯峻："勤，劳也。意谓仅劳师费财耳。"**乃辞蔡侯。**

晋人假羽旄于郑，杨伯峻："羽旄，亦作羽毛，可用作旌旗之装饰。"**郑人与之。明日，或旆以会。**杨伯峻："旆，装饰羽毛于旗杆首。"杜预："或，贱者也。令贱人施其旆，执以从会，示卑郑。"**晋于是乎失诸侯。**

将会，卫子行敬子言于灵公曰：杜预："子行敬子，卫大夫。"**"会同难，**杜预："难得宜。"难者，谓欲谋成共识不容易。**啧有烦言，**啧，众口争校。啧有犹言多有。杨伯峻："烦言，争论不一。句谓互相怒争而言论分歧。"**莫之治也。其使祝佗从！"**杜预："祝佗，大祝子鱼。"**公曰："善。"乃使子鱼。子鱼辞，曰："臣展四体，**展，布也，施展。四体，四肢。展四体犹言拼尽全力。**以率旧职，**率，循也。**犹惧不给而烦刑书，**不给，不给命，不能供命。烦刑书，劳动刑书以治己罪。**若又共二，**共同供。杨伯峻："共二，供二种职务。"**徼大罪也。且夫祝，社稷之常隶也。**常，普通，平常。杜预："隶，贱臣也。"称"常隶"，逊辞。**社稷不动，祝不出竟，官之制也**。制，制度。**君以军行，祓社衅鼓，祝奉以从，于是乎出竟**。杜预："师出，先有事（祭），祓祷于社，谓之宜社。于是杀牲，以血涂鼓鼙，为衅鼓。"**若嘉好之事，**杜预："谓朝会。"**君行师从，**杜预："二千五百人。"**卿行旅从，**杜预："五百人。"**臣无事焉。"公曰："行也！"**

及皋鼬，将长蔡于卫。杜预："欲令蔡先卫歃。"**卫侯使祝佗私于苌弘曰："闻诸道路，不知信否。若闻蔡将先卫，信乎？"**若，或也。信，实也。**苌弘曰："信。蔡叔，康叔之兄也，**僖二十四年《传》载众叔齿序"管、蔡、郕、霍、鲁（周公）、卫（康叔）、毛、聃、郜、雍、曹、滕……"**先卫，不亦可乎？"子鱼曰："以先王观之，则尚德也**。杨伯峻："贵德而不贵齿。"**昔武王克商，成王定之，选建明德，以蕃屏周**。杨伯峻："选明德之人，建立国家，为周室藩屏。"**故周公相王室，**"故"字应在"分鲁公以大路"句首，前置在此。**以尹天下，**《说文》："尹，治也。"杜预"尹，正也"，"正"可作动词，亦可作名词，作动词亦"治"也，作名词即"官长"之义。《微子之命》："尹兹东夏。"**于周为睦。分鲁公以大路、大旂，**杜预："鲁公，伯禽也。交龙为旂（旗上画交龙）。"**夏后氏之璜，**杜预："璜，美玉名。"**封父之繁弱，**杜预："封父，古诸侯也。繁弱，大弓名。"**殷民六族，条氏、徐氏、萧氏、索氏、长勺氏、尾勺氏。使帅其宗氏，辑其分族，将其类丑，**将，帅，率也。类，善也。丑本是对敌人或俘虏之贬称，如《周易·离》"获匪其丑"、《诗》"执讯获丑"、"仍（频）执丑虏"、"升彼大阜，从其群丑"、"顺彼长道，屈此群丑"等，丑在此文为不善之义。类丑者，下民德才不同，有善有否，有贤有愚，故类丑泛指众庶。**以法则周公，用即命于周**。杜预："即，就也。使六族就周，受周公之法制。"**是使之职事于鲁，**杜预："共鲁公之职事。"**以昭周公之明德。分之土田陪敦，**杨伯峻："之指鲁。土田陪敦即《诗·鲁颂·閟宫》‘乃命鲁公，俾侯于东，锡之山川，土田附庸’之‘土田附庸’。附庸，或谓即《孟子·万章下》‘不能五十里，不达于天子，附于诸侯，曰附庸’之‘附庸’。”**祝、宗、卜、史，**杜预：“大祝、宗人、大卜、大史。”**备物、典策，**杨伯峻：“典策即典籍简册。”**官司、彝器。**杜预：“官司，百官。彝器，常用器。”**因商奄之民，**杜预：“商奄，国名也。”**命以《伯禽》，而封于少皞之虚。**杨伯峻引顾炎武：“《伯禽之命》、《康诰》、《唐诰》，《周书》之三篇，今独《康诰》存而二书亡。”杜预：“少皞虚，曲阜也，在鲁城内。”**分康叔以大路、少帛、綪茷、旃旌、大吕，**杨伯峻据王引之，谓“少帛即小白，旗名”。杨伯峻：“綪音倩，大赤色。”茷、旃、旌皆旗属。大吕，钟名。**殷民七族，陶氏、施氏、繁氏、锜氏、樊氏、饥氏、终葵氏，封畛土略，**封、畛、土、略四字同义。哀十七年：“封畛于汝。”**自武父以南及圃田之北竟，**杜预：“武父，卫北界。圃田，郑薮名。”**取于有阎之土以共王职；**杜预：“有阎，卫所受朝宿邑，盖近京畿。”**取于相土之东都以会王之东蒐。**杜预：“为汤沐邑，王东巡狩，以助祭泰山。”杨伯峻：“相土，殷商之祖。”**聃季授土，**杜预：“聃季，周公弟，司空。”**陶叔授民，**杜预：“陶叔，司徒。”杨伯峻据雷学淇谓“陶叔疑即曹叔振铎”。**命以《康诰》，而封于殷虚。**杜预：“《康诰》，《周书》。殷虚，朝歌也。”**皆启以商政，疆以周索。**杜预：“皆，鲁、卫也。启，开也。居殷故地，因其风俗，开用其政。疆理土地以周法。索，法也。”**分唐叔以大路、密须之鼓、**杜预：“唐叔，晋之祖。密须，国名。”**阙巩、**杨伯峻：“昭十五年《传》作‘阙巩之甲’，阙巩国出铠甲，此以阙巩代甲。”**沽洗，**杜预：“钟名。”**怀姓九宗，**杜预：“九宗，一姓为九族。”**职官五正。**杜预：“五官之长。”杨伯峻又据隐六年“翼九宗五正顷父之子嘉父”，谓“五正”只是一官。不从，据哀十四年例“诸御鞅”者，即“诸御之鞅”也，谓众御士中有名鞅者，又襄十九年“诸子仲子、戎子”，谓众燮子中之仲子、戎子，则“翼九宗五正顷父”可读为“翼九宗五正之顷父”，顷父或为五正中之一正。**命以《唐诰》而封于夏虚，**杜预：“《唐诰》，诰命篇名也。”**启以夏政，**杜预：“亦因夏风俗，开用其政。”**疆以戎索。**杜预：“大原近戎而寒，不与中国同，故自以戎法。”**三者皆叔也，**杨伯峻：“三者，周公、康叔、唐叔也，或为武王之弟，或为成王之弟。”**而有令德，故昭之以分物。**分物以昭显其德。**不然，文、武、成、康之伯犹多，而不获是分也，唯不尚年也。管、蔡启商，惎间王室。**杜预：“惎（jì），毒也。周公摄政，管叔、蔡叔开道（导）纣子禄父，以毒乱王室。”间，犯也。惎间，同义词连用。**王于是乎杀管叔而蔡蔡叔，**杜预：“周公称王命以讨二叔。蔡，放也。”**以车七乘，徒七十人。**杜预：“与蔡叔车徒而放之。”**其子蔡仲，改行帅德，**杨伯峻：“帅同率，循也。”**周公举之，以为己卿士。**杜预：“为周公臣。”**见诸王而命之以蔡，**杜预：“命为蔡侯。”**其命书云：‘王曰：“胡！无若尔考之违王命也！”’**杜预：“胡，蔡仲名。”**若之何其使蔡先卫也？武王之母弟八人，周公为大宰，康叔为司寇，聃季为司空，五叔无官，**司马贞：“五叔，管叔、蔡叔、成叔、曹叔、霍叔。”**岂尚年哉？曹，文之昭也；**杜预：“文王子，与周公异母。”**晋，武之穆也。**杜预：“武王子。”**曹为伯甸，非尚年也。**杜预：“以伯爵居甸服，言小。”**今将尚之，**尚之，尚年也。**是反先王也。晋文公为践土之盟，卫成公不在，夷叔，其母弟也，**夷叔，叔武。**犹先蔡。**杜预：“践土、召陵二会，《经》书蔡在卫上，霸主以国大小之序也。子鱼所言，盟歃之次。”**其载书云：‘王若曰，晋重、**文公重耳。**鲁申、**杜预：“僖公。”**卫武、**卫成公母弟叔武。**蔡甲午、**杜预：“庄侯。”**郑捷、**杜预：“文公。”**齐潘、**杜预：“昭公。”**宋王臣、**杜预：“成公。”**莒期。’**杜预：“兹丕公也。齐序郑下，周之宗盟，异姓为后。”**藏在周府，可覆视也。**覆，犹倾开也。**吾子欲复文、武之略，**

杜预："略，道也。"**而不正其德，将如之何？"苌弘说，告刘子，与范献子谋之，乃长卫侯于盟。**

反自召陵，郑子大叔未至而卒。杨伯峻："未至郑国，死于道。"**晋赵简子为之临，甚哀，曰："黄父之会，**在昭二十五年。**夫子语我九言曰：'无始乱，无怙富，无恃宠，无违同，无敖礼，**敖同傲。谓无傲慢于有礼者。**无骄能，**杜预："以能骄人。"**无复怒，**杜预："复，重也。"**无谋非德，无犯非义。'"**

沈人不会于召陵，晋人使蔡伐之。夏，蔡灭沈。

秋，楚为沈故，围蔡。伍员为吴行人以谋楚。楚之杀郤宛也，在昭二十七年。**伯氏之族出。**杜预："郤宛党。"**伯州犁之孙嚭为吴大宰以谋楚。楚自昭王即位，无岁不有吴师。蔡侯因之，以其子乾与其大夫之子为质于吴。**

冬，蔡侯、吴子、唐侯伐楚。舍舟于淮汭，杜预："吴乘舟从淮来，过蔡而舍之。"**自豫章与楚夹汉。左司马戌谓子常曰："子沿汉而与之上下，**杜预："沿，缘也。缘汉上下，遮使勿度（渡）。"**我悉方城外以毁其舟，**杜预："以方城外人毁吴所舍舟。"悉，谓尽起也。**还塞大隧、直辕、冥阨。**杜预："三者，汉东之隘道。"**子济汉而伐之，我自后击之，必大败之。"**杨伯峻："沈尹戌此一战略，足操胜算，而囊瓦败之。"**既谋而行。武城黑谓子常曰：**杜预："黑，楚武城大夫。"**"吴用木也，我用革也，不可久也，不如速战。"**木，木车。革，革车。闵二年"革车三十乘"、昭八年"革车千乘"、哀十一年"革车八百乘"。杨伯峻据姚鼐谓："用木用革盖指战车而言。吴车无饰，纯以木为之，楚车以革漫之，须加胶筋。用革者滑易而固，然不耐雨湿，胶革解散，反不如徒木之无患，故曰不可久。"**史皇谓子常："楚人恶子而好司马，**杜预："史皇，楚大夫。司马，沈尹戌。"**若司马毁吴舟于淮，塞城口而入，**杜预："城口，三隘道之总名。"**是独克吴也。**吴来而无功，舟亦被毁，如此虽两国不战，亦是楚克吴也。**子必速战！不然不免。”乃济汉而陈，自小别至于大别。**小别、大别，皆山名。**三战，子常知不可，欲奔。**杜预：“知吴不可胜。”**史皇曰：“安，求其事；**杜预：“求知政事。”**难，而逃之，将何所入？子必死之，初罪必尽说。”**说同脱。杜预：“言致死以克吴，可以免贪贿致寇之罪。”

十一月庚午，二师陈于柏举。杜预：“二师，吴、楚师。”**阖庐之弟夫槩王晨请于阖庐曰：“楚瓦不仁，**槩 gài。瓦，囊瓦，子常也。**其臣莫有死志，先伐之，其卒必奔，而后大师继之，必克。”弗许。夫槩王曰：“所谓‘臣义而行，不待命’者，其此之谓也。今日我死，楚可入也。”**杨伯峻：“此楚指楚国都郢。”**以其属五千先击子常之卒。子常之卒奔，楚师乱，吴师大败之。子常奔郑。史皇以其乘广死。**杜预：“以战死。”**吴从楚师，及清发，**杜预：“清发，水名。”**将击之。夫槩王曰：“困兽犹斗，况人乎？若知不免而致死，必败我。若使先济者知免，后者慕之，蔑有斗心矣。半济而后可击也！”从之，又败之。楚人为食，**为食，今曰做饭。为，动词。**吴人及之，奔。**杨伯峻本俞樾谓：“吴师追及之，楚师弃食而奔。”**食而从之，**吴师食楚所为食而逐楚师。**败诸雍澨，五战，及郢。**郢，楚国都。

己卯，十一月二十七日。**楚子取其妹季芈畀我以出，**杨伯峻：“季即伯仲叔季之季，芈（mǐ），楚之姓，畀我，其名。”**涉雎。鍼尹固与王同舟，王使执燧象以奔吴师。**杜预：“烧火燧系象尾，使赴吴师惊却之。”春秋时，象尚未绝迹于长江流域，详见杨伯峻举例。

庚辰，吴入郢，以班处宫。杜预：“以尊卑班次，处楚王宫室。”**子山处令尹之宫，**杜预：“子山，吴王子。”**夫槩王欲攻之，惧而去之，夫槩王入之。**杜预：“入令尹宫也。”

左司马戌及息而还，杜预：“闻楚败，故还。”**败吴师于雍澨，**

伤。初，司马臣阖庐，故耻为禽焉。杜预："司马尝在吴，为阖庐臣，是以今耻于见禽。"**谓其臣曰："谁能免吾首？"**首，头也。不欲阖庐得己首。**吴句卑曰："臣贱，可乎？"**杨伯峻："似句卑为吴人，而从司马戌者。"**司马曰："我实失子，可哉！"**杜预："失，不知子贤。"**三战皆伤，曰："吾不可用也已。"**杨伯峻："言将死也。"**句卑布裳，刭而裹之，**杜预："司马已死，刭取其首。"**藏其身而以其首免。**

楚子涉雎，济江，入于云中。杜预："入云梦泽中，所谓江南之梦。"**王寝，盗攻之，以戈击王。王孙由于以背受之，**以背迎戈以蔽王。**中肩。王奔郧，钟建负季芈以从，**杜预："钟建，楚大夫。"**由于徐苏而从。**杜预："以背受戈，故当时闷绝。"**郧公辛之弟怀将弑王，曰："平王杀吾父，我杀其子，不亦可乎？"**杜预："辛，蔓成然之子斗辛也。昭十四年楚平王杀成然。"**辛曰："君讨臣，谁敢雠之？君命，天也，若死天命，将谁雠？《诗》曰：'柔亦不茹，刚亦不吐。不侮矜寡，不畏强御。'**杨伯峻："茹，食也。矜同鳏。意谓不欺弱者、不畏强者。"**唯仁者能之。违强陵弱，非勇也；**杨伯峻："强指平王杀其父时。违，回避也。"**乘人之约，非仁也；**杨伯峻："约指昭王此时正处困境。"**灭宗废祀，非孝也；**杜预："弑君罪应灭宗。"**动无令名，非知也。必犯是，余将杀女。"斗辛与其弟巢以王奔随。吴人从之，谓随人曰："周之子孙在汉川者，楚实尽之。**僖二十八年："汉阳诸姬，楚实尽之。"吴、随皆姬姓。**天诱其衷，致罚于楚，而君又窜之，**杜预："窜（竄），匿也。"**周室何罪？君若顾报周室，施及寡人，以奖天衷，**杜预："奖，成也。"杨伯峻："意谓助成天意。"**君之惠也。汉阳之田，君实有之。"楚子在公宫之北，吴人在其南。子期似王，**似，相貌相似。**逃王，而己为王，**欲使王逃，己乔装为昭王。**曰："以我与之，**

王必免。”随人卜与之，不吉。乃辞吴曰：“以随之辟小，辟同僻。而密迩于楚，楚实存之，世有盟誓，至于今未改。若难而弃之，何以事君？君指吴王。执事之患，不唯一人。执事，随自比为吴王之执事。杨伯峻：“不仅在昭王一人，而在楚众。”若鸠楚竟，杜预：“鸠，安集也。”敢不听命？”吴人乃退。鑢金初宦于子期氏，鑢 lǜ。鑢金以前曾为子期之家臣，时盖为随臣，与子期曾有君臣之义。实与随人要言。要，约也。杜预：“要言无以楚王与吴，并欲脱子期。”王使见，杜预：“王喜其意，欲引见之以比王臣，且欲使盟随人。”辞，曰：“不敢以约为利。”杨伯峻据王引之：“谓不敢因王之困约而图己之私利。”杜预：“此约谓要言也。”前说是。王割子期之心，以与随人盟。杜预：“当心前割取血以盟，示其至心。”

初，伍员与申包胥友。杜预：“包胥，楚大夫。”其亡也，谓申包胥曰：“我必复楚国。”杜预：“复，报也。”申包胥曰：“勉之！子能复之，我必能兴之。”及昭王在随，申包胥如秦乞师，曰：“吴为封豕长蛇，封豕，大豕。以荐食上国，杜预：“荐，数也。言吴贪害如蛇豕。”上国，诸侯强国之总称，此亦包括楚。虐始于楚。寡君失守社稷，越在草莽。使下臣告急，曰：‘夷德无厌，若邻于君，杜预：“吴有楚，则与秦邻。”疆埸之患也。逮吴之未定，定，谓灭楚而定之。君其取分焉。杜预：“与吴共分楚地。”若楚之遂亡，君之土也。若以君灵抚之，杜预：“抚，存恤也。”世以事君。’”秦伯使辞焉，曰：“寡人闻命矣。子姑就馆，将图而告。”对曰：“寡君越在草莽，未获所伏。伏，隐伏，隐匿。言未得隐匿之所。下臣何敢即安？”立，依于庭墙而哭，日夜不绝声，勺饮不入口七日。古人计时，首尾之日虽为半日，亦必皆计为整日，故“七日”者，最少亦当在五天半。秦哀公为之赋《无衣》，杜预：“取其‘王于兴师，修我戈矛，与子同仇'，'与子偕作'，'与子偕行'。"**九顿首而坐。秦师乃出。**杜预："为明年包胥以秦师至张本。"

定公五年

【经】

五年春王三月辛亥朔，日有食之。

夏，归粟于蔡。杜预："蔡为楚所围，饥乏，故鲁归之粟。"

于越入吴。于越，越国也。

六月丙申，十七日。**季孙意如卒。**

秋七月壬子，四日。**叔孙不敢卒。**

冬，晋士鞅帅师围鲜虞。

【传】

五年春，王人杀子朝于楚。杜预："因楚乱也。终闵马父之言。"

夏，归粟于蔡，以周亟，矜无资。杜预："亟，急也。"杨伯峻："矜，怜悯也。"

越入吴，吴在楚也。吴大军在楚，越乘隙入吴。

六月，季平子行东野，杨伯峻："行，巡行视察。"杜预："东野，季氏邑。"**还，未至，丙申，卒于房。阳虎将以玙璠敛，**杨伯峻："《说文》：'玙璠，鲁之宝玉。'"杜预："玙璠，美玉，君所佩。"**仲梁怀弗与，**杜预："怀亦季氏家臣。"**曰："改步改玉。"**杜预："昭公之出，季孙行君事，佩玙璠，祭宗庙。今定公立，复臣位，改君步，则亦当去玙璠。"杨伯峻："《周语中》，改玉改行，亦此意。步即行步。

据《礼记·玉藻》，君与尸行接武，大夫继武，士中武。”言君臣步履之长短疾徐不同。**阳虎欲逐之，告公山不狃。不狃曰：“彼为君也，子何怨焉？”**杜预：“不狃，季氏臣费宰子洩也。为君，不欲使僭。”**既葬，桓子行东野，**杜预：“桓子，意如子季孙斯。”**及费。子洩为费宰，逆劳于郊，桓子敬之。劳仲梁怀，仲梁怀弗敬。**杜预：“怀时从桓子行，轻慢子洩。”**子洩怒，谓阳虎：“子行之乎！”**杜预：“行，逐怀也。为下阳虎囚桓子起。”

申包胥以秦师至，秦子蒲、子虎帅车五百乘以救楚。子蒲曰：“吾未知吴道。”杜预：“道犹法术。”杨伯峻：“即指战法战术。”**使楚人先与吴人战，而自稷会之，大败夫槩王于沂。吴人获薳射于柏举，**杜预：“薳射，楚大夫。”**其子帅奔徒以从子西，**杜预：“奔徒，楚散卒。”**败吴师于军祥。**

秋七月，子期、子蒲灭唐。

九月，夫槩王归，自立也。以与王战，而败，杜预：“自立为吴王，称夫槩王。”**奔楚，为堂溪氏。**杜预：“《传》终言之。”**吴师败楚师于雍澨，秦师又败吴师。吴师居麇，子期将焚之，**焚麇。**子西曰：“父兄亲暴骨焉，不能收，又焚之，不可。”**杜预：“前（去）年楚人与吴战，多死麇中，言不可并焚。”**子期曰：“国亡矣！死者若有知也，可以歆旧祀，**言焚之可以歆旧祀，不焚将绝祀。**岂惮焚之？”**杨伯峻读“可”为“何”，且举《诗》“纠纠葛履，可以履霜”、“人可以食，鲜可以饱”、“衡门之下，可以栖迟。泌水洋洋，可以乐饥”之“可”为证。非也，诸“可”字皆不可读为“何”。“可以履霜”者，且不论春秋以前，即近现代穿草鞋的历史，亦妇孺皆知；至于《衡门》之“可”，又更不可读为“何”。句谓死者若有知，己虽被焚，而楚国存，己仍可来食旧有之祭祀，则不惮焚。**焚之，而又战，吴师败。又战于公婿之谿，吴师大败，吴子乃归。**

囚闉舆罢，闉舆罢请先，遂逃归。闉 yīn。杜预："舆罢，楚大夫。请先至吴，而逃归，言吴唯得楚一大夫，复失之，所以不克。"**叶公诸梁之弟后臧从其母于吴，不待而归。**杜预："诸梁，司马沈尹戌之子，叶公子高也。吴入楚，获后臧之母。楚定，臧弃母而归。"**叶公终不正视。**杜预："不义之。"

乙亥，二十八日。**阳虎囚季桓子及公父文伯，**杜预："文伯，季桓子从父昆弟也。阳虎欲为乱，恐二子不从，故囚之。"**而逐仲梁怀。冬十月丁亥，**十日。**杀公何藐。**杜预："藐，季氏族。"**己丑，**十二日。**盟桓子于稷门之内。**杜预："鲁城南门。"**庚寅，**十三日。**大诅。**诅即诅咒背盟者。**逐公父歜及秦遄，皆奔齐。**杜预："歜（chù）即文伯也。秦遄，平子姑婿也。《传》言季氏之乱。"

楚子入于郢。杜预："吴师已归。"**初，斗辛闻吴人之争宫也，曰："吾闻之：'不让则不和，不和不可以远征。'吴争于楚，必有乱。有乱则必归，焉能定楚？"**

王之奔随也，将涉于成臼。成臼，水名。**蓝尹亹涉其帑，**杜预："亹（wěi），楚大夫。"帑，妻子。**不与王舟。及宁，**杜预："宁，安定也。"**王欲杀之。子西曰："子常唯思旧怨以败，君何效焉？"王曰："善。使复其所，吾以志前恶。"**志，记也。杜预："恶，过也。"前，或指子常。谓志子常之过以为戒。**王赏斗辛、王孙由于、王孙圉、钟建、斗巢、申包胥、王孙贾、宋木、斗怀。**杜预："九子皆从王有大功者。"**子西曰："请舍怀也。"**杜预："以初谋弑王也。"**王曰："大德灭小怨，道也。"**杜预："终从其兄，免王大难，是大德。"**申包胥曰："吾为君也，非为身也。君既定矣，又何求？且吾尤子旗，其又为诸？"**杜预："子旗，蔓成然也。以有德于平王，求欲无厌，平王杀之，在昭十四年。"**遂逃赏。王将嫁季芈，季芈辞，曰："所以为女子，远丈夫也。**丈夫即男人。古礼，男女授受不亲。**钟建负我矣。"以**

妻钟建，以为乐尹。杜预："司乐大夫。"

王之在随也，子西为王舆服以保路，国于脾泄。为，造也，制作。舆服，车服。杜预："脾泄，楚邑也。失王，恐国人溃散，故伪为王车服，立国脾泄，以保安道路人。"即安定民心也。**闻王所在，而后从王。王使由于城麇，**杜预："于麇筑城。"**复命。子西问高厚焉，弗知。子西曰："不能，如辞。**杜预："言自知不能，当辞勿行。"**城不知高厚小大，何知？"**高厚小大为一读。知同智。子西意在责由于不智。王肃读此句为"城不知高厚，小大何知"，谓高厚之不知，更何以知其小大，不从。**对曰："固辞不能，子使余也。人各有能有不能。王遇盗于云中，余受其戈，其所犹在。"袒而示之背，曰："此余所能也。脾泄之事，余亦弗能也。"**称"脾泄之事"，嘉子西善谋也。言己有勇，而子西有谋。

晋士鞅围鲜虞，报观虎之役也。杜预："三年，鲜虞获晋观虎。"

定公六年

【经】

六年春王正月癸亥，十八日。郑游速帅师灭许，以许男斯归。

二月，公侵郑。

公至自侵郑。

夏，季孙斯、仲孙何忌如晋。

秋，晋人执宋行人乐祁犁。杜预："称行人，言非其罪。"

冬，城中城。杜预：“公为晋侵郑，故惧而城之。”

季孙斯、仲孙忌帅师围郓。杜预：“何忌不言何，阙文。郓贰于齐，故围之。”

【传】

六年春，郑灭许，因楚败也。

二月，公侵郑，取匡，为晋讨郑之伐胥靡也。郑伐胥靡见后《传》。杜预：“胥靡，周地也。周儋翩因郑人以作乱，郑为之伐胥靡，故晋使鲁讨之。匡，郑地。”往不假道于卫；及还，阳虎使季、孟自南门入，出自东门，杨伯峻：“季谓季桓子，孟谓孟懿子。此时阳虎当权，故能强使鲁之世卿。”杜预：“阳虎将逐三桓，欲使得罪于邻国。”舍于豚泽。卫侯怒，使弥子瑕追之。杜预：“弥子瑕，卫嬖大夫。”公叔文子老矣，杜预：“文子，公叔发。”老，退休。辇而如公，曰：“尤人而效之，非礼也。昭公之难，君将以文之舒鼎，杨伯峻：“何焯谓‘卫为狄灭，大路、少帛扫地无遗，故言宗器自文公始。’文，卫文公。”成之昭兆，杜预：“宝龟也。”杨伯峻：“卫成公，文公子，嗣文公立。”定之鞶鉴，杜预：“鞶带而以镜为饰也。”杨伯峻：“定，卫定公，文公曾孙。”苟可以纳之，择用一焉。欲以国宝为纳鲁昭之资。谓三宝中但凡可以用作纳鲁昭者，即可择取用之，三者无贵贱轻重，一也。公子与二三臣之子，诸侯苟忧之，将以为之质。盖感卫侯之义，不忍卫之国宝，愿以质代之。杜预：“为质求纳鲁昭公。”此群臣之所闻也。今将以小忿蒙旧德，杜预：“蒙，覆也。”无乃不可乎！大姒之子，杜预：“大姒，文王妃。”唯周公、康叔为相睦也。而效小人以弃之，弃周公、康叔之好。小人指阳虎。不亦诬乎！诬，盖谓欺先人。天将多阳虎之罪以毙之，君姑待之，若何？”乃止。杜预：“止不伐鲁师。”

夏，季桓子如晋，献郑俘也。杜预："献此春取匡之俘。"阳虎强使孟懿子往报夫人之币。称"报"者，谓晋夫人有使聘鲁，故往报答之。杜预："虎欲困辱三桓，并求媚于晋，故强使正卿报晋夫人之聘。"晋人兼享之。杜预："贱鲁，故不复两设礼，明《经》所以不备书。"孟孙立于房外，谓范献子曰："阳虎若不能居鲁，而息肩于晋，所不以为中军司马者，有如先君！"盖以阳虎之谄媚晋，故为此誓。献子曰："寡君有官，谓有官人之道。将使其人，杜预："择得其人。"鞅何知焉？"无权知此事。献子谓简子曰："鲁人患阳虎矣，孟孙知其衅，衅，端倪，苗头。杨伯峻："衅，兆也。"以为必适晋，故强为之请，以取入焉。"杜预："欲令晋人闻虎当逃走，故强设请托之辞，因此言以入晋，令晋素知之。"

四月己丑，十五日。吴大子终累败楚舟师，杜预："终累，阖庐子，夫差兄。"获潘子臣、小惟子杜预："二子，楚舟师之帅。"及大夫七人。楚国大惕，惧亡。子期又以陵师败于繁扬。杜预："陵师，陆军。"令尹子西喜曰："乃今可为矣。"杜预："言知惧而后可治。"于是乎迁郢于鄀，而改纪其政，改其政纪。以定楚国。

周儋翩率王子朝之徒，因郑人将以作乱于周。杜预："儋(dān)翩，子朝余党。"郑于是乎伐冯、滑、胥靡、负黍、狐人、阙外。杜预："郑伐周六邑，在鲁伐郑取匡前。于此见者，为戍周起也。"六月，晋阎没戍周，且城胥靡。杜预："为下天王出居姑莸起。"

秋八月，宋乐祁言于景公曰："诸侯唯我事晋，杨伯峻："自城濮之战以来，宋事晋最无二心。"今使不往，使，使者。晋其憾矣。"乐祁告其宰陈寅。杜预："以与公言告之。"陈寅曰："必使子往。"他日，公谓乐祁曰："唯寡人说子之言，子必往。"杨伯峻："唯寡人悦其言，则无他人可使。"陈寅曰：

“子立后而行，吾室亦不亡，杜预：“寅知晋政多门，往必有难，故使乐祁立后而行。”**唯君亦以我为知难而行也。”见溷而行。**杜预：“溷（hùn），乐祁子也。见于君，立以为后。”**赵简子逆，而饮之酒于绵上，献杨楯六十于简子。陈寅曰：“昔吾主范氏，今子主赵氏，**昭三年“丰氏故主韩氏”之“主”与此同。主者，诸侯小国之卿私交大国之卿，奉之以为外主，有公事、私事求告于大国时，常藉之以为周旋。**又有纳焉，以杨楯贾祸，弗可为也已。**杜预：“知范氏必怨，将得祸。”**然子死晋国，子孙必得志于宋。”**杜预：“以其为国死。”**范献子言于晋侯曰：“以君命越疆而使，未致使而私饮酒，不敬二君，不可不讨也。”乃执乐祁。**杜预：“献子怒祁比赵氏。”

阳虎又盟公及三桓于周社，盟国人于亳社，诅于五父之衢。杜预：“《传》言三桓微，陪臣专政，为八年阳虎作乱起。”

冬，十二月，天王处于姑莸，杜预：“姑莸（yóu），周地。”**辟儋翩之乱也。**

定公七年

【经】

七年春王正月。

夏四月。

秋，齐侯、郑伯盟于咸。

齐人执卫行人北宫结以侵卫。

齐侯、卫侯盟于沙。

大雩。

齐国夏帅师伐我西鄙。杜预：“夏，国佐孙。”

九月，大雩。

冬十月。

【传】

七年春二月，周儋翩入于仪栗以叛。杜预：“仪栗，周邑。”

齐人归郓、阳关。阳虎居之以为政。据为私邑，而治其（二邑）政事。杜预：“郓、阳关皆鲁邑，中贰于齐，齐今归之。”

夏四月，单武公、刘桓公败尹氏于穷谷。杜预：“尹氏复党儋翩，共为乱也。”

秋，齐侯、郑伯盟于咸，徵会于卫。杜预：“徵，召也。”**卫侯欲叛晋，**杜预：“属齐、郑也。”**诸大夫不可。使北宫结如齐，而私于齐侯曰：“执结以侵我。”**杜预：“欲以齐师惧诸大夫。”**齐侯从之，乃盟于琐。**杜预：“琐即沙也。”

齐国夏伐我。杜预：“齐叛晋故。”**阳虎御季桓子，公敛处父御孟懿子，**杜预：“处父，孟氏家臣，成宰公敛阳。”**将宵军齐师。齐师闻之，堕，伏而待之。**杜预：“堕毁其军以诱敌而设伏兵。”**处父曰：“虎不图祸，而必死。”**杜预：“而，女也。”**苫夷曰：**苫 shān。**“虎陷二子于难，不待有司，余必杀女。”虎惧，乃还，不败。**

冬十一月戊午，二十三日。**单子、刘子逆王于庆氏。**杜预：“庆氏，守姑莸大夫。”**晋籍秦送王。己巳，**十二月五日。**王入于王城，馆于公族党氏，**杜预：“党氏，周大夫。”杨伯峻：“党氏实义为党某之家。”**而后朝于庄宫。**杜预：“庄王庙也。”

定公八年

【经】

八年春王正月，公侵齐。杜预："报前年伐我西鄙。"

公至自侵齐。

二月，公侵齐。杜预："未得志故。"

三月，公至自侵齐。

曹伯露卒。

夏，齐国夏帅师伐我西鄙。

公会晋师于瓦。

公至自瓦。

秋七月戊辰，七日。**陈侯柳卒。**

晋士鞅帅师侵郑，遂侵卫。

葬曹靖公。

九月，葬陈怀公。

季孙斯、仲孙何忌帅师侵卫。

冬，卫侯、郑伯盟于曲濮。杜预："结叛晋。曲濮，卫地。"

从祀先公。杜预："从，顺也。先公，闵公、僖公也。将正二公之位次，所顺非一。亲尽，故通言先公。"自文二年鲁登僖公于闵公之上至今（即以闵公之主列于僖公之后），鲁之祭祀皆因此序，今复正之，故曰顺。

盗窃宝玉、大弓。杜预："盗谓阳虎也。家臣贱，名氏不见，故曰盗。宝玉，夏后氏之璜。大弓，封父之繁弱。"

【传】

八年春王正月，公侵齐，门于阳州。杜预：“攻其门。”**士皆坐列，**勇士皆列坐门外。杜预：“言无斗志。”**曰：“颜高之弓六钧。”**杨伯峻：“当时以三十斤为一钧，六钧则百八十斤，合今亦不过六十斤。谓张满弓用力六钧。”**皆取而传观之。阳州人出，颜高夺人弱弓，**阳州人突然出战，颜高手无弓（其弓正被众士传观），急而夺旁人弱弓应战。**籍丘子鉏击之，与一人俱毙。**之，指颜高。杜预：“子鉏，齐人。毙，仆也。”**偃，且射子鉏，中颊，殪。**杨伯峻：“谓颜高虽倒地，尚有弱弓，卧而仰射，中子鉏面颊，死之。”**颜息射人中眉，**杜预：“颜息，鲁人。”**退曰：“我无勇，吾志其目也。”**志在射其目。杜预：“以自矜。”是也。**师退，冉猛伪伤足而先。**杜预：“猛，鲁人，欲先归。”**其兄会乃呼曰：“猛也殿！”**杨伯峻：“会不欲猛先行，呼之殿后。”杜预：“会见师退而猛不在列，乃大呼诈言猛在后为殿。”杨说善。

二月己丑，杨伯峻：“二月无己丑，己丑，三月二十六日，疑‘二’乃‘三’之误。”**单子伐谷城，刘子伐仪栗。**杜预：“讨儋翩之党。”**辛卯，**三月二十八日。**单子伐简城，刘子伐盂，以定王室。**

赵鞅言于晋侯曰：“诸侯唯宋事晋，好逆其使，犹惧不至；今又执之，是绝诸侯也。”将归乐祁。士鞅曰：士鞅，范献子。**“三年止之，**执乐祁在六年。**无故而归之，宋必叛晋。”献子私谓子梁曰：**杜预：“献子，范鞅。子梁，乐祁。”**“寡君惧不得事宋君，是以止子。子姑使溷代子。”**杜预：“溷，乐祁子。”**子梁以告陈寅，陈寅曰：“宋将叛晋，是弃溷也，不如待之。”**杜预：“留待，勿以子自代。”**乐祁归，卒于大行。**杜预：“大行，晋东南山。”**士鞅曰：“宋必叛，不如止其尸以求成焉。”乃止诸州。**

公侵齐，攻廪丘之郛。杜预：“郛，郭也。”**主人焚冲，**主人，廪丘人。冲，冲车，战车名。杨伯峻：“冲为攻城之车。”**或濡马褐以救之，**或，鲁人之贱者，贱者不名，故曰或。濡，浸水湿之也。杨伯峻：“马褐，汉、晋人谓之马衣，即以粗麻布所制之短衣，贱者所服。”救之，救冲车不使被焚。**遂毁之。**毁廪丘之郛。**主人出，师奔。**杨伯峻：“廪丘守将出战，鲁师奔逃。”**阳虎伪不见冉猛者，曰：“猛在此，必败。”**杨伯峻：“言冉猛在此，必能败廪丘之军。”**猛逐之，**杨伯峻：“猛受此激励，故逐廪丘人。”**顾而无继，**顾，后顾。无继，无接继己者。**伪颠。虎曰：“尽客气也。”**杜预：“言皆客气，非勇。”杨伯峻：“客气者言非出于衷心。冉猛之逐廪丘人，固激于阳虎一言；而廪丘人不杀冉猛，亦非真欲战，故云‘尽客气’。”

苫越生子，将待事而名之。阳州之役获焉，名之曰阳州。

夏，齐国夏、高张伐我西鄙。杜预：“报上二侵。”**晋士鞅、赵鞅、荀寅救我。公会晋师于瓦。范献子执羔，赵简子、中行文子皆执雁。鲁于是始尚羔。**杜预：“献子，士鞅也。简子，赵鞅也。中行文子，荀寅也。礼，卿执羔，大夫执雁。鲁则同之，今始知执羔之尊也。卿不书，礼不敌公。”

晋师将盟卫侯于鄟泽。杜预：“自瓦还，就卫地盟。”**赵简子曰：“群臣谁敢盟卫君者？”**杜预：“前年卫叛晋属齐，简子意欲摧辱之。”**涉佗、成何曰：“我能盟之。”**杜预：“二子，晋大夫。”**卫人请执牛耳。**执牛耳者，盖割取盟血也。杨伯峻据孔颖达谓：“卑者执之，尊者莅之。卫国固小，且弱于晋，但与卫侯相盟者为晋之大夫，则卫侯为尊。此句卫人请执牛耳者，请晋臣执牛耳，卫侯莅之。”**成何曰：“卫，吾温、原也，焉得视诸侯？”**言不得视为诸侯。杜预：“言卫小，可比晋县，不得从诸侯礼。”**将歃，涉佗捘卫侯之手，及捥。**尊者先歃，礼也，卫侯欲先歃，涉佗阻止之，捘其手。杨伯峻：“《说文》：‘捘（zùn），推也。’及捥，杜注谓‘血至捥’。捥今作腕。若如此，则卫侯已醮血，涉佗推之，血顺流及腕。”**卫侯怒，王孙贾趋进，**杜预：“贾，卫大夫。”**曰：“盟以信礼也，**信，犹申也。申，固也。襄二十二年“申礼于敝邑”，成十三年“申之以盟誓”。**有如卫君，**言卫君来盟申礼。**其敢不唯礼是事而受此盟也？”**唯礼，唯有礼者。事，奉也。言晋无礼，此盟将无效。

卫侯欲叛晋，而患诸大夫。王孙贾使次于郊，大夫问故。杜预：“问不入故。”**公以晋诟语之，**杜预：“诟，耻也。”**且曰：“寡人辱社稷，**言己使社稷受辱。**其改卜嗣，寡人从焉。”**杜预：“使改卜他公子以嗣先君，我从大夫所立。”**大夫曰：“是卫之祸，岂君之过也？”公曰：“又有患焉，谓寡人‘必以而子与大夫之子为质’。”**杜预：“为质于晋。”而同尔。**大夫曰：“苟有益也，公子则往，群臣之子，敢不皆负羁绁以从？”将行。王孙贾曰：“苟卫国有难，工商未尝不为患，使皆行而后可。”**杜预：“欲以激怒国人。”**公以告大夫，乃皆将行之。行有日，**杨伯峻：“已定起程之期。”**公朝国人，使贾问焉，曰：“若卫叛晋，晋五伐我，病何如矣？”**言病将及何种程度。**皆曰：“五伐我，犹可以能战。”贾曰：“然则如叛之，病而后质焉，何迟之有？”乃叛晋。晋人请改盟，弗许。**

秋，晋士鞅会成桓公侵郑，围虫牢，报伊阙也。杜预：“桓公，周卿士。六年郑伐周阙外，晋为周报之。”**遂侵卫。**杜预：“讨叛。”

九月，师侵卫，晋故也。杜预：“鲁为晋讨卫。”

季寤、公鉏极、公山不狃皆不得志于季氏，据杜预，季寤，季桓子之弟；公鉏极，公弥曾孙，桓子族子；公山不狃，费宰。**叔孙辄无宠于叔孙氏，**杜预：“辄，叔孙氏之庶子。”**叔仲志不得志于鲁。**杜预：“志，叔仲带之孙。皆为国人所薄。”**故五人因阳虎。**

阳虎欲去三桓，以季寤更季氏，杜预：“代桓子。”**以叔孙辄更叔孙氏，**杜预：“代武叔。”**己更孟氏。**杜预：“阳虎自代懿子。”**冬十月，顺祀先公而祈焉。**而，且也。杜预：“将作大事，欲以顺祀取媚。”文二年《经》“大事于大庙，跻僖公”，跻僖公在太庙行之，此顺祀亦在太庙举行。**辛卯，**二日。**禘于僖公。**退僖公之同时即当登闵公，闵公之神不得禘，而独禘于僖公，盖于太庙行顺祀之礼后复于僖庙行大祭之礼以安僖神。**壬辰，**三日。**将享季氏于蒲圃而杀之，戒都车，**戒，戒期也。**曰：“癸巳至。”**癸巳，四日。杜预：“都邑之兵车也。阳虎欲以壬辰夜杀季孙，明日（癸巳）以都车攻二家。”

成宰公敛处父告孟孙曰：“季氏戒都车，何故？”孟孙曰：“吾弗闻。”处父曰：“然则乱也，必及于子，先备诸！”与孟孙以壬辰为期。杜预：“处父期以兵救孟氏。壬辰先癸巳一日。”

阳虎前驱，杨伯峻：“将享季氏，前驱至蒲圃。”**林楚御桓子，虞人以铍、盾夹之，**虞人盖步行桓子之车下两侧。**阳越殿，**杜预：“越，阳虎从弟。”**将如蒲圃。桓子咋谓林楚曰：**咋，盖轻声也。杨伯峻据钱大昕谓：“咋同乍，突然也。”**“而先皆季氏之良也，尔以是继之。”**是，此次之事。杜预：“欲使林楚免己于难，以继其先人之良。”**对曰：“臣闻命后。**杜预：“后，犹晚也。”**阳虎为政，鲁国服焉，违之徵死，**徵，求也。杨伯峻：“徵，召也。言违阳虎之命，招死而已。”**死无益于主。”**言虽死，于事无补。惧不能免季孙。**桓子曰：“何后之有？而能以我适孟氏乎？”对曰：“不敢爱死，**言不惧死。爱，惜也。**惧不免主。”桓子曰：“往也！”**杜预：“言必往。”**孟氏选圉人之壮者三百人，以为公期筑室于门外。**杜预：“实欲以备难，不欲使人知，故伪筑室于门外，因得聚众。公期，孟氏支子。”**林楚怒马，及衢而骋，**骋，驰也。**阳越射之，不中，筑者阖门。**杜预：“季孙既得入，乃闭门。”**有自门间射阳越，杀之。阳虎劫公与武叔，**杜预：“武叔，叔孙不敢之子州仇也。”**以伐孟氏。公敛处父帅成人自上东门入，**杜预：“鲁东城之北门。”**与阳氏战于南门之内，弗胜。又战于棘下，**杜预：“城内地名。”**阳氏败。阳虎说甲如公宫，取宝玉、大弓以出，舍于五父之衢，寝而为食。**为食即做饭。**其徒曰：“追其将至。”虎曰：“鲁人闻余出，喜于徵死，**徵，求也。死，得好死。若阳虎在，三桓皆将不得好死，今阳虎出，故喜于能求得好死。**何暇追余？”从者曰：”嘻！速驾！公敛阳在。”公敛阳请追之，孟孙弗许。**杜预：“畏阳虎。”**阳欲杀桓子，**杜预：“欲因乱讨季氏，以强孟氏。”**孟孙惧而归之。**杜预：“不敢杀。”**子言辨舍爵于季氏之庙而出。**杨伯峻：“此古人将出奔告别之礼。”杜预：“子言，季寤。辨犹周遍也。遍告庙饮酒，示无惧。”**阳虎入于讙、阳关以叛。**

郑驷歂嗣子大叔为政。杜预：“歂（chuǎn），驷乞子子然也。”

定公九年

【经】

九年春王正月。

夏四月戊申，二十二日。**郑伯虿卒。**

得宝玉、大弓。宝玉，夏后氏之璜。大弓，封父之繁弱。

六月，葬郑献公。

秋，齐侯、卫侯次于五氏。杜预：“五氏，晋地。”

秦伯卒。

冬，葬秦哀公。

【传】

九年春，宋公使乐大心盟于晋，且逆乐祁之尸。辞，伪有疾；乃使向巢如晋盟，且逆子梁之尸。此为宋朝廷之事，公使乐大心，大心辞，乃使向巢，为一朝之事。子梁即乐祁。**子明谓桐门右师出，**杜预："子明，乐祁之子溷也。右师，乐大心，子明族父也。"谓，语也，言也，说也。称"谓"而不称"使"者，盖因乐大心尊于子明故。出谓出其家门，盖子明待于乐大心家门外，告之使出见己。**曰："吾犹衰绖，而子击钟，何也？"**钟声远扬，故子明能于己家闻及乐大心之钟声，因怒其不逆己父之丧，故造其门寻衅责之。哀十四年："左师每食击钟，闻钟声……"《小雅·白华》："鼓钟于宫，声闻于外。"**右师曰："丧不在此故也。"**杨伯峻："言丧在晋。"**既而告人曰："己衰绖而生子，余何故舍钟？"**杨伯峻："谓子明虽言在衰绖之中，而仍生子。父未葬而已生子，我为兄弟者自不必舍钟。"**子明闻之，怒，言于公曰："右师将不利戴氏，**杜预："乐氏，戴公族。"杨伯峻据杨树达谓："戴氏指宋国。"**不肯适晋，将作乱也。不然，无疾。"**杨伯峻："意谓若不欲作乱，何故无疾而辞以疾。"**乃逐桐门右师。**杜预："逐之在明年，终叔孙昭子之言。"

郑驷歂杀邓析，而用其《竹刑》。杨伯峻："邓析作刑律，书于竹简，故名曰《竹刑》。鲁昭六年子产曾铸刑书，《竹刑》后出，或较子产所铸为强，故驷歂用之。"杜预："邓析，郑大夫，欲改郑所铸旧制，不受君命而私造刑法，书之于竹简，故言《竹刑》。"**君子谓："子然于是不忠。苟有可以加于国家者，弃其邪可也。**杜预："加犹益也。弃，不责其邪恶也。"疑"邪"者，非指邓析人品邪恶，乃谓其僭越也，昭二十九年"中行寅为下卿，而干上令，擅作刑器，以为国法，是法奸也"，适可证此。《吕氏春秋》谓邓析人品邪恶，然邪恶之人岂能作善法，实不可信。**《静女》之三章，取彤管焉。**杜预："言《静女》三章之诗，虽说（悦）美女，义在彤管。彤管，赤管笔，女史记事规诲之所执。”**《竿旄》‘何以告之’，取其忠也。**杜预：“《诗·鄘风》也。录《竿旄》诗者，取其中心，愿告人以善道也。言此二诗皆以一善见采，而邓析不以一善存身。”**故用其道，不弃其人。《诗》云：‘蔽芾甘棠，勿翦勿伐，召伯所茇。’**芾 fèi。茇 bá。杜预：“召伯决讼于蔽芾小棠之下，诗人思之，不伐其树。茇，草舍也。”**思其人犹爱其树，况用其道而不恤其人乎？子然无以劝能矣。”**

夏，阳虎归宝玉、大弓。杜注意谓，取之无所用，而只成恶名，因归之。**书曰“得”，器用也。凡获器用曰得，得用焉曰获。**器贵，用贱。

六月，伐阳关。杜预：“讨阳虎也。”**阳虎使焚莱门。**杜预：“阳关邑门。”**师惊，**杨伯峻：“鲁师惊骇。”**犯之而出，奔齐，**杨伯峻：“阳虎因鲁师之惊，突围出而奔齐。”**请师以伐鲁，曰：“三加必取之。”**杨伯峻：“谓（至多）三次加兵于鲁，必取鲁。”**齐侯将许之。鲍文子谏曰：“臣尝为隶于施氏矣，**杜预：“施氏，鲁大夫。文子，鲍国也。成十七年，齐人召而立之，至今七十四岁，于是文子盖九十余矣。”**鲁未可取也。上下犹和，众庶犹睦，能事大国，而无天菑，**菑同灾。**若之何取之？阳虎欲勤齐师也，**杨伯峻：“勤，劳也。”**齐师罢，大臣必多死亡，己于是乎奋其诈谋。**杨伯峻：“己谓阳虎。”**夫阳虎有宠于季氏，而将杀季孙，以不利鲁国，而求容焉。**容，容纳。杜预：“求自容。”是也。杨伯峻：“求容谓博取喜悦。”误。僖七年“无适小国，将不女容焉”、哀六年“庶亦能容群臣乎”，皆此“容”；下文“而君又收之”之“收”字，正应此“容”字。**亲富不亲仁，君焉用之？君富于季氏，而大于鲁国，兹阳虎所欲倾覆也。鲁免其疾，**杨伯峻：“疾犹言祸害。”**而君又收之，无乃害乎！”齐侯执阳虎，将东之。**杨伯峻：“置之齐国东方。”**阳虎愿东，**杜预：“阳虎欲西奔晋，知齐必返己，故诈以东为愿。”**乃囚诸西鄙。**盖软禁之于西鄙，故能向邑人借车。**尽借**

邑人之车，锲其轴，麻约而归之。杜预："锲，刻也。"阳虎欲逃，遂尽借己所囚邑之车乘，以刀刻其车轴，使将断，又用麻缠束所刻痕迹，使不易见，既而返还所借之车，欲待逃时，邑人不能以车逐己。载葱灵，寝于其中而逃。杜预："葱灵，辎车名。"寝于其中，谓藏于其中也。追而得之，囚于齐。齐，指国都。又以葱灵逃，奔宋，遂奔晋，适赵氏。仲尼曰："赵氏其世有乱乎！"杜预："受乱人故。"

秋，齐侯伐晋夷仪。杜预："为卫讨也。"敝无存之父将室之，辞，以与其弟，杜预："无存，齐人也。室之，为取妇。"曰："此役也不死，反，必娶于高、国。"杜预："高氏、国氏，齐贵族也。无存欲必有功，还取卿相之女。"先登，求自门出，盖欲夺启城门。死于霤下。杨伯峻："战死于城门檐沟之下。"东郭书让登，杜预："登城非人所乐，故让众使后而己先登。"犁弥从之，曰："子让而左，我让而右，使登者绝而后下。"杜预："恐书先下，故又谲以让之。下，入城也。"书左，弥先下。书信其言先登城而左行，犁弥继书登城，不待后登者而先下。书与王猛息。杨伯峻："王猛即犁弥。"杜预："战讫共止息。"猛曰："我先登。"书敛甲，杜预："敛甲起，欲击猛。"曰："曩者之难，今又难焉！"曩，向也，方才；往昔，从前。猛笑曰："吾从子如骖之有靳。"杨伯峻："古代战车驾四马，两旁之马曰骖。中间二马曰服。服背有靳，靳亦曰游环。两骖之辔由外贯于游环中，而总于御者。则靳所以使骖随服，不致外出或前行。王猛之意，吾必如骖，行在服马后。"

晋车千乘在中牟。杜预："救夷仪也。"卫侯将如五氏，杜预："齐侯在五氏，将往助之。"卜过之，龟焦。杜预："卫至五氏，道过中牟，畏晋，故卜。龟焦，兆不成。"兆不成，则不知可过否。卫侯曰："可也！卫车当其半，其半，五百乘。寡人当其半，国君所在，其士必能致死，故自谓能当齐车五百乘。敌矣。"敌，匹敌。乃过中牟。中牟人欲伐之，卫褚师圃亡在中牟，曰："卫虽小，其君在焉，未可胜也。齐师克城而骄，杜预："城谓夷仪。"其帅又贱，贱，位卑。遇，必败之，不如从齐。"乃伐齐师，败之。杜预："获齐车五百乘，事见哀十五年。"齐侯致禚、媚、杏于卫。杜预："三邑皆齐西界，以答谢卫意。"

齐侯赏犁弥，犁弥辞，曰："有先登者，臣从之，皙帻而衣狸製。"杨伯峻："盖犁弥与东郭书本不相识，故仅言其衣著。帻，《说文》：'发有巾曰帻。'皙，白色。製，今之斗篷，以狸为之，故曰狸製。说见俞正燮《製解》。"公使视东郭书，曰："乃夫子也——吾贶子。"杨伯峻："言以齐侯之赏与之。'乃夫子也'系对他人（众人）语，'吾贶子'系向东郭书言。"公赏东郭书，辞，曰："彼，宾旅也。"阮芝生："观犁弥与书同事而不相识，疑系他国之人初仕于齐者，故书以宾旅称之。"乃赏犁弥。

齐师之在夷仪也，齐侯谓夷仪人曰："得敝无存者，以五家免。"杜预："给其五家，令常不共役事。"乃得其尸。公三襚之，杨伯峻："《说文》：'襚，衣死人也。'三襚，迁尸于袭上而衣之，为一襚；小敛又衣之，二襚；大敛又衣之，三襚。"与之犀轩与直盖，杜预："犀轩，卿车。直盖，高盖。"而先归之。坐引者，以师哭之，杜预："停丧车以尽哀也。君方为位而哭，故挽丧者不敢立。"亲推之三。杨伯峻："亲推丧车三次。"

定公十年

【经】

十年春王三月，及齐平。杜预：“平前八年再侵齐之怨。”

夏，公会齐侯于夹谷。杜预：“平故。”

公至自夹谷。

晋赵鞅帅师围卫。

齐人来归郓、讙、龟阴田。杜预：“三邑皆汶阳田也。”

叔孙州仇、仲孙何忌帅师围郈。州仇，叔孙武叔。何忌，孟懿子。杜预：“郈，叔孙氏邑。”

秋，叔孙州仇、仲孙何忌帅师围郈。

宋乐大心出奔曹。

宋公子地出奔陈。

冬，齐侯、卫侯、郑游速会于安甫。

叔孙州仇如齐。

宋公之弟辰暨仲佗、石彄出奔陈。暨，及也。明年《经》曰：“宋公之弟辰及仲佗、石彄。”杜预：“暨，与也。”不确。详参昭七年“暨齐平”。

【传】

十年春，及齐平。

夏，公会齐侯于祝其，实夹谷。杜预：“夹谷即祝其也。”孔丘相。杜预：“相会仪也。”犁弥言于齐侯曰：“孔丘知礼而无勇，若使莱人以兵劫鲁侯，必得志焉。”杜预：“莱人，齐所灭莱夷也。”齐侯从之。孔丘以公退，以，事物能左右之曰以。曰：“士，兵之！令鲁士以兵击莱人。两君合好，而裔夷之俘以兵乱之，裔夷之俘指莱人。非齐君所以命诸侯也。裔不谋夏，夷不乱华，俘不干盟，干，奸犯也。兵不偪好——于神为不祥，杜预：“盟将告神，犯之为不善。”于德为愆义，于人为失礼，君必不然。”齐侯闻之，遽辟之。杜预：“辟（避）去莱兵也。”

将盟，齐人加于载书曰：“齐师出竟，而不以甲车三百乘从我者，有如此盟。”杜预：“如此盟诅之祸。”孔丘使兹无还揖对，杜预：“无还，鲁大夫。”曰：“而不反我汶阳之田，吾以共命者，亦如之。”杜预：“须齐归汶阳田，乃当共齐命。”

齐侯将享公，孔丘谓梁丘据曰：“齐、鲁之故，吾子何不闻焉？杜预：“故，旧典。”事既成矣，杜预：“会事成。”而又享之，是勤执事也。且牺、象不出门，嘉乐不野合。杜预：“牺、象，酒器，牺尊、象尊也。嘉乐，钟、磬也。”野，野外，此指夹谷。乐常须诸乐器合奏，故曰合，合犹奏也。飨而既具，是弃礼也。杨伯峻：“既，尽也。”谓享于野外，而尽具其牺、象，钟、磬，是弃礼。若其不具，用秕稗也。秕，秕谷也。杜预：“秕，谷不成者。稗（bài），草之似谷者。言享不具礼，秽薄若秕稗。”用秕稗，君辱；杨伯峻：“君指齐侯。谓享不具礼，有辱齐君。”弃礼，名恶。子盍图之？夫享，所以昭德也。不昭，不如其已也。”已，止也。乃不果享。杜预：“孔子知齐侯怀诈，故以礼距之。”

齐人来归郓、讙、龟阴之田。

晋赵鞅围卫，报夷仪也。杜预：“前年齐为卫伐晋夷仪，故伐卫以为报。”初，卫侯伐邯郸午于寒氏，杜预：“午，晋邯郸大夫。寒氏，即五氏也。前（去）年卫人助齐伐五氏。”城其西北而守之，杨伯峻："城为动词，攻城也。谓攻破寒氏城西北隅而以兵守之。"**宵熸。**杜预："午众宵散。"**及晋围卫，午以徒七十人门于卫西门，杀人于门中，**杜预："卫开门与午斗。"**曰："请报寒氏之役。"**谓此为报寒氏之役也。**涉佗曰："夫子则勇矣，然我往，必不敢启门。"**言赵午虽勇，而卫人更畏己。**亦以徒七十人，旦门焉，**门，攻门。**步左右，皆至而立，如植。**杜预："至其门下，行步门左右，然后立待，如立木不动，以示整。"**日中不启门，乃退。**杨伯峻："卫人畏之不敢开门，于是退。"

反役，晋人讨卫之叛故，曰："由涉佗、成何。"事见八年《传》。**于是执涉佗以求成于卫。卫人不许，晋人遂杀涉佗。成何奔燕。君子曰："此之谓弃礼，必不钧。**杨伯峻："欲辱卫侯，本赵鞅之意，涉佗、成何不过自告奋勇而往耳。成何言卫仅比晋之县邑，涉佗则推卫侯之手，皆无礼，而罪之轻重不同，涉佗为重。"**《诗》曰：'人而无礼，胡不遄死。'**遄，速也。**涉佗亦遄矣哉！"**

初，叔孙成子欲立武叔，公若藐固谏曰："不可。"杜预："藐，叔孙氏之族。"**成子立之而卒。**成子卒在五年秋七月。**公南使贼射之，不能杀。**杜预："公南，叔孙家臣，武叔之党。"贼者，谓暗杀也。杨树达则谓公南党公若而射武叔，误，公南尊于公若，设若杨树达之解不误，亦当谓公若党公南，而不可谓公南党公若。**公南为马正，使公若为郈宰。**伪若善待之，实欲鄙远之。**武叔既定，使郈马正侯犯杀公若，不能。**使，仍公南使也。侯犯不欲杀公若，亦不泄公南之言。**其圉人曰：**其，指公南。杜预谓"武叔之圉人"，于鬯谓"顺文读之，自足知为侯犯之圉人矣"，皆非。**"吾以剑过朝，公若必曰：'谁之剑也？'吾称子以告，必观之。吾伪固而授之末，则可杀也。"**杜预："伪为固陋不知礼者，以剑锋末授之。"**使如之。公若曰："尔欲吴王我乎？"**以鱄设诸刺吴王僚之事呵斥公南之圉人。**遂杀公若。**公若言时，圉人即刺杀之。**侯犯以郈叛，**侯犯不欲杀公若，因违公南之命，公若既死，侯犯惧讨，遂以郈叛。**武叔、懿子围郈，弗克。**

秋，二子及齐师复围郈，弗克。叔孙谓郈工师驷赤曰：杜预："工师，掌工匠之官。"**"郈非唯叔孙氏之忧，社稷之患也。将若之何？"对曰："臣之业，在《扬水》卒章之四言矣。"**杜预："《扬水》卒章四言曰'我闻有命'。"**叔孙稽首。**杜预："谢其受己命。"**驷赤谓侯犯曰："居齐、鲁之际，而无事，**杜预："无所服事。"**必不可矣。子盍求事于齐以临民？不然，将叛。"**以孤邑间两境，民心不安，必生乱心。**侯犯从之。齐使至，驷赤与郈人为之宣言于郈中曰：**杨伯峻："郈人，郈邑之群吏而党于驷赤者。"**"侯犯将以郈易于齐，**杨伯峻："易谓易地。"是也。**齐人将迁郈民。"众兇惧。**杜预："不欲迁。"**驷赤谓侯犯曰："众言异矣。**杨伯峻："异谓不与侯犯同。"**子不如易于齐，与其死也，**杨伯峻："此倒装句，本应作'与其死也，不如易于齐'。"**犹是郈也，**杨伯峻："谓以郈换齐他邑，他邑亦郈也。"**而得纾焉，**杨伯峻："纾，祸害缓和。"**何必此？**杨伯峻："此指郈。"**齐人欲以此偪鲁，必倍与子地。且盍多舍甲于子之门，以备不虞？"侯犯曰："诺。"乃多舍甲焉。侯犯请易于齐，齐有司观郈。将至，驷赤使周走呼曰："齐师至矣！"郈人大骇，介侯犯之门甲，以围侯犯。驷赤将射之，**杜预："伪为侯犯射郈人。"**侯犯止之，曰："谋免我。"侯犯请行，许之。**杜预："郈人许之。"**驷赤先如宿，**杨伯峻："宿，齐邑。由郈往宿，不过西行十余里。"**侯犯殿。每出一门，郈人闭之。**恐其变卦而谋复入，故闭其后门。**及郭门，止之，曰："子以叔孙氏之甲出，有司若诛之，**杜预："诛，责也。"**群臣惧死。"**惧被失职之罪。**驷赤曰："叔孙氏之甲有物，吾未敢以出。"**杜预：

"物，识也。赤还救侯犯也。"识，标识，标记也。**犯谓驷赤曰："子止而与之数。"**杜预："数甲以相付。"**驷赤止，而纳鲁人。侯犯奔齐，齐人乃致郈。**杜预："致其名簿也。"名簿即郈民之户籍册簿。

宋公子地嬖蘧富猎，地，宋景公之庶母兄弟，辰之庶兄。**十一分其室，而以其五与之。**杜预："与富猎也。"**公子地有白马四。公嬖向魋，魋欲之。**杜预："向魋（tuí），司马桓魋也。"**公取而朱其尾、鬣以与之。**杨伯峻："鬣，马颈上之长毛。"**地怒，使其徒抶魋而夺之。魋惧，将走。公闭门而泣之，**杨伯峻："公泣向魋以留之。"**目尽肿。母弟辰曰：**辰，景公母弟。**"子分室以与猎也，而独卑魋，亦有颇焉。**于礼亦不公平。**子为君礼，**谓以礼谢罪。杜预："礼，（谓）辟君也。"**不过出竟，君必止子。"公子地奔陈，公弗止。辰为之请，弗听。辰曰："是我迋吾兄也。**杜预："迋（kuāng），欺也。"**吾以国人出，君谁与处？"冬，母弟辰暨仲佗、石彄出奔陈。**杜预："佗，仲几子。彄，褚师段子。皆宋卿，众之所望，故言国人。"

武叔聘于齐，杜预："谢致郈也。"**齐侯享之，曰："子叔孙！若使郈在君之他竟，寡人何知焉？**谓若叔孙之郈邑不与齐交界，而与他国交界，己自不会过问郈叛之事。**属与敝邑际，**际，交界。**故敢助君忧之。"**谓致郈于鲁。杜预："以致郈德叔孙。"德，恩也，犹报也。齐所以致郈于鲁，实因叔孙不舍不放，齐侯之言实乃托辞。言外之意，若非叔孙之争取，己实不欲致郈。**对曰："非寡君之望也。**谓家臣窃邑叛国，己不讨伐而释之，非寡君之所望。郈为叔孙采邑。**所以事君，**疑此"君"字为广义，非特指齐侯。谓臣所以事君者。**封疆社稷是以，**杜预："以犹为也。"**敢以家隶勤君之执事？**齐本欲纳受郈邑，此众所周知，故叔孙为此言以报齐侯之托辞。**夫不令之臣，天下之所恶也。**叔孙假设己若不讨郈，则失人臣之职，将为不令之臣，而为天下人所恶。**君岂以为寡君赐？”**言郈为国家疆土，君岂能以为是寡君赐与我私人者？捍卫社稷封疆乃臣人本职，若无视隶人窃邑叛国非寡君之望。我若不臣，将为天下所恶。

定公十一年

【经】

十有一年春，宋公之弟辰及仲佗、石彄、公子地自陈入于萧以叛。萧，宋邑。

夏四月。

秋，宋乐大心自曹入于萧。杜预：“入萧从叛人，叛可知，故不书叛。”

冬，及郑平。杜预：“平六年侵郑取匡之怨。”**叔还如郑莅盟。**叔还，叔弓曾孙。

【传】

十一年春，宋公母弟辰暨仲佗、石彄、公子地入于萧以叛。秋，乐大心从之，大为宋患，宠向魋故也。杜预：“恶宋公宠不义以致国患。”

冬，及郑平，始叛晋也。杜预：“鲁自僖公以来，世服于晋，至今而叛，故曰始。”

定公十二年

【经】

十有二年春，薛伯定卒。

夏，葬薛襄公。

叔孙州仇帅师堕郈。杜预：“堕，毁也。患其险固，故毁坏其城。”

卫公孟彄帅师伐曹。彄，公孟縶之子。据《世族谱》，彄乃灵公之子过继于孟縶为子者。

季孙斯、仲孙何忌帅师堕费。

秋，大雩。

冬十月癸亥，二十七日。公会齐侯盟于黄。杜预：“结叛晋。”

十有一月丙寅朔，日有食之。

公至自黄。

十有二月，公围成。

公至自围成。杜预：“国内而书‘至’者，成强若列国，兴动大众，故出入皆告庙。”

【传】

十二年夏，卫公孟彄伐曹，克郊。杜预：“郊，曹邑。”还，滑罗殿。杜预：“罗，卫大夫。”未出，不退于列。杜预：“未出曹竟，罗不退在行列之后。”其御曰：“殿而在列，其为无勇乎！”在列谓紧随主力行列。罗曰：“与其素厉，宁为无勇。”素，平素。杜预：“厉，猛也。”谓与其平素（没有危险的情况下）

表现得很勇猛，宁愿被无勇之名。罗固知曹不敢逐，故不图虚名。

仲由为季氏宰，杜预："仲由，子路。"**将堕三都，**杜预："三都，费、郈、成也。强盛将为国害，故仲由欲毁之。"**于是叔孙氏堕郈。季氏将堕费，公山不狃、叔孙辄帅费人以袭鲁。**杜预："不狃，费宰也。辄不得志于叔孙氏。"**公与三子入于季氏之宫，登武子之台。费人攻之，弗克。入及公侧，**杜预："至台下。"俞樾谓"入"字乃"矢"字之误，不可信。**仲尼命申句须、乐颀下，伐之，**杜预："二子，鲁大夫。"**费人北。国人追之，败诸姑蔑。二子奔齐，**杜预："二子，不狃、叔孙辄。"**遂堕费。**

将堕成，公敛处父谓孟孙：公敛处父，成宰也。**"堕成，齐人必至于北门。**杜预："成在鲁北竟故。"**且成，孟氏之保障也。无成，是无孟氏也。子伪不知，**杜预："佯不知。"**我将不堕。"**

冬十二月，公围成，弗克。

定公十三年

【经】

十有三年春，齐侯、卫侯次于垂葭。杜预："二君将使师伐晋，次垂葭以为之援。"

夏，筑蛇渊囿。书，不时也。

大蒐于比蒲。

卫公孟彄帅师伐曹。

秋，晋赵鞅入于晋阳以叛。

冬，晋荀寅、士吉射入于朝歌以叛。杜预："吉射，士鞅子。"

晋赵鞅归于晋。杜预："韩、魏请而复之，故曰归。"

薛弑其君比。

【传】

十三年春，齐侯、卫侯次于垂葭，实郹氏。杜预："垂葭改名郹氏。"使师伐晋。将济河，诸大夫皆曰："不可。"邴意兹曰：杜预："意兹，齐大夫。""可。锐师伐河内，杨伯峻："河内本卫国，卫迁楚丘后，河内属晋。"传必数日而后及绛。杨伯峻："传谓传车，即驿传。河内距绛远，驿车奔驰，亦必历数日而后到。"绛不三月，不能出河，杨伯峻："言绛闻警，整顿军马，且师行缓慢，至少三个月始能渡河。"则我既济水矣。"杨伯峻："此时，我已返师回黄河之东矣。"乃伐河内。

齐侯皆敛诸大夫之轩，唯邴意兹乘轩。杜预："以其言当。"

齐侯欲与卫侯乘，杨伯峻："同乘一战车。"与之宴，而驾乘广，驾，套车也。乘广，战车名。载甲焉。使告曰：使伪告也。"晋师至矣！"齐侯曰："比君之驾也，寡人请摄。"言比及卫君战车套好之前，请以己车代乘卫侯。杜预："以己车摄代卫（侯）车。"乃介而与之乘，介，着甲。驱之。驱车使出。或告曰："无晋师。"乃止。

晋赵鞅谓邯郸午曰：据《世族谱》，午为赵夙之后，与赵鞅同族。"归我卫贡五百家，吾舍诸晋阳。"午许诺。杜预："十年，赵鞅围卫，卫人惧，贡五百家，鞅置之邯郸，今欲徙诸晋阳。晋阳，赵鞅邑。"归告其父兄，父兄皆曰："不可。卫是以为邯郸，杜预："言卫以五百家在邯郸，常为是故，与邯郸亲。"而寘诸晋阳，绝卫之道也。不如侵齐而谋之。"杜预："侵齐，则齐当来报，欲因齐而徙，则卫与邯郸好不绝。"乃如之，而归之于晋阳。赵孟怒，召午，而囚诸晋阳。自八年卫叛晋以来，卫、晋交恶，迭有战事。此时赵孟当政，怒邯郸与卫为好，故欲徙五百家于晋阳，以绝邯郸与卫之好。不意赵午以是谋继好于卫，赵孟不得志，故怒。**使其从者说剑而入，涉宾不可。**说同脱。杜预："涉宾，午家臣。不肯说剑入，欲谋叛。"**乃使告邯郸人曰："吾私有讨于午也，二三子唯所欲立。"**杜预："午，赵鞅同族，别封邯郸，故使邯郸人更立午宗亲。"**遂杀午。赵稷、涉宾以邯郸叛。**杜预："稷，赵午子。"**夏六月，上军司马籍秦围邯郸。邯郸午，荀寅之甥也；荀寅，范吉射之姻也，**杜预："婿父曰姻。荀寅子娶吉射女。"**而相与睦。故不与围邯郸，将作乱。**杜预："作乱，攻赵鞅。"**董安于闻之，**杜预："安于，赵氏臣。"**告赵孟，曰："先备诸！"赵孟曰："晋国有命，始祸者死，为后可也。"安于曰："与其害于民，宁我独死，**杜预："惧见攻，必伤害民。"**请以我说。"**杜预："晋国若讨，可杀我以自解说。"**赵孟不可。秋七月，范氏、中行氏伐赵氏之宫，赵鞅奔晋阳。晋人围之。**杨伯峻："范氏，士吉射也。中行氏，荀寅也。"

范皋夷无宠于范吉射，而欲为乱于范氏。杜预："皋夷，范氏侧室子。"**梁婴父嬖于知文子，**贾逵："梁婴父，晋大夫。"杜预："文子，荀跞。"**文子欲以为卿。韩简子与中行文子相恶，**杜预："简子，韩起孙不信也。中行文子，荀寅也。"**魏襄子亦与范昭子相恶。**杜预："襄子，魏舒孙曼多也。昭子，士吉射。"**故五子谋，**杜预："五子，范皋夷、梁婴父、知文子、韩简子、魏襄子。"**将逐荀寅而以梁婴父代之，逐范吉射而以范皋夷代之。荀跞言于晋侯曰："君命大臣，始祸者死，载书在河。**杜预："为盟书沈于河。"**今三臣始祸，**贾逵："范、中行、赵也。"**而独逐鞅，刑已不钧矣。请皆逐之。"冬十一月，荀跞、韩不信、魏曼多奉公以伐范氏、中行氏，弗克。**

二子将伐公，杨伯峻："二子，范氏、中行氏。"**齐高强曰：**杜预："高强，齐子尾之子，昭十年奔鲁，遂适晋。"**"三折肱知为良医。**

杨伯峻："犹今言久病知医。"唯伐君为不可，民弗与也。我以伐君在此矣。杨伯峻："以己之教训告之。"三家未睦，杜预："三家，知、韩、魏。"可尽克也。克之，君将谁与？若克三家，君不得不就己。若先伐君，是使睦也。"弗听，遂伐公。国人助公，二子败，从而伐之。丁未，十八日。荀寅、士吉射奔朝歌。

韩、魏以赵氏为请。请复赵氏。十二月辛未，十二日。赵鞅入于绛，盟于公宫。

初，卫公叔文子朝，而请享灵公。退，见史鳝而告之。杜预："史鳝，史鱼。"告将享灵公之事。史鳝曰："子必祸矣！子富而君贪，其及子乎！"杨伯峻："言祸将及尔。"文子曰："然。然其言。吾不先告子，是吾罪也。君既许我矣，其若之何？"史鳝曰："无害。子臣，可以免。杜预："言能执臣礼。"富而能臣，必免于难。上下同之。杜预："言尊卑皆然。"戍也骄，杜预："戍，文子之子。"其亡乎！富而不骄者鲜，吾唯子之见。骄而不亡者，未之有也。戍必与焉！"杜预谓"与祸难"，然《传》例，凡祸难皆曰"及"，不曰"与"。与，从也。此"与"字当承上句之"亡"字，谓从亡也。及文子卒，卫侯始恶于公叔戍，以其富也。公叔戍又将去夫人之党，杜预："灵公夫人南子。党，宋朝之徒。"夫人愬之曰："戍将为乱。"杜预："为明年戍来奔传。"

定公十四年

【经】

十有四年春，卫公叔戍来奔。卫赵阳出奔宋。杜预：“阳，赵黡孙。”

二月辛巳，二十三日。**楚公子结、陈公孙佗人帅师灭顿，以顿子牂归。**

夏，卫北宫结来奔。杜预：“亦党公叔戍，皆恶之。”

五月，于越败吴于槜李。槜 zuì。于越，越国也。

吴子光卒。

公会齐侯、卫侯于牵。

公至自会。

秋，齐侯、宋公会于洮。杜预：“洮，曹地。”

天王使石尚来归脤。杜预：“石尚，天子之士。脤，祭社之肉，盛以脤器，以赐同姓诸侯，亲兄弟之国，与之共福。”

卫世子蒯聩出奔宋。

卫公孟彄出奔郑。

宋公之弟辰自萧来奔。

大蒐于比蒲。

邾子来会公。杜预：“会公于比蒲，来而不用朝礼，故曰会。”

城莒父及霄。杜预：“公叛晋，助范氏，故惧而城二邑也。此年无‘冬’，史阙文。”

【传】

十四年春，卫侯逐公叔戌与其党，故赵阳奔宋，戌来奔。

梁婴父恶董安于，谓知文子曰："不杀安于，使终为政于赵氏，赵氏必得晋国。盍以其先发难也，讨于赵氏？"文子使告于赵孟曰："范、中行氏虽信为乱，安于则发之，是安于与谋乱也。晋国有命，始祸者死。二子既伏其罪矣，敢以告。"杜预："告使讨安于。"赵孟患之。安于曰："我死而晋国宁，赵氏定，将焉用生？人谁不死，吾死莫矣。"杨伯峻："莫，暮本字。"成十七年："我之有罪，吾死后矣。"乃缢而死。赵孟尸诸市，而告于知氏曰："主命戮罪人安于，既伏其罪矣，敢以告。"知伯从赵孟盟，杜预："知伯，荀砾。"而后赵氏定，祀安于于庙。杜预："赵氏庙。"杨伯峻："《尚书·盘庚上》孔安国《传》：'古者天子录功臣配食于庙。'此赵鞅亦行配食之礼。"

顿子牂欲事晋，背楚而绝陈好。二月，楚灭顿。杜预："《传》言小不事大，所以亡。"

夏，卫北宫结来奔，公叔戌之故也。

吴伐越。杜预："报五年越入吴。"越子句践御之，陈于槜李。杜预："句践，越王允常子。"句践患吴之整也，使死士再禽焉，不动。死士，敢死之士。俞樾："禽谓禽吴之士卒也。盖句践使敢死之士再犯吴阵，禽其前列者以归，欲使吴师惊乱，而吴竟不动。"使罪人三行，属剑于颈，杜预："以剑注颈。"而辞曰："二君有治，杜预："治军旅。"臣奸旗鼓，杜预："犯军令。"不敏于君之行前，不敢逃刑，敢归死。"遂自刭也。师属之目，越师皆注目视之。越子因而伐之，之，吴师也。大败之。灵姑浮以戈击阖庐，杜预："姑浮，越大夫。"阖庐伤将指，取其一屦。杜预："其足大指见斩，遂失屦，姑浮取之。”还，卒于陉，去槜李七里。

夫差使人立于庭，杜预：“夫差，阖庐嗣子。”苟出入，必谓己曰：“夫差！而忘越王之杀而父乎？”则对曰：“唯，不敢忘！”三年，乃报越。杜预：“哀元年。”

晋人围朝歌，公会齐侯、卫侯于脾、上梁之间，杜预：“脾、上梁之间即牵。”谋救范、中行氏。析成鲋、小王桃甲率狄师以袭晋，杜预：“二子，晋大夫，范、中行氏之党。”战于绛中，不克而还。士鲋奔周，小王桃甲入于朝歌。

秋，齐侯、宋公会于洮，范氏故也。杜预：“谋救范氏。”

卫侯为夫人南子召宋朝。杜预：“南子，宋女也。朝，宋公子，旧通于南子，在宋，呼之。”会于洮，大子蒯聩献盂于齐，过宋野。杜预：“蒯聩，卫灵公大子。盂，邑名也。就会献之，故自卫行而过宋野。”野人歌之曰：“既定尔娄猪，盍归吾艾豭。”杜预：“娄猪，求子猪，以喻南子。艾豭喻宋朝。”杨伯峻：“《孟子》：‘知好色，则慕少艾。’少艾，年轻貌美之人。”豭 jiā，牡猪，公猪也。大子羞之，谓戏阳速曰：杜预：“速，大子家臣。”“从我而朝少君，少君，南子也。少君见我，我顾，乃杀之。”速曰：“诺。”乃朝夫人。夫人见大子，大子三顾，速不进。夫人见其色，啼而走，杜预：“见大子色变，知其欲杀己。”曰：“蒯聩将杀余。”公执其手以登台。大子奔宋，尽逐其党。故公孟彄出奔郑，自郑奔齐。

大子告人曰：“戏阳速祸余。”戏阳速告人曰：“大子则祸余。大子无道，使余杀其母。余不许，将戕于余；杜预：“戕，残杀也。”若杀夫人，将以余说。说同脱。杨伯峻：“杀而归罪于己以解脱其罪。”余是故许而弗为，以纾余死。谚曰：‘民保于信。’吾以信义也。”杜预：“使义可信，不必信言。”

冬十二月，晋人败范、中行氏之师于潞，获籍秦、高强。

杜预："二子，党范氏者。终景王言籍父无后。"**又败郑师及范氏之师于百泉**。杜预："郑助范氏，故并败。"

定公十五年

【经】

十有五年春王正月，邾子来朝。

鼷鼠食郊牛，牛死，改卜牛。

二月辛丑，十九日。**楚子灭胡，以胡子豹归。**

夏五月辛亥，郊。

壬申，二十二日。**公薨于高寝**。杜预："高寝，宫名。不于路寝，失其所。"

郑罕达帅师伐宋。

齐侯、卫侯次于渠蒢。

邾子来奔丧。杜预："诸侯奔丧，非礼。"

秋七月壬申，二十三日。**姒氏卒**。杜预："定公夫人。"

八月庚辰朔，日有食之。

九月，滕子来会葬。杜预："诸侯会葬，非礼也。"

丁巳，九日。**葬我君定公，雨，不克葬。戊午，**十日。**日下昃，乃克葬**。春秋时以朝下葬为常，昃在夕前，大概当下午三点左右。下昃，近夕也。

辛巳，葬定姒。杜预："辛巳，十月三日。有日无月。"

冬，城漆。杜预："邾庶其邑。"

【传】

十五年春，邾隐公来朝。杜预：“邾子益。”子贡观焉。观礼。邾子执玉高，其容仰；公受玉卑，其容俯。杜预：“玉，朝者之贽。”子贡曰：“以礼观之，二君者，皆有死亡焉。夫礼，死生存亡之体也。体，犹本也。将左右周旋，进退俯仰，于是乎取之；朝祀丧戎，于是乎观之。今正月相朝，而皆不度，杜预：“不合法度。”心已亡矣。嘉事不体，杜预：“嘉事，朝礼。”不体，不合事体之节。何以能久？高仰，骄也；卑俯，替也。杨伯峻：“替，废惰也。”骄近乱，替近疾。君为主，其先亡乎！”

吴之入楚也，在四年。胡子尽俘楚邑之近胡者。杨伯峻：“俘虏楚邑近胡者之人民。”楚既定，胡子豹又不事楚，曰：“存亡有命，事楚何为？多取费焉。”费，指贡献，贡赋。二月，楚灭胡。

夏五月壬申，公薨。仲尼曰：“赐不幸言而中，杨伯峻：“鲁公死，不幸事也，故云‘不幸言而中’。”是使赐多言者也。”杜预：“以微知著，知之难者。子贡言语之士，今言而中，仲尼惧其易言，故抑之。”

郑罕达败宋师于老丘。杜预：“罕达，子齹之子。老丘，宋地。宋公子地奔郑，郑人为之伐宋，欲取地以处之，事见哀十二年。”

齐侯、卫侯次于蘧挐，蘧挐 qúrú。杨伯峻：“蘧挐即渠蒢，音近而异字，非一地二名。”谋救宋也。

秋七月壬申，姒氏卒。不称夫人，不赴，且不祔也。杜预：“赴同、祔姑，夫人之礼，二者皆阙，故不曰夫人。”

葬定公。雨，不克襄事，礼也。杜预：“襄，成也。雨而成事，若汲汲于欲葬。”

葬定姒。不称小君，不成丧也。杜预：“公未葬而夫人薨，烦于丧礼，不赴不祔，故不称小君，臣子怠慢也。反哭于寝，故书葬。”

冬，城漆。书，不时告也。杜预：“实以秋城，冬乃告庙，鲁知其不时，故缓告，从而书之以示讥。”

哀公

哀公名蒋，定公之子。陆德明："盖夫人定姒所生。"

哀公元年

【经】

元年春王正月，公即位。

楚子、陈侯、随侯、许男围蔡。杜预："定六年，郑灭许，此复见者，盖楚封之。"

鼷鼠食郊牛，改卜牛。夏四月辛巳，六日。**郊。**

秋，齐侯、卫侯伐晋。

冬，仲孙何忌帅师伐邾。

【传】

元年春，楚子围蔡，报柏举也。柏举之役在定四年。**里而栽，**里，离蔡都一里也。栽，立板杆，此指筑壁垒。**广丈，高倍。**杜预："垒厚一丈，高二丈。"**夫屯昼夜九日，**夫者，古时出师或有随军役徒，负责诸劳役之事，如刍荛、炊爨、工事等，襄十八年《传》"楚师多冻，役徒几尽”。沈钦韩则谓夫即士卒。屯，屯筑也，屯土筑垒。**如子西之素**。杨伯峻：“素，预定计划。”谓子西核计，筑垒须九昼夜之工期，实亦九昼夜完工。**蔡人男女以辨，**杜预：“辨，别也。男女各别，系累而出降。”礼，男女有别，故使男列为一班，女列为一班，不相混合也。**使疆于江、汝之间而还**。杜预：“楚欲使蔡徙国在江水之北，汝水之南，求田以自安也。蔡权听命，故楚师还。”**蔡于是乎请迁于吴**。杜预：“楚既还，蔡人更叛楚就吴。为明年蔡迁州来传。”

吴王夫差败越于夫椒，报槜李也。夫椒，越地。槜李之役在定十四年。**遂入越，越子以甲楯五千，保于会稽**。登会稽山以自保。**使大夫种因吴大宰嚭以行成**。**吴子将许之**。**伍员曰：“不可。臣闻之：‘树德莫如滋，去疾莫如尽。’**滋，若水之浸润，渐渐渗透。**昔有过浇杀斟灌以伐斟鄩，**杜预：“二斟，夏同姓诸侯。”杨伯峻：“襄四年《传》云寒浞杀羿，因其室而生浇，处浇于过。故此云‘有过浇’。《传》又云‘浇用师灭斟灌’，此言‘杀斟灌’，言杀其君而灭其国，二文各言其一。”**灭夏后相**。杜预：“夏后相，启孙也。后相失国，依于二斟，复为浇所灭。”**后缗方娠，**杜预：“后缗，相妻也。”娠，怀孕也。**逃出自窦，归于有仍，**杜预：“后缗，有仍氏女。”**生少康焉，**服虔：“少康，后缗遗腹子。”**为仍牧正**。杜预：“牧官之长。”**惎浇，能戒之**。杜预：“惎，毒也。戒，备也。”**浇使椒求之，**杜预：“椒，浇臣。”**逃奔有虞，为之庖正，以除其害**。杜预：“虞，舜后诸侯也。庖正，掌膳羞之官。赖此以得除己害。”**虞思于是妻之以二姚，**杜预：“思，有虞君也。虞思自以二女妻少康。姚，虞姓。”**而邑诸纶**。予少康纶邑。**有田一成，有众一旅**。杜预：“方十里为成，五百人为旅。”**能布其德，而兆其谋，**兆，物之初象也，故杜注“兆，始也”。**以收夏众，抚其官职**。杜预：“襄四年《传》曰：‘靡自有鬲氏收二国之烬，以灭浞，而立少康。’”**使女艾谍浇，**杜预：“女艾，少康臣。”杨伯峻：“言使女艾打入浇处为间谍。”**使季杼诱豷**。杜预：“豷（yì），浇弟也。季杼，少康子后杼也。”**遂灭过、戈，复禹之绩，**杜预：“过，浇国。戈，豷国。”**祀夏配天，不失旧物**。杜预“物，事也”，指主祀鬼神及礼制。**今吴不如过，而越大于少康，或将丰之，不亦难乎？**难 nán，不可也。杜预读为祸难之难，曰：“言与越成，是使越丰大，必为吴难。”**句践能亲而务施，施不失人，**能施则不失人（得民）。杜预：“所加惠赐，皆得其人。”非也。**亲不弃劳**。能亲，则下不旷职，事善成。**与我同壤而世为仇雠，于是乎克而弗取，将又存之，违天而长寇雠，**违天者，杜预：“犹言天与不取。”**后虽悔之，不可食已**。食，吃掉之义，即僖三十三年“寡君若得而食之”之“食”。言越后丰大，虽欲食之将不能矣。**姬之衰也，日可俟也**。杜预：“姬，吴姓。言可计日而待。”**介在蛮夷，而长寇雠，以是求伯，**杨伯峻：“夫差有为霸主之心。”**必不行矣。”弗听。退而告人曰：“越十年生聚，而十年教训，二十年之外，吴其为沼乎！”**沼，泥沼。言吴国将为泥沼，寓意谓越将灭吴。**三月，越及吴平。吴入越，不书，吴不告庆，越不告败也。**

夏四月，齐侯、卫侯救邯郸，围五鹿。杜预：“赵稷以邯郸叛，范、中行氏之党也。五鹿，晋邑。”

吴之入楚也，在定四年。**使召陈怀公。怀公朝国人而问焉，曰：“欲与楚者右，欲与吴者左。陈人从田，无田从党。”**杜预：“都邑之人无田者，随党而立。不知所与，故直从所居。田在西者居右，田在东者居左。”**逢滑当公而进，**杜预：“当公，不左不右。”**曰：“臣闻国之兴也以福，其亡也以祸**。以，因也。**今吴未有福，楚未有祸。楚未可弃，吴未可从。而晋，盟主也，若以晋辞吴，若何？”公曰：“国胜君亡，**国胜，国被人战胜。杨伯峻：“楚国为吴所胜，楚君逃亡。”**非祸而何？”对曰：“国之有是多矣，何必不复。小国犹复，况大国乎？**

臣闻国之兴也，视民如伤，杜预："如伤，恐惊动。"**是其福也；其亡也，以民为土芥，**芥，草也。**是其祸也。楚虽无德，亦不艾杀其民。**杨伯峻："艾同刈。"**吴日敝于兵，**敝，罢敝。**暴骨如莽，**言战死者多。暴，暴露。骨，战死者之骨骸也。**而未见德焉。天其或者正训楚也，**杜预："使惧而改过。"**祸之适吴，其何日之有？"**言将至。**陈侯从之。及夫差克越，乃修先君之怨。秋八月，吴侵陈，修旧怨也。**杜预："《传》言吴不修德而修怨，所以亡。"

齐侯、卫侯会于乾侯，救范氏也。师及齐师、卫孔圉、鲜虞人伐晋，取棘蒲。师及，鲁师及也。杜预："孔圉，孔烝鉏曾孙。"

吴师在陈，楚大夫皆惧，曰："阖庐惟能用其民，以败我于柏举。今闻其嗣又甚焉，将若之何？"子西曰："二三子恤不相睦，无患吴矣。昔阖庐食不二味，居不重席，居，处也。杨伯峻："居即今之坐。古之坐若今之跪。唯士仅一层席，此阖庐亦一层席。"**室不崇坛，**杜预："平地作室，不起坛也。"**器不彤镂，**杜预："彤，丹也。镂，刻也。"言不涂漆不雕刻。**宫室不观，**观，台榭。杨伯峻："宫室不筑楼台亭阁。"**舟车不饰，**吴多水，故出行非舟即车。**衣服财用，择不取费。**杜预："选取坚厚，不尚细靡。"**在国，天有菑疠，**菑同灾。杨伯峻："疠，流行病疫。"**亲巡孤寡而共其乏困。**共同供。**在军，熟食者分而后敢食。**杜预："必须军士皆分熟食，不敢先食。"**其所尝者，卒乘与焉。**杜预："所尝，甘珍非常食。"**勤恤其民而与之劳逸，是以民不罢劳，死知不旷。**杜预："知身死不见旷弃。"旷，旷职也。**吾先大夫子常易之，所以败我也。**杜预："易犹反也。"**今闻夫差，次有台榭陂池焉，**次，住宿之名，在外某地宿三日及以上者曰次。**宿有妃嫱嫔御焉。**宿，在外某地宿一日曰宿，再宿为信，过信为次。杜预："妃嫱，贵者；嫔御，贱者，皆内官。"**一日之行，所欲必成，玩好必从。**从，不违也。珍异是聚，观乐是务，视民如雠，而用之日新。夫先自败也已，安能败我？”

冬十一月，晋赵鞅伐朝歌。杜预：“讨范、中行氏。”

哀公二年

【经】

二年春王二月，季孙斯、叔孙州仇、仲孙何忌帅师伐邾，取漷东田及沂西田。杜预：“邾人以赂，取之易也。”癸巳，二十三日。叔孙州仇、仲孙何忌及邾子盟于句绎。杜预：“句绎，邾地。取邑，盟以要之。”

夏四月丙子，七日。卫侯元卒。

滕子来朝。

晋赵鞅帅师纳卫世子蒯聩于戚。蒯聩出奔宋在定十四年，盖后转奔晋。

秋八月甲戌，七日。晋赵鞅帅师及郑罕达帅师战于铁。杜预：“罕达，子皮孙。”郑师败绩。

冬十月，葬卫灵公。

十有一月，蔡迁于州来。杜预：“畏楚而请迁，故以自迁为文。”蔡杀其大夫公子驷。

【传】

二年春，伐邾，将伐绞。杜预：“绞，邾邑。”邾人爱其土，爱，惜也。其土，绞邑之地。故赂以漷、沂之田而受盟。

初，卫侯游于郊，子南仆。子南，灵公庶子郢也。姚鼐谓子南为灵公庶弟，误。仆，御，今谓司机。**公曰：“余无子，**无子，无適子，因太子蒯聩已出奔故。杜预：“蒯聩奔，无大子。”**将立女。”不对。他日，又谓之。对曰：“郢不足以辱社稷，**辱，勤，劳也。**君其改图。君夫人在堂，三揖在下，**杜预：“三揖，卿、大夫、士。”《周礼·司士》：“孤卿特揖，大夫以其等旅揖，士旁三揖。”**君命只辱。”**杜预：“言立適当以礼，与外内同之。今君私命，事必不从。”“与外内同之”者，谓谋于外内也。外，卿大夫；内，夫人。君命只辱，只辱君命也，谓徒辱君制此命，己不敢从。

夏，卫灵公卒。夫人曰：“命公子郢为大子，君命也。”对曰：“郢异于他子。言己与他子不同。杨伯峻：“杜注：‘言用意不同。’盖谓郢不欲居君位，以节操自高，吴季札所谓‘守节’者也。”竹添光鸿：“盖郢母贱，不敢自同于他子，故云异于他子耳。”前说善。**且君没于吾手，若有之，郢必闻之。**谓君没时，己在旁，未闻有立己之命。杜预：“言当以临没为正。”**且亡人之子辄在。”**言虽无適子，犹有適孙，礼当立于嫡系。亡人指太子蒯聩。杜预：“辄，蒯聩之子出公也，灵公適孙。”**乃立辄。**

六月乙酉，十七日。**晋赵鞅纳卫大子于戚。**此句总言其事，以下为事之经过。**宵迷，**杨伯峻：“临夜迷路。”**阳虎曰：“右河而南，必至焉。”使大子絻，**絻同免，音问。杜预：“絻者，始发丧之服。”**八人衰绖，伪自卫逆者。**八人衰绖，伪自卫国如晋逆蒯聩者，返行至此。**告于门，**门，戚城门。**哭而入，遂居之。**之，戚也。

秋八月，齐人输范氏粟，时范氏保于朝歌。**郑子姚、子般送之，**杜预：“子姚，罕达。子般，驷弘。”**士吉射逆之。**迎接输粟者。**赵鞅御之，**抗击输粟者。**遇于戚。**士吉射逆郑罕、驷不及，赵鞅师先与罕、驷遇。**阳虎曰：**阳虎，赵鞅家臣。**“吾车少，以兵车之旆与罕、驷兵车先陈。**与，从也。杜预：“旆，先驱车也。以先驱车益以兵车以示众。”**罕、驷自后随而从之，**罕、驷保粟在后，故曰自后随。**彼见吾貌，必有惧心。**杜预："晋人先陈，郑人随之，不知其虚实，见车多必惧。"盖赵鞅以己之兵车从罕、驷兵车，逼其前锋而先列阵，则其前锋亦必紧急列阵应对。罕、驷自后随其前锋兵车而至，骤见眼前兵车乍多，不分几敌几我，造成一种晋车众多的假象，以疑惑罕、驷。《传》曰"登轼而望"，又曰"登山以望，见楚师不继"，又曰"登丘而望"，则罕、驷于车中不能见晋师虚实，可能误判己车为晋车。**于是乎会之，**杜预："会，合战。"**必大败之。"从之。卜战，龟焦。**杜预："兆不成。"**乐丁曰："《诗》曰：'爰始爰谋，**爰，何，何处。言于何始于何谋。**爰契我龟。'**爰，焉也，于是也。杨伯峻："契，刻也，刻龟即卜。"杜预："乐丁，晋大夫。《诗·大雅》，言先人事，后卜筮。"**谋协，以故兆询可也。"**卜筮之结果曰兆，咨问之结果曰询，兆询为同义词连用。《大禹谟》"询谋佥同"，"询谋"亦指咨询与谋议之结果而言。另参襄八年"兆云询多"。杜预："故兆，始纳卫大子，卜得吉兆。言今既谋同，可不须更卜。"**简子誓曰："范氏、中行氏反易天明，**天明，天之明道，犹言正道，大道。昭二十五年"则天之明"，"以象天明"。哀六年"帅彼天常"，天常亦此义。**斩艾百姓，欲擅晋国而灭其君。**擅，专也。**寡君恃郑而保焉。今郑为不道，弃君助臣，二三子顺天明，从君命，经德义，除诟耻，在此行也。克敌者，上大夫受县，下大夫受郡，**杜预："《周书·作雒篇》：'千里百县，县有四郡。'"**士田十万，**杨伯峻："十万下无单位词，张政烺谓为十万步，百步一亩，则千亩。"杜预谓十万为十万亩，似过大。**庶人工商遂，**杜预："得遂进仕。"**人臣隶圉免。**杨伯峻本武亿谓："人臣为'男为人臣'之'人臣'，谓奴隶。隶圉，亦奴隶，隶服杂役，圉养马。襄二十三年《传》：'斐豹，隶也，谓宣子曰："苟焚丹书，我杀督戎。"'免即焚丹书，使为自由民。"**志父无罪，君实图之。**杜预："志父，赵简子之一名也。"杨伯峻主此说。服虔、韦昭均谓赵鞅入晋阳叛后改名志父，误。古代罪人弃暗投明，或其子孙不从父祖之恶，虔心向善者，或有自改名，或君主赐改名之礼，以示弃旧恶从新生之义，例如宣四年“（王）使（箴尹克黄）复其所，改命曰生”。然既改名之后，其旧名不可复用，无论自谓或他人称呼。据定十三年赵鞅入晋阳以叛之后，《经》《传》仍屡称“赵鞅”，因知“志父”乃赵鞅固有之名，非因叛而改名也。君实图之，言图其赏与不赏。**若其有罪，绞缢以戮，桐棺三寸，**桐棺，桐木棺。**不设属辟，**杜预：“属、辟，棺之重数。王棺四重，君再重，大夫一重。”据杨伯峻，属为大棺内之次大棺，连于大棺；辟亦作椑，在属棺之内，为亲身棺。又云“赵鞅云不设椑，可见当时诸侯之大臣善终亦有椑，盖时不依旧制，所谓‘僭’。”**素车朴马，**杜预：“以载柩。”**无入于兆，**杜预：“兆，葬域。”杨伯峻：“古代同族之人从葬一处，从葬之地，其范围曰兆域。”**下卿之罚也。”**杜预：“为众设赏，自设罚，所以能克敌。”据定八年，赵鞅之位在范鞅（献子）之下，班在二，范鞅盖死于定九年，赵鞅继之为上卿，将中军。

甲戌，将战，邮无恤御简子，卫大子为右。杜预：“邮无恤，王良也。”卫大子，蒯聩。**登铁上，**杜预：“铁，丘名。”**望见郑师众，大子惧，自投于车下。**惧而扑坠于车下。**子良授大子绥而乘之，**子良即邮无恤。孔颖达：“绥，挽以上车之索。”**曰：“妇人也。”**讥之懦弱如妇人。**简子巡列，曰：“毕万，匹夫也。七战皆获，有马百乘，死于牖下。**杜预：“毕万，晋献公卿也。皆获，有功。死于牖下，言得寿终。”牖，窗也，户牖，引申为家。**群子勉之，死不在寇。”**死亦不当死于敌手，言当效法毕万。**繁羽御赵罗，宋勇为右。**杜预：“三子，晋大夫。”**罗无勇，麇之。**杜预：“麇，束缚也。”**吏诘之，**诘问其故。**御对曰：“痁作而伏。”**御，繁羽也。杜预：“痁，疟疾也。”**卫大子祷曰：“曾孙蒯聩敢昭告皇祖文王、**此“曾孙”为广义之曾孙。**烈祖康叔、**康叔，卫始封君。**文祖襄公：**杜预：“继业守文，故曰文祖。蒯聩，襄公之孙。”**郑胜乱从，**杜预：“胜，郑声公名。释君助臣，为从于乱。”杨伯峻解

"从"为"顺"，谓"乱顺道"。**晋午在难，**杜预："午，晋定公名。"**不能治乱，使鞅讨之。蒯聩不敢自佚，**佚同逸。**备持矛焉。**备，祷辞或外交辞令中用作自贬损之逊辞。谓备充于持矛之数。杜预："戎右持矛。"**敢告无绝筋，无折骨，无面伤，以集大事，**杜预："集，成也。"**无作三祖羞。**杨伯峻："作，为也。三祖，皇祖、烈祖、文祖。"**大命不敢请，**杨伯峻："大命谓死生之命。"**佩玉不敢爱。"**祷必用器币，此在战时，不能供备，姑藉佩玉祈祷。爱，吝惜。

郑人击简子中肩，毙于车中，杜预："毙，踣也。"**获其蜂旗。**杜预："蜂旗，旗名。"**大子救之以戈，郑师北，获温大夫赵罗。**杨伯峻引于鬯云："此赵罗盖范氏之党羽，与上赵罗异人也。故不第曰赵罗，而曰温大夫赵罗。"此说似有理，然谓此赵罗为范氏党，晋获之，则不足信。温县固赵氏采邑，何以其县大夫为范氏之党？或者其与赵稷乎？则不可信，故此句仍当为郑师获赵鞅之属大夫赵罗。**大子复伐之，郑师大败，获齐粟千车。赵孟喜，曰："可矣。"**杨伯峻引顾炎武云："以中行氏失援粮竭，必将亡。"**傅傁曰："虽克郑，犹有知在，忧未艾也。"**杜预："傅傁，简子属也。言知氏将为难。后竟有晋阳之患。"知氏亦与赵氏相恶，且知氏与中行氏同祖，同为荀氏。

初，周人与范氏田，公孙尨税焉。杜预："尨，范氏臣，为范氏收周人所与田之税。"**赵氏得而献之，**杜预："得尨以献简子。"**吏请杀之。赵孟曰："为其主也，何罪？"止而与之田。**杜预谓"还其所税"。杨伯峻谓"不但不杀，且留之，与之以田"，又云"此事疑在铁战前，定十三年荀寅、士吉射奔朝歌后"。杨说善。**及铁之战，以徒五百人宵攻郑师，取蜂旗于子姚之幕下，**幕，幄幕。**献曰："请报主德。"追郑师，姚、般、公孙林殿而射，**殿，殿后。**前列多死。**晋军前列。**赵孟曰："国无小。"**国不在小大，唯其将士有勇与否。**既战，简子曰："吾伏弢呕血，**杜预："弢，弓衣。呕，吐也。"**鼓音不衰，今日我上也。"**杜预："我功为上。"

大子曰："吾救主于车，退敌于下，我，右之上也。"右，车右。**邮良曰："我两靷将绝，吾能止之，**杜预："止，使不绝。"**我，御之上也。"驾而乘材，两靷皆绝。**杜预："材，横木。明细小也。《传》言简子不让下自伐。"杨伯峻解"乘"为"载"，误。乘，登也，加于某物之上也，即襄二十三年"则乘槐本而覆"之"乘"，他例颇多。战毕则卸车马，此邮良复套其车，以一横木置于地，御而驰过之，车轮遇横木之阻力，两靷绳皆断。

吴泄庸如蔡纳聘，而稍纳师，稍，尽也。**师毕入，众知之。蔡侯告大夫，杀公子驷以说。**蔡侯本主迁国者，而诸大夫多不欲迁。纳吴师入蔡本蔡侯与吴人之谋，欲借吴师威胁诸大夫迁国。吴师入，诸大夫知为公之意志，怨公。公子驷盖蔡侯之党而主迁者，公因杀之，而以纳吴师为公子驷之谋向诸大夫解说。杜预："杀驷以说吴。"杨伯峻："杀公子驷向吴解说。"皆非。若非蔡侯与吴通谋，而纳吴师入，吴师不可能轻易入蔡。诸大夫怒纳吴师者，故当向诸大夫解说，而非向吴解说。**哭而迁墓。**杀公子驷以说，只是蔡侯之谋略，吴师既入，不得不迁。杜预："将迁，与先君辞，故哭。"**冬，蔡迁于州来。**

哀 公 三 年

【经】

三年春，齐国夏、卫石曼姑帅师围戚。杨伯峻："蒯聩居戚故也。"

夏四月甲午，初一。**地震。**

五月辛卯，二十八日。**桓宫、僖宫灾。**

季孙斯、叔孙州仇帅师城启阳。杜预："鲁党范氏，故惧晋，比年四城。”

宋乐髡帅师伐曹。

秋七月丙子，十四日。**季孙斯卒。**

蔡人放其大夫公孙猎于吴。猎当与公子驷皆为蔡昭公之党；此时蔡大夫反对昭公者多，故能出其党。

冬十月癸卯，十三日。**秦伯卒。**

叔孙州仇、仲孙何忌帅师围邾。

【传】

三年春，齐、卫围戚，求援于中山。齐、卫求援于中山。杜预：“中山，鲜虞。”此时齐、鲁、郑、卫、中山皆奉助范、中行氏。

夏五月辛卯，司铎火。章炳麟谓司铎为官署，杜预谓是宫名，据昭十三年“司铎射怀锦”，章说是。**火逾公宫，桓、僖灾。**桓、僖，桓庙、僖庙也。此两句为本段之“经”，下文总叙事之经过。**救火者皆曰：“顾府。”**府所藏者，典籍、宝器、财货等贵重之物，疑府之所藏亦不尽同，僖五年“藏于盟府”、定四年“藏在周府”，与此“府”盖皆为专藏典籍之府。**南宫敬叔至，命周人出御书，俟于宫，**杜预：“敬叔，孔子弟子南宫阅。周人，司周书典籍之官。御书，进于君者也。使待命于宫。”此府当在火之下风处，故命出其书。**曰：“庀女，而不在，死。”**杜预：“庀，具也。”命其俟宫待命，命至，召具汝，汝不在，死。**子服景伯至，**杜预：“景伯，子服何也。”**命宰人出礼书，以待命。命不共，有常刑。**共可读“供”，亦可读“恭”。**校人乘马，巾车脂辖。**校人出具乘马，巾车涂脂车辖。其中亦包括一系列附属工作，以待套车之用。校人，职调驯乘马。杜预：“巾车，掌车。”**百官官备，**杨伯峻：“各种官吏无不在职位。”**府库慎守，官人肃给。**救火可能用到各种器物，救火者取之官人，亦或指各相关部门主供给之人员。杨伯峻："肃给，肃敬供给。"**济濡帷幕，郁攸从之。**郁攸，滞积易火处。以浸湿之帷幕，从其滞积易火处。**蒙葺公屋，**杜预："以濡物冒覆公屋。"**自大庙始，外内以悛，**悛，改也。盖谓主内主外之人员，当一改常心，以急难为务，即改变平素之行事态度，积极应对火灾。杜预："悛，次也。先尊后卑，以次救之。"**助所不给。有不用命，则有常刑无赦。公父文伯至，命校人驾乘车。**驾，套也。杜预："乘车，公车。"**季桓子至，御公立于象魏之外，**御公，为公御车也。杜预："象魏，门阙。"**命救火者伤人则止，财可为也。**以人为大，财物则量力施救。**命藏《象魏》，曰："旧章不可亡也。"**象魏为悬挂法令以晓谕万民之处，故谓其书为《象魏》。**富父槐至，**杜预："槐，富父终生之后。"**曰："无备而官办者，犹拾瀋也。"**备，预备，防备。常言"防火胜于救灾"，槐言前者不预备火之将至，而一味责办其补救措施，是本末倒置也。杜预："瀋（chěn），汁也。"杨伯峻："犹羹汁倾覆于地，无法捡拾。"**于是乎去表之槀，**表，火向标识范围内，即易火带。槀 gǎo，草木干枯者。杜预："去其槀积。"**道还公宫。**还同环。环绕公宫辟防火隔离带，切断火源与公宫之连接。故火逾公宫，而公宫不被灾。**孔子在陈，闻火，曰："其桓、僖乎！"**杜预："言桓、僖亲尽而庙不毁，宜为天所灾。"

刘氏、范氏世为昏姻，苌弘事刘文公，杜预："为之属大夫。"**故周与范氏。赵鞅以为讨。**杜预："责周与范氏。"**六月癸卯，**十一日。**周人杀苌弘。**杜预："终'违天'之祸。"

秋，季孙有疾，命正常曰："无死！杜预："正常，桓子之宠臣，欲付以后事，故敕令勿从己死。"**南孺子之子，男也，则以告而立之；**杜预："南孺子，季桓子之妻。"**女也，则肥也可。"**肥，康子也，季桓子庶子。**季孙卒，康子即位。既葬，康子在朝。南氏生男，正常载以如朝，告曰："夫子有遗言，命其圉臣曰：**杨伯峻："圉臣，正常自称。"**'南氏生男，则以**

告于君与大夫而立之。'今生矣，男也，敢告。"遂奔卫。杨伯峻："告毕即奔，知康子不能奉父遗言，正常畏被害也。"**康子请退。**杜预："退，辟（避）位也。"**公使共刘视之，**杜预："共刘，鲁大夫。"**则或杀之矣，**杨伯峻："自是康子使人为之。"**乃讨之。**杜预："讨杀者。"**召正常，正常不反。**杜预："畏康子也。"

冬十月，晋赵鞅围朝歌，师于其南。杨伯峻："重军在朝歌南。"**荀寅伐其郛，**杨伯峻："荀寅被围在朝歌城内，而伐南门外城，欲使赵鞅兵力聚集于此。"**使其徒自北门入，己犯师而出。**杨伯峻："北门赵鞅兵力已减，荀寅之徒在朝歌外来救者因易攻入，荀寅乃转徙兵力自北门突围而出。此言荀寅，士吉射亦在其中。"**癸丑，**二十三日。**奔邯郸。**邯郸，赵稷所在。**十一月，赵鞅杀士皋夷，恶范氏也。**范氏为士蔿、士会之后，故又以"士"为氏。

哀公四年

【经】

四年春王二月庚戌，二十一日。**盗杀蔡侯申。**

蔡公孙辰出奔吴。杜预："弑君贼之党，故书名。"

葬秦惠公。

宋人执小邾子。

夏，蔡杀其大夫公孙姓、公孙霍。杜预："皆弑君党。"

晋人执戎蛮子赤归于楚。

城西郛。杜预："鲁西郭，备晋也。"

六月辛丑，十四日。**亳社灾。**杜预："亳社，殷社。"杨伯峻谓，鲁因商奄遗民而立亳社。

秋八月甲寅，二十八日。**滕子结卒。**

冬十有二月，葬蔡昭公。

葬滕顷公。

【传】

四年春，蔡昭侯将如吴。诸大夫恐其又迁也，承。惠栋引《鲁颂·閟宫》“则莫我敢承”，《毛诗传》，“承，止也”，谓诸大夫皆欲止之，可信。《商颂·长发》“则莫我敢曷”，与《閟宫》句同意，曷同遏，阻止也。昭二十一年“使子皮承宜僚以剑而讯之”、昭二十七年“执铍者夹承之”、哀十六年“承之以剑，不动”，则胁迫某人行某事或不行某事曰承。**公孙翩逐而射之，**逐公而射之。诸大夫虽阻止昭公如吴，然不若公孙翩之极端。**入于家人而卒。**沈钦韩：“家人言民家。”公被射中，逃入民家而卒，公孙翩亦追公而入。**以两矢门之。**国人遂讨公孙翩，公孙翩以两矢守民家之门而自保。**众莫敢进。文之锴后至，曰：“如墙而进，多而杀二人。”**杜预：“并行如墙俱进。”**锴执弓而先，翩射之，中肘。锴遂杀之。故逐公孙辰，而杀公孙姓、公孙盱。**杜预：“盱（xū），即霍也。”

夏，楚人既克夷虎，杜预：“夷虎，蛮夷叛楚者。”**乃谋北方。左司马眅、申公寿馀、叶公诸梁致蔡于负函，**眅 pǎn。杜预：“三子，楚大夫也。此蔡之故地人民，楚因以为邑。致之者，会其众也。”致即二十六年“文子致众而问焉”之“致”，言召某某使至也。**致方城之外于缯关，**杜预：“负函、缯关，皆楚地。”**曰：“吴将泝江入郢，**泝即溯。杜预：“逆流曰泝。”**将奔命焉。”**师将奔命御之。**为一昔之期，袭梁及霍。**杜预：“伪辞当备吴，夜结期，明日便袭梁、霍，使不知之。”梁、霍皆蛮子邑。**单浮馀围蛮氏，**杜预：“浮馀，楚大夫。”**蛮氏溃。蛮子赤奔晋阴地。司马起丰、析与狄戎，**司马，左司马眅。起，犹兴也。**以临上雒。左师军于菟和，**菟和，山名。**右师军于仓野，使谓阴地之命大夫士蔑曰：**杜预："命大夫，别县监尹。"杨伯峻谓，命大夫为国君亲命之大夫，即一命、二命、三命之命。阴地为晋要邑，故使命大夫镇守。**"晋、楚有盟，好恶同之。若将不废，寡君之愿也。不然，将通于少习以听命。"**杨伯峻："少习山在今商县东一百八十五里，山下即武关。打通少习山，即可西胁秦国，而与秦联军，东取阴地，北渡黄河，以逼晋都。"**士蔑请诸赵孟。赵孟曰："晋国未宁，安能恶于楚，必速与之！"**杜预："未宁，时有范、中行之难。"**士蔑乃致九州之戎，**致，即上文二"致"，杨伯峻："犹召集也。"杜预："九州戎，在晋阴地、陆浑者。"**将裂田以与蛮子而城之，**裂，比田若帛，故曰裂。而，且也。杜预："以诈蛮子。"**且将为之卜。**杜预："卜城。"**蛮子听卜，遂执之与其五大夫，以畀楚师于三户。司马致邑立宗焉，以诱其遗民，**致，与也。楚司马复诈蛮人将予之邑，且为其立宗主。**而尽俘以归。**

秋七月，齐陈乞、弦施、卫甯跪救范氏。杜预："陈乞，僖子。弦施，弦多。"**庚午，**十四日。**围五鹿。**杜预："五鹿，晋地。"**九月，赵鞅围邯郸。**去年冬，范、中行自朝歌奔邯郸。**冬十一月，邯郸降。荀寅奔鲜虞，赵稷奔临。**杜预："临，晋邑。"**十二月，弦施逆之，**逆赵稷于临。**遂堕临。**堕，毁其城。**国夏伐晋，取邢、任、栾、鄗、逆畤、阴人、盂、壶口。会鲜虞，纳荀寅于柏人。**柏人，晋邑。

哀公五年

【经】

五年春，城毗。

夏，齐侯伐宋。

晋赵鞅帅师伐卫。

秋九月癸酉，二十四日。齐侯杵臼卒。

冬，叔还如齐。

闰月，葬齐景公。

【传】

五年春，晋围柏人，荀寅、士吉射奔齐。

初，范氏之臣王生恶张柳朔，言诸昭子，使为柏人。杜预："为柏人宰也。昭子，范吉射也。"昭子曰："夫非而雠乎？"对曰："私雠不及公，公，公事。好不废过，恶不去善，杨伯峻："爱而知其恶，憎而知其善。"义之经也。臣敢违之？"及范氏出，杜预："出柏人奔齐。"张柳朔谓其子："尔从主，勉之！我将止死，王生授我矣，杜预："授我死节。"吾不可以僭之。"僭，不信也。遂死于柏人。杜预："为吉射距晋战死。"

夏，赵鞅伐卫，范氏之故也，杜预："卫助范氏故。"遂围中牟。

齐燕姬生子，不成而死。杜预："燕姬，景公夫人。不成，未冠也。"诸子鬻姒之子荼嬖，诸子，诸嬖妾也。鬻姒，景公妾。

诸子鬻姒，诸嬖妾中之鬻姒也。荼，安孺子。**诸大夫恐其为大子也，言于公曰："君之齿长矣，**讳言老，故曰齿长。**未有大子，若之何？"公曰："二三子间于忧虞，则有疾疢。**间，间厕之间。言常怀忧虑则生疾。疢 chèn。**亦姑谋乐，何忧于无君？"**杜预："景公意欲立荼而未发，故以此言塞大夫请。"**公疾，使国惠子、高昭子立荼，**杜预："惠子，国夏。昭子，高张。"**寘群公子于莱。**杜预："莱，齐东鄙邑。"**秋，齐景公卒。冬十月，公子嘉、公子驹、公子黔奔卫，公子鉏、公子阳生来奔。**来奔鲁。**莱人歌之曰："景公死乎不与埋，三军之事乎不与谋。师乎师乎，何党之乎？"**杜预："师，众也。党，所也。之，往也。称谥，盖葬后而为此歌，哀群公子失所。"

郑驷秦富而侈，嬖大夫也，下大夫。**而常陈卿之车服于其庭。郑人恶而杀之。子思曰：**杜预："子思，子产子国参也。"**"《诗》曰：'不解于位，民之攸塈。'**解同懈。攸，所也。塈，息也。**不守其位，而能久者鲜矣。《商颂》曰：'不僭不滥，不敢怠皇，命以多福。'"**僭，超越或逃避其职分皆为僭。滥，泛滥，过度也。皇同遑，暇也。

哀公六年

【经】

六年春，城邾瑕。

晋赵鞅帅师伐鲜虞。

吴伐陈。

夏，齐国夏及高张来奔。

叔还会吴于柤。

秋七月庚寅，十六日。**楚子轸卒。**

齐阳生入于齐。阳生，悼公也。杜预："为陈乞所逆，故书入。"

齐陈乞弑其君荼。杜预："弑荼者，朱毛与阳生也，而书陈乞，所用明乞立阳生而荼见弑，则祸由乞始也。"

冬，仲孙何忌帅师伐邾。

宋向巢帅师伐曹。

【传】

六年春，晋伐鲜虞，治范氏之乱也。杜预："四年，鲜虞纳荀寅于柏人。"

吴伐陈，复修旧怨也。杜预："元年未得志故。"**楚子曰："吾先君与陈有盟，不可以不救。"**先君，平王也。杜预："盟在昭十三年。"**乃救陈，师于城父。**

齐陈乞伪事高、国者，杜预："高张、国夏受命立荼，陈乞欲害之，故先伪事焉。"**每朝必骖乘焉。**骖乘当车右之位。**所从必言诸大夫曰：**所从，或骖乘于高，或骖乘于国。言诸大夫，谮诸大夫于高、国也。**"彼皆偃蹇，**彼，指诸大夫。杜预："偃蹇（jiǎn），骄敖。"**将弃子之命。皆曰：**诬言诸大夫皆曰。**'高、国得君，必偪我，盍去诸？'**去，逐也。诸，之乎合音。**固将谋子，子早图之。图之，莫如尽灭之。需，事之下也。"**需，待也。杨伯峻："迟疑等待乃下策。"**及朝，则曰："彼，虎狼也，**杨伯峻："又向高、国言，谓诸大夫是虎狼。"**见我在子之侧，杀我无日矣。请就之位。"**杜预："欲与诸大夫谋高、国，故求就之。"**又谓诸大夫曰："二子者祸矣！**杨伯峻"二子即高、国。祸矣，言将为祸乱。"**恃得君而欲谋二三子，曰：'国之多难，贵宠之由，尽去之而后君定。'既成谋矣，**

盍及其未作也先诸？作而后悔，亦无及也。”大夫从之。

夏六月戊辰，二十三日。陈乞、鲍牧及诸大夫以甲入于公宫。杜预：“牧，鲍国孙。”昭子闻之，与惠子乘如公。战于庄，败。杜预：“高、国败也。”国人追之，国夏奔莒，遂及高张、晏圉、弦施来奔。国夏先奔莒，旋及高张等来奔。杜预：“圉，晏婴之子。圉、施不书，非卿。”

秋七月，楚子在城父，将救陈。卜战，不吉；卜退，不吉。王曰：“然则死也。再败楚师，不如死；前已败于柏举，今若不胜，是再败也。弃盟、逃雠，不救陈而返，是弃盟逃雠。亦不如死。死一也，其死雠乎！”同是一死，死雠为礼。命公子申为王，不可；则命公子结，亦不可；则命公子启，杜预：“申，子西；结，子期；启，子闾，皆昭王兄。”刘向谓三人皆昭王弟，非也。昭二十六年令尹子常欲立子西，曰：“大子壬（昭王）弱……子西长而好善。”五辞而后许。将战，王有疾。庚寅，昭王攻大冥，卒于城父。杜预：“大冥，陈地，吴师所在。”子闾退，曰：“君王舍其子而让，群臣敢忘君乎？从君之命，顺也；杜预：“从命，许立。”立君之子，亦顺也。二顺不可失也。”与子西、子期谋，潜师闭涂，逆越女之子章，立之而后还。杜预：“潜师，密发也。闭涂，不通外使也。越女，昭王妾。章，惠王。”杨伯峻：“潜师，秘密转移师旅。闭涂，封闭有关道路，不使己情外泄。”逆者，盖自国都逆之于师也。

是岁也，有云如众赤鸟，夹日以飞，三日。楚子使问诸周大史。楚子，昭王。据杨伯峻，使如周室问于周大史也，可信。周大史曰：“其当王身乎！杜预：“日为人君，妖气守之，故以为当王身。云在楚上，唯楚见之，故祸不及他国。”若禜之，可移于令尹、司马。”禜，禳祭名。王曰：“除腹心之疾，而寘诸股肱，何益？大臣犹君之股肱，故曰寘诸股肱。不穀不有大过，天其夭诸？昭王母嬴氏归楚在昭十九年正月，则昭王当在三十五岁以下。有罪受罚，又焉移之？”遂弗禜。

初，昭王有疾。卜曰：“河为祟。”黄河之神作祟。王弗祭。大夫请祭诸郊，于郊祭河神。王曰：“三代命祀，祭不越望。诸侯望祭境内山川，黄河不在楚。江、汉、雎、漳，楚之望也。杜预：“四水在楚界。”祸福之至，不是过也。不过是也。是，江、汉、雎、漳也。不穀虽不德，河非所获罪也。”遂弗祭。孔子曰：“楚昭王知大道矣。其不失国也宜哉！《夏书》曰：‘惟彼陶唐，帅彼天常，杨伯峻：“帅同率，循行也。”有此冀方。杨伯峻据顾炎武，冀方即中国。今失其行，乱其纪纲，乃灭而亡。’杜预：“灭亡，谓夏桀也。”又曰：‘允出兹在兹。’信出于此，则当践行于此，志行合一也。由己率常可矣。”

八月，齐邴意兹来奔。杜预：“高、国党。”

陈僖子使召公子阳生。阳生驾而见南郭且于，杜预：“且于，齐公子鉏，在鲁南郭。”曰：“尝献马于季孙，不入于上乘，故又献此，请与子乘之。”杜预：“畏在家，人闻其言，故欲二人共载，以试马为辞。”出莱门而告之故。告陈氏欲纳己，将咨问于且于也；或欲使之从行。阚止知之，先待诸外。杜预：“阚止，阳生家臣子我也。待外，欲俱去。”公子曰：“事未可知，反，与壬也处。”谓事成与不成不可知，不可贸然从事。杜预：“壬，阳生子简公。”戒之，阳生将去，故以家事儆戒之。遂行。逮夜，至于齐，国人知之。杜预：“故以昏至，不欲令人知也。国人知而不言，言陈氏得众。”僖子使子士之母养之，杜预：“隐于僖子家内。子士母，僖子妾。”与馈者皆入。杜预：“陈僖子又令阳生随馈食之人入处公宫。”

冬十月丁卯，二十四日。立之。将盟，杜预：“盟诸大夫。”鲍子醉而往。其臣差车鲍点曰：杜预：“点，鲍牧臣也。差车，主车之官。”“此谁之命也？”陈子曰：“受命于鲍子。”

遂诬鲍子曰：“子之命也！”杜预：“见其醉，故诬之。”**鲍子曰：“女忘君之为孺子牛而折其齿乎，而背之也？”**孺子，荼也。景公宠爱荼，尝自爬行为牛，与孺子戏，荼盖骑之或牵之，仆而折公齿。**悼公稽首，**杜预：“悼公，阳生。”**曰：“吾子奉义而行者也。若我可，不必亡一大夫；**杜预：“言己可为君，必不怨鲍子。”**若我不可，不必亡一公子。**杜预：“公子，自谓也。恐鲍子杀己，故要之。”**义则进，否则退，敢不唯子是从？废兴无以乱，**杨伯峻：“废谓废荼，兴谓立己。言废立之际，勿使流血。”**则所愿也。”**阳生以大义抑鲍子。**鲍子曰：“谁非君之子？”**杨伯峻：“言凡景公子皆可为齐君，不必荼也。”**乃受盟。使胡姬以安孺子如赖。**杜预：“胡姬，景公妾也。赖，齐邑。安，号也。”**去鬻姒，**鬻姒，孺子荼之母。**杀王甲，拘江说，囚王豹于句窦之丘。**杜预：“三子，景公嬖臣，荼之党也。”

公使朱毛告于陈子，杜预：“朱毛，齐大夫。”**曰：“微子则不及此。然君异于器，不可以二。器二不匮，**器用足，则益于事；匮乏，则不利于事也。**君二多难，**一国不可二君。**敢布诸大夫。”僖子不对而泣，**不对，不直答公命。**曰：“君举不信群臣乎！**杜预：“举，皆也。”**以齐国之困，困又有忧。**杜预：“内有饥荒之困，又有兵革之忧。”**少君不可以访，是以求长君，庶亦能容群臣乎？不然，夫孺子何罪？”毛复命，公悔之。**杜预：“悔失言。”**毛曰：“君大访于陈子，而图其小可也。”**杜预：“大谓国政，小谓杀荼。”**使毛迁孺子于骀，不至，杀诸野幕之下，葬诸殳冒淳。**杜预：“恐骀人不从，故毛驻于野，张帐而杀之。骀，齐邑。殳冒淳，地名。”

哀公七年

【经】

七年春，宋皇瑗帅师侵郑。

晋魏曼多帅师侵卫。

夏，公会吴于鄫。

秋，公伐邾。八月己酉，十一日。入邾，以邾子益来。杜预：“他国言‘归’，于鲁言‘来’，内外之辞。”

宋人围曹。

冬，郑驷弘帅师救曹。

【传】

七年春，宋师侵郑，郑叛晋故也。定八年，宋盖因乐祁之辱曾叛晋，定十四年秋，齐侯、宋公谋救范氏而会于洮，然此时宋仍从晋。

晋师侵卫，卫不服也。杜预：“五年晋伐卫，至今不服。”

夏，公会吴于鄫。杜预：“吴欲霸中国。”吴来徵百牢，子服景伯对曰：“先王未之有也。”吴人曰：“宋百牢我，鲁不可以后宋。且鲁牢晋大夫过十，杨伯峻：“鲁礼士鞅以十一牢，见昭二十一年《传》。”吴王百牢，不亦可乎？”景伯曰：“晋范鞅贪而弃礼，以大国惧敝邑，故敝邑十一牢之。君若以礼命于诸侯，则有数矣。杜预：“有常数。”若亦弃礼，则有淫者矣。杜预：“淫，过也。”言甚于范鞅。周之王也，制礼，上物不过十二，以为天之大数也。杨伯峻：“古代以天空唯十二次，故制礼以十二为极数。”**今弃周礼，而曰必百牢，亦唯执事。”吴人弗听。景伯曰：“吴将亡矣，弃天而背本。**违天之大数是弃天，违周礼是背本。**不与，必弃疾于我。”**弃，捐也，犹丢、甩、投掷也。**乃与之。**

大宰嚭召季康子，召之使从会。嚭，吴大夫，晋伯宗之曾孙。**康子使子贡辞。大宰嚭曰：“国君道长，**道长，言长途奔波，犹二十五年“克免于大行”之“大行”。**而大夫不出门，此何礼也？”**谓国君长途奔波，大夫却不出门，君劳而臣逸，非礼。**对曰：“岂以为礼？畏大国也。**杜预：“畏大国，不敢虚国尽行。”**大国不以礼命于诸侯，苟不以礼，岂可量也？**不循礼，则行为手段不可揣测。**寡君既共命焉，其老岂敢弃其国？**杨伯峻：“其老谓季氏。鲁君既亲行，其大臣必留守国内。”**大伯端委以治周礼，仲雍嗣之，断发文身，羸以为饰，**文身，纹身也。羸同裸。**岂礼也哉？有由然也。”**杜预：“大伯，周大王之长子。仲雍，大伯弟也。大伯、仲雍让其弟季历，俱适荆蛮，遂有民众。大伯卒，无子，仲雍嗣立，不能行礼致化，故效吴俗。言其权时制宜，以辟灾害，非以为礼也。端委，礼衣也。”**反自鄫，以吴为无能为也。**杜预：“知其不能霸也。”

季康子欲伐邾，乃飨大夫以谋之。子服景伯曰：“小所以事大，信也；大所以保小，仁也。背大国，不信；杜预：“大国，吴也。”**伐小国，不仁。民保于城，城保于德，失二德者，危，将焉保？”**杜预：“二德，信与仁也。”**孟孙曰：“二三子以为何如？恶贤而逆之？”**二三子，诸大夫也。诸大夫闻景伯之语，无有发言争辩者，则是认同景伯之志。孟孙为打破冷场的尴尬，故为此言。杨伯峻：“以六年《经》‘仲孙何忌帅师伐邾’及八年《传》景伯对孟孙‘且召之而至’，知孟孙亦主伐邾。此问诸大夫之意，且言何者为贤，我则迎之。恶音乌，何也。逆，迎也。”逆，引申为受，用也。谓何贤而采用之。**对曰：**诸大夫对。**“禹合诸侯于涂山，执玉帛者万国。**言朝者万国。

今其存者，无数十焉。唯大不字小，小不事大也。知必危，何故不言？鲁德如邾，而以众加之，可乎？” 杨伯峻：“诸大夫亦反对伐邾，同意景伯。” **不乐而出。** 宾主异志，罢飨而出。

秋，伐邾，及范门， 杜预：“邾郭门也。” **犹闻钟声。** 杜预：“邾不御寇。” **大夫谏，不听。** “大夫谏”者，从上句读或从下句读意不同，从上句读，是鲁大夫谏阻季康子之伐邾也；从下句读，则是邾大夫谏邾子彻乐御寇也。当从下读为是。**茅成子请告于吴，** 杜预：“成子，邾大夫茅夷鸿。” **不许，曰：“鲁击柝闻于邾，** 杨伯峻：“言相距太近。” 柝 tuò，古代巡夜打更用的梆子。**吴二千里，不三月不至，何及于我？** 杨伯峻：“谓远水救不得近火。” **且国内岂不足？”** 杜预：“言足以距鲁。” **成子以茅叛，师遂入邾，处其公宫。众师昼掠，** 杨伯峻：“言众师，则不止一军，各军皆如此。” 杜预：“虏掠，取财物也。” **邾众保于绎。** 绎，绎山。**师宵掠，以邾子益来，** 杜预：“益，邾隐公也。昼夜掠，《传》言康子无法。” **献于亳社，** 杜预：“以其亡国与殷同。” **囚诸负瑕，负瑕故有绎。** 吴闿生：“此记者旁插之笔，因邾子之囚，故负瑕至今有绎民也。”

邾茅夷鸿以束帛乘韦，自请救于吴， 杜预：“无君命，故言‘自’。” 杨伯峻：“束帛，帛十端，即五匹为一捆。乘韦，熟牛皮四张。” **曰：“鲁弱晋而远吴，** 弱，犹言轻视。远，谓道远不足为害。**冯恃其众，而背君之盟，** 冯 píng，仗也，依也。盟，今夏鄫之会盟。**辟君之执事，** 辟同僻，僻陋。君之执事，实指吴王。**以陵我小国。邾非敢自爱也，** 爱，惜也。谓不惧灭国。**惧君威之不立。君威之不立，小国之忧也。若夏盟于鄫衍，** 杜预：“鄫衍即鄫也。” **秋而背之，成求而不违，** 杜预：“言鲁成其所求，无违逆也。” **四方诸侯其何以事君？且鲁赋八百乘，君之贰也；** 杨伯峻：“贰即陪贰，副贰之贰。” 言鲁虽以八百乘之国力纳贡于吴，然不过吴之副贰而已。**邾赋六百乘，君之私也。** 邾以六百乘之国力纳贡于吴，然实为吴之私属。**以私奉贰，**

以邾奉鲁也。吴若不救，而使鲁灭邾或属邾，等于使己之私属奉从鲁国，而吴失属也。唯君图之。”吴子从之。

宋人围曹。郑桓子思曰：“宋人有曹，郑之患也，不可以不救。”杜预：“桓，谥。”冬，郑师救曹，侵宋。

初，曹人或梦众君子立于社宫，而谋亡曹。曹叔振铎请待公孙强，许之。振铎，曹始封君。旦而求之曹，无之。曹无此人。戒其子曰：“我死，尔闻公孙强为政，必去之！”去，去曹。及曹伯阳即位，好田弋。曹鄙人公孙强好弋，获白雁，献之，且言田弋之说，说，学说之说。说之。说同悦，下同。因访政事，大说之。有宠，使为司城以听政。梦者之子乃行。

强言霸说于曹伯，说，犹言论。曹伯从之，乃背晋而奸宋。宋人伐之，晋人不救。筑五邑于其郊，曰黍丘、揖丘、大城、钟、邘。筑五邑，备宋也。

哀公八年

【经】

八年春王正月，宋公入曹，灭而书“入”者，盖罪曹人自取灭亡也。以曹伯阳归。

吴伐我。

夏，齐人取讙及阐。讙 huān。

归邾子益于邾。

秋七月。

冬十有二月癸亥，三日。杞伯过卒。

齐人归讙及阐。

【传】

八年春，宋公伐曹。将还，褚师子肥殿。杜预：“子肥，宋大夫。”**曹人诟之，不行，**杜预：“诟，詈辱也。不行，殿兵止也。”**师待之。**杨伯峻：“宋大军等待后军。”**公闻之，怒，命反之，遂灭曹。执曹伯及司城强以归，杀之。**

吴为邾故，将伐鲁，问于叔孙辄。杜预：“问可伐不。”定十二年《传》，叔孙辄与公山不狃出奔齐，不知何时又适吴。**叔孙辄对曰：“鲁有名而无情，**情，实也。言徒有诸侯之名而无其实。**伐之，必得志焉。”退而告公山不狃。公山不狃曰：“非礼也。君子违，**违，去国。杜预：“违，奔亡也。”宣十年“凡诸侯之大夫违，告于诸侯，曰：‘某氏之守臣某，失守宗庙，敢告。’”昭七年：“卿违，从大夫之位。”**不适雠国。**杨伯峻：“不往与祖国为雠之国。”**未臣而有伐之，奔命焉，死之可也。**杜预：“未臣所适之国，若有伐本国者，则可还奔命，死其难。”**所托也则隐。**托，谓委托以不利祖国之事。杜预：“曾所因托，则为之隐恶。”沈钦韩：“隐者，身不与焉。”**且夫人之行也，不以所恶废乡。**行，奔亡。不以私怨，诬毁其乡。**今子以小恶而欲覆宗国，不亦难乎？**杜预：“辄，鲁公族，故谓之宗国。”难，犹不可。**若使子率，**孔颖达：“率谓在军前引道率领先行，非为军之将帅。”下文“子洩率”同。**子必辞，王将使我。”子张疾之。**杨伯峻：“自恨前言之误。”杜预：“子张，辄也。”**王问于子洩，**杜预：“子洩，不狃。”**对曰：“鲁虽无与立，必有与毙，**与，从也，犹助也。言虽无有从（与助）其立者，然必有从其死战者。**诸侯将救之，未可以得志焉。晋与齐、楚辅之，是四雠也。夫鲁，齐、晋之唇，唇亡齿寒，君所知也，不救何为？”**

三月，吴伐我，子洩率，故道险，从武城。杜预：“故由险道，欲使鲁成备。”**初，武城人或有因于吴竟田焉，**杜预：

"侨田吴界。"**拘鄫人之沤菅者，**此鄫人与武城之人毗邻而亦在吴境。杨伯峻："菅为禾本科植物，泡浸其茎，而后剥之，以为绳索或编草鞋，细者又可以葺屋，《诗·陈风·东门之池》'可以沤菅'是也。"沤 òu。**曰："何故使吾水滋？"**杜预："滋，浊也。"滋亦可解为溢，沤菅者常排废水，涝武城人之田。**及吴师至，拘者道之以伐武城，**拘者，曾被武城人所拘之鄫人。道同导。**克之。王犯尝为之宰，**杜预："王犯，吴大夫，故尝奔鲁为武城宰。"**澹台子羽之父好焉。国人惧，**险邑被克，国人惧为王犯及子羽父故，却不知实因鄫人导吴。杜预："澹（dān）台子羽，武城人，孔子弟子也，其父与王犯相善，国人惧其为内应。"**懿子谓景伯：**懿子，孟孙。**"若之何？"对曰："吴师来，斯与之战，何患焉？且召之而至，又何求焉？"**杜预："言犯盟伐邾，所以召吴。"**吴师克东阳而进，舍于五梧，明日，舍于蚕室。公宾庚、公甲叔子与战于夷，获叔子与析朱鉏。**杜预："公宾庚、公甲叔子并析朱鉏为三人，皆同车，《传》互言之。"**献于王，王曰："此同车，必使能，国未可望也。"**杜预："同车能俱死，是国能使人，故不可望得。"**明日，舍于庚宗，遂次于泗上。微虎欲宵攻王舍，**杜预："微虎，鲁大夫。"**私属徒七百人，三踊于幕庭，**杜预："于帐前设格，令士试跃之。"**卒三百人，有若与焉。**杜预："卒，终也。终得三百人任行。有若，孔子弟子，与在三百人中。"**及稷门之内，**杜预："三百人行至稷门。"**或谓季孙曰："不足以害吴，而多杀国士，**杀，死伤也。国士，勇力之士。**不如已也。"乃止之。吴子闻之，一夕三迁。**杜预："畏微虎。"

吴人行成，杜预："求与鲁成。"**将盟。景伯曰："楚人围宋，易子而食，析骸而爨，**在宣十五年。爨 cuàn。**犹无城下之盟。我未及亏，而有城下之盟，是弃国也。**杨伯峻："吴知鲁不可灭，因行成，而条件苛刻，盟约有如城下之盟，故景伯云云。"**吴轻而远，**

不能久，将归矣，请少待之。”弗从。景伯负载，造于莱门。杜预：“以言不见从，故负载书，将欲出盟。”乃请释子服何于吴，释，放也，此外交辞令，即“质”之变辞。吴人许之。以王子姑曹当之，而后止。杜预：“鲁人不以盟为了，欲因留景伯为质于吴。既得吴之许，复求吴王之子以交质。吴人不欲留王子，故遂两止。”吴人盟而还。

齐悼公之来也，杜预：“在五年。”季康子以其妹妻之，即位而逆之。季鲂侯通焉，杜预：“鲂侯，康子叔父。”女言其情，弗敢与也。齐侯怒，夏五月，齐鲍牧帅师伐我，取讙及阐。故使鲍牧伐鲁者，盖齐悼为图之而先设局。

或谮胡姬于齐侯曰：杜预：“胡姬，景公妾。”“安孺子之党也。”六月，齐侯杀胡姬。

齐侯使如吴请师，将以伐我，乃归邾子。杜预：“齐未得季姬，故请师也。吴前为邾讨鲁，惧二国同心，故归邾子。”邾子又无道，吴子使大宰子馀讨之，杜预：“子馀，大宰嚭。”囚诸楼台，栫之以棘。杜预：“栫（jiàn），雍（壅）也。”杨伯峻：“此谓以棘针为篱以围之也。”使诸大夫奉大子革以为政。杜预：“革，桓公也。”

秋，及齐平。九月，臧宾如如齐莅盟，杜预：“宾如，臧会子。”齐闾丘明来莅盟，杜预：“明，闾丘婴之子也。”且逆季姬以归，嬖。杜预：“季姬，鲂侯所通者。”

鲍牧又谓群公子曰：“使女有马千乘乎？”有马千乘，诸侯也。杜预：“有马千乘，使为君也。”鲍牧本拒立悼公者，悼公立而不德，累杀不辜，又使己伐鲁而得罪于季姬，鲍子愈恶之，且恶群公子谄之也，故为此言以讽群公子。公子愬之。公谓鲍子：“或谮子，子姑居于潞以察之。若有之，则分室以行；行，出亡。若无之，则反子之所。”出门，使以三分之一行。命以其既备车徒之三分之一往潞。**半道，使以二乘。**又限其以二乘往，余者使自返国。**及潞，麇之以入，**杜预："麇亦束缚。"**遂杀之。**《传》言悼公狠而无信。

冬十二月，齐人归讙及阐，季姬嬖故也。

哀公九年

【经】

九年春王二月，葬杞僖公。

宋皇瑗帅师取郑师于雍丘。

夏，楚人伐陈。

秋，宋公伐郑。

冬十月。

【传】

九年春，齐侯使公孟绰辞师于吴。杜预："齐与鲁平，故辞吴师。"**吴子曰："昔岁寡人闻命。今又革之，**杨伯峻："革，更也，改也。"**不知所从，将进受命于君。"**杜预："为十年吴伐齐传。"

郑武子剩之嬖许瑕求邑，无以与之。杜预："剩，罕达也。瑕，武子之属。"**请外取，许之，**杜预："瑕请取于他国。"**故围宋雍丘。宋皇瑗围郑师，**杜预："许瑕师。"**每日迁舍，**杜预意谓，每日作一垒堑，成，辄徙舍更作，以合其围。**垒合。郑师哭。**被宋师围故。**子姚救之，大败。**杜预："子姚，武子剩也。"**二月甲戌，**十四日。**宋取郑师于雍丘，使有能者无死，**能者，智勇者。**以**

郑张与郑罗归。杜预："郑之有能者。"

夏，楚人伐陈，陈即吴故也。

宋公伐郑。杜预："报雍丘。"

秋，吴城邗，沟通江、淮。邗 hán。杨伯峻："吴于邗江旁筑城挖沟，连通长江与淮水。"

晋赵鞅卜救郑，遇水适火，适，之也。占诸史赵、史墨、史龟。杜预："皆晋史。"史龟曰："是谓沈阳，沈同沉。杜预："火阳，得水故沈。"可以兴兵。利以伐姜，以，用也。不利子商。杜预："姜，齐姓。子商谓宋。"杨伯峻："子乃宋之姓，宋乃商后，亦称曰商。"伐齐则可，敌宋不吉。"史墨曰："盈，水名也；子，水位也。杨伯峻："据杜《注》及孔《疏》，赵氏之先与秦同祖，同姓嬴，嬴、盈二字古音同，赵姓盈，盈即嬴也（此当是'赵姓嬴，嬴即盈也'）。"盈，水满为盈，故曰水名；子在最下位，水居下，故子为水位，位，所也。名位敌，不可干也。敌，匹敌，言势均。干，犯也。炎帝为火师，杜预："神农有火瑞，以火名官。"姜姓其后也。水胜火，伐姜则可。"史赵曰："是谓如川之满，不可游也。郑方有罪，不可救也。杜预："郑以嬖宠伐人，故以为有罪。"救郑则不吉，不知其他。"杨伯峻："救郑必伐宋。其他谓伐齐也。"阳虎以《周易》筮之，遇《泰》䷊之《需》䷄，杜预："《乾》下《坤》上，《泰》；《乾》下《坎》上，《需》。《泰》六五变。"曰："宋方吉，不可与也。杜预："《泰》六五曰'帝乙归妹，以祉元吉。帝乙，纣父。五为天子，故称帝乙。阴而得中，有似王者嫁妹，得如其愿，受福禄而大吉。'"杨伯峻："不可与谓不可当，不可敌。襄二十五年《传》：'一与一，谁能惧我？'一与一即一敌一也。"襄二十四年"大国之人，不可与也"，亦此"与"。微子启，帝乙之元子也。宋、郑，甥舅也。祉，禄也。若帝乙之元子归妹而有吉禄，我安得吉焉？"乃止。杨伯峻："止不救郑。"

冬，吴子使来儆师伐齐。杜预："前年齐与吴谋伐鲁，齐既与鲁成而止，故吴恨之，反与鲁谋伐齐。"

哀公十年

【经】

十年春王二月，邾子益来奔。

公会吴伐齐。

三月戊戌，十四日。齐侯阳生卒。杜预："以疾赴，故不书弑。"

夏，宋人伐郑。

晋赵鞅帅师侵齐。

五月，公至自伐齐。

葬齐悼公。

卫公孟彄自齐归于卫。彄本蒯聩之党，出公之敌，时齐、卫相好，故齐人复之，于是彄叛蒯聩。

薛伯夷卒。

秋，葬薛惠公。

冬，楚公子结帅师伐陈。

吴救陈。

【传】

十年春，邾隐公来奔。齐甥也，故遂奔齐。

公会吴子、邾子、郯子伐齐南鄙，师于鄎。杜预："邾、郯不书，兵并属吴，不列于诸侯。"

齐人弑悼公，赴于师。杜预："以说吴。"吴子三日哭于军门之外。服虔：“诸侯相临之礼。”徐承帅舟师将自海入齐，齐人败之，吴师乃还。杜预：“承，吴大夫。”

夏，赵鞅帅师伐齐，大夫请卜之。赵孟曰：“吾卜于此起兵，杜预：“谓往岁卜伐宋不吉，利以伐姜，故今兴兵。”事不再令，杨伯峻：“令，命龟也。谓一事不再次卜。”卜不袭吉。袭，继也，承袭。杜预：“袭，重也。”行也！”于是乎取犁及辕，毁高唐之郭，侵及赖而还。

秋，吴子使来复儆师。杜预：“伐齐未得志故，为明年吴伐齐传。”

冬，楚子期伐陈。杜预：“陈即吴故。”吴延州来季子救陈，谓子期曰：“二君不务德，杜预：“二君，吴、楚。”而力争诸侯，民何罪焉？我请退，以为子名，务德而安民。”乃还。

哀公十一年

【经】

十有一年春，齐国书帅师伐我。

夏，陈辕颇出奔郑。

五月，公会吴伐齐。甲戌，二十七日。齐国书帅师及吴战于艾陵，齐师败绩，获齐国书。杜预：“艾陵，齐地。”获，死获。

秋七月辛酉，十五日。滕子虞母卒。

冬十有一月，葬滕隐公。

卫世叔齐出奔宋。

【传】

十一年春，齐为鄎故，鄎役在去年。国书、高无丕帅师伐我，及清。杜预："清，齐地。"季孙谓其宰冉求曰：杜预："冉求，鲁人，孔子弟子。""齐师在清，必鲁故也。若之何？"求曰："一子守，二子从公御诸竟。"一子，季孙。二子，孟孙、叔孙。季孙曰："不能。"杜预："自度力不能使二子御诸竟。"求曰："居封疆之间。"谓一子守，二子从公居封疆之间以御敌。杜预："封疆，竟内近郊地。"季孙告二子，二子不可。杜预："二子，叔孙、孟孙也。"求曰："若不可，则君无出。一子帅师，背城而战，不属者，非鲁人也。杜预："属，臣属也，言不战为不臣。"杨树达："属，会也。"鲁之群室，杜预："群室，都邑居家。"可信。众于齐之兵车。一室敌车，优矣，谓以一家敌齐车一乘。子何患焉？二子之不欲战也宜，政在季氏，杜预："言二子恨季氏专政，故不尽力。"当子之身。齐人伐鲁而不能战，子之耻也。大不列于诸侯矣。"鲁不堪为诸侯。季孙使从于朝，杜预："使冉求随己入公朝。"俟于党氏之沟。武叔呼而问战焉，杜预："问冉求。"对曰："君子有远虑，小人何知？"知同智。懿子强问之，懿子，孟孙。对曰："小人虑材而言，量力而共者也。"杨伯峻："虑材、量力之材力，名指己，实指问方，谓考虑、衡量听者之材力而后言，则我之不言，由对方不足与言也。"武叔曰："是谓我不成丈夫也。"杜预："知冉求非己不欲战，故不对。"退而蒐乘，杜预："蒐，阅。"孟孺子泄帅右师，杜预："孺子，孟懿子之子武伯彘。"颜羽御，邴泄为右。杜预："二子，孟氏臣。"冉求帅左师，管周父御，樊迟为右。杜预："樊迟，鲁人，孔子弟子樊须。"季孙曰："须也弱。"弱，年少，幼少。有子曰："就用命焉。"就其能不能用命也。杜预："虽年少，能用命。"季氏之甲七千，冉有以武城人三百为己徒卒。老幼守宫，

次于雩门之外。待右师也。杜预："南城门也。"**五日，右师从之**。杜预："五日乃从，言不欲战。"**公叔务人见保者而泣**，杜预："务人，公为，昭公子。"**曰："事充**，杜预："徭役烦。"**政重**，杜预："赋税多。"**上不能谋，士不能死，何以治民？吾既言之矣，敢不勉乎？"** 杜预："既言人不能死，己不敢不死。"

师及齐师战于郊。齐师自稷曲，自稷曲攻鲁。杜预："稷曲，郊地名。"**师不逾沟**。杨伯峻："鲁众不越沟迎战。"**樊迟曰："非不能也，不信子也，请三刻而逾之。"** 杜预："与众三刻约信。"**如之，众从之**。杜预："如樊迟言，乃逾沟。"**师入齐军**。杜预："冉求之师。"**右师奔**，孟孺子之师不战而逃奔。**齐人从之**。杜预："逐右师。"**陈瓘、陈庄涉泗**。杜预："二陈，齐大夫。"**孟之侧后入以为殿**，杜预："之侧，孟氏族也，字反。"**抽矢策其马，曰："马不进也。"** 或战则争先，或退而愿后，谓其勇也。孟之侧意谓，并非我不愿逃在前列，乃因我马不进，故殿在后。杜预："不欲伐善。"**林不狃之伍曰："走乎？"** 杜预："不狃，鲁士。五人为伍。败而欲走。"**不狃曰："谁不如？"** 杜预："我不如谁而欲走。"如，胜也，即僖九年"人之欲善，谁不如我"之"如"。**曰："然则止乎？"** 止，止而与战。**不狃曰："恶贤？"** 恶，何也。言止战亦不足为贤。**徐步而死**。徐步，缓步，犹从容也。上者畏战，在下者虽有匹夫之勇，然不能济事，故不狃唯以死谏其上。杨伯峻："右师虽有林不狃、孟之侧，然主帅孟孺子不欲战，故败。"

师获甲首八十，杜预："冉求所得。"**齐人不能师**。杜预："不能整其师。"**宵，谍曰："齐人遁。"冉有请从之三**，三请逐齐师。**季孙弗许**。据下文，"季孙命修守备，曰：'小胜大，祸也，齐至无日矣。'"当为季孙不许乘胜追击之原因——不欲更怒齐人也。

孟孺子语人曰："我不如颜羽，而贤于邴洩。杜预："二子与孟孺子同车。"**子羽锐敏**，杜预："子羽，颜羽。锐，精也。

敏，疾也。言欲战。”**我不欲战而能默，**杜预：“心虽不欲，口不言奔。”**泄曰：‘驱之。’”**泄却直呼出口。之，马也。驱之，谓快逃。**公为与其嬖僮汪锜乘，皆死，皆殡。**汪锜未成年，嘉其能死战，故亦以成人丧礼。**孔子曰：“能执干戈以卫社稷，可无殇也。”**杨伯峻：“殇音商，未成人而死，其丧服降于成人。”**冉有用矛于齐师，故能入其军。孔子曰：“义也。”**杨伯峻：“冉有用矛，非一人用矛，左师俱用矛也。”

夏，陈辕颇出奔郑。初，辕颇为司徒，赋封田以嫁公女。杜预：“封内之田悉赋税之。”**有余，以为己大器。**为，作也，造也，铸也。杜预：“大器，钟鼎之属。”**国人逐之，故出。道渴，其族辕咺进稻醴、梁糗、腶脯焉。**杨伯峻：“稻醴，以稻米所酿之甜酒。梁糗，以精细小米所为之干饭。腶脯，杂有姜与桂所腌之干肉。”**喜曰：“何其给也？”**给，足也，充足。**对曰：“器成而具。”**杨伯峻：“意谓余早知将被逐，故大器铸成，即具备食品。”**曰：“何不吾谏？”对曰：“惧先行。”**杜预：“恐言不从，先见逐。”

为郊战故，公会吴子伐齐。五月，克博。壬申，二十五日。**至于嬴。中军从王，**杜预：“吴中军。”**胥门巢将上军，**杨伯峻：“胥门，吴城门名，以所居地为氏。”**王子姑曹将下军，展如将右军。**杜预：“三将，吴大夫。”**齐国书将中军，高无丕将上军，宗楼将下军。陈僖子谓其弟书：“尔死，我必得志。”**杜预：“书，子占也。欲获死事之功。”**宗子阳与闾丘明相厉也。**厉，犹砥砺坚定，勉也。杜预：“相劝厉致死。子阳，宗楼也。”**桑掩胥御国子，**杜预：“国子，国书。”**公孙夏曰：“二子必死。”**勉之死战也。二子，桑掩胥、国书。**将战，公孙夏命其徒歌《虞殡》。**杜预：“《虞殡》，送葬歌曲。示必死。”**陈子行命其徒具含玉。**杜预：“子行，陈逆也。具含玉，亦示必死。”**公孙挥命其徒曰：“人寻约，吴发短。”**杜预：“约，绳也。八尺为寻。吴发短，欲以绳贯其首。”沈钦韩："盖斩数首级，皆以发结联，吴发短，则用绳耳。公孙挥欲以多获为功。"据上下诸人皆示欲死战，若公孙挥之言亦示必死，则句谓吴人发短，故不可结吴尸之发以为绞缢也。**东郭书曰："三战必死，于此三矣。"使问弦多以琴，**问，问候。问候常进礼物，此以琴。杜预："弦多，齐人也，六年奔鲁。"**曰："吾不复见子矣。"陈书曰："此行也，吾闻鼓而已，不闻金矣。"**杜预："鼓以进军，金以退军。不闻金，言将死也。《传》言吴师强，齐人皆自知将败。"

甲戌，战于艾陵，展如败高子，杜预："齐上军败。"**国子败胥门巢。**杜预："吴上军亦败。"**王卒助之，**助胥门巢。**大败齐师。获国书、公孙夏、闾丘明、陈书、东郭书，革车八百乘，甲首三千，以献于公。**杜预："公以兵从，故以劳公。"

将战，此记战前事。**吴子呼叔孙，**杜预："叔孙，武叔州仇。"**曰："而事何也？"**杜预："问何职。"**对曰："从司马。"**杨伯峻："从司马犹言为司马。"是。**王赐之甲、剑铍，曰："奉尔君事，敬无废命。"叔孙未能对，**杨伯峻："君赐臣剑，是欲其死，疑古无受剑铍之礼，故叔孙不知所对。下文子贡代对，亦只言受甲。"**卫赐进，**杜预："赐，子贡，孔子弟子。"**曰："州仇奉甲从君。"而拜。**杜预："拜受之。"

公使大史固归国子之元，杜预："归于齐也。元，首也。吴以献鲁。"**寘之新箧，褽之以玄纁，**褽音尉。杜预："褽，荐也。"荐，藉也，垫也。**加组带焉。**杨伯峻："组带即编丝为组之带。"**寘书于其上，**加组带于国书头颅之上，又置书于组带之上。组带、书皆在箧内。**曰："天若不识不衷，何以使下国？"**谓天知齐不衷，故使下国致讨。言伐齐为天意也。

吴将伐齐，此亦记战前事。**越子率其众以朝焉，王及列士皆有馈赂。吴人皆喜，惟子胥惧，曰："是豢吴也夫！"**杜预："豢，养也。若人养牺牲，非爱之，将杀之。"**谏曰："越在**

我，心腹之疾也。壤地同，而有欲于我。杜预：“欲得吴。”**夫其柔服，求济其欲也，不如早从事焉。得志于齐，犹获石田也，**王肃：“石田不可耕。”**无所用之。越不为沼，吴其泯矣，使医除疾，而曰‘必遗类焉’者，**杨伯峻“类同纇，戾也”，与下文引《盘庚》“遗育”、“易种”不相承，故不从。类，本类也。遗类谓遗留其本类，犹斩草而留其根也。**未之有也。《盘庚之诰》曰：‘其有颠越不共，则劓殄无遗育，无俾易种于兹邑。’**杜预：“颠越不共，从横不承命者也。劓，割也。殄，绝也。育，长也。俾，使也。易种，转生种类。”**是商所以兴也。今君易之，**易，反也。**将以求大，**言欲称霸。**不亦难乎？”弗听，使于齐，**顾炎武：“子胥为吴王使于齐也。”**属其子于鲍氏，为王孙氏。反役，王闻之，使赐之属镂以死，**杜预：“艾陵役也。属镂，剑名。”**将死，曰：“树吾墓槚，槚可材也，**可材，谓十年，十年树木也。**吴其亡乎！三年，其始弱矣。盈必毁，天之道也。”**

秋，季孙命修守备，曰：“小胜大，祸也。齐至无日矣。”杜预：“善有备。”

冬，卫大叔疾出奔宋。杜预：“疾即齐也。”**初，疾娶于宋子朝，**杨伯峻：“娶子朝之女也。”杜预：“子朝，宋人，仕卫为大夫。”即卫灵公夫人南子所通之宋朝。**其娣嬖。子朝出，**杜预：“出奔。”**孔文子使疾出其妻，而妻之。**孔文子出大叔疾之妻及其妻之媵娣，更以己女妻大叔。杨伯峻：“孔文子即卫卿孔圉。”**疾使侍人诱其初妻之娣，寘于犁，**杜预：“犁，卫邑。”**而为之一宫，如二妻。**为，筑也。**文子怒，欲攻之，仲尼止之。遂夺其妻。**杨伯峻：“孔文子夺回其女。”**或淫于外州，**杨伯峻：“谓疾又与他女通奸于外州。”或，亦可作“有时”“某时”解。**外州人夺之轩以献。**杜预：“外州，卫邑。轩，车也。以献于君。”**耻是二者，**

故出。出奔。**卫人立遗，使室孔姞**。杜预："遗，疾之弟。孔姞，孔文子之女，疾之妻。"**疾臣向魋**，奔宋而为向魋臣。**纳美珠焉，与之城鉏**。疾献美珠于向魋，向魋与之城鉏。城鉏，宋邑。**宋公求珠**，求疾献之珠。**魋不与，由是得罪**。桓魋得罪公。**及桓氏出**，杜预："出在十四年。"**城鉏人攻大叔疾，卫庄公复之**。杜预："听使还。"**使处巢，死焉。殡于郧，葬于少禘**。杜预："巢、郧、少禘皆卫地。"

初，晋悼公子慭亡在卫，使其女仆而田。仆，御车。田，猎。**大叔懿子止而饮之酒**，杜预："懿子，大叔仪之孙。"**遂聘之**，杨伯峻："聘为妻也。"**生悼子**。杜预："悼子，大叔疾。"**悼子即位，故夏戊为大夫**。杜预："夏戊，悼子之甥。"**悼子亡，卫人翦夏戊**。杜预："翦，削其爵邑。"二十五年《传》云："初，卫人翦夏丁氏，以其帑赐彭封弥子。弥子饮公酒，纳夏戊之女，嬖，以为夫人。其弟期，大叔疾之从孙甥也。"夏戊之子女为大叔疾之从孙甥，则夏戊为大叔疾之甥。

孔文子之将攻大叔也，访于仲尼。仲尼曰："胡簋之事，则尝学之矣；杜预："胡簋（guǐ），礼器名。"胡、簋，皆食器名，胡簋之事谓祭祀、宴享之礼节。**甲兵之事，未之闻也。"退，命驾而行**，驾，套车。**曰："鸟则择木，木岂能择鸟？"** 鸟、木者，喻臣、君也，此指孔子与孔文子。谓臣能选择事奉之君，君不能择选事己之臣。**文子遽止之，曰："圉岂敢度其私**，杜预："圉，文子名。度，谋也。"度即《小雅·皇皇者华》"周爰咨谋""周爰咨度"之"度"，襄四年"咨礼为度"。**访卫国之难也。"将止**，止，留也。**鲁人以币召之，乃归**。

季孙欲以田赋，以，用也。田赋，赋税名。以田赋，更用"田赋"之税法也。据下文，"田赋"税重。**使冉有访诸仲尼**。访可行。**仲尼曰："丘不识也。"** 丘，孔子之名。识，知也。**三发**，杜预："三发问。"

此省“孔子不答”之语。**卒曰：“子为国老，待子而行，若之何子之不言也？”仲尼不对，**杜预：“不公答。”**而私于冉有曰：“君子之行也，**杜预：“行政事。”**度于礼，施取其厚，事举其中，**执中而行。**敛从其薄。如是，则以丘亦足矣。**丘，税赋名，当即现行之税赋，非“孔丘”之“丘”。此“以丘”与下文之“以田赋”相应，或谓此“丘”为孔丘，误。杜预亦不以此“丘”为孔丘。**若不度于礼，而贪冒无厌，则虽以田赋，将又不足。且子季孙若欲行而法，则周公之典在；若欲苟而行，**苟，苟且。**又何访焉？”弗听。**

哀公十二年

【经】

十有二年春，用田赋。

夏五月甲辰，三日。**孟子卒。**

公会吴于橐皋。橐 tuó 皋，吴地。

秋，公会卫侯、宋皇瑗于郧。

宋向巢帅师伐郑。

冬十有二月，螽。

【传】

十二年春，王正月，用田赋。杜预：“直书之者，以示改法重赋。”

夏五月，昭夫人孟子卒。昭公娶于吴，故不书姓。杜预：“讳娶同姓，故谓之孟子。”**死不赴，故不称夫人。**杜预：“不称夫人，故不言薨。”**不反哭，故不言葬小君。**反哭成丧，始书葬。杨伯峻以为，昭夫人卒，不称夫人不书葬者，实因季孙恶昭公之故，有理，然《传》无此意。**孔子与吊，适季氏。季氏不絻，**絻同免，音问，杜预：“丧冠也。”季孙为鲁冢宰，专佐鲁君之祭祀及国君死葬之礼，且身为臣子，君死固当服丧。杨伯峻：“季氏不絻者，不行丧夫人之礼。”**放绖而拜。**杜预：“孔子以小君礼往吊，季孙不服丧，故去绖，从主节制。”郑玄谓，放绖而拜者，以讥季氏。

公会吴于橐皋。吴子使大宰嚭请寻盟。杜预：“寻鄫盟。”鄫盟在七年。**公不欲，**杨伯峻：“鄫盟，吴征百牢，且召季康子，故哀公及季氏皆不欲。”**使子贡对曰：“盟所以周信也，**杜预：“周，固也。”**故心以制之，**制，执，持也。之，盟也，下皆同。杜注“制”为制定之义，“制之”，制盟义也。**玉帛以奉之，**杨伯峻：“盟会必用玉帛，故云玉帛奉盟。”奉，保也。**言以结之，**结盟，结其信也。**明神以要之。**要，约也。杜预：“要以祸福。”**寡君以为苟有盟焉，弗可改也已。若犹可改，日盟何益？**日，日日。**今吾子曰：‘必寻盟。’若可寻也，亦可寒也。”乃不寻盟。**

吴徵会于卫。初，卫人杀吴行人且姚而惧，谋于行人子羽。杜预：“子羽，卫大夫。”**子羽曰：“吴方无道，无乃辱吾君，不如止也。”子木曰：**杜预：“子木，卫大夫。”**“吴方无道，国无道，必弃疾于人。吴虽无道，犹足以患卫。往也！长木之毙，无不摽也；**长，高也。古谓高矮为长短。木，树也。摽 biào，击也。**国狗之瘈，无不噬也，**国狗，杨伯峻：“一国之名狗也。”是。瘈 jì，狂也，疯也。噬，咬也。**而况大国乎？”**

秋，卫侯会吴于郧。公及卫侯、宋皇瑗盟，杜预：“盟不书，畏吴，窃盟。”**而卒辞吴盟。吴人藩卫侯之舍。**以藩篱围卫侯舍。**子服景伯谓子贡曰：“夫诸侯之会，事既毕矣，侯伯致礼，地主归饩，**侯伯，盟主。杜预：“侯伯致礼，以礼宾也。饩，生物。”地主，盟会所在国。**以相辞也。**杨伯峻：“辞别，告别。”**今吴不行礼于卫，而藩其君舍以难之，**难音男。**子盍见大宰？”乃请束锦以行。**束锦，礼币。**语及卫故，**杜预：“若本不为卫请者。”故，事也。**大宰嚭曰：“寡君愿事卫君，卫君之来也缓，寡君惧，故将止之。”子贡曰：“卫君之来，必谋于其众，其众或欲或否，**杨伯峻：“有欲其来者，有不欲其来者。”**是以缓来。其欲来者，子之党也；其不欲来者，子之雠也。若执卫君，是堕党而崇雠也。**杜预：“堕，毁也。”崇，举也。**夫堕子者得其志矣。**杨伯峻引竹添光鸿：“卫不欲来者其言验，故得志也。”**且合诸侯而执卫君，谁敢不惧？堕党、崇雠，而惧诸侯，或者难以霸乎！”大宰嚭说，乃舍卫侯。卫侯归，效夷言。**效，效仿。杨伯峻：“夷言，吴语。”**子之尚幼，**杜预：“子之，公孙弥牟。”**曰：“君必不免，其死于夷乎！执焉，而又说其言，从之固矣。”**说同悦。之，夷也。杜预：“出公辄后卒死于越。”

冬十二月，螽。蝗虫为灾也。螽，蝗虫。周十二月，夏十月，公历十一月也。**季孙问诸仲尼，仲尼曰：“丘闻之，火伏而后蛰者毕。**杨伯峻：“火为心宿二，一般夏正十月即不见于天空，此时天已寒冷，昆虫尽蛰入地下。”**今火犹西流，**西流，西行也，言未伏。**司历过也。”**司历，主历法之官。司历所颁布之历法，此时为周十二月，即夏正十月，火星不宜见于天，而此时火星仍在天，知为历法之过差。

宋郑之间有隙地焉，杜预：“隙地，闲田。”**曰弥作、顷丘、玉畅、嵒、戈、锡。**嵒，岩本字。锡音羊。**子产与宋人为成，曰：“勿有是。”**杜预：“俱弃之。”**及宋平、元之族自萧奔郑，**杜预：“在定十五年。”**郑人为之城嵒、戈、锡。九月，宋向巢伐郑，取锡，杀元公之孙，遂围嵒。十二月，郑罕达救嵒。丙申，**二十八日。**围宋师。**

哀公十三年

【经】

十有三年春，郑罕达帅师取宋师于嵒。

夏，许男成卒。

公会晋侯及吴子于黄池。

楚公子申帅师伐陈。

于越入吴。

秋，公至自会。

晋魏曼多帅师侵卫。

葬许元公。

九月，螽。

冬十有一月，有星孛于东方。孛，彗星也。

盗杀陈夏区夫。杜预："称盗，非大夫。"

十有二月，螽。

【传】

十三年春，宋向魋救其师。杜预："救前（去）年围嵒师。"郑子剩使徇曰："得桓魋者有赏。"魋也逃归，遂取宋师于嵒，获成讙、郜延。杜预："二子，宋大夫。"以六邑为虚。杜预："空虚之，各不有。"

夏，公会单平公、晋定公、吴夫差于黄池。杜预："平公，周卿士。"

六月丙子，十一日。越子伐吴，为二隧。兵分两路。杜预："隧，道也。"畴无馀、讴阳自南方，杜预："二子，越大夫。"先及郊。吴大子友、王子地、王孙弥庸、寿于姚自泓上观之。杜预："观越师。泓，水名。"沈钦韩则谓："泓上即今之横山。"弥庸见姑蔑之旗，杜预："姑蔑，越地。"曰："吾父之旗也。杜预："弥庸父为越所获，故姑蔑人得其旌旗。"不可以见雠而弗杀也。"大子曰："战而不克，将亡国。请待之。"弥庸不可，属徒五千，杜预："属，会也。"王子地助之。乙酉，二十日。战，弥庸获畴无馀，地获讴阳。越子至，王子地守。丙戌，二十一日。复战，大败吴师。获大子友、王孙弥庸、寿于姚。杜预："地守，故不获。"丁亥，二十二日。入吴。吴人告败于王，时吴王在黄池之会。王恶其闻也，闻，名词，非动词，音讯也。自刭七人于幕下。杜预："以绝口。"惧败讯泄露。

秋七月辛丑，六日。盟，吴、晋争先。杜预："争歃血先后。"吴人曰："于周室，我为长。"杜预："吴为大伯后，故为长。"古公亶父生大伯、虞仲（仲雍）、季历（王季），大伯、仲雍自出，以让位于季历，季历嗣立，生周文王。晋人曰："于姬姓，我为伯。"杜预："为侯伯。"赵鞅呼司马寅曰：杜预："寅，晋大夫。""日旰矣，杜预："旰，晚也。"大事未成，二臣之罪也。杜预："大事，盟也。二臣，鞅与寅。"建鼓整列，二臣死之，长幼必可知也。"长幼言尊卑，尊者自先歃。对曰："请姑视之。"探视吴情。盟会时，诸侯各国盖以藩为军，故于藩篱之外可望见其君大夫。反，曰："肉食者无墨。杨伯峻："肉食者，大夫以上之人。"墨，晦气也。杜预："气色下。"今吴王有墨，国胜乎？杜预："国为敌所胜。"大子死乎？且夷德轻，轻，薄也。不忍久，请少待之。"僵持以待之。乃先晋人。

吴人将以公见晋侯，子服景伯对使者曰："王合诸侯，则伯帅侯牧以见于王；伯，侯伯，霸主。杜预："伯，王官伯；侯牧，方伯。"伯合诸侯，则侯帅子男以见于伯。伯，同上。自王以下，朝聘玉帛不同。故敝邑之职贡于吴，有丰于晋，无不及焉，杨伯峻："自吴夫差崛起，晋霸益衰，鲁以齐故事吴。"以为伯也。杨伯峻："以吴为侯伯。"今诸侯会，而君将以寡君见晋君，则晋成为伯矣，敝邑将改职贡。鲁赋于吴八百乘，言鲁以八百乘之国力纳贡于吴。若为子男，则将半邾以属于吴，杜预："半邾，三百乘。"而如邾以事晋。杜预："如邾，六百乘。"且执事以伯召诸侯，而以侯终之，何利之有焉？"吴人乃止。既而悔之，将囚景伯，杜预："谓景伯欺之。"景伯曰："何也立后于鲁矣，杜预："何，景伯名。"杨伯峻："立后者，有不返鲁之准备。"将以二乘与六人从，杨伯峻："一乘三人，二乘六人，皆从者。"迟速唯命。"遂囚以还。及户牖，谓大宰曰：大宰，嚭。"鲁将以十月上辛，有事于上帝先王，季辛而毕。何世有职焉，杜预："有职于祭事。"自襄以来，未之改也。杜预："鲁襄公。"若不会，会，会祭事。祝宗将曰：'吴实然。'杜预："言鲁祝宗将告神云：景伯不会，坐为吴所囚。"且谓鲁不共，而执其贱者七人，何损焉？"七人，景伯及其从者六。景伯非卿，其从者益卑，故曰贱者七人。大宰嚭言于王曰："无损于鲁，而只为名，只为恶名。不如归之。"乃归景伯。

吴申叔仪乞粮于公孙有山氏，杜预："申叔仪，吴大夫；公孙有山，鲁大夫，旧相识。"曰："佩玉繠兮，繠音蕊。"佩玉繠兮"与下"旨酒一盛兮"，皆省主语"吴王"。余无所系之；杜预："繠然，服饰备也，己独无以系佩。言吴王不恤下。"旨酒一盛兮，余与褐之父睨之。"杜预："一盛，一器也。褐，寒贱之人。言但得视，不得饮。"杨伯峻："睨，邪视也。"对曰："梁则无矣，粗则有之。杨伯峻："梁为细粮，粗为粗粮。"若登首山以呼曰：'庚癸乎！'

则诺。”杜预：“军中不得出粮，故为私隐。庚，西方，主谷；癸，北方，主水。《传》言吴子不与士共饥渴，所以亡。”杨伯峻：“《越绝书》分货为十等，甲乙为高等货，庚为下等货，癸更下。”据上文“梁则无矣，粗则有之”之言，后说较可信。

王欲伐宋，杀其丈夫而囚其妇人。杜预：“以不会黄池故。”**大宰嚭曰：“可胜也，而弗能居也。”**居犹定也，言能胜宋，然不能定之。**乃归。**

冬，吴及越平。

哀公十四年

【经】

十有四年春，西狩获麟。麟，麒麟也。

小邾射以句绎来奔。杜预：“射，小邾大夫。句绎，地名。”

夏四月，齐陈恒执其君，寘于舒州。

庚戌，二十日。**叔还卒。**

五月庚申朔，日有食之。

陈宗竖出奔楚。

宋向魋入于曹以叛。杜预：“曹，宋邑。”

莒子狂卒。狂 qíng。

六月，宋向魋自曹出奔卫。

宋向巢来奔。

齐人弑其君壬于舒州。

秋，晋赵鞅帅师伐卫。

八月辛丑，十三日。**仲孙何忌卒。**孟懿子。

冬，陈宗竖自楚复入于陈，陈人杀之。《传》例曰："以恶曰'复入'。"

陈辕买出奔楚。

有星孛。

饥。

【传】

十四年春，西狩于大野，叔孙氏之车子鉏商获麟，子鉏商，叔孙家臣。**以为不祥，以赐虞人。**杜预："时所未尝见，故怪之。虞人，掌山泽之官。"**仲尼观之，曰："麟也。"然后取之。**

小邾射以句绎来奔，曰："使季路要我，吾无盟矣。"季路诚信，故射言若使季路与我相约誓，即不必鲁国与我盟誓矣。射以句绎来奔，而鲁国受之，皆非义事，故鲁执政亦乐从射之言，如此则鲁国不受恶名。季路，仲由也。定十二年"仲由为季氏宰"，又哀十一年"季孙谓其宰冉求"，则仲由此时已卸季氏宰，不知更任何职。季氏宰之谋实能左右鲁国，可知季路亦鲁之所望者。**使子路，子路辞。季康子使冉有谓之曰：**冉有即冉求，时为季氏宰。**"千乘之国，不信其盟，而信子之言，子何辱焉？"**杨伯峻："谓子言重于鲁盟，此乃光荣，于子无辱。"是也。**对曰："鲁有事于小邾，**事，戎事。**不敢问故，**杨伯峻："故，战事起因及其曲直。"**死其城下可也。彼不臣，**窃邑叛国。**而济其言，是义之也，**杜预："济，成也。"济其言是义盗也。**由弗能。"**言不惧死，惧犯不义。

齐简公之在鲁也，阚止有宠焉。杜预："简公，悼公阳生子壬也。阚止，子我也。事在六年。"**及即位，使为政。陈成子惮之，骤顾诸朝。**杜预："成子，陈常。心不安，故数顾之。"**诸御鞅言**

于公曰：御，御士。诸御鞅，公众御士中有名鞅者。**“陈、阚不可并也，君其择焉。”**杜预：“择用一人。”**弗听。**

子我夕，子我，阚止。夕，日落之前为夕，此谓夕见齐君。**陈逆杀人，逢之，遂执以入。**阚止夕见简公，道遇陈逆杀人，遂执之以入公宫。**陈氏方睦，使疾，而遗之潘沐，备酒肉焉，**杜预：“使诈病，因内潘沐，并得内酒肉。潘，米汁，可以沐头。”**飨守囚者，醉而杀之，而逃。子我盟诸陈于陈宗。**杜预：“失陈逆，惧其反为患，故盟之。”杨伯峻据李贻德，谓“陈宗，陈氏宗主之家”。

初，陈豹欲为子我臣，杜预：“豹亦陈氏族。”**使公孙言己，**杜预：“言己，介达之。”杨伯峻：“谓使公孙推荐自己。”**已有丧而止。**杨伯峻：“已，已而，言不久。陈豹有丧，公孙遂不言。”是也。**既，而言之，**杜预：“既，终丧也。”**曰：“有陈豹者，长而上偻，**长，高也。偻，背偻，罗锅也。**望视，**罗锅者常仰头，眼珠上视，即望视。**事君子必得志，**言其贤，能佐助君子得志。**欲为子臣。吾惮其为人也，**杜预：“恐多诈。”杨伯峻主此说，不从。于鬯谓“为人”指其貌，可信。惮其为人即惮其偻，非正常人。上文先言陈豹偻，又言“事君子必得志”，则是对其人品之肯定；下句，子我言“何害”，自是谓其相貌无害。凡人皆恶畜险诈之臣，子我亦必不欲纳害主之人为臣，且谓其奸诈无害。**故缓以告。”子我曰：“何害？是其在我也。”**谓其若能站在我的一边（而非站在陈氏一边），相貌无防。**使为臣。**杨伯峻认为，陈豹是陈恒使潜入子我之内谍。**他日，与之言政，说，遂有宠。谓之曰：“我尽逐陈氏而立女，若何？”对曰：“我远于陈氏矣。**谓在陈族中我为枝末矣，远于立为宗主之资格。**且其违者不过数人，**服虔：“违者，不从子我者。”**何尽逐焉？”遂告陈氏。子行曰：**子行，陈逆也。**“彼得君，弗先，必祸子。”**服虔：“彼，谓阚止也；子，谓陈常也。”陈常，陈恒，陈成子也。**子行舍于公宫。**杨伯峻：“子行迁居于公宫，盖将为内应。”

夏五月壬申，十三日。**成子兄弟四乘如公。**杜预："成子之兄弟，昭子庄、简子齿、宣子夷、穆子安、廪丘子意兹、芒子盈、惠子得，凡八人，二人共一乘。"**子我在幄，**杜预："幄，帐也，听政之处。"**出，逆之。遂入，闭门。**杜预："成子入，反闭门，不内子我。"**侍人御之，**侍人，简公之侍人。御之，止陈氏兄弟不使进。侍人尚不知陈氏兄弟为何故而来，故"御"非抵抗之义。**子行杀侍人。**子行固在公宫，此时盖在侍人之后，杀侍人于不备。侍人实不知陈氏之预谋，不意于止陈氏兄弟时竟被杀。**公与妇人饮酒于檀台，成子迁诸寝。**服虔："欲徙公，令居寝也。"**公执戈，将击之。**杜预："疑其欲作乱。"**大史子馀曰：**惠栋："子馀，陈氏党，为太史。"**"非不利也，将除害也。"**杜预："言将为公除害。"**成子出舍于库，**杜预："以公怒故。"**闻公犹怒，将出，**服虔："出奔也。"**曰："何所无君？"**言不独齐君可事。**子行抽剑，曰："需，事之贼也。**子行，陈逆。需，待也。杨伯峻："言迟疑不决反害大事。"**谁非陈宗？**言不独陈恒可为陈氏宗主，众兄弟皆可立为宗主。**所不杀子者，有如陈宗！"**杜预："言子若欲出，我必杀子，明如陈宗。"杨伯峻据孔颖达，谓"此陈宗盖指陈氏自陈完以下历代宗主，犹言'有如先君'"。**乃止。**

子我归，属徒，杨伯峻："子我不得入宫，乃归而集中私卒。属，会合也。"**攻闱与大门，**杜预："闱，宫中小门。大门，公门也。"**皆不胜，乃出。**出奔。**陈氏追之，失道于弇中，适丰丘。**弇 yǎn。杜预："弇中，狭路。丰丘，陈氏邑。"盖因失道，误至丰丘。**丰丘人执之，以告，**杨伯峻："告陈恒。"**杀诸郭关。成子将杀大陆子方，**杜预："子方，子我臣。"**陈逆请而免之。以公命取车于道，**杜预："子方取道中行人车。"**及郪，众知而东之。**杨伯峻："郪即时，齐与鲁交界之地，盖子方拟奔鲁、卫，因西行。众，陈氏之人，知其假公命取车，故逼使东返。"**出雍门，**杜预："齐城门也。"**陈豹与之车，弗受，曰："逆为余请，豹与余车，**

余有私焉。事子我而有私于其雠，何以见鲁、卫之士？”东郭贾奔卫。杜预：“贾即子方。”

庚辰，二十一日。**陈恒执公于舒州。公曰：“吾早从鞅之言，不及此。”**鞅之言，谓择使一人为政。

宋桓魋之宠害于公，杜预：“恃宠骄盈。”害，患也。**公使夫人骤请享焉，而将讨之。**杜预：“夫人，景公母也。数请享饮，欲因请讨之。”吴闿生：“骤，急也。《注》训数，非。”杨伯峻从之，是也。**未及，**未及享魋。**魋先谋公，请以鞌易薄，**杜预：“鞌，向魋邑；薄，公邑。欲因易邑为公享宴而作乱。”**公曰：“不可。薄，宗邑也。”**杜预：“宗庙所在。”**乃益鞌七邑。**杨伯峻：“（公）以七邑并于鞌。”**而请享公焉，**杜预：“伪喜于受赐。”**以日中为期，家备尽往。**杜预：“甲兵之备。”**公知之，告皇野曰：“余长魋也，**杜预：“少长育之。皇野，司马子仲。”**今将祸余，请即救。”司马子仲曰：“有臣不顺，神之所恶也，而况人乎？敢不承命。不得左师不可，**杜预：“左师，向魋兄向巢也。”**请以君命召之。”左师每食击钟。闻钟声，公曰：“夫子将食。”既食，又奏。**杨伯峻：“食毕又奏乐。”**公曰：“可矣。”以乘车往，**往召向巢。**曰：“迹人来告曰：**杜预：“主迹禽兽也。”杨伯峻：“掌管田猎足迹，知禽兽之处。”**‘逢泽有介麇焉。’**杜预：“介，大也。”**公曰：‘虽魋未来，得左师，吾与之田，若何？’**杜预：“皇野称公命。”**君惮告子。**杜预：“难以游戏烦大臣。”**野曰：‘尝私焉。’**杜预：“尝，试也。”**君欲速，故以乘车逆子。”**乘车即战车。田猎乘乘车，如战之制。故以急欲田猎，因以乘车逆白之，惧其疑而生心，从桓魋作乱。**与之乘，至。公告之故，拜，不能起。**杨伯峻：“向巢闻之，向公拜，恐而不能起。”**司马曰：“君与之言。”**杜预：“使公与要誓。”**公曰：“所难子者，上有天，下有先君。”**难音男。**对曰：“魋之不共，宋之祸也，敢不唯命是听。”**

司马请瑞焉，杜预：“瑞，符节，以发兵。”**以命其徒攻桓氏。**杜预：“桓氏，向魋。”**其父兄故臣曰：“不可。”其新臣曰：“从吾君之命。”遂攻之。子颀骋而告桓司马。**杜预：“子颀，桓魋弟。桓司马即魋也。”桓魋亦宋司马。**司马欲入，**司马，桓魋也。杜预：“入攻君。”**子车止之，**杜预：“车亦魋弟。”**曰：“不能事君，而又伐国，民不与也，只取死焉。”向魋遂入于曹以叛。**杜预：“哀八年宋灭曹以为邑。”**六月，使左师巢伐之。欲质大夫以入焉。**杜预：“巢不能克魋，恐公怒，欲得国内大夫为质还入国。”**不能。亦入于曹，取质。**杜预：“不能得大夫，故入曹劫曹人子弟而质之，欲以自固。”**魋曰：“不可。既不能事君，又得罪于民，**杨伯峻：“劫曹人为质，是得罪民。”**将若之何？”乃舍之。**杜预：“舍曹子弟。”**民遂叛之。向魋奔卫。向巢来奔，宋公使止之，曰：“寡人与子有言矣，不可以绝向氏之祀。”辞曰：“臣之罪大，尽灭桓氏可也。若以先臣之故，而使有后，君之惠也。若臣，则不可以入矣。”**

司马牛致其邑与珪焉，而适齐。杜预：“牛，桓魋弟也。珪，守邑符信。”**向魋出于卫地，公文氏攻之，**杜预：“公文氏，卫大夫。”**求夏后氏之璜焉。与之他玉，而奔齐，陈成子使为次卿。司马牛又致其邑焉，**杜预：“示不与魋同。”**而适吴。吴人恶之，而反。赵简子召之，陈成子亦召之。卒于鲁郭门之外，阬氏葬诸丘舆。**杜预：“阬（kēng）氏，鲁人也。录其卒葬所在，愍贤者失所。”

甲午，六月五日。**齐陈恒弑其君壬于舒州。孔丘三日齐，**齐同斋，斋戒。**而请伐齐三。公曰：“鲁为齐弱久矣，**“为齐弱”与文十年“楚欲弱我也，先为之弱乎”之“为之弱”同。“为之弱”，为楚弱也，彼言“为楚弱”，此言“为齐弱”。句谓鲁屈下于齐久矣。**子之伐之，将若之何？”对曰：“陈恒弑其君，民之不与者半。**

以鲁之众，加齐之半，可克也。”公曰：“子告季孙。”孔子辞。退而告人曰：“吾以从大夫之后也，故不敢不言。”从大夫之后，谓在大夫行列之末尾者，谦言在大夫之列也。据后年，孔丘卒，公与小敛，则此时孔子盖居散卿之位。

初，孟孺子泄将圉马于成。杜预：“泄，孟懿子之子孟武伯也。圉，畜养也。成，孟氏邑。”**成宰公孙宿不受，曰：“孟孙为成之病，**孟孙，孟懿子。杜预：“病谓民贫困。”**不圉马焉。”孺子怒，袭成，**轻曰袭，**从者不得入，乃反。**盖孺子欲以众入成，成人知其怀诈，故拒其从者于城门外。孺子匹夫独入，不能克事，故返。**成有司使，孺子鞭之。**使，因邑事如孟氏。之，成有司也。**秋八月辛丑，孟懿子卒，成人奔丧，弗内。**孟氏不使入。**袒、免，哭于衢，听共，**杜预：“请听命共使。”**弗许。惧，不归。**杜预：“不敢归成。”

哀公十五年

【经】

十有五年春王正月，成叛。

夏五月，齐高无丕出奔北燕。

郑伯伐宋。

秋八月，大雩。

晋赵鞅帅师伐卫。

冬，晋侯伐郑。

及齐平。杜预：“鲁与齐平。”

卫公孟彄出奔齐。

【传】

十五年春，成叛于齐。武伯伐成，不克，遂城输。杜预："以偪成。"

夏，楚子西、子期伐吴，及桐汭。陈侯使公孙贞子吊焉，杜预："吊为楚所伐。"**及良而卒，**杜预："良，吴地。"**将以尸入。**入，入吴国都。杜预："聘礼，若宾死未将命，则既敛于棺，造于朝，介将命。"**吴子使大宰嚭劳，且辞，**辞，不使入国。**曰："以水潦之不时，无乃廪然陨大夫之尸，**廪，本义为粮仓也，引申有储藏、存放之义。下文"虽陨于深渊，非君与涉人之过也"，涉人盖司粮食物资等之周转、救护、仓储等工作。适此水潦时节，宾尸之停放安置以及冷藏等事宜，主人必当操办。杜预："廪，倾动貌。"可信。**以重寡君之忧，寡君敢辞上介。"**上介，芋尹盖也。杜预则谓上介为公孙贞子，则"辞上介"是辞贞子之尸也，误。陆德明以"敢辞上介"为一读；杨伯峻则谓"上介"二字从下读，即"上介芋尹盖对曰"为一句，此读似更顺，然"上介"二字从上读更合外交辞令，故仍以陆德明为正。**芋尹盖对曰：**盖，陈大夫，贞子之副介，芋尹为其官名。**"寡君闻楚为不道，荐伐吴国，**荐，屡也。**灭厥民人。寡君使盖备使，**备者，言备充在某某之列，亦指事先具办以待不时之用。**吊君之下吏。**"下吏"当与上文"上介"相应。**无禄，使人逢天之慼，**杨伯峻："慼同慽，忧也。"**大命陨队，**队同坠。**绝世于良，**杜预："绝世犹言弃世。"**废日共积，**耗费时日以供给丧备。**一日迁次。**一日趱行数日之路程，不敢留君命。**今君命逆使人曰：'无以尸造于门。'是我寡君之命委于草莽也。**委，致，交付，交托也。**且臣闻之曰：'事死如事生，礼也。'于是乎有朝聘而终，以尸将事之礼。**杜预："朝聘道死，以尸行（聘）事。"**又有朝聘而遭丧之礼。**遭受聘国之丧。**若不以尸将命，是遭丧而还也，**若使者卒，不能以尸将命而遂还，则等于是遭遇受聘国有丧而还也，即遭遇吴国有丧而还。**无乃不可乎！**

以礼防民，犹或逾之，以礼阻民，尚或有逾越于情理者。今大夫曰‘死而弃之’，不纳受使者之卒，是弃之也。是弃礼也。其何以为诸侯主？先民有言曰：‘无秽虐士。’杜预：“虐士，死者。”杨伯峻：“吴拒绝已死之使者入城，是以死者为污秽也。”备使奉尸将命，苟我寡君之命达于君所，虽陨于深渊，则天命也，非君与涉人之过也。”吴人内之。

秋，齐陈瓘如楚。杜预：“瓘，陈恒之兄子玉也。”过卫，仲由见之，仲由，子路也。去年子路似仍在鲁。曰：“天或者以陈氏为斧斤，既斫丧公室，而他人有之，不可知也。其使终飨之，使陈氏终享齐国。亦不可知也。若善鲁以待时，时，不测之时，祸难之时。不亦可乎？何必恶焉？”杜预：“仲由事孔子，故为鲁言。”子玉曰：“然，吾受命矣，子使告我弟。”杜预：“弟，成子也。”

冬，及齐平。子服景伯如齐，子赣为介，见公孙成，杜预：“公孙成，成宰公孙宿也。”曰：“人皆臣人，而有背人之心，此实讽公孙成之言，谓公孙成有背人之心。况齐人？虽为子役，其有不贰乎？杜预：“言子叛鲁，齐人亦将叛子。”子，周公之孙也，杨伯峻：“孙犹后代之义。”多飨大利，犹思不义。利不可得，而丧宗国，杜预：“丧宗国谓以邑入齐，使鲁有危亡之祸。”将焉用之？”成曰：“善哉！吾不早闻命。”

陈成子馆客，馆，昭元年有“馆人之属也”，此文当作动词用，犹“馆待”也，就馆待客也。曰：“寡君使恒告曰：‘寡君愿事君如事卫君。’”杜预：“言卫与齐同好而鲁未肯。”景伯揖子赣而进之。揖子赣使对。对曰：“寡君之愿也。昔晋人伐卫，在定八年。齐为卫故，伐晋冠氏，丧车五百。在定九年。因与卫地，自济以西，禚、媚、杏以南，书社五百。杜预：“二十五家为一社，籍书而致之。”吴人加敝邑以乱，在哀八年。齐因其病，取蘧与阐。寡君是以寒心。若得视卫君之事君也，则固所愿也。”成子病之，乃归成。杜预：“病其言也。”公孙宿以其兵甲入于嬴。杜预：“嬴，齐邑。”

卫孔圉取大子蒯聩之姊，生悝。杜预：“孔圉，孔文子也。蒯聩姊，孔伯姬。”孔氏之竖浑良夫长而美，竖，小臣也。长，高也。而，且也。孔文子卒，通于内。内，文子妻孔伯姬。浑良夫通孔姬也。大子在戚，大子，蒯聩。孔姬使之焉。杜预：“使良夫诣大子所。”大子与之言曰：“苟使我入，获国，服冕乘轩，三死无与。”杜预：“冕，大夫服；轩，大夫车。三死，死罪三。”无与，不从戮。与之盟，为请于伯姬。杜预：“良夫为大子请。”

闰月，良夫与大子入，舍于孔氏之外圃。杨伯峻：“外圃，家外之菜园也。”昏，二人蒙衣而乘，二人，蒯聩与良夫。“蒙衣”又见成十七年，盖贵族妇女乘车出，有以巾蒙头之礼。杨伯峻：“以巾蒙头伪装为妇人。”寺人罗御，如孔氏。孔氏之老栾宁问之，称姻妾以告。问之，问寺人罗也。罗称所载为孔氏姻妾。遂入，适伯姬氏。服虔：“适伯姬所居。”既食，孔伯姬杖戈而先，大子与五人介，舆猳从之。杜预：“介，被甲。舆猳豚，欲以盟。”迫孔悝于厕，强盟之，杜预：“孔氏专政，故劫孔悝，欲令逐辄。”成十年“如厕”，“负晋侯出诸厕”，厕为厕所之义。俞樾读此“厕”为“侧”，谓非厕所也。遂劫以登台。登孔氏之台。栾宁将饮酒，炙未熟，炙，烤肉之类。闻乱，使告季子。杜预：“季子，子路也，为孔氏邑宰。”召获驾乘车，欲出奔也。驾，套也。杜预以“召获”为人名，杨伯峻读“召”为召唤之召，不知孰是。行爵食炙，行爵，举杯，饮酒也。炙即上文未熟之炙，仍载之于车而烤食之。奉卫侯辄来奔。栾宁奉卫侯辄来奔鲁。

季子将入，遇子羔将出，杜预：“子羔，卫大夫高柴，孔子弟子，将出奔。”曰：“门已闭矣。”门，孔氏家门。季子曰：“吾姑至焉。”杜预：“且欲至门。”子羔曰：“弗及，不践其难。”

杨伯峻：“不作勿用，禁止之词。”言已不及救，不要徒履其难。**季子曰：“食焉，不辟其难。”**杨伯峻：“谓食其禄，则不当逃避其难。”**子羔遂出。子路入，**杨伯峻：“入城门。”**及门，**杨伯峻：“孔氏家门。”**公孙敢门焉，**门，动词，守门也。**曰：“无入为也。”**杨伯峻：“公孙敢盖亦孔悝之臣，此时守门，劝子路勿入，以孔悝已与蒯聩盟，不及救矣。”

季子曰：“是公孙[也]，竹添光鸿：“敢从门内言焉，子路识其声，故曰是声是公孙也。”**求利焉而逃其难。**杨伯峻：“指为蒯聩守门。”**由不然，利其禄，必救其患。”有使者出，乃入，**杜预：“因门开而入。”**曰：“大子焉用孔悝？**言太子劫持孔悝无用。**虽杀之，必或继之。”**杜预：“言己必继孔悝为难攻大子。”**且曰：“大子无勇，若燔台，半，必舍孔叔。”**杨伯峻：“孔叔即孔悝。”**大子闻之，惧，下石乞、盂黡敌子路，以戈击之，断缨。**缨，帽带也。帽之两边各有一带，经耳前垂下，交结于颔下以固定帽于头上。

子路曰：“君子死，冠不免。”免，除也，去也。**结缨而死。**复结其帽带于颔下而死。**孔子闻卫乱，曰：“柴也其来，由也死矣。”**

孔悝立庄公。杜预：“庄公，蒯聩也。”**庄公害故政，**害，患也。杜预：“故政，辄之臣。”**欲尽去之，先谓司徒瞒成曰：“寡人离病于外久矣，**离同罹。**子请亦尝之。”归告褚师比，欲与之伐公，不果。**杜预：“比，褚师声子。”

哀公十六年

【经】

十有六年春王正月己卯，二十九日。卫世子蒯聩自戚入于卫，卫侯辄来奔。

二月，卫子还成出奔宋。杜预："即瞒成。"

夏四月己丑，十一日。孔丘卒。杨伯峻："《春秋经》止于此。"

【传】

十六年春，瞒成、褚师比出奔宋。

卫侯使鄢武子告于周曰：杜预："武子，卫大夫肹也。""蒯聩得罪于君父君母，逋窜于晋。逋，亡也。晋以王室之故，不弃兄弟，寘诸河上。杜预："河上，戚也。"天诱其衷，获嗣守封焉，使下臣肹敢告执事。"王使单平公对曰："肹以嘉命来告余一人，往谓叔父：叔父，蒯聩也。余嘉乃成世，成世，先世之成劳。复尔禄次。禄次，爵禄之位次，即君位也。敬之哉！方天之休，杜预："言天方受尔以休。"方即定四年"国家方危，诸侯方贰"之方。杨伯峻："休，赐也。"弗敬弗休，杨伯峻："言己若不敬，则天不赐福。"悔其可追？"言悔不可追。

夏四月己丑，孔丘卒。公诔之曰：诔 lěi。杨伯峻："诔犹今之致悼辞。""旻天不吊，旻 mín。杨伯峻："吊，善也。"不慭遗一老，慭 yìn，甘也，愿也。杜预："慭，且也。"俾屏余一人以在位，杜预："俾，使也。屏，蔽也。"茕茕余在疚。茕

qióng 茕，孑独貌。杜预："疚，病也。"**呜呼哀哉尼父！无自律。"** 杜预："律，法也。言丧尼父，无以自为法。"**子赣曰："君其不没于鲁乎！夫子之言曰：'礼失则昏，名失则愆。'失志为昏，失所为愆。生不能用，死而诔之，非礼也；称一人，非名也。**一人即"余一人"，天子自称之词，非诸侯之名。**君两失之。"**

六月，卫侯饮孔悝酒于平阳，重酬之。大夫皆有纳焉。皆纳财贿于孔悝。**醉而送之，**送之返家。**夜半而遣之。**遣之出国，不使复居卫。杜预："夜遣者，惭负孔悝，不欲令人见。"**载伯姬于平阳而行，**杜预："载其母俱去。"**及西门，**杜预："平阳门。"**使贰车反祏于西圃。**杜预："使副车还取庙主。西圃，孔氏庙所在。祏，藏主石函。"主，先祖之灵牌，牌位。石函，石匣也。**子伯季子初为孔氏臣，新登于公，**杜预："升为大夫。"**请追之，遇载祏者，杀而乘其车。**杜预："子伯杀载祏者。"**许公为反祏，**杜预："孔悝怪载祏者久不来，使公为反逆之。"**遇之，曰："与不仁人争明，**不仁人即子伯季子，以其背叛且还害故主为不仁。杨伯峻："争明，争强也。"**无不胜。"必使先射。射三发，皆远许为。许为射之，殪。**杨伯峻："一箭而中，子伯季子死。"**或以其车从，**或，许公为之从者，不与公为同乘。此许公为反祏盖有随从车辆，其从者某人以其车逐子伯季子之车。祏在子伯季子之车，子伯季子虽死，其御尚在，故逐之。**得祏于橐中。孔悝出奔宋。**

楚大子建之遇谗也，自城父奔宋。在昭十九年。**又辟华氏之乱于郑，**在昭二十年。**郑人甚善之。又适晋，与晋人谋袭郑，乃求复焉。**杨伯峻："求复居郑国。"**郑人复之如初。晋人使谍于子木，请行而期焉。**请行，请子木及时行避。杨伯峻："期，相约袭郑之期也。"**子木暴虐于其私邑，邑人诉之。郑人省之，得晋谍焉。**本为省察子木之政，反得晋谍。**遂杀子木。**

其子曰胜，在吴。子西欲召之，叶公曰：“吾闻胜也诈而乱，无乃害乎！”杜预：“叶公，子高，沈诸梁也。”子西曰：“吾闻胜也信而勇，不为不利，舍诸边竟，使卫藩焉。”杜预：“使为藩屏之卫。”叶公曰：“周仁之谓信，杨伯峻：“周乃密合之义，谓密合仁道始谓之信。”率义之谓勇。率，循也。吾闻胜也好复言，复言，易其成言，而再约言。定十四年戏阳速曰：“民保于信，吾以信义也。”哀六年子闾曰：“从君之命，顺也；立君之子，亦顺也。”皆复言之例。详参僖九年《传》注，“能欲复言而爱身乎”。而求死士，殆有私乎！杨伯峻：“有私心。”复言，非信也；期死，非勇也。期死，指期必死。杨伯峻：“循义而行始谓勇，非义之死则非勇。”子必悔之。”弗从。召之，使处吴竟，吴竟，楚邑之际吴境者，非吴之境内。为白公。白，楚鄙邑。请伐郑，子西曰：“楚未节也。杜预：“言楚国新复，政令犹未得节制。”不然，吾不忘也。”他日，又请，许之。未起师，晋人伐郑，楚救之，与之盟。胜怒，曰：“郑人在此，雠不远矣。”比子西如郑人，故曰雠不远。

胜自厉剑，厉今作砺，磨砺也。子期之子平见之，曰：“王孙何自厉也？”言皂隶事，何自为。曰：“胜以直闻，不告女，庸为直乎？将以杀尔父。”杨伯峻：“尔父谓子期，仇子西，必仇子期。”平以告子西。子西为令尹，故《传》仅言告子西。子西曰：“胜如卵，余翼而长之。杜预：“以鸟为喻。”楚国第，杜预：“用士之次弟。”我死，令尹、司马，非胜而谁？”杨伯峻：“子西不知胜在复父仇，而误以为仅在夺权，因以为不必夺而自有之，故不信胜有杀心。”胜闻之，曰：“令尹之狂也！得死，乃非我。”杜预：“言我必杀之。若得自死，我乃不复成人。”子西不悛。杨伯峻：“悛，觉也。”胜谓石乞曰：杜预：“石乞，胜之徒。”“王与二卿士，杜预：“二卿士，子西、子期。”皆五百人当之，杨伯峻：

"皆，今言共。"**则可矣。"乞曰："不可得也。"**杜预："五百人不可得。"非也，若五百人不可得，则何以为白公？不可得者，谓不可得入。若以五百之徒众入国，必引起国人警惕，而拒之门外。**曰："市南有熊宜僚者，若得之，可以当五百人矣。"**此当是白公之言。白公闻石乞言，因谓：有宜僚者，勇当五百人，若得之，则可轻车寡从而入。**乃从白公而见之，与之言，说。**盖石乞与宜僚言，石乞悦。说（悦）者，悦其堪任也。**告之故，辞。**杜预："告欲作乱，宜僚辞距之。"杨伯峻："故，事也。"**承之以剑，不动。**承即昭二十一年"使子皮承宜僚以剑而讯之"，及昭二十七年"执铍者夹承之"之承字，以兵器加于某人之颈或胸以威胁之也。不动，言宜僚不惧。**胜曰："不为利谄，不为威惕，不泄人言以求媚者，**求媚，盖谓求名也。不泄人言者，盖亦约之使不泄言也。**去之！"**去之，今谓"我们走"。

吴人伐慎，白公败之。请以战备献，杜预："与吴战之所得铠杖兵器皆备而献之，欲因以为乱。"惠栋引其父士奇说，谓"战备犹家备"，杨伯峻主此说。然战胜所献捷，皆为俘获于敌国者，未见有以己之家备（己家之兵备）献者，故当从杜预，请以所获战备献也。**许之，遂作乱。秋七月，杀子西、子期于朝，而劫惠王。子西以袂掩面而死。**杜预："惭于叶公。"**子期曰："昔者吾以力事君，**力，勇力。**不可以弗终。"抉豫章以杀人而后死。**杨伯峻："抉，拔取也。豫章即今樟木。子期多力，拔取此树以杀人而死。"**石乞曰："焚库弑王，不然，不济。"白公曰："不可。弑王，不祥；焚库，无聚，将何以守矣？"乞曰："有楚国而治其民，以敬事神，可以得祥，且有聚矣，何患？"弗从。**

叶公在蔡，杜预："蔡迁州来，楚并其地。"**方城之外皆曰："可以入矣。"**杨伯峻："谓入郢平祸乱也。"**子高曰："吾闻之，以险徼幸者，**冒险以求侥幸成事者。徼，求也。幸，侥幸。**其求无餍，**

偏重必离。”闵元年“亲有礼，因重固”，重固者，有德之谓，故“重”可借为“德”也。哀二十六年“重而无基”，重，位尊也，则“偏重”者，又谓居大位而行为偏离本心也。必离，谓众必携离。**闻其杀齐管修也而后入。**杜预：“管修，楚贤大夫，故齐管仲之后。闻其杀贤，知其可讨。”

白公欲以子闾为王，杜预：“子闾，平王子启，五辞王者。”**子闾不可，遂劫以兵。子闾曰：“王孙若安靖楚国，匡正王室，而后庇焉，**庇，庇启。**启之愿也，敢不听从？若将专利以倾王室，不顾楚国，有死不能。”**杜预：“不能从。”**遂杀之，而以王如高府。**杜预：“高府，楚别府。”**石乞尹门。**杨伯峻：“主守高府之门也。”**圉公阳穴宫，**公阳，楚大夫。穴，动词，于宫墙挖洞也。**负王以如昭夫人之宫。**杜预：“昭夫人，王母，越女。”

叶公亦至，及北门，或遇之，曰：“君胡不胄？国人望君如望慈父母焉，盗贼之矢若伤君，是绝民望也，若之何不胄？”乃胄而进。又遇一人曰：“君胡胄？国人望君如望岁焉，杜预：“岁，年谷也。”**日日以几，**几同冀。杜预：“冀君来。”**若见君面，是得艾也。**杜预：“艾，安也。”**民知不死，其亦夫有奋心，犹将旌君以徇于国，**杜预：“旌，表也。”**而又掩面以绝民望，**讽其戴胄是畏死。**不亦甚乎？”**甚，过分。**乃免胄而进。遇箴尹固帅其属，将与白公。**杨伯峻：“与，从也，助也。”**子高曰：“微二子者，楚不国矣。**杜预：“二子，子西、子期。柏举之败，二子多功。”**弃德从贼，其可保乎？”**杨伯峻：“德指子西、子期；贼自指白公。”**乃从叶公。使与国人以攻白公，白公奔山而缢，其徒微之。**杜预：“微，匿也。”**生拘石乞而问白公之死焉，对曰：“余知其死所，而长者使余勿言。”**杜预：“长者，谓白公也。”**曰：“不言将烹。”乞曰：“此事克则为卿，不克则烹，固其所也，何害？”乃烹石乞。王孙燕奔頯黄氏。**杜预：“燕，胜弟。頯（kuí）黄，吴地。”**沈诸梁兼二事，**诸梁即叶公，子高也。兼，兼任。二事，令尹、司马。**国宁，乃使宁为令尹，**杜预：“子西之子子国也。”**使宽为司马，**杜预：“子期之子。”**而老于叶。**杜预：“《传》终言之。”老，退休也。

卫侯占梦，嬖人求酒于大叔僖子，杜预以“卫侯占梦嬖人”为一读，误。大叔僖子，大叔遗。**不得，与卜人比，而告公曰：“君有大臣在西南隅，弗去，惧害。”**杜预：“托占梦而言。”谓梦兆害在西南。西南，僖子采邑所在。**乃逐大叔遗。遗奔晋。**

卫侯谓浑良夫曰：“吾继先君而不得其器，若之何？”杜预：“国之宝器，辄皆将去。”**良夫代执火者而言，**杜预：“将密谋，屏左右。”杨伯峻：“执火即执烛。”**曰：“疾与亡君，皆君之子也。召之而择材焉可也，**杜预：“召辄。”**若不材，器可得也。”**杜预：“辄若不材，可废其身，因得其器。”**竖告大子。**杜预：“大子疾。”**大子使五人舆豭从己，劫公而强盟之，**杜预：“盟求必立己。”**且请杀良夫。公曰：“其盟免三死。”曰：“请三之后，有罪杀之。”公曰：“诺哉！”**

哀公十七年

【传】

十七年春，卫侯为虎幄于藉圃，为，造，作也。虎幄，建筑名，以虎为饰。惠栋：“藉圃，圃名。”**成，求令名者，而与之始食焉。**新居建成，有始食之礼，相当于今之“温锅”。**大子请使良夫。**杜预：“以良夫应为令名。”**良夫乘衷甸两牡，**杜预：“衷甸，一辕，卿车。”**紫衣狐裘。**杜预：“紫衣，君服。”紫，衣之色也。**至，袒裘，**杜预：“偏袒，亦不敬。”**不释剑而食。大子使牵以退，数之以三罪而杀之。**杜预：“三罪，紫衣、袒裘、带剑。”杨伯峻据十五、十六年《传》，“三死无与”及“请三之后有罪杀之”，谓此杀之者，另有加罪。

三月，越子伐吴。吴子御之笠泽，夹水而陈。笠泽，水名。**越子为左右句卒，**句音勾。杜预：“句卒，钩伍相著，别为左右屯。”**使夜或左或右，鼓噪而进。吴师分以御之。**越句卒时而左起，时而右起，鼓噪而进，伪为欲渡之势，吴师在水对岸分师而左右应对之。**越子以三军潜涉，**三军因左右句卒之掩护而偷渡。**当吴中军而鼓之，吴师大乱，遂败之。**杜预：“左右句卒为声势以分吴军，而三军精卒并力击其中军，故得胜也。”

晋赵鞅使告于卫曰：“君之在晋也，志父为主。志父，赵鞅也。**请君若大子来，**若，或也。**以免志父。不然，寡君其曰，志父之为也。”**杜预：“恐晋君谓志父教使不来。”**卫侯辞以难，**杨伯峻：“以卫国未安定，己位未巩固。”**大子又使椓之。**杜预：“椓，诉父，欲速得其处。”或谓椓为谮也。《国风·兔罝》：“椓之丁丁。”《小雅·斯干》：“椓之橐橐。”椓，敲，击也。《小雅·正月》“今民之无禄，天夭是椓”，《大雅·召旻》“蟊贼内讧，昏椓靡共”，椓又引申为戕害之义。

夏六月，赵鞅围卫。齐国观、陈瓘救卫，杜预：“国观，国书之子。”陈瓘，子玉。**得晋人之致师者。子玉使服而见之，**杜预：“释囚服，服其本服。”**曰：“国子实执齐柄，**杨伯峻：“此时擅齐政者为陈恒，陈子玉代其率师。齐之国、高世为上卿，瓘故为此言，实则仅有卿名耳。”**而命瓘曰：‘无辟晋师！’岂敢废命？**杜预：“欲必敌晋。”**子又何辱？”**杜预：“言不须来致师，自将往战。”杨伯峻：“言此者，乃释囚也，欲使之归告，以退晋师。”**简子曰：“我卜伐卫，未卜与齐战。”乃还。**杜预：“畏子玉。”

楚白公之乱，陈人恃其聚而侵楚。杜预：“聚，积聚也。”**楚既宁，将取陈麦。楚子问帅于大师子穀与叶公诸梁，**

子縠曰："右领差车与左史老，皆相令尹、司马以伐陈，其可使也。"杜预："言此二人皆尝辅相子西、子期伐陈，今复可使。"**子高曰："率贱，民慢之，惧不用命焉。"**率指右领与左史。贱者，据杨树达，贱二人本为楚之俘虏也。**子縠曰："观丁父，鄀俘也，武王以为军率，**杜预："楚武王。"**是以克州、蓼，服随、唐，大启群蛮。彭仲爽，申俘也，文王以为令尹，实县申、息，**杜预："楚文王灭申、息以为县。"**朝陈、蔡，**杨伯峻："使陈、蔡二国来朝。"**封畛于汝。**杜预："开封畛北至汝水。"**唯其任也，何贱之有？"**任，堪事。**子高曰："天命不謟。**杜预："謟，疑也。"**令尹有憾于陈，**杜预："十五年子西伐吴，陈使贞子吊吴，以此为憾。"**天若亡之，其必令尹之子是与，君盍舍焉？**杜预："舍右领与左史。"杜读舍为舍弃之舍，然此时将帅委任尚无成命，既未任命右领与左史为将帅，又何言舍弃之？杜注误。杨伯峻读舍为舍置之舍，是也，即何不置令尹之子使为军帅。**臣惧右领与左史有二俘之贱，而无其令德也。"王卜之，武城尹吉。**杜预："武城尹，子西子公孙朝。"**使帅师取陈麦。陈人御之，败，遂围陈。秋七月己卯，**八日。**楚公孙朝帅师灭陈。**杜预："终郑裨灶言，五及鹑火陈卒亡。"

王与叶公枚卜子良以为令尹。杜预："枚卜，不斥言所卜以令龟。子良，惠王弟。"**沈尹朱曰："吉，过于其志。"**其，指主卜者，即王与叶公。志，意志也。王与叶公志在使子良为令尹，卜得吉兆，但子良将超越令尹的权力范围。杜预："志，望也。"**叶公曰："王子而相国，过将何为？"**杜预："过相，将为王也。"**他日，改卜子国而使为令尹。**子国，子西之子宁也。杨伯峻："去年《传》已言'使宁为令尹'，乃终言之；此又叙其经过，实一事。"

卫侯梦于北宫，见人登昆吾之观，杨伯峻："北宫，卫侯寝宫之在北者。"孔颖达谓为卫侯之别宫。杜预："卫有观在古昆吾氏之虚。"

被发北面而噪曰：被同披。**“登此昆吾之虚，绵绵生之瓜。**绵绵，绵绵不断，持续不断也。瓜读为《周易·姤》“以杞包瓜”之“瓜”，子嗣，继承人也，此指太子蒯聩。良夫以己比农夫，不遗余力奉助蒯聩复国。**余为浑良夫，叫天无辜。”**杜预：“本盟当免三死，而并数一时之事为三罪杀之，故自谓无辜。”**公亲筮之，胥弥赦占之，**杜预：“赦，卫筮史。”**曰：“不害。”与之邑，寘之而逃，奔宋。**杜预：“言卫侯无道，卜人不敢以实对，惧难而逃也。”**卫侯贞卜，**杜预：“正卜梦之吉凶。”**其繇曰：“如鱼竀尾，**竀 chéng。杜预：“竀，赤色，鱼劳则尾赤。”杨伯峻：“《周南·汝坟》‘鲂鱼赪尾’竀即赪，浅赤色。”竀尾者，喻卫侯蒯聩疲于亡命也。**衡流而方羊。**杨伯峻：“衡同横。方羊即彷徉。”鱼在游经河道落差，或水库、水塘闸口时，水文骤变，瞬间使鱼处在一种巨大的吸力作用之下，鱼因恐惧本能地急速摆动尾巴，欲摆脱这种吸力，但因吸力的作用，鱼衡于水流中彷徉却难以摆脱，此谓“衡流而方羊”。**裔焉大国，**裔，衣边，边也。杨伯峻：“‘焉’用法同‘于’。”大国指晋。**灭之将亡。阖门塞窦，乃自后逾。”**

冬十月，晋复伐卫，杜预：“春伐未得志故。”**入其郛。将入城。简子曰：“止！叔向有言曰：‘怙乱灭国者无后。’”**杨伯峻：“此赵鞅信叔向之言不欲灭卫也。”**卫人出庄公而与晋平。**庄公，蒯聩。**晋立襄公之孙般师而还。**

十一月，卫侯自鄄入，杨伯峻：“晋师退，庄公又入。”**般师出。**杜预：“辟蒯聩也。”**初，公登城以望，见戎州。**公，蒯聩也。**问之，以告。**侍人告所见为戎州。**公曰：“我，姬姓也，何戎之有焉？”**言己为姬姓国，不能恤有戎人。**翦之。**杜预：“削坏其邑聚。”**公使匠久。**杜预：“久，不休息。”二十五年《传》“公使三匠久”，匠指木工、泥工等工匠。**公欲逐石圃，**杜预：“石圃，卫卿，石恶从子。”**未及而难作。辛巳，**十二日。**石圃因匠氏攻公。公阖门而请，弗许。逾于北方而队，折股。**逾，翻墙也。队同坠。

戎州人攻之，大子疾、公子青逾从公，杜预："青，疾弟。"**戎州人杀之。公入于戎州己氏。**杜预："己氏，戎人姓。"**初，公自城上见己氏之妻发美，使髡之，**髡 kūn，秃也，此作动词用，剃发也。**以为吕姜髢。**杜预："吕姜，庄公夫人。髢，髲也。"杨伯峻："髢音替，髲音被，皆假发。"**既入焉，**入己氏家。**而示之璧，曰："活我，吾与女璧。"己氏曰："杀女，璧其焉往？"遂杀之，而取其璧。卫人复公孙般师而立之。十二月，齐人伐卫，卫人请平，立公子起，**杜预："起，灵公子。"**执般师以归，舍诸潞。**舍，置也。潞，齐邑。

公会齐侯，盟于蒙，杜预："齐侯，简公弟平公骜也。"**孟武伯相。齐侯稽首，公拜。齐人怒，武伯曰："非天子，寡君无所稽首。"武伯问于高柴曰："诸侯盟，谁执牛耳？"**杨伯峻："齐、鲁相盟，齐大鲁小，齐自为盟主，先歃血；鲁国大夫则执牛耳，故吴伯问高柴，谁当执牛耳。"武伯，孟孺子洩，仲孙彘也。**季羔曰："鄫衍之役，吴公子姑曹；**杜预："季羔，高柴也。"鄫衍盟在七年，鲁、吴二国盟；若以大小之礼而言，当以鲁大夫（卿）执牛耳，故吴太宰嚭召季康子，康子辞，于是子服景伯相哀公，景伯位卑（非卿），盖因此之故，由吴公子执牛耳。**发阳之役，卫石魋。"**杜预："发阳，郧也，在十二年。石魋，石曼姑之子。"卫国小，故卫大夫执牛耳。**武伯曰："然则彘也。"**杜预："彘，武伯名。"

宋皇瑗之子麇有友曰田丙，杜预："瑗，宋右师。"**而夺其兄酁般邑以与之。**麇夺己兄酁般邑。酁 chán。**酁般愠而行，告桓司马之臣子仪克。**桓司马，向魋。杜预："克在下邑，不与魋之乱，故在。"**子仪克适宋，**宋，国都也。**告夫人曰："麇将纳桓氏。"公问诸子仲。**司马子仲，皇野。据《世族谱》，皇野、皇瑗为兄弟。**初，子仲将以杞姒之子非我为子。**杜预："为適子。杞姒，子仲妻。"**麇曰："必立伯也，是良材。"**麇为子仲之侄。杜预："伯，非我兄。”**子仲怒，**怒其违己。但凡人不顺礼而行者，忌为人指出。**弗从。故对曰：“右师则老矣，不识麇也。”**杜预：“言右师老，不能为乱，麇则不可知。”**公执之。**杜预：“执麇。”**皇瑗奔晋，召之。**杜预：“召令还。”

哀公十八年

【传】

十八年春，宋杀皇瑗。公闻其情，情，情实。**复皇氏之族，使皇缓为右师。**杜预：“缓，瑗从子。”

巴人伐楚，围鄾。初，右司马子国之卜也，观瞻曰：“如志。”如志，如主卜者之意志。杜预：“子国未为令尹时，卜（使）为右司马，得吉兆，如其志。”然自去年以前，子国当已久居右司马之职，而王与叶公卜使子国为令尹则在去年秋。虽未知子国何时承右司马之职，然恐与今年御巴师之事不能相因袭。此句当读作“右司马子国之卜为令尹也”，即卜使右司马子国为令尹也，始能与今年之事相因袭。观瞻，楚开卜大夫，观从之后。**故命之。**命子国为令尹。**及巴师至，将卜帅。王曰：“宁如志，何卜焉？”**宁，子西子子国也。**使帅师而行。请承，**承，佐助。**王曰：“寝尹、工尹勤先君者也。”**寝尹、工尹即吴由于、薳固（鍼尹固）。**三月，楚公孙宁、吴由于、薳固败巴师于鄾，故封子国于析。**

君子曰：“惠王知志。杜预：“知用其意。”志，意志。知志，知何为志也。桓十七年“昭公知所恶（è）”、文十三年“邾文公卒，君子曰‘知命’”、昭二年“子叔子知礼哉”，皆此类。惠王知己之意志，且能厉行之，而不违背之，故君子谓“知志”。**《夏书》曰‘官占唯能蔽志，**

昆命于元龟。’杜预：“官占，卜筮之官。蔽，断也。昆，后也。言当先断意，后用龟也。”**其是之谓乎！《志》曰：‘圣人不烦卜筮。’**烦，此取引申义，频繁，反复也。**惠王其有焉！”**不烦卜。

夏，卫石圃逐其君起，起奔齐。杜预：“齐所立故。”**卫侯辄自齐复归，逐石圃，而复石魋与大叔遗。**杜预：“皆蒯聩所逐。”

哀公十九年

【传】

十九年春，越人侵楚，以误吴也。杜预：“误吴使不为备。”**夏，楚公子庆、公孙宽追越师，至冥，不及，**杜预：“冥，越地。”杨伯峻：“越侵楚之原意仅在‘误吴’，故其退速。”**乃还。**

秋，楚沈诸梁伐东夷，杜预：“报越。”**三夷男女及楚师盟于敖。**杜预：“从越之夷三种。敖，东夷地。”

冬，叔青如京师，敬王崩故也。杜预：“叔青，叔还子。”

哀公二十年

【传】

二十年春，齐人来徵会。夏，会于廪丘。杨伯峻：“廪丘，齐邑。”**为郑故，谋伐晋。**杜预：“十五年，晋伐郑。”**郑人辞诸侯。秋，师还。**郑不欲伐晋，辞诸侯师，鲁师亦还。

吴公子庆忌骤谏吴子，骤，屡也。**曰：“不改，必亡。”**改，改政纪。**弗听。**杜预：“吴子弗听。”**出居于艾，**杜预：“艾，吴邑。”**遂适楚。闻越将伐吴，冬，请归平越，**请，请于吴。**遂归。欲除不忠者以说于越，**杨伯峻：“欲除不忠于吴者。”是也。**吴人杀之。**杜预：“言其不量力。”

十一月，越围吴，赵孟降于丧食。杜预：“赵孟，襄子无恤，时有父简子之丧。”杨伯峻：“简子赵鞅当死于此年，无恤继承卿位。”降于丧食者，降于丧食之下也。时无恤服父丧，本当以丧食之礼，又因越围吴，故降礼于丧食之下。**楚隆曰：**杜预：“楚隆，襄子家臣。”**“三年之丧，亲暱之极也，**亲暱之极者，服三年丧之礼。**主又降之，**降于其下。**无乃有故乎！”赵孟曰：“黄池之役，先主与吴王有质，**杜预：“黄池在十三年。先主，简子。质，盟信也。”**曰：‘好恶同之。’今越围吴，嗣子不废旧业而敌之，**杜预：“嗣子，襄子自谓，欲敌越救吴。”**非晋之所能及也，吾是以为降。”楚隆曰：“若使吴王知之，若何？”赵孟曰：“可乎？”隆曰：“请尝之。”**杜预：“尝，试也。”**乃往。先造于越军，**造，犹至也。吴在围城之中，故必通过越军，始能入吴城。**曰：“吴犯间上国多矣，闻君亲讨焉，诸夏之人莫不欣喜，唯恐君志之不从，**谓唯恐战而不遂君愿。此外交辞令，讳言“唯恐越败”。**请入视之。”**言欲观吴之情实而为越谋划。**许之。告于吴王曰：“寡君之老无恤，使陪臣隆敢展谢其不共。**时赵无恤非晋上卿（知伯荀瑶为上卿），亦自称“老”，因知国之正卿皆可自称“君之老”。杨伯峻：“吴王与晋侯匹敌，赵无恤晋之正卿，故称‘老’。展，陈告也。谢，谢罪。”陪臣者，楚隆为无恤之臣，晋侯之陪臣。**黄池之役，君之先臣志父得承齐盟，曰：‘好恶同之。’今君在难，无恤不敢惮劳。非晋国之所能及也，使陪臣敢展布之。”王拜稽首，曰：“寡人不佞，不能事越，以为大夫忧，**大夫指无恤。**拜命之辱。”**

以上为答使之言。**与之一箪珠，**杜预："箪，小笥。"**使问赵孟，**以一箪珠问候赵孟。**曰："句践将生忧寡人，寡人死之不得矣。"**杨伯峻："谓已不得善终。"此盖吴王使楚隆遗赵孟之言。以下为王与楚隆之私言。**王曰："溺人必笑，**溺人，溺水之人，指死到临头之人。吴王惧不能免，故自比溺人。溺人必笑，谓人虽死到临头，亦必求含笑而死。吴王欲求死得明白，不惑而死也。**吾将有问也。**言虽临死，仍有疑惑。**史黯何以得为君子？"**谓史黯凭什么被称为君子。史黯即史墨，蔡史墨，晋太史。昭公三十二年，史墨预言，不及四十年吴当亡。吴王忿其预言，且素怀疑史墨之才能，故欲证之。若史墨信为君子，则其预言可信，己亦能不惑而死。**对曰："黯也，进不见恶，退无谤言。"**杜预："时行则行，时止则止。"**王曰："宜哉！"**宜其为君子也。

哀公二十一年

【传】

二十一年夏五月，越人始来。杜预："越既胜吴，始遣使适鲁。"

秋八月，公及齐侯、邾子盟于顾。越人使鲁，则亦必使齐也，故东夏先惧，因有顾之盟。杜预："顾，齐地。"**齐人责稽首，**杜预："责十七年齐侯为公稽首，不见答。"**因歌之曰："鲁人之皋，数年不觉，**不觉，不觉悟，不觉醒也。**使我高蹈。**杜预："皋，缓也。高蹈，犹远行也。言鲁人皋缓，数年不知答齐稽首，故使我高蹈来为此会。"是也。皋者，责鲁因循守旧，不通时务，迂腐不化。王引之读"皋"为"咎"；章炳麟又读"皋"为"浩"，又引"浩"为"浩倨"，皆非。鲁唯奉周礼，故不答稽首，虽天下形势剧变，齐亦不敢公然批判奉从周礼者为有咎，抑或浩倨，就左氏，亦无此思想。"高蹈"者，谓鲁迂腐不化，故齐、邾不得不屈就鲁盟。文虽为歌，亦当为外交辞令，故此理解时不必拘泥事实。**唯其儒书，以为二国忧。”**言唯奉从其周礼儒书，以使二国忧。于此时，天下形势剧变，楚尚未从败亡之噩梦中惊醒，吴又继之；中原诸侯携离，越人北上，邾、鲁、齐首当其冲，此齐所以责鲁皋慢不觉，不能与诸侯同。

是行也，公先至于阳谷。杜预："先期至也。"**齐闾丘息曰：**杜预："息，闾丘明之后。"**"君辱举玉趾，以在寡君之军。**杨伯峻："齐侯以师出，故云寡君之军。"**群臣将传遽以告寡君。**杨伯峻以"传遽"为一词，即传车也，可商。传者自是传车，遽者亦可用其本义，急也。**比其复也，君无乃勤。**勤，劳也。**为仆人之未次，**杨伯峻："杜注：'次，舍也。'然此作动词，犹准备行馆。"**请除馆于舟道。"**杜预："舟道，齐地。"**辞曰："敢勤仆人？"**杜预："不敢勤齐仆为鲁除馆。"

哀公二十二年

【传】

二十二年夏四月，邾隐公自齐奔越，曰："吴为无道，执父立子。"越人归之，大子革奔越。杜预："邾隐公八年为吴所囚，十年奔齐。"

冬十一月丁卯，二十七日。**越灭吴。请使吴王居甬东。**杜预："甬东，越地。"**辞曰："孤老矣，焉能事君？"乃缢。越人以归。**杜预："以其尸归。"

哀公二十三年

【传】

二十三年春，宋景曹卒。杜预：“景曹，宋元公夫人，小邾女，季桓子外祖母。”昭二十五年《传》“季公若之姊为小邾夫人，生宋元夫人，生子以妻季平子”，知宋元夫人为季平子岳母，季桓子之外祖母，季康子之曾外祖母。**季康子使冉有吊，且送葬，曰：“敝邑有社稷之事，使肥与有职竞焉，**肥，季康子之名。杨伯峻：“职竞犹言职务繁剧。”**是以不得助执绋，使求从舆人，**杜预：“求，冉有名。舆，众也。”杨伯峻：“此舆人盖即輂柩车者。从舆人盖执绋之谦辞。”**曰：‘以肥之得备弥甥也，**杜预：“弥，远也。”**有不腆先人之产马，使求荐诸夫人之宰，其可以称旌繁乎？’”**称 chèn，配也，匹也。旌，旗也。车服自包括文章旗饰，以表明身份。杜预：“繁，马饰，繁缨也。”繁缨者，诸侯之驾饰也。康子意谓己之献马能配得上服用君之驾饰（旌繁）不。常者谓以饰配马，此则谓以马配饰。

夏六月，晋荀瑶伐齐，杜预：“荀瑶，荀跞之孙，知伯襄子。”赵简子卒后，荀瑶将中军。**高无丕帅师御之。知伯视齐师，**视，战前探视敌情也。**马骇，**骇，惊鸣也。**遂驱之，**驱车从齐垒。**曰：“齐人知余旗，其谓余畏而反也。”**若马惊骇而就还营，惧齐人侮己是因畏齐而返也，故驱车从齐垒。**及垒而还。**示不惧，马骇者为意外。

将战，长武子请卜。杜预：“武子，晋大夫。”**知伯曰：“君告于天子，**言此来曾告周天子。**而卜之以守龟于宗祧，吉矣，吾又何卜焉？且齐人取我英丘，君命瑶，非敢耀武也，**

治英丘也。以辞伐罪足矣，辞，犹理也。何必卜？”

壬辰，二十六日。战于犁丘。齐师败绩，知伯亲禽颜庚。杜预：“颜庚，齐大夫颜涿聚。”

秋八月，叔青如越，始使越也。杨伯峻：“第一次鲁使者至越国。”越诸鞅来聘，报叔青也。

哀公二十四年

【传】

二十四年夏四月，晋侯将伐齐，使来乞师，曰：“昔臧文仲以楚师伐齐，取穀；杜预：“在僖二十六年。”宣叔以晋师伐齐，取汶阳。杜预：“在成二年。”寡君欲徼福于周公，愿乞灵于臧氏。”徼，求也。灵，福也。杜预：“以臧氏世胜齐，故欲乞其威灵。”臧石帅师会之，取廪丘。杜预：“石，臧宾如之子。”军吏令缮，将进。杜预：“晋军吏也。缮治战备。”莱章曰：莱章，齐大夫。莱，邑名。“君卑政暴，往岁克敌，杜预：“禽颜庚。”今又胜都，杜预：“取廪丘。”天奉多矣，又焉能进？是躗言也。躗 wèi。杨伯峻据钱大昕谓：“躗言，大言也。”躗言者，欲为班师作掩护。役将班矣。”杨伯峻：“谓班师也，班师即还师。”晋师乃还。饩臧石牛，杜预：“生曰饩。”大史谢之，杜预：“晋大史。”谢礼薄。曰：“以寡君之在行，杜预：“在军行。”牢礼不度，杜预：“不如礼度。”敢展谢之。”

邾子又无道，越人执之以归，而立公子何。何亦无道。杜预：“何，大子革弟。”

公子荆之母嬖，杜预：“荆，哀公庶子。”将以为夫人，使宗人衅夏献其礼。献立夫人之礼。杜预："宗人，礼官也。"对曰："无之。"公怒曰："女为宗司，立夫人，国之大礼也，何故无之？"对曰："周公及武公娶于薛，杜预："武公敖也。"孝、惠娶于商，杜预："孝公称，惠公弗皇。商，宋也。"自桓以下娶于齐，杜预："桓公始娶文姜。"此礼也则有。若以妾为夫人，则固无其礼也。"公卒立之，而以荆为大子，国人始恶之。杜预："恶公。"

闰月，公如越，得大子适郢，杜预："适郢，越王大子。得，相亲说也。"将妻公而多与之地。公孙有山使告于季孙，季孙惧，使因大宰嚭而纳赂焉，乃止。杜预："嚭，故吴臣也。季孙恐公因越讨己，故惧。"

哀公二十五年

【传】

二十五年夏五月庚辰，二十五日。卫侯出奔宋。杜预："卫侯辄也。"

卫侯为灵台于藉圃，为，建，造也。与诸大夫饮酒焉。褚师声子袜而登席，不脱袜而登席。公怒，辞曰："臣有疾，异于人。杜预："足有创疾。"若见之，君将嗀之，杜预："嗀，呕吐也。"是以不敢。"杜预："不敢解袜。"公愈怒。大夫辞之，杨伯峻："大夫俱为声子解说。"不可。褚师出，公戟其手，以手比戟形。曰："必断而足。"而同尔。闻之。言公之声音大，褚师既出其所仍闻公"断足"之言。褚师与司寇亥乘，曰："今日幸而后亡。"杜预："恐死，以得亡为幸。"

公之入也，夺南氏邑，杜预："南氏，子南之子公孙弥牟。"而夺司寇亥政。公使侍人纳公文懿子之车于池。杜预："懿子，公文要。公有忿，使人投其车于池水中。"初，卫人翦夏丁氏，在十一年。以其帑赐彭封弥子。杜预："彭封弥子，弥子瑕。"弥子饮公酒，纳夏戊之女，嬖，以为夫人。其弟期，大叔疾之从孙甥也，杜预："期，夏戊之子。姊妹之孙为从孙甥，与孙同列。"少畜于公，以为司徒。夫人宠衰，期得罪。姊失宠，故弟得罪。公使三匠久。公使优狡盟拳弥，杜预："优狡，俳优也。拳弥，卫大夫。使俳优盟之，欲耻辱也。"而甚近信之。故褚师比、杜预："袜登席者。"公孙弥牟、杜预："丧邑者。"公文要、杜预："失车者。"司寇亥、杜预："夺政者。"司徒期，因三匠与拳弥以作乱，皆执利兵，无者执斤。斤，斧也。使拳弥入于公宫，杜预："信近之，故得入。"而自大子疾之宫噪以攻公。鄄子士请御之，杜预："鄄子士，卫大夫。"弥援其手，援，牵引也。曰："子则勇矣，将若君何？言子虽勇，能济君乎？不见先君乎？杜预："先君，蒯聩也。乱不速奔，故为戎州所杀，欲令早去。"君何所不逞欲？君，出公辄也。且君尝在外矣，岂必不反？反，复国。当今不可，众怒难犯，休而易间也。"欲待乱止，再伺隙求复。乃出。将适蒲，杜预："蒲，近晋邑。"弥曰："晋无信，不可。"将适鄄，杜预："鄄，齐、晋界上邑。弥诈不知谋，故公信之。"弥曰："齐、晋争我，不可。"将适泠，杜预："泠，近鲁邑。"弥曰："鲁不足与，请适城鉏以钩越，杜预："城鉏，近宋邑。"越有君。"杜预："宋南近越，转相钩牵。"有君，有贤君，言其君方盛明也。《传》例，"有人"，有贤人也；"有年"，有丰年也，皆此类。乃适城鉏。弥曰："卫盗不可知也，言不可测。请速，自我始。"乃载宝以归。出奔而携国宝自随，此常理也。弥以易招盗贼为由，利用公对己之信任，伪若欲为卫侯保管宝器而先行隐匿，比卫侯之复，宝自属卫侯。

等到骗取宝器之后，遂携宝归卫。

公为支离之卒，杜预："支离，陈名。"杨伯峻引竹添光鸿云："支离，分散也，盖分为数队以误敌。"**因祝史挥以侵卫。卫人病之。**病犹患也。**懿子知之，**杜预："知挥为内间。"**见子之，**杜预："子之，公孙弥牟文子也。"**请逐挥。文子曰："无罪。"**杨伯峻："言挥无罪。"**懿子曰："彼好专利而妄，**杜预："妄，不法。"**夫见君之入也，将先道焉。**杜预："若见君有入势，必道助之。"道同导。**若逐之，必出于南门而适君所。**杜预："虽知其为君间，不审察，私共评之。"**夫越新得诸侯，将必请师焉。"挥在朝，使吏遣诸其室。**杨伯峻："诸，之于合音；谓俟其下朝返家，然后使吏遣送之。"**挥出，信，弗内。**再宿为信。挥宿于外二日，欲入，卫人不纳。**五日，乃馆诸外里，**杜预："外里，公所在。"**遂有宠，使如越请师。**杜预："请师伐卫，求入。"

六月，公至自越。杨伯峻："去年闰十月往越，历九月始还。"**季康子、孟武伯逆于五梧。**杜预："鲁南鄙也。"**郭重仆，**仆，为哀公御车也。**见二子。曰："恶言多矣，君请尽之。"**郭重先会二子，盖二子多有不臣之言，故郭重诉之公。杨伯峻："二子不臣之言甚多，君于此次相见可以尽诘之。"**公宴于五梧，武伯为祝，**摄祝官致祝辞。**恶郭重，曰："何肥也？"**诅其肥胖。**季孙曰："请饮彘也。**彘，孟武伯之名。杨伯峻："此罚酒，季孙盖以武伯失言。"**以鲁国之密迩仇雠，臣是以不获从君，**言守国。**克免于大行，**杨伯峻："大行犹远行。"**又谓重也肥。"**季孙以武伯"得了便宜还卖乖"还自解。杜预："言重随君远行劬劳，不宜称肥。"**公曰："是食言多矣，能无肥乎？"**言指恶言。此"食言"非背弃言誓之"食言"，公实借郭重而自谓也，谓己食二子之恶言甚多，何得不肥。以恶言比食物，食多而肥也。**饮酒不乐，公与大夫始有恶。**

哀公二十六年

【传】

二十六年夏五月，叔孙舒帅师会越皋如、后庸、宋乐茷纳卫侯。杜预："舒，武叔之子文子也。卫侯，辄也。"文子欲纳之，文子，公孙弥牟。懿子曰："君愎而虐，愎，乖戾自用。少待之，必毒于民，乃睦于子矣。"师侵外州，大获。杜预："越纳辄之师。"出御之，大败。掘褚师定子之墓，焚之于平庄之上。杜预："定子，褚师比之父也。平庄，陵名也。"

文子使王孙齐私于皋如，杜预："齐，卫大夫王孙贾之子昭子也。"曰："子将大灭卫乎？抑纳君而已乎？"抑，抑或。皋如曰："寡君之命无他，纳卫君而已。"文子致众而问焉，致，召某某使至也。曰："君以蛮夷伐国，国几亡矣，请纳之。"众曰："勿纳。"曰："弥牟亡而有益，请自北门出。"杜预："欲以观众心。"众曰："勿出。"重赂越人，申开守陴而纳公，公不敢入。杜预："申，重也。开重门而严设守备，欲以恐公，故不敢入。"师还，立悼公，越师还，卫人立悼公。南氏相之。以城鉏与越人。公曰："期则为此。"以不得入归罪于期。令苟有怨于夫人者，报之。杜预："夫人，期姊也。怒期而不得加戮，故敕宫女令苦困期姊。"司徒期聘于越，杜预："为悼公聘。"公攻而夺之币。币，聘币。期告王，杜预："越王也。"王命取之，期以众取之。公怒，杀期之甥之为大子者。恶己之太子是期之甥，遂杀太子。遂卒于越。杜预："终言之也。"

宋景公无子，取公孙周之子得与启，畜诸公宫，杜预："周，元公孙子高也。得，昭公也。启，得弟。畜，养也。"**未有立焉。于是皇缓为右师，皇非我为大司马，皇怀为司徒，**杜预："皇怀，非我从昆弟。"**灵不缓为左师，**杜预："不缓，子灵围龟之后。"**乐茷为司城，**杜预："茷，乐溷之子。"**乐朱鉏为大司寇。**杜预："朱鉏，乐輓之子。"**六卿三族降听政，**杜预："三族，皇、灵、乐也。降，和同也。"时宋景公在位已四十八年，盖已老迈不临朝，而由六卿共听政。政事不能直达君聪，君臣不接，盖以此为"降"。**因大尹以达。**六卿所议政事由大尹上达君聪。**大尹常不告，**不以六卿所议之政告君。**而以其欲称君命以令。**矫君命以令于国。**国人恶之。司城欲去大尹，左师曰："纵之，使盈其罪。**杜预："盈，满也。"**重而无基，能无敝乎？"**杜预："言势重而无德以为基，必败也。"敝，败也。

冬十月，公游于空泽。辛巳，四日。**卒于连中。**杜预："连中，馆名。"**大尹兴空泽之士千甲，**杜预："甲士千人。"**奉公自空桐入，如沃宫。**杜预："奉公尸也。"**使召六子，**六子，六卿。**曰："闻下有师，君请六子画。"**杨伯峻："下谓下邑。"杜预："画，计策。"**六子至，以甲劫之，曰："君有疾病，请二三子盟。"乃盟于少寝之庭，**杨伯峻："少寝即小寝。"**曰："无为公室不利！"大尹立启，奉丧殡于大宫。**启奉丧。**三日而后国人知之。司城茷使宣言于国曰："大尹惑蛊其君而专其利，今君无疾而死，死又匿之，是无他矣，大尹之罪也。"**杜预："言大尹所弑。"

得梦启北首而寝于卢门之外，杜预："卢门，宋东门。北首，死象。在门外，失国也。"**己为乌而集于其上，咮加于南门，尾加于桐门。**南面之象也。杜预："桐门，北门。"**曰："余梦美，必立。"**

大尹谋曰："我不在盟，杜预："少寝盟但以君命盟六卿，大尹不盟。"**无乃逐我？复盟之乎！"使祝为载书。**为，撰写也。**六子在唐盂，将盟之。祝襄以载书告皇非我。**杜预："襄，祝名。"**皇非我因子潞、门尹得、左师谋曰：**子潞，乐茷。得，乐得。左师，灵不缓。**"民与我，逐之乎！"皆归授甲，使徇于国曰："大尹惑蛊其君，以陵虐公室。与我者，救君者也。"众曰："与之！"大尹徇曰："戴氏、皇氏将不利公室，与我者，无忧不富。"众曰："无别！"**杜预："恶其号令与君无别。"杨伯峻引杨树达云："此宋人因大尹之语而非之之辞，意谓女大尹诋他人不利公室，女大尹与不利公室者固无别也。"**戴氏、皇氏欲伐公，**杜预："公谓启。"**乐得曰："不可。彼以陵公有罪，我伐公，则甚焉。"使国人施于大尹，**杜预："施罪于大尹。"**大尹奉启以奔楚，乃立得。司城为上卿，盟曰："三族共政，无相害也。"**

卫出公自城鉏使以弓问子赣，问，问候，非咨问之问。此借问候而有所问也。**且曰："吾其入乎！"子赣稽首受弓，对曰："臣不识也。"私于使者曰："昔成公孙于陈，**孙同逊。杜预："僖二十八年卫成公奔楚，遂适陈。"**甯武子、孙庄子为宛濮之盟而君入。**杜预："盟在僖二十八年。"**献公孙于齐，**杜预："在襄十四年。"**子鲜、子展为夷仪之盟而君入。**杜预："在襄二十六年。"**今君再在孙矣，**杜预："谓十五年孙鲁，今又孙宋。"**内不闻献之亲，外不闻成之卿，**内无如献公之亲者，外无如成公之卿者。**则赐不识所由入也。**言不知凭什么得入。**《诗》曰：'无竞惟人，四方其顺之。'**无，语首助词，无义。竞惟人，言能强者，惟其有人也。**若得其人，四方以为主，而国于何有？"**谓无贤人者，以得国为志，尚不能；有贤人者，不求而得天下。

哀公二十七年

【传】

二十七年春，（公元前468年。）**越子使后庸来聘，且言邾田，封于骀上。**杜预："欲使鲁还邾田，封竟至骀上。"

二月，盟于平阳，杜预："西平阳。"**三子皆从。**三子，季康子（肥）、孟武伯（彘）、叔孙文子（舒）。杨伯峻："从鲁哀公也。"**康子病之，**杨伯峻："耻以公、卿从一大夫盟。"**言及子赣，**杜预："思子赣。"子赣，子贡也。**曰："若在此，吾不及此夫！"**杜预："不及与越盟。"**武伯曰："然。何不召？"曰："固将召之。"**言本来就将召之。**文子曰："他日请念。"**文子，叔孙舒。请念，请念子之言也，今谓"请记住你说的话"。杜预："言季孙不能用子赣，临难而思之。"

夏四月己亥，二十五日。**季康子卒。公吊焉，降礼。**杜预："礼不备也，言公之多妄。"

晋荀瑶帅师伐郑，杨伯峻："荀瑶，智襄子（智即知，知氏亦作智氏）。"**次于桐丘。郑驷弘请救于齐。**杜预："弘，驷歂子。"**齐师将兴，陈成子属孤子三日朝。**杜预："属会死事者之子，使朝三日以礼之。"**设乘车两马，**杨伯峻引郑玄、沈钦韩云："两马，士制。"**系五邑焉。**旧说谓五邑不能系于车，实不得其义。五邑乃谓赐命五邑之策书也，即以所赐五邑之命策系于所赐之车。**召颜涿聚之子晋，曰："隰之役，而父死焉。**隰之役在二十三年，晋知伯（荀瑶）亲禽颜庚（颜涿聚）。**以国之多难，未女恤也。今君命女以是**

邑也，服车而朝，毋废前劳！”乃救郑。及留舒，违穀七里，穀人不知。违，离也。杜预：“言其整也。留舒，齐地。”及濮，濮，水名。雨，不涉。子思曰：杜预：“子思，国参。”“大国在敝邑之宇下，是以告急。今师不行，恐无及也。”成子衣製、杖戈，杜预：“製，雨衣也。”立于阪上，马不出者，不出，不行也。助之鞭之。知伯闻之，乃还，杜预：“畏其得众心。”曰：“我卜伐郑，不卜敌齐。”使谓成子曰：“大夫陈子，陈之自出。言为陈之子孙。陈之不祀，郑之罪也。杜预：“十七年，楚独灭陈，非郑之罪。盖知伯诬陈子，故陈子怒，谓其多陵人。”故寡君使瑶察陈衷焉，顾炎武引傅逊曰：“衷，中也，察其中见灭之由。”竹添光鸿：“衷，情实也。”谓大夫其恤陈乎？若利本之颠，杨伯峻：“此诬陈恒以陈亡为己利。”瑶何有焉？”谓己实助陈伐郑，若陈之子孙不恤其宗国，己又何必怜惜之。杜预：“言陈灭于己无伤。”成子怒，曰：“多陵人者皆不在，知伯其能久乎？”

中行文子告成子曰：杜预：“文子，荀寅，此时奔在齐。”“有自晋师告寅者，将为轻车千乘以厌齐师之门，则可尽也。”厌同压。杨伯峻：“可以尽歼齐军。”成子曰：“寡君命恒曰：‘无及寡，无畏众。’虽过千乘，敢辟之乎？过，超过。辟同避。将以子之命告寡君。”文子曰：“吾乃今知所以亡。杜预：“自恨己无知。”君子之谋也，始、衷、终皆举之，衷同中。而后入焉。杜预：“谋一事则当虑此三变，然后入而行之，所谓君子三思。”是也。杨伯峻：“入谓入言于上。”非也。杨注义颇狭，若从下句尚可通，然非正义。今我三不知而入之，不亦难乎？”杜预：“悔其言不可复。”

公患三桓之侈也，欲以诸侯去之。三桓亦患公之妄也，杨伯峻：“妄谓不自量而缪乱。”故君臣多间。间，隙也，嫌隙。公游于陵阪，遇孟武伯于孟氏之衢，曰：“请有问于子，

余及死乎？”杜预：“问己可得以寿死不。”**对曰：“臣无由知之。”三问，卒辞不对。**公恶三桓，且妄，其所问本非出于善意，故武伯不能对。**公欲以越伐鲁而去三桓。秋八月甲戌，**初一。**公如公孙有陉氏。**杜预：“有陉氏即有山氏。”**因孙于邾，乃遂如越。国人施公孙有山氏。**杜预：“以公从其家出故。”施，施罪也。

悼之四年，杜预：“悼公，哀公之子宁也。哀公出孙，鲁人立悼公。”**晋荀瑶帅师围郑。未至，郑驷弘曰：“知伯愎而好胜，早下之，则可行也。”**愎，乖戾自用。杜预：“行，去也。”是。**乃先保南里以待之。**杜预：“保，守也。南里在城外。”**知伯入南里，门于桔柣之门。郑人俘酅魁垒，**酅 huī 魁垒，晋大夫。**赂之以知政，**杜预：“欲使反为郑。”**闭其口而死。**杨伯峻：“酅魁垒不同意，郑人乃塞其口而杀之。”**将门，**杜预：“攻郑门。”**知伯谓赵孟：“入之！”**赵孟，赵襄子无恤。**对曰：“主在此。”**杜预：“主谓知伯也。言主在此，何不自入。”知伯时为晋中军帅。**知伯曰：“恶而无勇，何以为子？”**杜预：“恶，貌丑也。简子废嫡子伯鲁而立襄子，故知伯言其丑且无勇，何故立以为子。”**对曰：“以能忍耻，庶无害赵宗乎！”知伯不悛，**悛，改也。**赵襄子由是惎知伯，**杜预：“惎，毒也。”杨伯峻引洪亮吉云：“惎，忌也。”以忌为“不忌不克”之“忌”。**遂丧之。**之，赵襄子。**知伯贪而愎，故韩、魏反而丧之。**杜预：“《史记》，晋懿公之四年，鲁悼公之十四年，知伯帅韩、魏围赵襄子于晋阳。韩、魏反与赵氏谋，杀知伯于晋阳之下。在春秋后二十七年。”杨伯峻：“此皆战国时事，《左传》叙之者，终陈恒之言耳。”